“十四五”职业教育国家规划教材

“十四五”高等职业教育轨道交通类专业系列教材

铁道概论

郭喜春　王国博　孙龙梅◎主　编

李曦明　李春付　刘　欢◎副主编

邢云堂◎主　审

中国铁道出版社有限公司

CHINA RAILWAY PUBLISHING HOUSE CO., LTD.

内 容 简 介

本书以学习者为中心，站在初学者角度上，结合铁路最新规章规范和研究成果，全面介绍了铁路沿革及发展，重点对铁路线路、铁路牵引供电系统、铁路机车、铁路车辆、动车组、铁路车站、铁路信号与通信、铁路旅客运输组织、铁路货物运输组织、铁路行车工作组织等内容进行了系统阐述，充分展示了我国铁路的成就。同时将“人民铁路为人民”的铁路根本宗旨，“挑战极限、勇创一流”的青藏铁路精神，铁路职业道德规范，铁路安全知识等元素巧妙地融入教材。

本书适合作为高等职业院校、成人高校铁道运输类专业的教学用书，也可作为各类培训学校及铁路运输企业职工培训用书，还可供铁路爱好者学习参考。

图书在版编目（CIP）数据

铁道概论/郭喜春，王国博，孙龙梅主编. —北京：中国铁道出版社有限公司，2023. 4（2025. 12 重印）
“十四五”高等职业教育轨道交通类专业系列教材
ISBN 978-7-113-29471-7

Ⅰ. ①铁… Ⅱ. ①郭… ②王… ③孙… Ⅲ. ①铁路工程-高等职业教育-教材②铁路运输-高等职业教育-教材 Ⅳ. ①U2

中国版本图书馆 CIP 数据核字（2022）第 132577 号

书　　名：铁道概论
作　　者：郭喜春　王国博　孙龙梅

策　　划：王文欢
责任编辑：李中宝　　**编辑部电话：**（010）83527746　　**电子邮箱：**578399731@qq.com
封面设计：刘　颖
责任校对：苗　丹
责任印制：赵星辰

出版发行：中国铁道出版社有限公司（100054，北京市西城区右安门西街 8 号）
网　　址：https://www.tdpress.com/51eds
印　　刷：天津嘉恒印务有限公司
版　　次：2023 年 4 月第 1 版　2025 年 12 月第 5 次印刷
开　　本：787 mm×1 092 mm　1/16　**印张：**25.25　**字数：**615 千
书　　号：ISBN 978-7-113-29471-7
定　　价：65.00 元

版权所有　侵权必究

凡购买铁道版图书，如有印制质量问题，请与本社教材图书营销部联系调换。电话：（010）63550836
打击盗版举报电话：（010）63549461

前言

铁路作为国家重要基础设施、国民经济大动脉和大众化交通工具，在经济社会发展中扮演着重要的角色。近年来，随着我国铁路事业的快速发展，对铁路专业技术技能型人才的需求激增。

“铁道概论”作为高职院校铁道运输类专业开设的一门专业基础课，在课程体系中居于重要地位，为学生学习铁路相关专业提供必要的基础知识。本教材以培养技术技能型人才为目标对教学内容进行设计，侧重实用、够用，在编写过程中紧跟行业发展趋势，采取校企合作方式，结合岗位和后续专业课程的需要，吸收铁路新规定、新设备、新技术、新动态等知识。在编写过程中，编者充分考虑铁路运输行业的特殊性，有针对性地将“人民铁路为人民”的铁路根本宗旨，“挑战极限、勇创一流”的青藏铁路精神，铁路职业道德规范，铁路安全知识等元素巧妙地融入教材，弘扬铁路精神，培育“德技并修”人才。

为了使学生更加直观地理解构造特点，也方便教师教学讲解，针对“铁道概论”的课程特点，本书配套有丰富的数字资源，集在线开放课程(学习者可登录学堂在线网站搜索哈尔滨铁道职业技术学院“铁道概论”课程进行在线学习)、三维模型、三维动画、现场视频、图片、案例、习题等资源于一体，通过 AR、二维码技术(学习者可通过登录立体书城 App 或立体书城小程序扫描 AR 图片或二维码)进行学习。实现纸质教材与移动终端互动，支持多终端的在线学习和测试，使教、学、考的形式更加灵活，从而提升教师团队的信息化教学水平。

本书是黑龙江省第二轮高水平高职学校和专业群建设项目成果之一，也是黑龙江省“铁道概论”精品在线开放课和课程思政示范课的配套教材。全书由哈尔滨铁道职业技术学院郭喜春、王国博、孙龙梅任主编，李曦明、李春付、刘欢任副主编，中国铁路哈尔滨局集团有限公司首席技师邢云堂主审。哈尔滨铁道职业技术学院张怀曲、杨巍、许天生、杨惠敏参与了本书的编写。具体分工如下：李曦明编写绪论，王国博编写项目一，刘欢编写项目二，郭喜春编写项目三，杨巍编写项目四，李春付编写项目五，孙龙梅编写项目六，张怀曲编写项目七，杨惠敏编写项目八，许天生编写项目九、项目十。

本书的编写得到了中国铁路哈尔滨局集团有限公司以及哈尔滨铁道职业技术学院的大力支持,编者在此表示衷心感谢！在本书编写过程中,我们还参考了许多专家的研究成果和有关文献资料,在此谨向各位专家、作者表示衷心的感谢,未能一一注明出处,在此向原作者表示歉意。

由于编者水平有限,书中难免存在疏漏之处。诚请广大读者和各位同行批评指正,以便对本书加以修正,使之不断完善。授课教师如需要本书配套的教学课件资源,可发送邮件至邮箱 345610023@ qq. com 索取。

编　者

2022 年 7 月

目录

绪 论

作为国民经济的重要基础设施和基础产业，交通运输是社会经济发展的重要物质基础，其基本任务是通过提高整个运输业的能力和工作质量，来改善国家各经济区之间的运输联系，进而安全迅速、经济合理地组织旅客和货物运输，最大限度地满足社会和国防建设对运输的需求。

在我国，铁路被定位为“主干”，是我国国民经济发展的“大动脉”。中国铁路经过一个多世纪的发展，电气化率、客运周转量、货运发送量、换算周转量、运输密度等指标位居世界第一。“银龙出京一路奔，转瞬之间入津门，齐鲁皖豫须臾过，品茗到沪尚存温”。中国高铁的出现和发展正在改变我们的生活，正在改变这个世界。“复兴号”寄托着中国铁路人对中华民族伟大复兴的追求和期盼，高速铁路成为亮丽的“国家名片”，中国铁路实现全产业链输出，享誉全球。“交通强国，铁路先行”，铁路是新时代中国经济社会发展的重要引擎，将在国家战略中继续发挥重大作用。

下面主要对现代交通运输的组成及特点、铁路的分类、世界铁路及中国铁路的发展历程、我国铁路体制、组成和职能等内容加以介绍。

学习目标

知识目标

(1)了解交通运输业的特点和作用。

(2)掌握交通运输的类型和特征。

(3)掌握铁路的类型和特点。

(4)了解世界铁路和高铁发展史。

(5)掌握我国铁路发展史和发展规划。

(6)了解我国铁路体制变革。

(7)掌握国铁集团所属运输企业、基层站段的组成和职能。

能力目标

(1)能根据运输对象的特点选择合适的现代交通运输方法。

(2)能够系统梳理我国铁路的发展脉络。

(3)能够系统地绘制“八纵八横”。

素养目标

(1)引导学生关注我国交通运输行业战略布局，激发“交通强国，铁路先行”的使命感。

(2)引导学生感受我国铁路行业的伟大变革，增强学生的民族自豪感。

(3)传承铁路服务初心，鼓励学生以实际行动践行“人民铁路为人民”的根本宗旨。

(4)强化铁路职业认同感，培育学生"攻坚克难、挑战极限"的精神。

学习导航

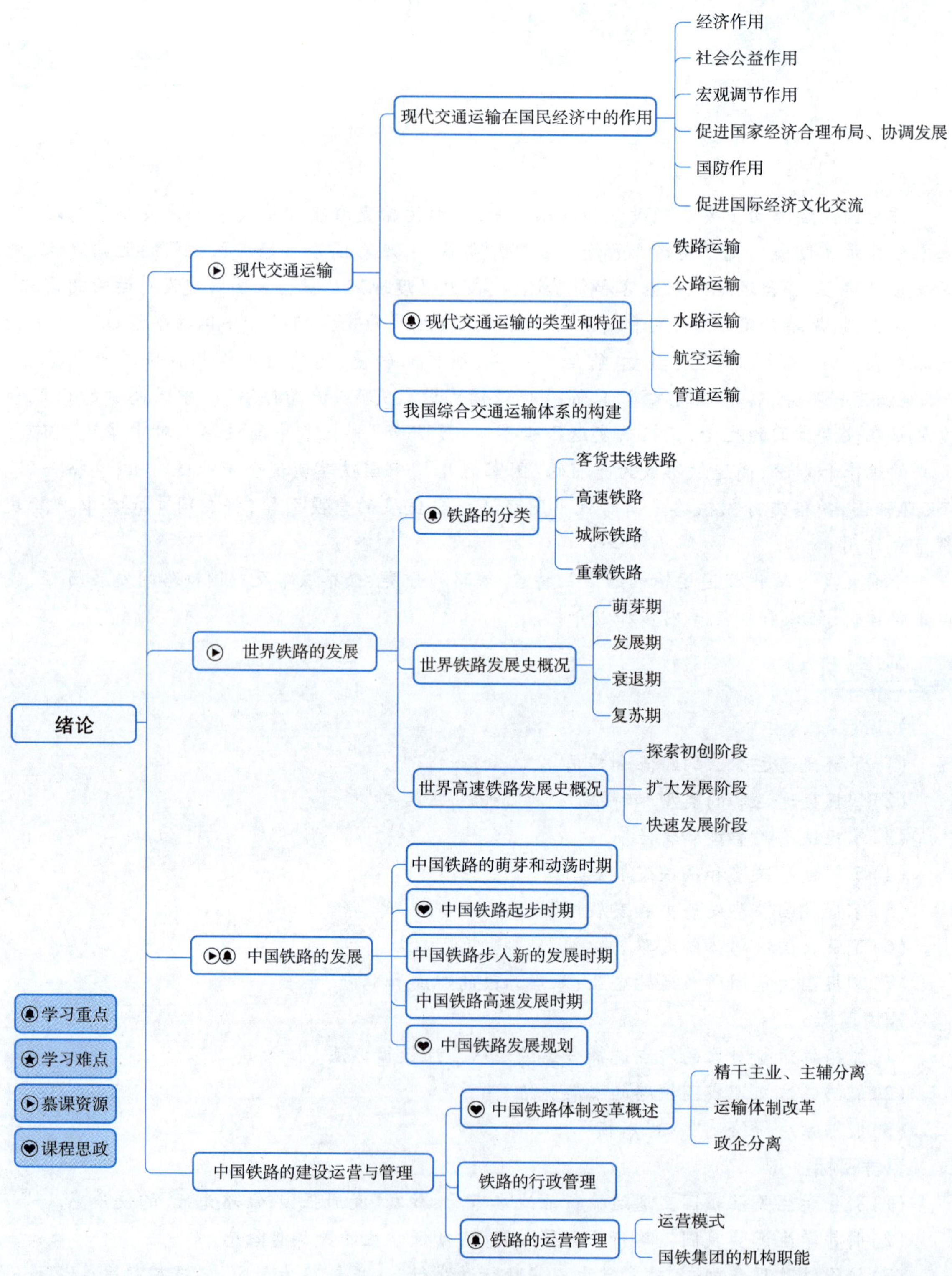

第一节 现代交通运输

一、现代交通运输在国民经济中的作用

衣、食、住、行是人类生活的四大基本要素，无论哪一项，都与交通运输息息相关。所谓交通运输，是指运输工具在运输网络上的流动和运输工具上运载的人员与物资在两地之间发生位移这一经济活动的总称。

国民经济发展的规模和速度在很大程度上是以交通运输业的发展为前提条件的。交通运输业又是流通领域的支柱，它是沟通工农业、城乡、地区、企业之间经济活动的纽带，是面向社会为公众服务的公用事业，是对国民经济和社会发展具有先导性、全局性影响的基础行业。其主要作用表现为：

(1)经济作用。交通运输既要完成国家下达的客货运输任务，还要根据市场商品需求调节各自的运输，自身所创造的经济价值是十分可观的。

(2)社会公益作用。现代化的交通运输业，不分昼夜、季节、全天候地从事正常运输，是与国家政治、经济休戚相关的。遇到非常时期如发生灾难时(如地震、洪水、火灾、海啸等)，或在战争时，或国家财产受到威胁时，交通工具都会用来帮助抢险救灾，恢复社会正常秩序，这种超经济的社会公益作用会显得更为突出，如图 0-1 所示。

(a) 铁路社会公益

(b) 公路社会公益

图 0-1 交通运输的社会公益作用示例

(3)宏观调节作用。当国民经济需要调整或治理整顿时，交通运输作为国家宏观调控工具的作用会更显得突出，如煤炭抢运、全国性粮食调运等，如图 0-2 所示。

(a) 抢运电煤

(b) 北粮南运

图 0-2 交通运输的宏观调节作用示例

(4)促进国家经济合理布局、协调发展。除了中心城市的作用外,要以交通要道为依托,充分发挥各种运输方式的优势,依靠若干条通过能力强的南北向、东北向的运输大通道,引导形成若干跨地区的经济区域和重点产业,优化生产力布局,优化资源配置,减少重复浪费,交通运输起到很大的促进作用。交通运输是国民经济的重点战略产业,是国民经济的重要基础设施,是制约经济与社会发展的一个重要因素。自改革开放以来,各地政府和人民都认识到“要想富,先修路”。交通运输业要先行,才能保持国民经济的持续、稳定、协调发展。

(5)国防作用。运输是国防的后备力量,战时其又是必要的军事手段。运输业对巩固国防,实现国防现代化以及在反侵略战争中具有重要的作用,绝非用经济尺度所能衡量。

(6)促进国际经济文化交流。运输业在对外开放、对外贸易和发展世界各民族间的友好往来以及在国家间经济、技术、文化交流中发挥着重要的作用。

二、现代交通运输的类型和特征

不同的交通运输方式在满足人或物的空间唯一的要求上具有同一性,即安全、迅速、经济、便利、舒适。现代交通运输主要包括铁路、公路、水路、航空和管道五种运输方式,它们各有其不同的技术经济特征与使用范围。随着科学技术的进步和社会需求的变化,各种运输方式的技术装备和组织工作不断更新,技术经济性能和使用范围也在不断变化,新型交通工具不断产生。

(一)铁路运输

铁路运输是以固定轨道作为运输道路,由各种动力牵引车辆运送旅客和货物的运输方式,如图0-3所示。铁路运输与其他各种现代化运输方式相比较,具有运输能力大的特点,每一辆列车载运货物和旅客的能力远比汽车和飞机大得多。速度快是铁路运输的另一特点,我国铁路的普通旅客列车运营速度一般为80 km/h左右,快速旅客列车运营速度一般可达120~160 km/h,而高速动车组列车运营速度一般可达200~350 km/h。铁路货运速度虽比客运速度慢些,但是平均货物送达速度也比水路运输快。此外,铁路运输成本也比公路、航空运输低。铁路运输一般可全天候运营,受气候条件限制较小。同时,铁路运输还具有安全正点率高、环境污染小和单位能源消耗较少等优点。

(a)铁路客运

(b)铁路货运

图0-3 铁路运输

铁路运输由于具有上述的技术经济特点,极适合幅员辽阔的大陆国家,适合运送经常的、稳定的大宗货物,适合中长距离的货物运输以及城市间的旅客运输的需要。

（二）公路运输

公路运输是汽车在公路上运送旅客和货物的运输方式，如图0-4所示。它的主要优点是机动灵活，对客货运量大小具有很强的适应性。由于汽车运输灵活方便，一般可实现门到门的直达运输，因此提高了中短途运输的送达速度，加速了货物资金周转。公路运输还可担任其他运输方式达不到的区域的运输，是补充和衔接其他运输方式的运输，如公铁联运（如图0-5所示）。公路运输（高速公路除外）与其他运输方式相比较，具有投资少、资金周转快、投资回收周期短和技术改造较容易等优点。近些年来，公路运输在载货吨位、品种、技术性能、专用车种类等方面都有了很大的改进与提高，能较好地满足社会经济发展对运输的需求。

图0-4 公路运输

图0-5 公铁联运

（三）水路运输

水路运输是利用船舶和其他工具在河流、湖泊、海洋中运送旅客和货物的一种运输方式，如图0-6所示。水路运输按航行的区域分为无限航区的国际运输——远洋运输、沿海区域各港口之间的运输——沿海运输和江河湖泊及人工水道上从事的运输——内河运输三种类型。水路运输是历史悠久的国际贸易运输方式，国际贸易总运量的2/3以上利用海上运输。水路运输的运输能力相当大，在海洋运输中，目前世界上超巨型油轮的载质量可达55万t（如图0-7所示），巨型客船也可达8万t。水路运输具有占地少、运量大、投资省、运输成本低等突出优点。但其运输速度较其他运输方式慢且受自然条件限制较大。

图0-6 水路运输

图0-7 超巨型油轮

（四）航空运输

航空运输是用飞机运送旅客和货物的一种运输方式，如图0-8所示。航空运输在20世纪崛起，是运输业中发展最快的行业。与其他运输方式相比，其最大的优点是速度快，且具有一定的机动性。航空运输还具有不受山川地貌、河流湖泊等限制，只要有机场和导航设施保证，即可开辟航线的优点。其缺点是载运能力小、能源消耗大、运输成本高。

（a）航空货运

（b）国产大型客机C919

图 0-8　航空运输

（五）管道运输

管道运输是以钢管作为运输通道，并备有固定式机械动力装置的现代化运输方式，如图 0-9 所示。管道运输是近几十年来得到迅速发展的一种运输方式，主要以流体能源（石油、天然气、成品油）为运输对象，现在还可以运输煤和矿石等货物。管道运输具有运送能力大（管径为 1 200 mm 的原油管道年输送量可达 1 亿 t）、效率高、成本低、能耗小等优点。管道运输所用的管道埋于地下，其还具有占地少、不受地形坡度限制、不受气候影响、能长期稳定运行、沿线不产生噪声且漏失污染少等优点，是一种很有发展前景的现代运输方式。但管道运输由于长期定点、定向、定品种运输，调节范围窄且不能输送不同品种的货物。

（a）天然气管道运输

（b）西气东输

图 0-9　管道运输

总之，各种运输方式都有自己的优缺点和适用范围，既相互独立又相互依存，既有协作又有竞争。只有多元化的综合利用、合理布局、协调发展，建成科学的综合运输体系，才能对我国的国民经济发展起到最大的促进作用。各种运输方式主要技术经济特点比较见表 0-1。

表 0-1　各种运输方式主要技术经济特点比较

评价指标	运输方式				
	铁路运输	公路运输	航空运输	水路运输	管道运输
运输能力	强	强	弱	最强	最弱
运输成本	中	中	高	低	很低
运输速度	快	快	很快	慢	很慢

续表

评价指标	运输方式				
	铁路运输	公路运输	航空运输	水路运输	管道运输
频率	高	很高	高	有限	连续
可靠性	很好	好	好	有限	很好
可用性	广泛	有限	有限	很有限	专业化
运输距离	中、长	中、短	很长	很长	很长
运输规模	大	小	小	大	大

三、我国综合交通运输体系的构建

新中国成立以来,特别是改革开放以来,交通运输业有了长足的发展,技术水平也有了很大的提高。根据我国国情和交通运输发展规划,我国的交通运输业统筹规划、合理布局交通基础设施,以铁路为骨干,公路为基础,努力发展航空制造业和航空运输技术,加大水路运输能力,加快沿海港口的建设,适当发展管道运输为原则,做好各种运输方式相互衔接,发挥组合效率和整体优势,形成便捷、通畅、高效、安全的综合交通运输体系。

截至 2021 年底,我国铁路营业里程达到 15 万 km,其中高速铁路营业里程达到 4 万 km;全国公路通车总里程达 528.07 万 km,其中高速公路通车里程 16.91 万 km,高速公路对 20 万以上人口城市覆盖率超过 98%;全国内河航道通航里程 12.76 万 km,全国港口拥有生产性码头泊位20 867 个,其中万吨级及以上泊位 2 659 个;建成颁证民用航空运输机场 248 个,覆盖 92% 左右的地级市。

2021 年 2 月 24 日,国务院印发了《国家综合立体交通网规划纲要》,明确将构建以铁路为主干,以公路为基础,水运、民航比较优势充分发挥的国家综合立体交通网。到 2035 年,国家综合立体交通网实体线网总规模合计 70 万 km 左右(不含国际陆路通道境外段、空中及海上航路、邮路里程)。其中铁路 20 万 km 左右,公路 46 万 km 左右,高等级航道 2.5 万 km 左右。沿海主要港口27 个,内河主要港口 36 个,民用运输机场 400 个左右。

到 2035 年,基本建成便捷顺畅、经济高效、绿色集约、智能先进、安全可靠的现代化高质量国家综合立体交通网,实现国际国内互联互通、全国主要城市立体畅达、县级节点有效覆盖,有力支撑"全国 123 出行交通圈"(都市区 1 h 通勤、城市群 2 h 通达、全国主要城市 3 h 覆盖)和"全球 123 快货物流圈"(国内 1 d 送达、周边国家 2 d 送达、全球主要城市 3 d 送达)。交通运输全面适应人民日益增长的美好生活需要,有力保障国家安全,支撑我国基本实现社会主义现代化。

第二节　世界铁路的发展

一、铁路的分类

16 世纪中叶,英国开始兴起了采矿业。为提高运输效率,在道路上铺了两根平行的木材作为轨道,如图 0-10 所示。17 世纪时,将木轨换成了角铁形状的钢轨,角铁的边起导向作用,马车则在另一条边上行驶,如图 0-11 所示。后经多年的改进,才逐渐形成今天的钢轨,因此,各国至今都沿用“铁路”这一名称。1825 年英国修建了从斯托克顿至达灵顿 21 km 长的铁路，这是世界上第一条蒸汽机车牵引的铁路。

图 0-10 木轨

图 0-11 马拉轨道

铁路的兴起和发展与科学技术和社会的进步密不可分。与此同时，铁路的技术进步和现代化进程，又在深刻影响着整个世界经济的发展，推动着人类社会的文明进步。

从 1825 年开始，铁路行业在 200 多年的历史发展中，由于运输需求的不同，形成了客货共线铁路、高速铁路、城际铁路和重载铁路四种铁路类型。

(一)客货共线铁路

客货共线铁路是指旅客列车与货物列车共线运营，旅客列车设计速度 200 km/m 及以下的铁路[《铁路线路设计规范》(TB 10098—2017)]，如图 0-12 所示。

(a) Ⅰ级客货共线铁路

(b) Ⅰ级客货共线单线电气化铁路

图 0-12 客货共线铁路

客货共线铁路中，旅客列车速度快、货物列车速度慢。客货列车混行带来了调度困难，增大了安全隐患。因此，我国加强了高速铁路建设，实现更多的客货分线，提高运输效率。

(二)高速铁路

高速铁路简称高铁，是指设计速度 250 km/h(含预留)及以上、运行动车组列车、初期运营速度不小于 200 km/h 的客运专线线路[《铁路线路设计规范》(TB 10098—2017)]。

国际铁路联盟(UC)对于高速铁路定义为：高速铁路是指通过既有线改造的最高运营速度不小于 200 km/h，或者新建的最高运营速度不小于 250 km/h 的铁路。

通常所指的高速铁路泛指能供列车以 200 km/h 以上速度行驶的铁路系统，新建快速铁路或达到准高速级别的城际间的铁路等都经常被通称为高速铁路。

高速铁路除了列车运营达到一定速度标准外，运输组织、机车车辆、线路基础、信号通信等都需要配合。高速铁路是一个集众多种高新技术于一身、异常复杂的超大型系统。

（三）城际铁路

城际铁路是指专门服务于相邻城市间或城市群，设计速度 200 km/h 及以下的快速、便捷、高密度客运专线铁路[《铁路线路设计规范》（TB 10098—2017）]。

城际铁路是主要建设于各都市圈内部，尤其是人口稠密的城市群地区（如京津冀、珠三角、长三角等）的中短途客运铁路，线路长度一般在 500 km 以下。城际铁路既是干线铁路服务的补充和完善，又是城市轨道交通服务的延伸和提高。

城际铁路在不同国家、不同时代以及不同的学术领域中有不同的认识。部分铁路兼有高速铁路和城际铁路的特征，由于它们的主要功能是城际运输，从广义上也称之为“城际铁路”，如京津城际铁路等。

（四）重载铁路

根据《铁路线路设计规范》（TB 10098—2017）及国际重载运输协会（HA）的规定，重载铁路是指满足列车牵引质量 8 000 t 及以上、轴重为 27 t 及以上、在至少 150 km 线路区段上年运量大于 4 000 万 t 三项条件中两项的铁路。

重载铁路对运输组织方式及铁路技术装备（机车、车辆、线路）均有一定特殊要求。重载铁路按其组织形式不同，可分为重载单元列车、重载整列列车和重载组合列车。

二、世界铁路发展史概况

世界铁路发展史，大体上可分为萌芽期、发展期、衰退期和复苏期四个时期。

（一）萌芽期（19 世纪 20 年代—19 世纪 70 年代）

第一条铁路的诞生标志着近代铁路运输业的开端，它打破了传统马车、人力车等交通工具的禁锢，为实现大规模运输货物和乘客开辟了新的纪元。铁路及火车一经出现，便以其迅速、便利、经济等优点，深受人们的重视。自此，英国开展了大规模的铁路建设，至 19 世纪 70 年代，英国铁路网初步形成；美国于 1830 年建成第一条铁路，随后美国的铁路网也不断扩张。其他国家也相继开始兴建铁路。世界主要国家铁路相继修通的年份见表 0-2。从表中可见，铁路在不长的时间内就得到了较快的发展。

表 0-2 世界主要国家铁路通车年份

国名	修通年份	国名	修通年份	国名	修通年份	国名	修通年份
英国	1825	加拿大	1836	瑞士	1844	埃及	1855
美国	1830	俄国	1837	西班牙	1848	南非	1860
法国	1832	奥地利	1838	巴西	1851	日本	1872
比利时	1835	荷兰	1839	印度	1853	中国	1876
德国	1835	意大利	1839	澳大利亚	1854		

(二)发展期(19 世纪 70 年代—20 世纪 50 年代)

19 世纪 70 年代后,以电的应用和电动机、内燃机的发明为主要标志的第二次工业革命,推动了铁路牵引动力的革命性变化,铁路逐步向内燃化、电气化发展。1891 年德国制成世界第一台 4 hp(单位 hp 为英制马力,2. 983 kW)的内燃机车,1925 年美国在中央铁路首次投入运用 300 hp (223. 71 kW)的内燃机车。铁路牵引动力性能的迅速提升,推动铁路在世界范围内快速发展。

这一时期,由于欧美各国在海外殖民与拓荒所需,铁路迅速地发展成为陆上运输的骨干,加上其独占性,使得铁路业者成为运输业界的领导者。

值得注意的是,在 20 世纪,部分国家进行了铁路提速试验,为高速铁路的发展奠定了基础。例如,德国推出的“飞翔的汉堡人”,平均运行速度 124 km/h;日本开行的“亚细亚”号旅客列车,最高速度达到 130 km/h。

(三)衰退期(20 世纪 50 年代—20 世纪 80 年代)

第二次世界大战期间,世界各国的铁路遭到破坏。战后,由于汽车和飞机制造业迅速发展,使铁路面临公路和航空运输的激烈竞争,铁路运输市场萎缩,旅客及货物运输量不断减少,西方国家不断拆除铁路,铁路运营里程不断缩减,不少国家不得不将铁路收归国有,甚至铁路行业一度被称为“夕阳产业”。以美国为例,在 1916 年铁路线路里程高达 40. 9 万 km,到了 1955 年,铁路长度约 35 万 km,1965 年时,铁路又减少了 4 万 km,铁路客运量仅占 1940 年的 20% 。

(四)复苏期(20 世纪 80 年代至今)

1964 年,世界上第一条高速铁路——东海道新干线在日本诞生,开创了世界铁路的新纪元。东海道新干线的运营,不仅极大地推动了日本经济社会发展,也让世界重新审视铁路的价值,成为世界铁路产业复苏和崛起的推动者。

1973 年爆发石油危机,依赖于化石燃料的公路运输和航空运输一度受到制约,而铁路可使用其他形式的能源,并且单位运输的能耗较小,加上高速铁路安全性和不断发展,铁路行业重新受到世界各国的重视,焕发出新的生机和活力。

在货物运输方面,随着大功率电力机车和内燃机车、大轴重大容量货车的使用以及列车无线控制技术的发展,铁路重载运输得到了快速发展,其运量大、能耗低、经济性好,成为世界铁路发展的另一个重要趋势。

三、世界高速铁路发展史概况

(一)探索初创阶段(1964—1982 年)

相对于传统铁路,高速铁路在牵引动力、线路结构、高速运行控制、高速运输组织和经营管理等方面等领域进行了重大革新。这一阶段,高速铁路发展处于探索阶段,没有既有的经验可借鉴,需要反复的论证和试验,而且从高速铁路发展成效显现到加快发展高速铁路形成共识需要一定的过程,因此高速铁路发展缓慢。在近 20 年中,全世界只有日本先后于 1964 年、1975 年和 1982 年建成了东海道新干线、山阳新干线和上越新干线高铁,总里程 1 339 km。

（二）扩大发展阶段（1982—1998 年）

法国是世界上研究提高列车速度比较早的国家，建造高速铁路的设想始于 1965 年，在最初的计划中，法国高铁采用的是燃气轮机动车组。但随着 1973 年能源危机爆发，石油价格高涨，燃气轮机因此被弃用，转而使用电力动车组。1981 年法国第一条高速铁路（TGV 东南线）开通，最高运营速度达到 270 km/h，打破了日本新干线保持的纪录。

法国的高速铁路虽然开通晚于日本，但发展迅猛，在一些技术、经济指标上超过了日本，处于世界较领先的地位。随后，德国、意大利、西班牙、比利时等欧洲国家先后开通高速铁路。加上日本，此阶段世界共新建高速铁路 3 000 km。以德国、法国为代表，形成了各具特色的高速铁路技术体系和系列化产品。伴随着已建成高速铁路的成功运营，其以安全、快速、便捷、舒适的特性吸引了大量的乘客，成为一种极具竞争力的交通工具。

（三）快速发展阶段（1998 年至今）

1998 年 10 月在德国柏林召开了第三次世界高速铁路大会，提出高速地面交通系统的全球化，将当前高速铁路的发展定为世界高速铁路发展的第三次高潮。这次高潮波及亚洲、北美、澳洲以及整个欧洲，形成了交通领域中铁路的一场复兴运动。进入 21 世纪，中国高速铁路快速崛起，短短数十年时间内，中国已经成为世界上高速铁路系统技术最全、集成能力最强、运营里程最长、运行速度最高、行业规模最大的国家，如图 0-13 所示。中国高速铁路的快速发展，进一步推动了世界高速铁路的发展，产生了巨大的示范作用。

（a）“陆地航母”

（b）复兴号动车组

图 0-13　中国高速铁路

第三节　中国铁路的发展

一、中国铁路的萌芽和动荡时期（19 世纪 80 年代—20 世纪 50 年代）

自从 1840 年英国侵略者发动了鸦片战争，用炮舰打开了清朝政府闭关自守的大门之后，各资本主义列强相继侵略我国，我国铁路的产生过程，就是和帝国主义对我国的侵略过程联系在一起的。从那时起，中华民族无数仁人志士开始了争路权、建铁路的苦苦求索。

（一）中国第一条营运铁路

中国第一条营运铁路是 1876 年在上海修建的吴淞铁路，它是英国侵略者采用欺骗的手段修建的。该铁路从上海至吴淞镇，全长 14.5 km，轨距 762 mm，采用 13 kg/m 的钢轨。这条铁路后被清政府以 28.5 万两白银收回并拆除。

(二)中国自己投资建设的第一条铁路

1881 年的唐胥铁路(唐山至胥各庄)是中国自己修建的第一条铁路,如图 0-14(a)所示。它是当时清朝政府为了解决开平矿务公司的煤炭运输而修筑的。铁路全长约 10 km,采用 15 kg/m 的钢轨,轨距则采用 1 435 mm 的"标准轨距"。唐胥铁路前期使用骡马拖拉车辆,直到 1882 年改用机车牵引。我国工人利用矿场起重机锅炉和竖井架的槽铁等旧材料,建成了一台蒸汽机车,机车全长 224 in(单位 in 为英制英寸,5. 689 6 m)。在机车两侧各刻一条龙,把它叫作"龙号"机车,如图 0-14(b)所示。唐胥铁路以后逐步发展成为现在的京沈铁路。唐胥铁路建成,是中国铁路的首创阶段,被后人称为"中国铁路建筑史的正式开端"。

(a)李鸿章视察唐胥铁路情景

(b)"龙号"机车

图 0-14 唐胥铁路

(三)中国自主设计和建造的第一条铁路

1905 年 10 月修建的京张铁路,是第一条完全由中国工程技术人员主持、设计、施工的铁路干线。京张铁路南起北京丰台,北至张家口,全长 201 km,采用 1 435 mm 标准轨距,是在我国杰出的爱国工程师詹天佑(如图 0-15 所示)主持下,全部用中国人民自己的智慧和才能建成的。

京张铁路多处路段于崇山峻岭之中,而居庸关、八达岭一段尽是悬崖峭壁,坡陡(从南口至青龙桥站 18 km 间的最大坡度已达 33‰)、隧道工程大,詹天佑为克服地形与展线的困难,设计了"人"字形路线,使沿途线路坡度降低,又避免过多地开挖隧道,如图 0-16 所示。

图 0-15 "中国铁路之父"詹天佑

图 0-16 京张铁路人字形路线

京张铁路的修建历时 4 年,比原计划提前 2 年完工,不仅工程造价低,而且为我国培养出了一批自己的铁路工程师,在世界工程界引起强烈震撼,振奋了自尊自强的民族精神。

(四)资本主义国家直接在我国修建的铁路

1894 年,清政府在中日甲午战争中战败后,民族危机愈加深重,此后各国侵略者更加为所欲为,在华分割势力范围,争夺开矿筑路权,俄、德、英、法、比利时、日本等国分头在各地建路,即后来的中东(满洲里—绥芬河、哈尔滨—大连)、胶济(青岛—济南)、京汉、京沈、沪宁、津浦(天津—浦口)、广九(广州—九龙)、滇越(昆明—河口)、石太(石家庄、正定—太原)等铁路。

作为中国铁路的早期——晚清和民国时期,在中国大地上共修建了约 26 100 km 铁路。旧中国的铁路具有浓厚的半封建半殖民地的性质和色彩,整个铁路事业的发展缓慢又畸形,设备杂乱又管理落后。

二、中国铁路起步时期(20 世纪 50 年代—20 世纪 80 年代)

1949 年新中国成立以来,我国铁路建设有了统筹的规划和统一的标准。通过新铁路建设、改造既有铁路、大力发展铁路工业,截至 1978 年,我国铁路运营里程增长到 5.2 万 km,铁路网骨架初步形成,全国除了西藏以外的省、市、自治区均有铁路通达,铁路成为国民经济大动脉。

(一)新中国自主修建的第一条铁路

新中国成立后,西南刚刚解放,战争尚未完全平息,社会秩序尚未安定,党中央和政府决定在极其艰难的条件下立即开始兴建成渝铁路(成都—重庆)。1950 年 6 月,成渝铁路全线开工,在开工典礼上国家领导人亲手将一面绣有“开路先锋”的锦旗授予筑路大军,揭开了修筑成渝铁路的序幕,如图 0-17(a)、(b)所示。1952 年 6 月 13 日成渝铁路峻工,全长 505 km,是新中国成立后自行设计、自行施工、使用自产材料修成的第一条千里干线,结束了四川人民 40 多年没有正式铁路的历史,在中国铁路发展史上具有极其重要的意义,如图 0-17(c)所示。

素养教育

新中国第一条铁路，炼就永远的开路先锋

(a) 成渝铁路筑路大军

(b) “开路先锋”旗帜

(c) 成渝铁路通车

图 0-17 成渝铁路

(二)中国第一条穿越沙漠的铁路

包兰铁路于 1954 年 10 月动工,1958 年 10 月开通运营,全长 990 km,横贯内蒙古、宁夏、甘肃三省区,穿越茫茫腾格里沙漠,是华北通往西北的重要干线,也是中国第一条沙漠铁路,如图 0-18 所示。几十年间,沙漠科研人员和固沙工人在铁路沿线的沙丘上共铺设草障 67 000 多亩,形成了一条长 55 km、宽 500 m 的绿色长廊,被国外专家誉为“中国人创造的奇迹”,并荣获联合国"全球500佳环境保护奖"称号。

(a)包兰铁路通车

(b)在沙漠之中穿行的包兰铁路

图0-18 包兰铁路

(三)中国第一条电气化铁路

宝成铁路北起陕西宝鸡,过略阳、阳平关入四川,再经广元到达成都,全长668.2 km。宝成铁路于1952年7月1日动工,1956年7月12日全线接轨,1958年1月1日正式运营通车,全线采用蒸汽机车牵引。从1958年6月起,宝成铁路进行了电气化改造工程,1975年7月1日全线完成电气化改造,成为中国第一条电气化铁路,如图0-19所示。

(a)宝成铁路全线电气化通车

(b)宝成线秦岭展线

(c)宝成线翻越秦岭

图0-19 宝成铁路

(四)20世纪人类征服自然的三大奇迹之一

素养教育

英雄的成昆铁路

成昆铁路自四川成都至云南昆明,全长1 096 km,于1958年7月动工,1970年7月竣工通车,如图0-20所示。成昆铁路土石方工程近1亿 m^3,隧道427座、延长345 km,桥梁991座、延长106 km,桥隧总延长占线路长度的41%。全线122个车站中有41个因地形限制而设在桥梁上或隧道内。这条铁路是西南地区的路网骨架,对开发西南资源、加速国民经济建设、加强民族团结和巩固国防都具有重要意义。

成昆铁路突破"筑路禁区"建成通车,创造了世界交通史上的奇迹,其修建技术获得了中国首届国家"科技进步奖"特别奖,被联合国组织评为"20世纪人类征服自然的三大奇迹"之一。2009年8月25日,获新中国成立60周年"百项重大经典建设工程"称号。

此外,修建了为开发西南、西北地区的黔桂、川黔、昆贵、湘黔、湘渝、阳安、天兰、兰新、兰青、青藏(西格段)及南疆等铁路;为增强中部及东部地区运输能力而修建的京原、京通、通让、京承、太焦、焦柳、汉丹、皖赣等铁路；为通往沿海港口修建的黎湛、蓝烟、鹰厦、外福、萧穿等铁路；为通往邻国修建的来宾至友谊关、集宁至二连等铁路。同时在长江、黄河等大江大河上修建了不少铁路桥梁，连接了各条干线，从而基本上形成了全国铁路网的骨架。

（a）成昆铁路通车

（b）一线天桥

图 0-20　成昆铁路

三、中国铁路步入新的发展时期（20 世纪 80 年代—20 世纪末）

1978 年 12 月，党的十一届三中全会作出了把党和国家重心转移到经济建设上来、实行改革开放的历史性决策。

1978 年，中国改革开放的总设计师邓小平访日期间乘坐新干线列车时感慨，“就感觉到快，有催（着）人跑的意思，我们现在正合适坐这样的车”，激发了无数铁路人的昂扬斗志。

面对铁路运能全面紧张的状况，铁路部门提出了“北战大秦，南攻衡广，中取华东”的战略，自此，铁路建设大会战全面打响，中国铁路改造提速拉开帷幕。

（一）中国第一条双线电气化重载铁路

大秦铁路是我国第一条双线电气化开行重载单元列车的运煤专用铁路，于 1985 年 1 月开工，1992 年 12 月全线开通运营，如图 0-21 所示。大秦铁路自山西省大同市至河北省秦皇岛市，通贯山西、河北、北京、天津，全长 653.2 km。平均不到 15 min 就有一列运煤列车呼啸而过，将上万吨煤炭运至数百公里之外的秦皇岛港装船。

（a）大秦铁路运行图

（b）卸煤作业

图 0-21　大秦铁路

（二）中国第一条准高速铁路

1994 年，广深铁路完成既有线准高速改造；同年 12 月 22 日，广深铁路开行中国首列准高速客车，第一次采用DF11型准高速内燃机车和25Z型客车，最高时速度160 km，全程行车时间缩短至1 h 5 min。

（三）中国一次建成里程最长铁路干线

京九铁路（北起北京，南至深圳，经广九铁路与香港九龙相连）沿线行经京、津、冀、鲁、豫、皖、鄂、赣、粤九省市，正线全长2 397.5 km，另加天津至霸州、麻城至武汉联络线155.7 km，共计长2 553.2 km，是我国铁路建设史上规模最大、投资最多，一次建成里程最长的铁路干线。

京九铁路于1996年9月开通运营，它的建成对完善我国路网布局，缓解南北运输紧张状况，带动沿线地方资源开发，推动革命老区经济发展，形成一条新的南北经济增长带，连接港澳地区促进祖国的和平统一大业，都具有十分重要意义。

四、中国铁路高速发展时期（21世纪以来）

进入21世纪以后，我国铁路建设进入了黄金机遇期，铁路现代化建设事业发展更为显著，取得了世人瞩目的辉煌成就。

（一）普速铁路建设

1. 中国第一条跨海铁路通道

粤海铁路于2003年1月7日正式开通，由“两线一渡”工程组成，即广东省境内的湛江至海安铁路、琼州海峡铁路轮渡、海南省境内的海口至叉河西环铁路，全长568.3 km，如图0-22所示。粤海铁路通道结束了海南岛与祖国大陆间不通火车的历史，对促进海南岛、雷州半岛等地经济发展及其与大陆政治、经济、文化交流，加快我国南海海洋资源开发利用，具有十分重要的意义。

图0-22　粤海铁路渡口

2. 世界海拔最高、线路最长的高原铁路

青藏铁路由西宁至格尔木段和格尔木至拉萨段合成，全长1 956 km，是重要的进藏路线，被誉为天路，是世界上海拔最高、线路最长的高原铁路，是中国新世纪四大工程之一。中国在施工中克服了多年冻土、高寒缺氧、生态脆弱三大世界难题，于2006年7月1日建成投入运营，2013年9月入选“全球百年工程”，是世界铁路建设史上的一座丰碑。

(二)高速铁路建设

2004 年,《中长期铁路网规划》颁布,吹响了大规模规划建设高铁的进军号角。

1. 中国第一条设计时速 350 km 的高速铁路

京津城际铁路起点为北京南站,终点为天津站,线路全长 166 km,于 2008 年 8 月投入运营,列车运行最高速度为 350 km/h,是中国首条设计时速 350 km 的高速铁路。

2. 世界上一次建成里程最长、技术标准最高的高速铁路

2011 年 6 月 30 日,世界一次建成线路最长、标准最高的京沪高速铁路全线开通运营,如图 0-23(a)所示。京沪高铁全长 1 318 km,连接京沪两地,贯通我国东部最发达地区,设计时速 350 km,初期运营时速 300 km。2010 年 12 月 3 日,新一代"和谐号"动车组 CRH380AL 在京沪高速铁路枣庄—蚌埠间试验段创造了时速 486.1 km 的世界铁路运营试验最高速纪录,如图 0-23(b)所示。

(a)京沪高铁开通

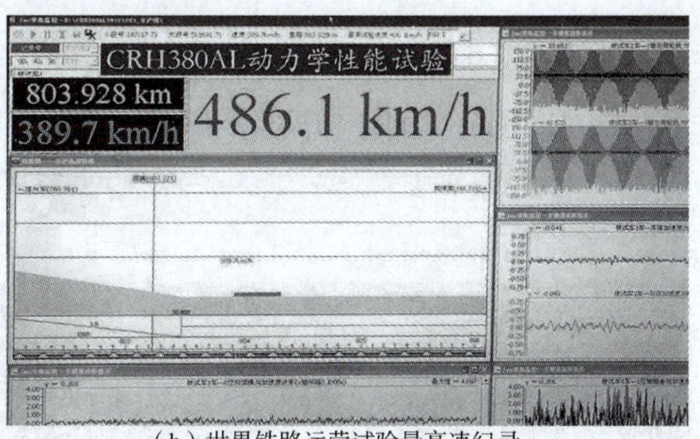

(b)世界铁路运营试验最高速纪录

图 0-23　京沪高铁

3. 世界上第一条高寒地区高速铁路

2012 年 12 月 1 日世界上第一条高寒地区高速铁路——哈大高速铁路正式开通运营。哈大高铁连接哈尔滨和大连,全长 921 km,设计时速 350 km。运营初期实行冬季、夏季运行图,夏季最高运营时速 300 km,冬季最高运营时速 200 km。2015 年 12 月,实行冬夏相同的运行图,全年按时速 300 km 运营。

4. 世界上运营里程最长的高速铁路

2012 年 12 月 26 日京广高速铁路全线开通运营,途经北京、河北、河南、湖北、湖南、广东等省(市),全长 2 298 km,是世界上运营里程最长的高速铁路,跨越温带、亚热带、多种地形地质区域和众多水系,设计时速 350 km。

5. 世界上第一条环岛高铁

2015 年 12 月 30 日,海南环岛高铁西段开通运营,与 2010 年 12 月开通运营的海南环岛高铁东段实现连通,标志着全球首条环岛高铁全线贯通,旅客乘高铁环游海南岛成为现实。海南环岛高铁北起海口站、南至三亚站,环线全长 653 km,列车最高运营速度 250 km/h,如图 0-24 所示。

6. 世界上第一条智能化高速铁路

京张高铁正线全长约 174 km,于 2016 年 4 月 29 日开工建设,2019 年 12 月 30 日正式开通

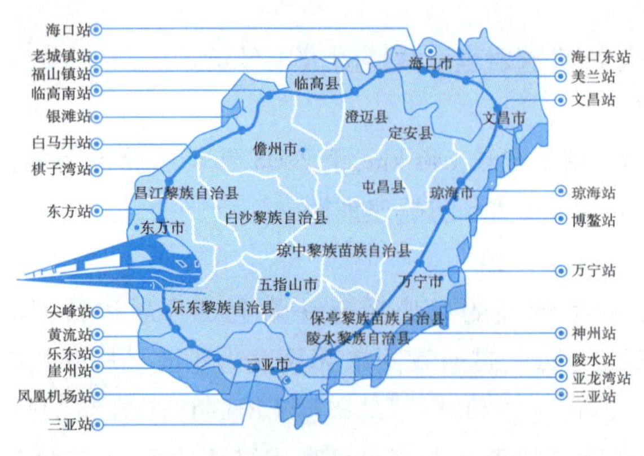

(a) 海南环岛高铁示意图

(b) 海南环岛高铁运行

图 0-24　海南环岛高铁

运营，为 2022 年北京冬奥会提供了交通运营服务保障，如图 0-25 所示。它是采用北斗卫星导航系统及 CTCS3 + ATO 列控技术的设计时速为 350 km 的智能化高速铁路，也是一条最高设计时速 350 km 的高寒、大风沙高速铁路。同时还建成了埋深102 m、地下建筑 4.1 万 m^2 的高铁八达岭长城站。

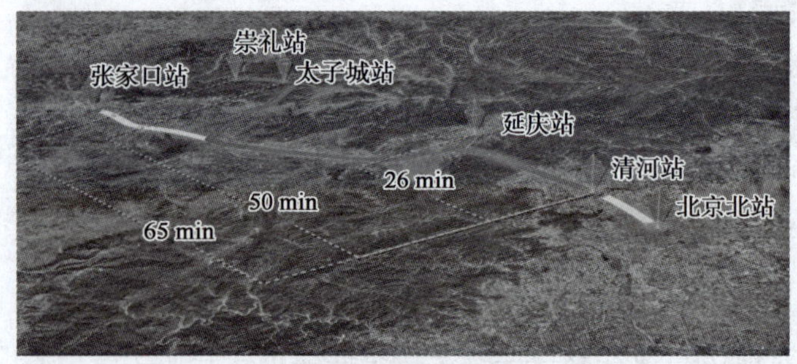

(a) 京张高铁线路示意图

(b) 京张高铁智能复兴号

图 0-25　京张高铁

五、中国铁路发展规划

2020 年，《新时代交通强国铁路先行规划纲要》正式发布，明确了中国铁路未来 30 年的发展蓝图。纲要提出，到 2035 年，我国现代化铁路网率先建成。铁路网内外互联互通、区际多路畅通、省会高效连通、地市快速通达、县域基本覆盖、枢纽衔接顺畅，网络设施智慧升级，有效供给能力充沛。全国铁路网 20 万 km 左右，其中高铁 7 万 km 左右。20 万人口以上城市实现铁路覆盖，其中 50 万人口以上城市高铁通达。到 2050 年，全面建成更高水平的现代化铁路强国，全面服务和保障社会主义现代化强国建设。

（一）建设发达完善的现代化铁路网

1. 构建现代高效的高速铁路网

“八纵八横”高铁网有序推进建设，贯通高速铁路主通道。科学有序推进区域性高速铁路建设，扩大高速铁路网覆盖范围。适时推进既有高速铁路通道的平行线路建设，强化繁忙高速铁

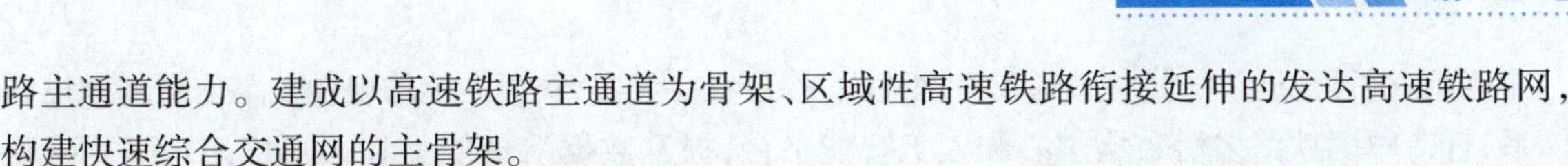

路主通道能力。建成以高速铁路主通道为骨架、区域性高速铁路衔接延伸的发达高速铁路网，构建快速综合交通网的主骨架。

“八纵八横”高速铁路主通道中的“八纵”为:沿海通道、京沪通道、京港(台)通道、京哈—京港澳通道、呼南通道、京昆通道、包(银)海通道、兰(西)广通道;“八横”为:绥满通道、京兰通道、青银通道、陆桥通道、沿江通道、沪昆通道、厦渝通道、广昆通道。

2. 形成覆盖广泛的普速铁路网

建设川藏等进出藏、疆铁路,优化完善普铁主干线通道。加强地区开发性及沿边铁路建设，畅通铁路集疏运体系及路网“前后一公里”。实施既有线扩能改造,消除干线通道瓶颈,优化集装箱、快捷、重载等运输网,强化沿江等重点区域货运能力。建成以普铁主干线为骨架、区域性铁路延伸集散的现代化普速铁路网,形成干线综合交通网的主动脉。

3. 发展快捷融合的城际和市域铁路网

在经济发达、人口稠密的城镇化地区构建多层次、大容量、通勤式、一体化的快捷轨道网,打造城市群综合交通网的主骨干。城市群中心城市之间及与其他主要城市间发展城际铁路,服务快速通勤及商贸出行。都市圈超大、特大城市中心城区与郊区、周边城镇组团间发展快速市域(郊)铁路,服务公交化便捷通勤出行。

4. 构筑一体衔接顺畅的现代综合枢纽

按照“零距离”换乘要求,建设以铁路客站为中心的综合客运枢纽,强化枢纽内外交通有机衔接,促进客站合理分工及互联互通,推进干线铁路、城际铁路、市域(郊)铁路和城市轨道交通“四网融合”及与机场高效衔接,实现方便快捷换乘。按照“无缝化”衔接要求,建设以铁路物流基地为中心的货运枢纽,完善货运枢纽集疏运体系、城市配送体系以及多式联运、换装转运体系,提升货运场站数字化、智能化水平,推动货运枢纽向现代综合物流枢纽转型。

(二)发展自主先进的技术装备体系

1. 提升基础设施技术装备水平

提升基础设施全生命周期发展水平,推进设施数字化、智能化升级。完善无砟轨道结构体系和标准体系,优化服役性能品质,延长使用周期,提升无砟轨道紧急抢修、大修更换技术,推广应用自主先进的无砟轨道结构。推进工电技术装备标准化、简统化。自主研发新型智能列控系统、智能牵引供电系统、智能综合调度指挥系统以及新一代铁路移动通信系统。创新应用空天地一体化和智能化综合勘察设计装备技术。研发适应极复杂环境条件的超大、超深、超难工程建造装备技术,发展智慧工地等智能建造装备技术。

2. 加强新型载运工具研发应用

加快复兴号系列化动车组研制,研究新一代高速动车组、智能动车组、城际及市域动车组、旅游新型列车,换代升级普速客车。研发高速货运动车组、3 万 t 级重载列车以及时速 160 km 及以上快捷货运、27 t 及以上轴重重载货运、标准化集装化货运装备、新型冷链、驮背运输、跨境联运及特种货运等新型专用车辆。完善机车产品谱系,研制新一代电力、内燃、混合动力、新能源及多源制机车。研发应用智能大型养路机械、新型智能综合检测和综合作业装备以及智能检测监测、运营维护等技术。研发适应铁路走出去要求的系列载运装备及其运维体系。

3. 以新型基础设施赋能智慧发展

加大 5G 通信网络、大数据、区块链、物联网等新型基础设施建设应用,丰富应用场景,延伸产业链条，统筹推进新一代移动通信专网建设，构建泛在先进、安全高效的现代铁路信息基础设施体系，打造中国铁路多活数据中心和人工智能平台，提升数据治理能力和共享应用水平。强化铁路网络和信息系统安全防护能力，确保网络信息安全。以推动新一代信息技术与铁路深度融合赋能赋智为牵引，打造现代智慧铁路系统。

（三）拓展互利共赢的开放合作空间

1. 打造互联互通铁路通道网络

积极推进与周边国家铁路基础设施互联互通，构建互联周边、联通亚欧、辐射“一带一路”倡议的铁路国际运输大通道。加强与其他国家铁路规划建设对接，注重分类施策，推进重点项目共商共建共享。加快西部陆海新通道建设，高效衔接“一带一路”，提升内联外通水平，助力陆海双向开放。

2. 完善国际铁路物流服务体系

围绕发挥中欧班列通道作用，开辟境外新通道，培育班列枢纽城市，合作建设境外枢纽节点，形成便捷高效的国际铁路联运网络，如图 0-26 所示。加强统一品牌建设，推进智慧便利大通关，打造丝路数字班列。

3. 深化铁路国际交流与合作

发挥中老铁路、雅万高铁（如图 0-27 所示）“一带一路”倡议标志性工程项目示范引领作用，推进铁路全方位高质量走出去。加快中国铁路技术标准国际化，提升中国铁路品牌的国际影响力。

图 0-26　中欧班列

图 0-27　雅万高铁

第四节　中国铁路的建设运营与管理

素养教育

简单而不平凡的铁路路徽

一、中国铁路体制变革概述

（一）精干主业、主辅分离

新中国成立后，中央人民政府铁道部成立。1950 年，铁路路徽正式公布，“ ”代表机车正面；“ ”代表人民；“ ”钢轨的横断面代表铁道；整图意义：表示人民铁道。

2004 年之前，我国铁路系统享有很高的独立性，组织管理自成体系。1998 年开始，铁道部进入改革力度最大的时期，所属工程、建筑、工业、物资、通信五大领域公司与铁道部实行结构式分离,分别成立了中国铁路工程总公司(简称“中国中铁”)、中国铁道建筑总公司(简称“中国铁建”)、中国铁路机车车辆工业总公司(现为“中国中车”)、中国铁路通信信号总公司(简称“中国通号”)、中国铁通集团有限公司、中国铁路物资总公司等公司,移交国资委管理。

(二)运输体制改革

2005 年之前,我国铁路的管理体制是四级:铁道部—铁路局—铁路分局—铁路站段。该体制下,铁路局、铁路分局两级法人以同一方式经营同一资产,使得铁路系统具有资源浪费大、管理效率低、运营成本高等弊端,阻碍了铁路运输生产力的发展。

2005 年 3 月,全国撤销 43 个铁路分局,设置 18 个铁路局(公司)直接管理站段,并在大多数原分局所在地设立作为铁路局派出机构的办事处,从而形成由铁道部—铁路局—基层站段三级组成的管理层次;2012 年,铁道部进一步规范了铁路办事处的设置,除保留北京和徐州办事处外,对铁路局所在地和非省会(直辖市)的铁路办事处予以撤销。

(三)政企分离

2013 年之前,我国铁路实施“政企合一”的组织管理模式,中华人民共和国铁道部是中华人民共和国铁路事务的最高主管机关,是中华人民共和国国务院的组成部门之一。

2013 年 3 月,根据《国务院机构改革和职能转变方案》,铁道部实行铁路政企分开。将铁道部拟定铁路发展规划和政策的行政职责划入交通运输部;组建国家铁路局,由交通运输部管理,承担铁道部的其他行政职责,负责拟订铁路技术标准,监督管理铁路安全生产、运输服务质量和铁路工程质量等;组建中国铁路总公司,承担铁道部的企业职责,负责铁路运输统一调度指挥,经营铁路客货运输业务,承担专运、特运任务,负责铁路建设,承担铁路安全生产主体责任等。

2017 年 11 月 19 日,中国铁路总公司 18 个铁路局完成企业身份转换,改制为集团有限公司,标志着铁路公司制改革取得重要成果,为国铁实现从传统运输生产型企业向现代运输经营型企业发展迈出了重要一步。

2019 年 6 月 18 日,经国务院批准同意,中国铁路总公司改制成立中国国家铁路集团有限公司(简称“国铁集团”),为国有独资公司,由中央管理,主要以铁路客货运输为主业,实行多元化经营。

我国目前的铁路建设、运营和管理模式是国家铁路局对铁路运输进行行政管理,中国中铁和中国铁建等建筑企业进行铁路施工,中国中车进行铁路载运工具设计和制造,中国通号进行铁路通信信号设备设计和制造,国铁集团负责铁路运营管理,如图 0-28 所示。

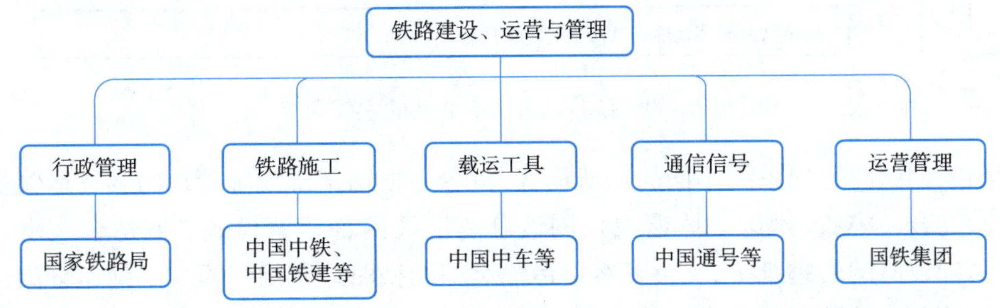

图 0-28　中国铁路建设、运营和管理单位

二、铁路的行政管理

国家铁路局由交通运输部管理，是国家对铁路运输进行行政管理的最主要部门。

国家铁路局的内设机构主要包括综合司(外事司)、科技与法制司、安全监察司、运输监督管理司、工程监督管理司、设备监督管理司等。国家铁路局的主要职责如图 0-29 所示。

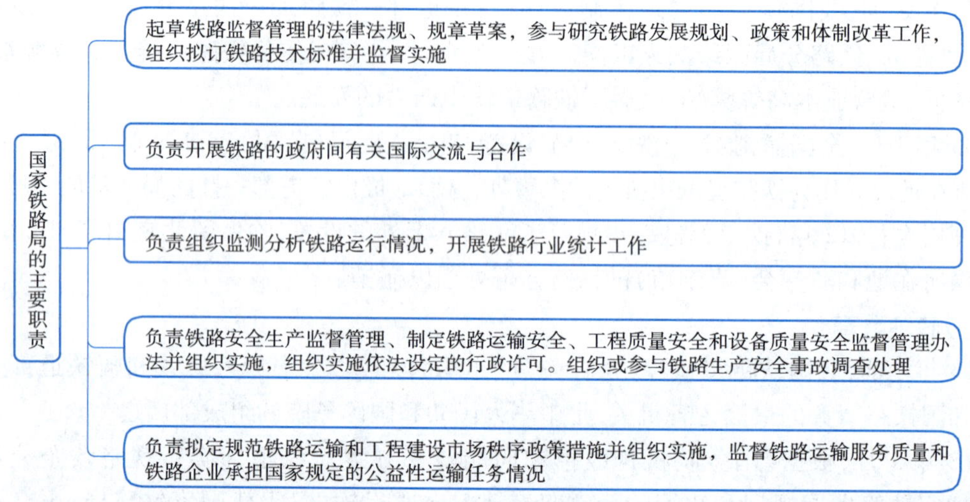

图 0-29　国家铁路局的主要职责

三、铁路的运营管理

(一)运营模式

铁路运输生产是以列车装载旅客和货物，沿着铁路线路运行，从而实现旅客和货物的位移。因此，有关旅客和货物的位移以及机车、车辆和列车的移动，都属于铁路运营活动。为安排、组织铁路运营活动所进行的各种工作，统称为铁路运输组织与管理工作，也称铁路运营工作。铁路运营工作的主要内容如图 0-30 所示。

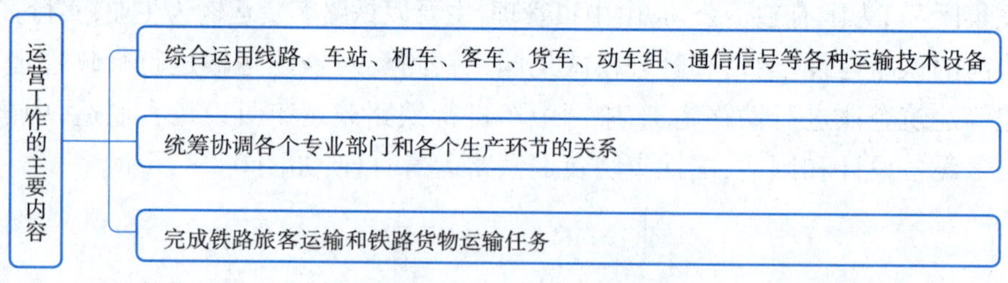

图 0-30　铁路运营工作涉及的主要内容

不同国家的铁路可以采用不同的运营模式，世界上根据基础设施管理与客货运输是否分离主要分为网运合一模式(网运一体模式)、网运分离模式两种运营模式。网运合一模式是指既负责铁路基础设施的管理维护，又负责客货运输组织的铁路运营组织模式。网运分离模式是指把具有自然垄断性的铁路基础设施与具有市场竞争性的铁路客货运输分离开，实行分别管理的运营组织模式。我国铁路现采用网运合一运营组织模式。

随着高速铁路的大规模建设，中国出现了很多的合资高速铁路公司，大部分高速铁路（城际铁路）采用委托运输的运营管理模式，即合资铁路公司负责铁路建设，并通过协议将运输组织管理、运输固定设备管理、运输移动设备管理、运输安全管理等委托给国铁集团及下属相应的铁路局集团有限公司（简称“铁路局集团公司”）。

基于网运合一模式，国铁集团既负责国家铁路路网的建设、管理、维护，又负责客货运输组织。其组织机构从纵向上可以分为管理机构和生产机构，从横向上可以分为车务、机务、工务、电务、车辆、供电、房建等业务部门。

（二）国铁集团的机构职能

国铁集团实行两级法人（国铁集团、铁路局集团公司）、三级管理（国铁集团、铁路局集团公司、站段）的管理方式。

1. 主要专业部门

国铁集团设置与运输组织紧密相关的运输部（总调度长室）、客运部、货运部、机辆部、工电部、安全监督管理局和运输调度指挥中心。这些部门共同负责铁路运输统一调度指挥、经营铁路客货运输业务、承担专运特运任务、承担铁路安全生产主体责任等，其主要职责如图 0-31 所示。

2. 所属运输企业

国铁集团所属运输企业包括铁路局集团公司（18 个）和专业运输公司（3 个），如图 0-32 所示。

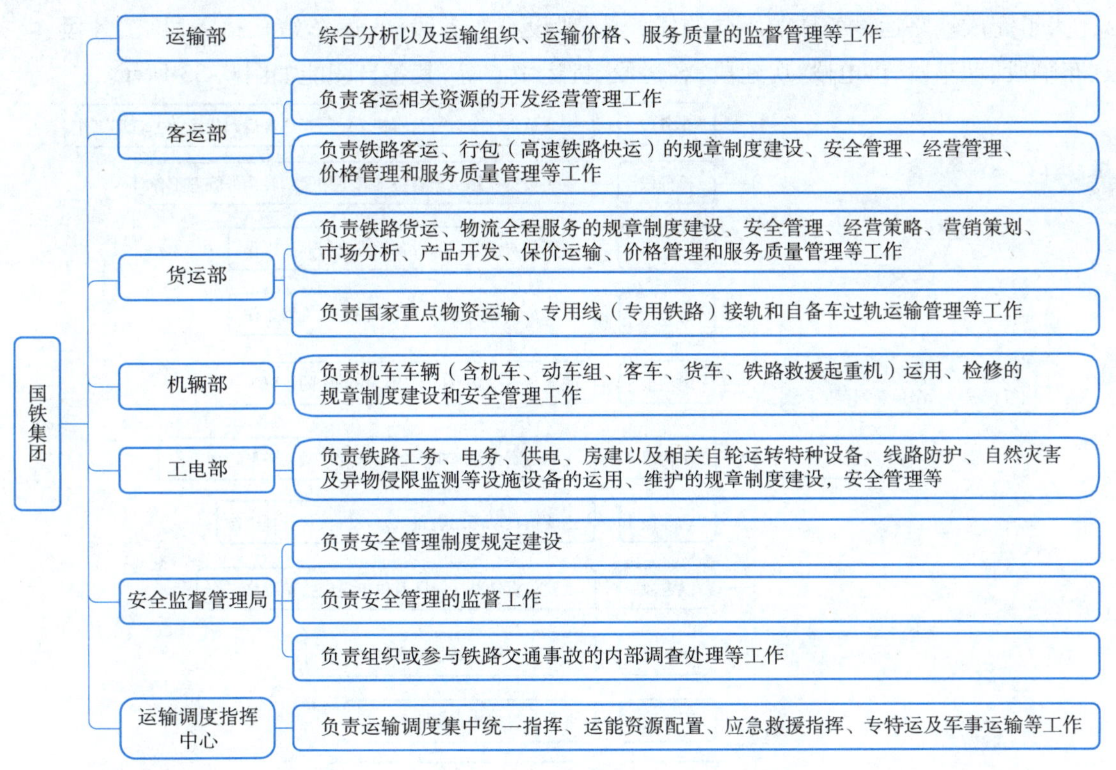

图 0-31　国铁集团各主要专业、安全机构及职能

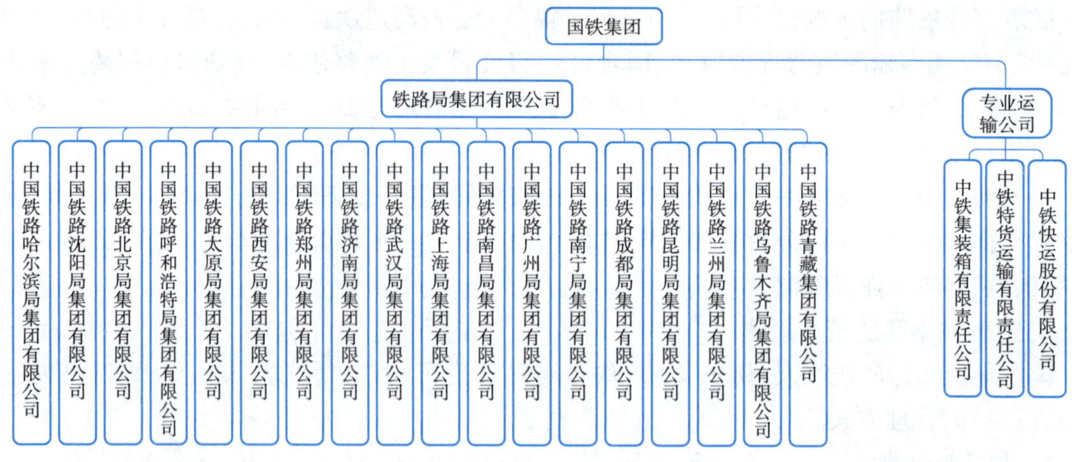

图 0-32　国铁集团所属运输企业

各铁路局集团有限公司一般设置与国铁集团部、局职能对应的运输管理部门,对铁路局管辖范围内的铁路日常运输生产实施统一指挥和组织,主要工作是列车运行指挥、货物装卸和列车开行的计划与组织以及车流调整等。

3. 基层站段

铁路局集团有限公司下设若干个站段,各个站段是生产机构,设置机关科室对基层运输组织工作进行组织管理,是铁路运输生产过程的具体实施者。

为了完成铁路运输各环节不同的任务,一般设有车务段(直属车站)、机务段、工务段、电务段、车辆段、动车段、供电段、房建段、客运段、货运中心等,其各自职能如图 0-33 所示。

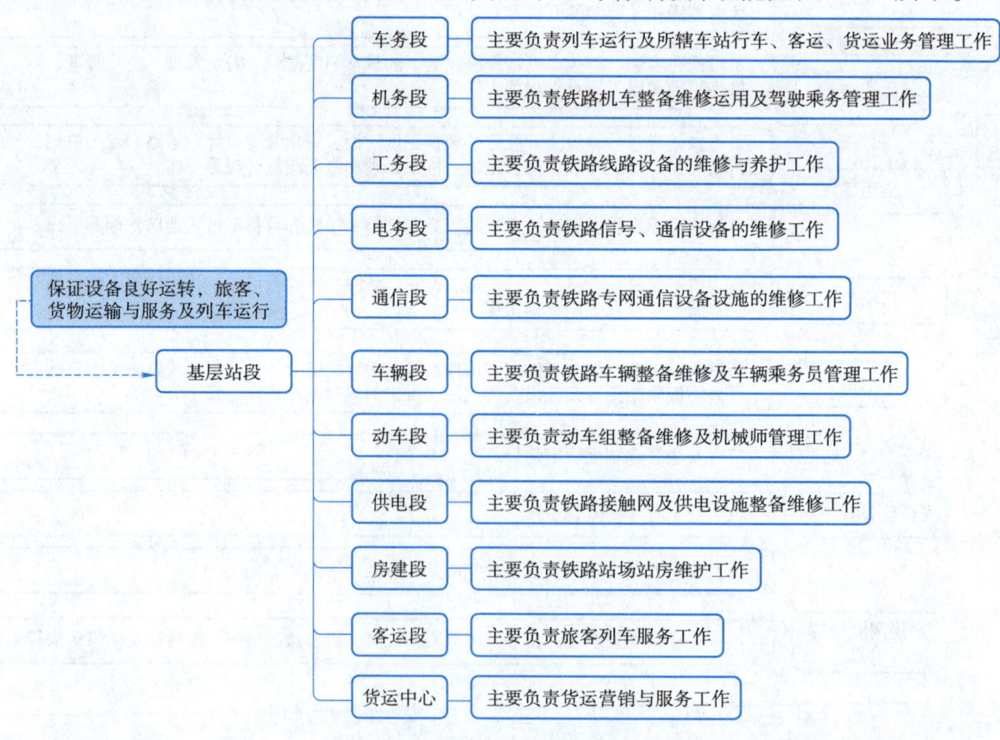

图 0-33　基层站段组成和工作职能

铁路运营系统内部岗位(工种)众多,按专业分类,可以分为基础固定设备管理维护(工务、电务、供电、房建)、移动设备管理维护(机车、车辆、动车组)、运输组织与管理(车务、客运、货运)。

试题

绪论

巩固练习

一、填空题

1. 我国交通运输业的发展方向是__________运输发挥骨干作用。

2. 现代交通运输业主要包括__________、__________、__________、__________及__________运输。

3. 运输能力最强的运输方式是__________运输;运输成本最高的是__________运输。

4. 1881 年中国人自己创办的第一条铁路叫__________铁路。

5. 我国杰出的铁路工程师詹天佑在京张铁路建设中巧妙采用__________形展线方案。

6. 新中国修建的第一条铁路叫__________铁路。

7. 世界上第一条高寒地区高速铁路是__________铁路。

8. 京沪高铁在 2010 年 12 月 3 日创造了__________ km/h 的世界铁路运营试验最高速度纪录。

9. 铁路按照运输需求的不同,可分为__________、__________、__________和__________四种类型。

10. 国铁集团基层站段按照业务范围不同,有__________、__________、__________、__________、__________、__________、房建等业务部门。

二、选择题

1. 不同的运输方式中,(　　)的运输方式的送达速度最快。

A. 铁路运输　　B. 内河运输　　C. 公路运输　　D. 航空运输

2. 1964 年,世界上第一条高速铁路——(　　)在日本诞生,开创了世界铁路的新纪元。

A. 东海道新干线　　B. 北海道新干线　　C. 南海道新干线　　D. 西海道新干线

3. 沙俄侵占东北时修筑的是(　　)。

A. 中东铁路　　B. 唐胥铁路　　C. 胶济铁路　　D. 京张铁路

4. 世界上第一条铁路诞生于(　　)。

A. 1776 年　　B. 1804 年　　C. 1825 年　　D. 1876 年

5. 世界铁路的标准轨距是(　　)。

A. 762 mm　　B. 900 mm　　C. 1 000 mm　　D. 1 435 mm

6. 第一条完全由中国工程技术人员主持、设计、施工的铁路干线是(　　)。

A. 西苑铁路　　B. 唐胥铁路　　C. 吴淞铁路　　D. 京张铁路

7. 中国的第一条电气化铁路是(　　)。

A. 宝成铁路　　B. 大秦铁路　　C. 京九铁路　　D. 成渝铁路

8. 中国第一条重载单元铁路是(　　)。

A. 朔黄铁路　　B. 大秦铁路　　C. 京九铁路　　D. 成渝铁路

9. 中国一次性建成里程最长的铁路是(　　)。

A. 宝成铁路　　B. 大秦铁路　　C. 京九铁路　　D. 成渝铁路

10. 中国第一条跨海铁路是(　　)。

A. 港珠澳铁路　　B. 海南东环铁路　　C. 京九铁路　　D. 粤海铁路

11. 家喻户晓的青藏铁路全线通车于(　　)。

A. 1984 年　　B. 2003 年　　C. 2006 年　　D. 2008 年

12. 世界上一次建成线路最长、标准最高的高速铁路是(　　)。

A. 兰新高速铁路　　B. 京沪高速铁路

C. 哈大高速铁路　　D. 京广高速铁路

13. 按照《新时代交通强国铁路先行规划纲要》规划,到 2035 年,我国铁路网规模达到(　　)。

A. 15 万 km 左右　　B. 17.5 万 km 左右　　C. 20 万 km 左右　　D. 30 万 km 左右

三、简答题

1. 简述现代交通运输在国民经济中的作用。
2. 简要分析五种运输方式的优点及其适用范围。
3. 简述我国未来国家综合立体交通网组成情况。
4. 简述高速铁路是如何定义的?
5. 简述世界铁路的发展。
6. 简述我国铁路的建设成就。
7. 成昆铁路为何能被誉为 20 世纪人类征服自然的三大奇迹之一?
8. 简述我国铁路运营模式。

项目一 铁路线路

项目描述

铁路线路是由路基、桥隧建筑物和轨道组成的一个整体工程结构,是机车车辆和列车运行的基础,直接承受机车车辆轮对传来的荷载。为了保证列车能按规定的最高速度安全、平稳和不间断地运行,使铁路运输部门能够质量完好地完成客货运输任务,铁路线路必须经常保持完好状态。本项目主要介绍铁路线路平面和纵断面组成,路基、桥隧、轨道的组成和分类,以及铁路限界的有关规定和工务作业的基本知识。

学习目标

知识目标

(1)理解铁路基本建设程序的概念。

(2)掌握铁路线路等级划分。

(3)熟悉线路平面和纵断面的组成要素。

(4)掌握限制坡度及换算坡度的计算。

(5)掌握铁路线路标志内涵。

(6)熟悉路基组成,掌握路堤、路堑、路基防护、排水设施的基本构造。

(7)熟悉桥梁、涵洞、隧道、轨道的类型和构造。

(8)掌握钢轨、轨枕、道岔等主要部件的标准。

(9)熟悉线路设备维修管理组织。

(10)熟悉铁路线路修理的主要内容。

能力目标

(1)能够说出铁路建设项目基本建设程序和各阶段的工作。

(2)能够区分不同铁路的主要技术标准和铁路等级。

(3)能够识读线路的平面图和纵断面图。

(4)能够识读各种线路标志。

(5)能够识别路基、桥梁、涵洞、隧道类型及构造。

(6)能够根据实物指出轨道各部件名称、标准、用途。

(7)能够分析普速铁路对钢轨、轨枕、道岔、道床等部件的基本要求。

(8)能够区分线路设备大修和维修的内容。

素养目标

(1)以京沪高铁为引入案例,了解我国高铁技术的先进性,培养学生的民族自豪感。

(2)通过对京张铁路的介绍,引导学生感受特殊历史背景下的艰难胜利,培养学生的民族精神。

(3)通过对青藏铁路的介绍,引导学生了解铁路科技创新,培养学生的创新精神。

(4)通过对铁路脱轨事故的介绍,分析事故原因,培养学生科学严谨的工作态度和安全意识。

学习导航

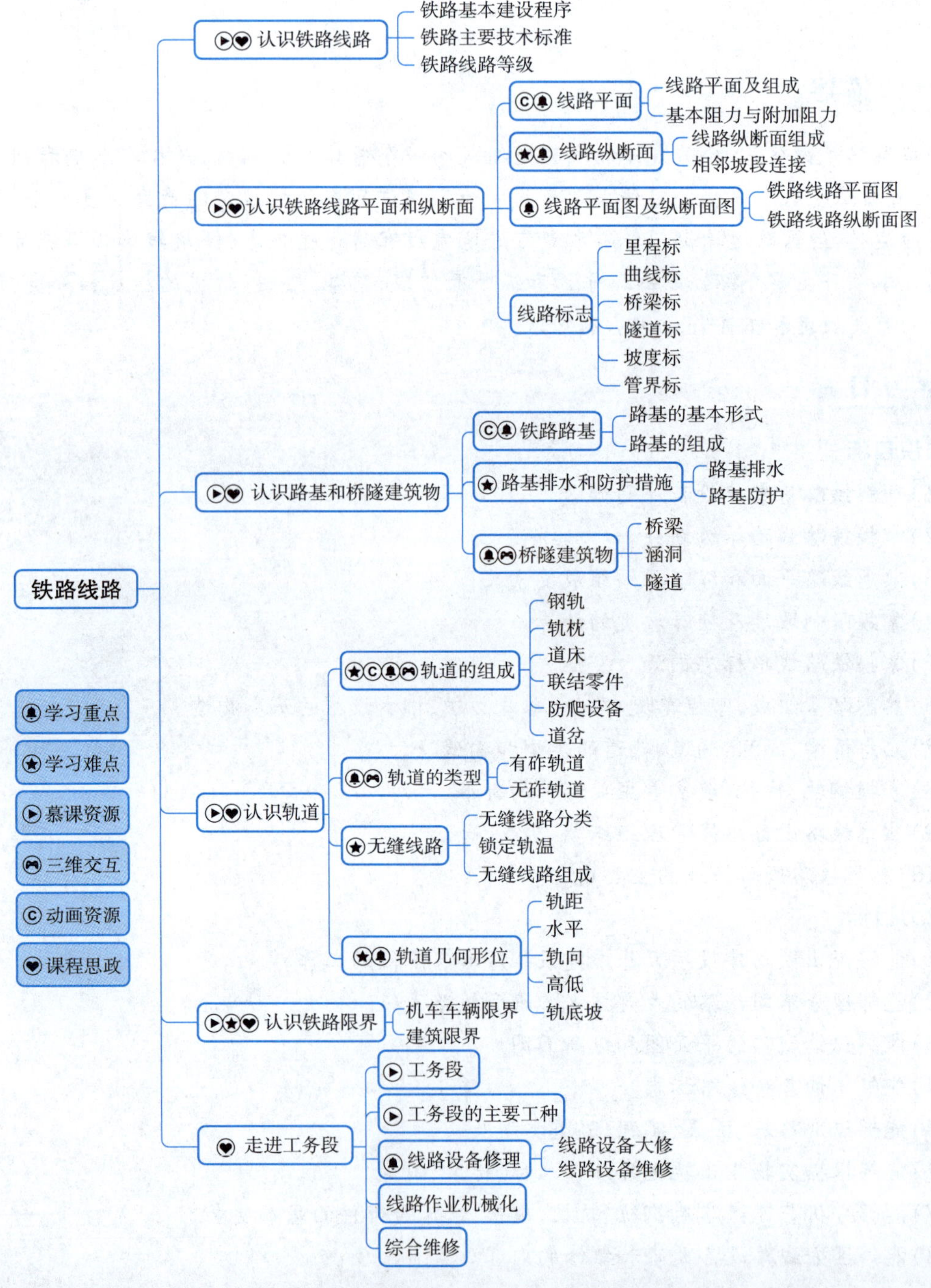

任务一　认识铁路线路

任务引入

目前从北京到上海，乘坐京沪高速铁路最快仅需要 4 h 18 min，大大缩短了出行时间。京沪高速铁路（简称京沪高铁）线路全长 1 318 km，途经北京、天津、河北、山东、安徽、江苏、上海等四省三市，设北京南、天津西、沧州西、济南西、蚌埠南、南京南、上海虹桥等 24 个车站。京沪高速铁路通行列车如图 1-1 所示。京沪高速铁路构建了中国高铁标准体系与技术体系，支撑了中国高速铁路的快速发展，打造了技术先进、安全可靠、性价比高的中国高铁品牌，以京沪高速铁路为代表的高铁已成为中国一张亮丽的“国家名片”。像京沪高铁如此高标准的大型铁路工程是怎样建设的？主要技术标准有哪些呢？

图 1-1　京沪高速铁路通行列车

任务描述

对于铁路这样的大型基础设施建设应严格按照国家规定的程序进行，必须符合国家和行业规定的技术标准。通过本任务学习掌握铁路基本建设程序，能够说出铁路主要技术指标，能够判断铁路线路等级。

相关知识

一、铁路基本建设程序

铁路基本建设程序是指铁路建设项目从决策、设计、施工、竣工验收直到建成投产的全过程中，各个阶段、各个步骤、各个环节所必须遵循的顺序和制度。根据《中国铁路总公司铁路建设管理办法》（铁总建设〔2015〕78 号），铁路建设项目按照立项决策、勘察设计、工程实施和竣工验收的基本程序组织建设。

1. 立项决策阶段

依据中长期铁路网和铁路建设规划，对拟建项目进行预可行性研究，编制项目建议书；根据批准的项目建议书，在初测基础上进行可行性研究，编制可行性研究报告。项目建议书和可行性研究报告按规定报批。工程简易的建设项目，可直接进行可行性研究，编制可行性研究报告。

2. 勘察设计阶段

根据批准的可行性研究报告，在定测基础上开展初步设计。初步设计经审查批准后，开展施工图设计和审核工作。

3. 工程实施阶段

按规定组织工程招标投标、编制开工报告。开工报告批准后，依据批准的建设规模、技术标准、建设工期和投资，按照施工图和施工组织设计文件组织建设。

4. 竣工验收阶段

铁路建设项目按批准的设计文件全部竣工或分期、分段完成后，按规定组织竣工验收，办理资产移交或维管交接。

二、铁路主要技术标准

铁路主要技术标准是指对铁路输送能力、工程造价、运营质量以及选定的其他有关技术条件有显著影响的基本标准和设备类型。铁路主要技术标准应根据其在铁路网中的作用、运输需求和输送能力、地形和地质条件等因素，按系统优化的原则综合比选确定。

《铁路线路设计规范》(TB 10098—2017)规定：高速铁路、城际铁路的主要技术标准包括铁路等级、设计速度、正线数目、正线线间距、最小曲线半径、最大坡度、动车组编组辆数(城际铁路)、到发线有效长度、列车运行控制方式、调度指挥方式、最小行车间隔；客货共线铁路的主要技术标准包括铁路等级、旅客列车设计速度、正线数目、最小曲线半径、限制坡度、牵引种类、机车类型、牵引质量、到发线有效长度、闭塞类型；重载铁路的主要技术标准包括铁路等级、货物列车设计速度、正线数目、设计轴重、最小曲线半径、限制坡度、牵引种类、机车类型、牵引质量、到发线有效长度、闭塞类型。

三、铁路线路等级

铁路等级是区分铁路在国家铁路网中的作用、意义和远期年客货运量大小的标志。它是铁路的基本标准，也是确定铁路技术标准和设备类型的依据。设计铁路时，要先确定铁路等级，然后在确定其他主要技术标准和各种运输装备的类型。《铁路线路设计规范》(TB 10098—2017)规定：铁路等级应根据其在路网中的作用、性质、设计速度和客货运量确定，分为高速铁路、城际铁路、客货共线铁路和重载铁路。

高速铁路设计速度包含 350 km/h、300 km/h、250 km/h 三个速度等级。城际铁路设计速度包含 200 km/h、160 km/h、120 km/h 三个速度等级。客货共线铁路设计速度分为 200 km/h、160 km/h、120 km/h、100 km/h、80 km/h，根据具体线路在路网中的作用和远期年客货运量又可分为 4 级，具体见表 1-1。重载铁路运输因其运能大、效率高、运输成本低而受到世界各国的广泛重视，已被国际公认为铁路货运发展的方向。特别要指出的是，重载铁路可能是货运专线铁路，也可能是客货共线铁路，而客货共线铁路中的Ⅲ、Ⅳ级铁路也可能是货运专线铁路。客货共线的重载铁路按相应标准划分等级，货运专线重载铁路往往货运量巨大，铁路基础设施均按较高标准设计，因此货运专线重载铁路不分级。

表 1-1　客货共线铁路等级

等级	铁路在路网中的意义	近期年客货运量(Mt)
Ⅰ级铁路	在路网中起骨干作用的铁路	≥20
Ⅱ级铁路	在路网中起联络、辅助作用的铁路	≥10，且<20
Ⅲ级铁路	为某一地区或企业服务的铁路	≥5，且<10
Ⅳ级铁路	为某一地区或企业服务的铁路	<5

铁路的等级可以全线一致，也可以按区段确定。如线路较长，经行地区的自然、经济条件及运量差别很大时，便可按区段确定等级，但应避免同一条线上等级过多或同一等级的区段长度过短，使线路技术标准频繁变更。

任务实施

京沪高铁是 2016 年修订的《中长期铁路网规划》中"八纵八横"高速铁路主通道之一。其建设情况具体如下：

1990 年 12 月，铁道部完成《京沪高速铁路线路方案构想报告》。

1994 年，国家科委、国家计委、国家经贸委、国家体改委和铁道部课题组完成了《京沪高速铁路重大技术经济问题前期研究报告》的深化研究。同年 12 月，国务院批准开展京沪高速铁路预可行性研究。

1996 年 4 月，铁道部完成《京沪高速铁路预可行性研究报告(送审稿)》。

1997 年 4 月，铁道部完成《京沪高速铁路预可行性研究报告补充研究报告》，并据此上报了项目建议书。

2000 年 1 月，铁道部配合中咨公司完成并上报国家计委《关于高速轮轨与高速磁悬浮比较的论证报告》。

2001 年，国家计委和国土资源部联合颁发《关于预留京沪高速铁路建设用地的通知》，要求沿线地方政府预留京沪高速铁路建设用地。

2003 年 9 月，中咨公司召开了京沪高速铁路建设论证会，评估了京沪高速铁路建设的必要性、轮轨方案和磁浮方案的比选，认为高速轮轨技术是必然选择。

2006 年 2 月 22 日，国务院第 126 次常务会议批准京沪高速铁路立项。

2007 年 10 月 22 日，国务院决定成立京沪高速铁路建设领导小组；同年 12 月 10 日，京沪高速铁路建设领导小组第一次会议召开；同年 12 月 27 日，京沪高速铁路股份有限公司创立。

2008 年 4 月 18 日，京沪高速铁路开工典礼举行，京沪高速铁路全线开工。

2009 年 6 月 30 日，京沪高铁全线路基施工完成。

2010 年 1 月 14 日，京沪高铁进入轨道板铺设阶段；同年 11 月 15 日，京沪高铁全线铺轨完成；同年 12 月 6 日，京沪高铁主力车型 CRH380A 动车组一比一实体模型亮相。

2011 年 5 月 11 日，京沪高铁全线开始为期一个月的空载试运行；同年 6 月 7 日，京沪高铁全线开始满图试运营；同年 6 月 16 日，京沪高铁全面载客从上海虹桥—北京南站试跑，为通车做准备；同年 6 月 30 日，京沪高铁举行首发仪式，同年 7 月 1 日，京沪高铁正式开通运营。

2013 年 2 月 25 日，京沪高速铁路工程通过国家验收。

（1）结合上述资料，试将京沪高铁的建设过程根据《中国铁路总公司铁路建设管理办法》（铁总建设[2015]78 号）的规定划分为立项决策、勘察设计、工程实施和竣工验收阶段。

（2）根据《铁路线路设计规范》（TB 10098—2017）相关规定，指出京沪高铁主要技术标准应该包括哪些内容。

任务评价

任务评价表见表 1-2。

表 1-2　任务评价表

序号	评价内容	评价标准	分数	评分记录		
				学生自评	组间互评	教师评分
1	基本建设阶段划分	1. 无法准确说出立项决策阶段的内容，扣 15 分 2. 无法准确说出勘察设计阶段的内容，扣 10 分 3. 无法准确说出工程实施阶段的内容，扣 10 分 4. 无法准确说出竣工验收阶段的内容，扣 10 分 5. 不能简洁、流畅、有条理地表达扣 5 分	50			
2	高铁的主要技术标准	1. 无法准确说出京沪高铁的铁路等级、设计速度、正线数目、正线线间距、最小曲线半径、最大坡度、动车组编组辆数、到发线有效长度、列车运行控制方式、调度指挥方式、最小行车间隔等主要技术标准，缺少 1 项扣 4 分 2. 不能简洁、流畅、有条理地表达扣 6 分	50			
总分			100			

任务二　认识铁路线路平面和纵断面

任务引入

京张铁路建于清朝末期，于 1905 年 9 月 4 日动工，1909 年 10 月 2 日通车。起始自北京丰台柳村，经居庸关、八达岭，河北省的沙城、宣化至张家口，全长为 201.2 km。京张铁路是中国人自行设计和建造的第一条干线铁路，由中国杰出的工程师詹天佑负责设计和修建。

京张铁路从丰台北上西直门、沙河、经南口、居庸关、八达岭、怀来、鸡鸣驿、宣化到张家口，在关沟段，叠峦重嶂、悬殊峭壁，工程之艰难史无前例，放眼世界也相当罕见。詹天佑为解决爬坡问题，设计了有名的人字坡展线。如图 1-2 所示，京张铁路从图 1-2（a）的右下角向左上角。首先北行列车从①进入②，经过此路段的早期列车都有前后两个车头，一个在前面拉，一个在后边推，过了青龙桥站，火车向东北方向前进，进入人字形铁路线路的岔道口后，就倒过来，原先推的火车头改成拉，而原先拉的火车头改成推，驶入③。使火车向西北前进，这样一来火车上山爬坡就容易多了。

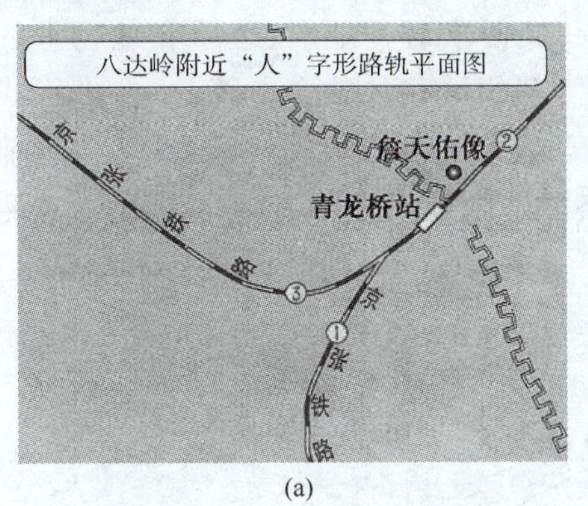

(a)

(b)

图 1-2 人字坡展线

京张铁路关沟段，最大坡度为 33‰，是修筑京张铁路的最大难点。为什么说 33‰是最大的难点呢？铁路平、纵断面有哪些具体要求？如何正确识读平、纵断面图呢？

任务描述

铁路线路是机车车辆运行的基础，是为了完成铁路客货运输和行车作业设置的，更是为了保证各项作业的安全而设置的。京张铁路在修建过程中，受复杂多变的地面条件、资金投入、建设工期等条件的制约和限制，线路存在曲线和坡道，无法修建成理想状态。京张铁路为什么要进行人字坡展线？通过本任务的学习就会解决这个问题。本任务在分析曲线、坡道形成的原因及基本要素结合，结合《铁路线路设计规范》(TB 10098—2017)列出了曲线与坡度设计标准。

相关知识

一、线路平面

铁路线路在空间的位置是用它的用线路中心线表示的。如图 1-3 所示，线路中心线是指路基横断面上距外轨半个轨距的铅垂线 *AB* 与路肩水平线 *CD* 的交点 *O* 在纵向上的连线。实际测量时，线路中心 *O* 点对于直线段来说是两根钢轨之间连线的中间位置，对于曲线段而言，是从外轨顶面下 16 mm 处向中线方向量半个标准轨距的位置。

线路的空间位置是由它的平面、纵断面和横断面表示的。线路中心线在水平面上的投影，叫作线路的平面，反映了线路的曲直变化和走向。线路中心线在立面上的投影，叫作线路的纵断面，反映了线路的起伏变化和高程。一般新线设计时，纵断面的设计高程采用路肩处的高程。

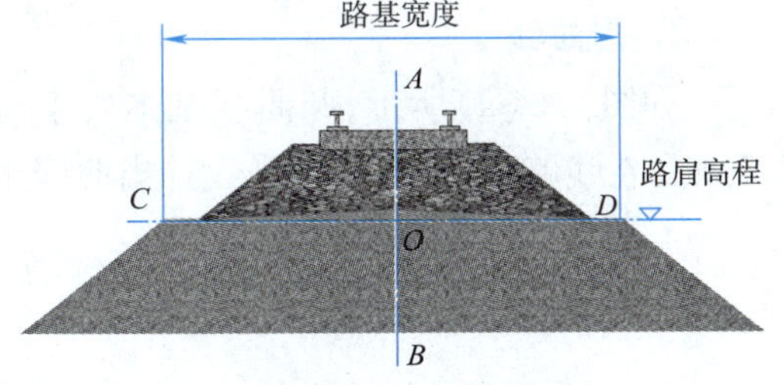

图 1-3 铁路路基断面图(AR)

从运营的角度来看，最理想的线路是既直又

平的线路，但是由于地面存在山脉、河流、湖泊、沼泽、矿区、城镇以及其他各种建筑物，铁路沿线的地形、地质、水文等自然条件千变万化，如果把铁路修得过于平直，则会造成工程数量过多、工程造价过高，且工期漫长。从工程角度来看，铁路线路最好能够随地形条件而适当的起伏和弯曲。这样既可以减少工程数量、降低造价，又便于避开地形、地质和地物上的障碍，但会给运营造成很大的困难，甚至还会影响铁路行车的平稳与安全。因此，在进行线路的平面和纵断面设计时，需要综合考虑工程造价和运营效果，要在满足运营的基本要求前提下，尽可能地减少工程量，降低造价，从而使铁路线路能够随地形条件有适当的起伏和曲直变化。

(一)线路平面及组成

如图 1-4 所示，某条铁路经过 A 点至 B 点。最理想的路线是 A、B 两点间连成一直线，但需修建两座桥梁跨越河流，还需穿越城镇，显然是不经济的，也是不合理的。为了绕过河流与城镇，路线改为 $ACDB$，并需在转角处设置曲线 EF 与 GH。因此，铁路线路在平面上除了直线外，还要设置曲线。直线和曲线(圆曲线和缓和曲线)组成了线路平面。曲线的设置可用来绕避地面障碍或地质不良地段，从而减少工程量，缩短工期，降低造价，获得较好的经济效果。

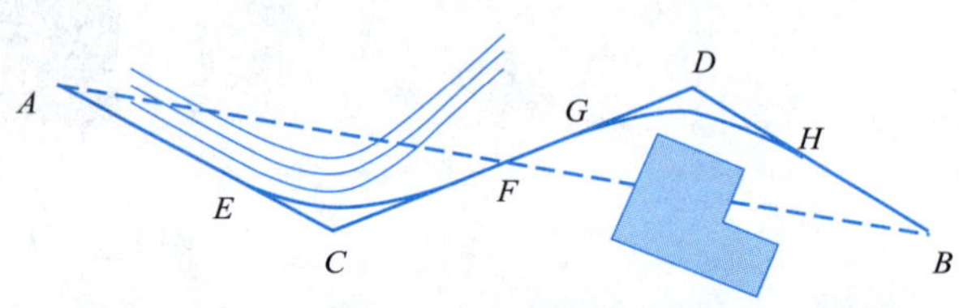

图 1-4　铁路线路绕避地形障碍示意图

在铁路线路(正线)上，直线和圆曲线往往不宜直接相连，它们之间应加设一段缓和曲线，作为过渡段，以保证行车平顺，如图 1-5 所示。

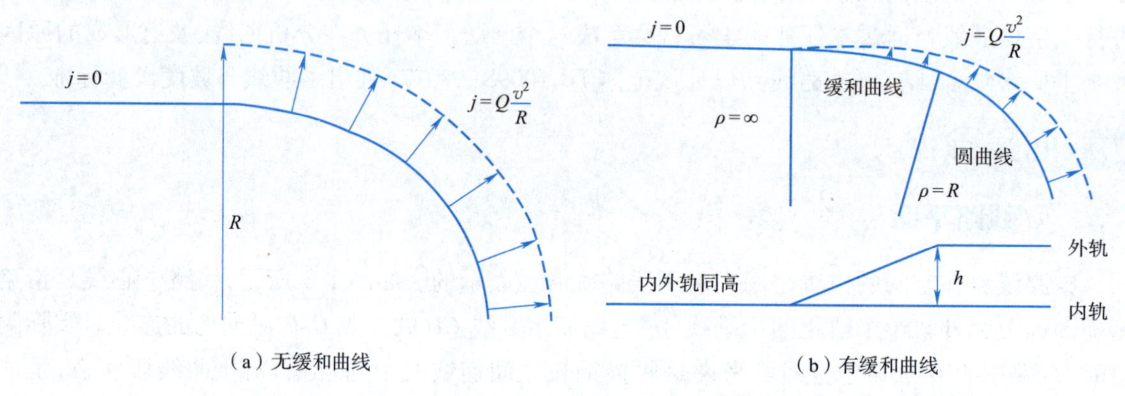

图 1-5　铁路曲线

1. 圆曲线

如图 1-6(a)所示，圆曲线基本要素有曲线半径 R、曲线转角 α、曲线长 L，切线长 T，外矢距 E。在线路设计时，一般先设计出曲线半径 R 和转角 α，然后确定 T 和 L，计算公式如下：

$$T = R \cdot \tan\frac{\alpha}{2} \tag{1-1}$$

$$L = \pi \cdot R \cdot \frac{\alpha}{180} \tag{1-2}$$

$$E = R \cdot \left(\sec \frac{\alpha}{2} - 1 \right) \tag{1-3}$$

曲线转角 α 的大小由线路走向、绕过障碍物的需要等因素确定，曲线半径 R 的大小则反映了曲线弯曲度的大小，R 越大，弯曲度越小，行车速度越高，工程量越大，工程费用越高。

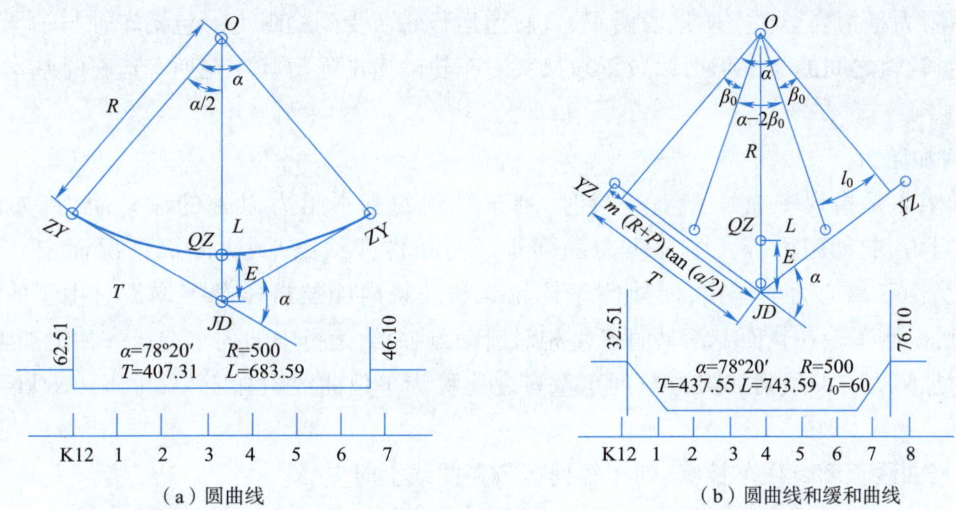

(a) 圆曲线　　(b) 圆曲线和缓和曲线

图 1-6　铁路曲线要素

2. 缓和曲线

如图 1-6(b) 所示，铁路的缓和曲线一般情况下是对称的。曲线由圆曲线半径、缓和曲线的长度及曲线转角确定。切线长 T、曲线长 L 和外矢距 E，由下列公式计算：

$$T = (R + P) \cdot \tan \frac{\alpha}{2} + m \tag{1-4}$$

$$L = \frac{\pi(\alpha - 2\beta_0)R}{180} + l_0 = \frac{\pi \cdot R \cdot \alpha}{180} + l_0 \tag{1-5}$$

$$E = (R + P) \cdot \sec \frac{\alpha}{2} - R \tag{1-6}$$

式中　P——内移距，$P = \dfrac{l_0^2}{24R}$；

l_0——缓和曲线长；

m——切垂距，$m = \dfrac{l_0}{2}$；

β_0——切垂距，$\beta_0 = \dfrac{90 l_0}{\pi R}$。

缓和曲线的作用主要有以下两点：

(1) 在缓和曲线范围内，曲线半径由无限大渐变到等于它所衔接的圆曲线半径（或相反），从而使车辆产生的离心力逐渐增加（或减小），保证列车平顺地从直线进入圆曲线（或由圆曲线进入直线），避免轮轨间的突然冲击，以改善行车条件，有利于行车平稳。

(2) 在缓和曲线范围内，曲线轨距加宽和外轨超高得以过渡。外轨超高由零递增到需要的超度量（或相反），使向心力与离心力相配合；当曲线半径小于 350 m，轨距需要加宽时，在缓和曲线范围内,可以将标准轨距逐步加宽到圆曲线需要的加宽量(或相反)。

(二)基本阻力与附加阻力

列车在线路上运行所受的阻力,主要有基本阻力和附加阻力两大类。

1. 基本阻力

基本阻力是指列车在空旷地段沿平、直轨道运行时所受到的阻力。包括车轴与轴承之间的摩擦阻力、轮轨之间的摩擦阻力以及钢轨接头对车轮的撞击阻力等。在列车运行时基本阻力总是存在的。

2. 附加阻力

附加阻力是指列车在线路上运行时,列车受到的基本阻力以外的额外阻力,如曲线阻力、坡道阻力、起动阻力等。附加阻力随列车运行条件或线路平、纵断面情况而定。列车通过曲线时,由于离心力的作用,使外侧车轮轮缘和外轨内侧的挤压摩擦增大。由于曲线外轨长于内轨,内侧车轮在轨面上滚动时产生相对滑动,从而给运行中的列车造成一种附加阻力,称为曲线附加阻力。曲线附加阻力与列车重量之比称为单位曲线附加阻力,用 W_r(N/kN)表示,计算如下:

(1)当曲线长度≥列车长度,列车整列运行在曲线上时

$$W_r = \frac{600}{R} \tag{1-7}$$

式中 600 ——试验常数;

R ——曲线半径,m。

(2)当曲线长度<列车长度,列车只有一部分运行在曲线上时

$$W_r = \frac{600}{R} \cdot \frac{L_r}{L} \tag{1-8}$$

式中 L_r ——曲线长度,m;

L ——列车长度,m。

(3)列车同时运行在几个曲线上时

$$W_r = \frac{600}{R_1} \cdot \frac{L_{r1}}{L} + \frac{600}{R_2} \cdot \frac{L_{r2}}{L} + \frac{600}{R_3} \cdot \frac{L_{r3}}{L} + \cdots \tag{1-9}$$

从式中可以看出,曲线阻力与曲线半径成反比。曲线半径越小,曲线阻力越大,运营条件就越差;采用大半径曲线对列车运行的影响较小,而小半径曲线容易适应困难地形。在设计铁路线路时应结合工程条件、线路设计速度以及减少维修等因素,因地制宜,合理选用。《铁路线路设计规范》(TB 10098—2017)对不同等级铁路的最小曲线半径进行了规定,客货共线铁路见表1-3,高速铁路见表1-4。

表1-3 客货共线铁路线路平面最小曲线半径(m)

路段设计速度(km/h)		200	160	120	100	80
工程条件	一般	3 500	2 000	1 200	800	600
	困难	2 800	1 600	800	600	500

注:车站两端减、加速地段,最小曲线半径应结合客车开行方案和工程条件,根据客、货列车行车速度和速差计算确定。

表 1-4 高速铁路线路平面最小曲线半径(m)

路段设计速度(km/h)			350	300	250
工程条件	有砟轨道	一般	7 000	5 000	3 500
		困难	6 000	4 500	3 000
	无砟轨道	一般	7 000	5 000	3 200
		困难	5 500	4 000	2 800

注:困难最小值应进行技术经济比选后采用;车站两端减、加速地段的最小曲线半径应结合行车速度曲线合理选用。

二、线路纵断面

(一)线路纵断面组成

为了适应地面的起伏,线路上除了平道以外,还修成不同的坡道。因此,平道与坡道就成了线路纵断面的组成要素。

1. 坡度

坡道用坡度和坡段长度来表示。如图 1-7 所示,坡度是指一段坡道始点和终点的高差与两点间的水平距离之比值。铁路线路坡度的大小通常用千分率来表示。

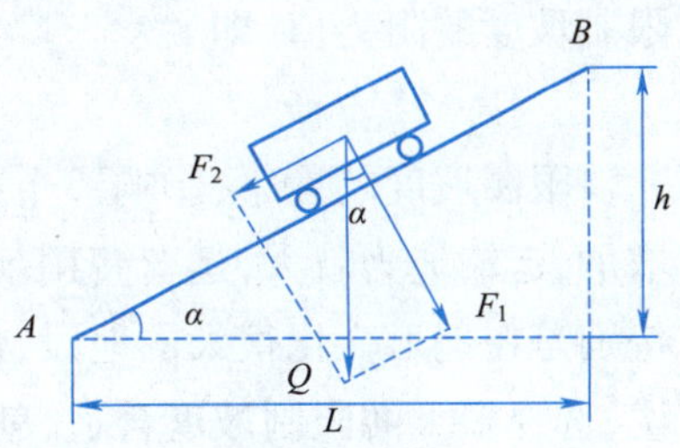

图 1-7 坡度与坡道阻力示意图

$$i = \frac{h}{L} = \tan\alpha \tag{1-10}$$

式中 i——坡度值,‰;

h——坡道段始点与终点的高差,m;

L——坡段长度,即坡道段始点与终点的水平距离,m;

α——坡道段线路中心线与水平线的夹角,(°)。

坡道的坡度有正、负之分,上坡为正(+),下坡为负(-),平道为零(0)。

2. 坡道附加阻力

列车在坡道上运行时,受到由坡道引起的阻力,称为坡道附加阻力。从图 1-7 中可以看出,机车车辆所受的重力 Q(N)可以分解为垂直于坡道的分力 F_1 和平行于坡道的分力 F_2。F_1 由轨道的反作用力所抵消,F_2 就成为坡道附加阻力。由于铁路线路坡度的夹角 α 很小,$\sin\alpha \approx \tan\alpha$,因此,$F_2$ 可由下式计算。

$$F_2 = Q \cdot \sin\alpha \approx Q \cdot \tan\alpha = Q \cdot i \tag{1-11}$$

列车平均每千克质量所受到的坡道阻力,称为单位坡道阻力(w_i),可用下式表示。

$$w_i = \frac{F_2}{Q} = i \tag{1-12}$$

即机车、车辆的单位坡道阻力 w_i 在数值上等于该坡道的坡度千分数 i。当列车上坡时,坡道阻力规定为"+",当下坡时,坡道阻力规定为"-"。线路坡度越大,列车上坡时坡道阻力也就越大,同一台机车(在列车运行速度相同的条件下)所能牵引的列车质量也就越小。

3. 换算坡度

在坡道上存在曲线时,列车在坡道上运行时所遇到的单位附加阻力应为单位曲线附加阻力与单位坡道附加阻力之和,即总的单位附加阻力为

$$w_{总} = w_r + w_i \tag{1-13}$$

将总的单位附加阻力换算成坡度,即称为换算坡道,计算公式为

$$i_{换} = w_r + w_i = i_r \pm i \tag{1-14}$$

由上式可知,当坡道上有曲线时,列车上坡运行时就显得更陡;而下坡运行时,坡道则显得平缓一些。

4. 限制坡度

在一个区段上,决定一台某一类型机车所能牵引的货物列车重量(最大值)的坡度,称为限制坡度 i_x(‰)。在一般情况下,限制坡度的数值往往和区段内陡长上坡道的最大坡度值相当。如果在坡道上又有曲线,那么这一坡道的坡道阻力值和曲线阻力值之和不能大于该区段规定的限制坡度的阻力值,即

$$i + i_r \leqslant i_x \tag{1-15}$$

限制坡度的大小,影响一个区段甚至整条铁路线的运输能力。限制坡度小,列车重量可以增加,运输能力就大,运营费用就越省。但是限制坡度过小时,就不容易适应地面的天然起伏,特别是在地形变化很大的地段,使工程量增大、造价提高。因此,对一条新建铁路或改建铁路来说,选择多大的限制坡度合适,就是一个十分重要的问题,往往需要经过周密考虑、综合研究才能确定。客货共线铁路、重载铁路的限制坡度应根据铁路等级、地形条件、牵引种类、机车类型、牵引质证和运输需求比选确定,并应考虑与邻接铁路的限制坡度相协调。高速铁路、城际铁路的区间正线最大坡度应根据地形条件、设计速度、运输需求和工程投资比选确定,最大坡度不宜大于 20‰,困难条件下不应大于 30‰。我国《铁路线路设计规范》(TB 10098—2017)规定客货共线铁路限制坡度最大值见表 1-5。

表 1-5　客货共线铁路限制坡度最大值(‰)

铁路等级		Ⅰ级			Ⅱ级		
地形地貌		平原	丘陵	山区	平原	丘陵	山区
牵引种类	电力	6.0	12.0	15.0	6.0	15.0	20.0
	内燃	6.0	9.0	12.0	6.0	9.0	15.0

在个别线路的越岭地段,由于地形障碍显著且集中,若仍采用规定的限制坡度,实际上有困难或工程造价太高时,经过技术经济比较后,允许线路采用大于限制坡度的加力牵引坡度。加力牵引坡度是指在大于限制坡度的坡道地段,为了统一全区段的列车重量标准,保证必要的线路通过能力,而进行多机牵引的坡度。内燃牵引的加力牵引坡度值可增至 25‰,电力牵引的可增至 30‰。

(二)相邻坡段连接

1. 变坡点

平道与坡道、坡道与坡道的交点即线路纵断面上坡度的变化点,称为变坡点。图 1-8 所示列车经过变坡点时,由于坡度的突然变化,车钩内产生附加应力;坡度变化越大,附加应力越大,容易造成断钩事故。为了保证列车的运行安全和平稳,《铁路线路设计规范》(TB 10098—2017)规定,客货共线铁路相邻坡段的连接宜设计为较小的坡度差,相邻坡段的坡度差不宜大于表 1-6 规定的数值。

表 1-6 相邻坡段最大坡度差(‰)

远期到发线有效长度(m)		1 050 及以上	850	750	650
工程条件	一般	8	10	12	15
	困难	10	12	15	18

(a) 凸形变坡点　　(b) 凹形变坡点

图 1-8 车辆经过变坡点状态

2. 竖曲线

为了缓和变坡点坡度的急剧变化,使列车通过变坡点时不脱轨、不脱钩和产生的附加加速度不超过允许值,相邻坡度差大于一定限度时,应在变坡点处设置圆曲线型的竖曲线,如图 1-9 所示。

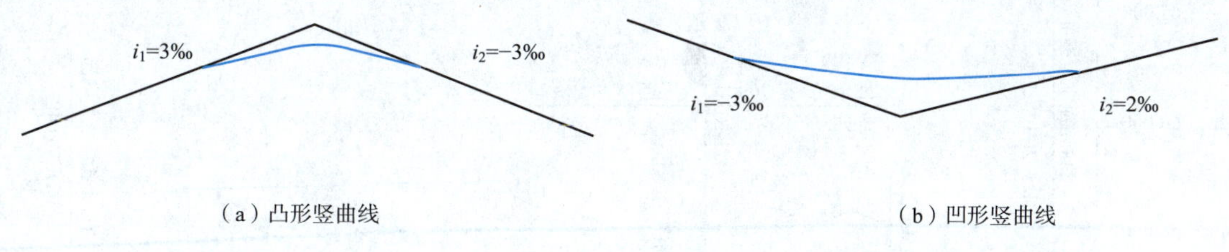

(a) 凸形竖曲线　　(b) 凹形竖曲线

图 1-9 竖曲线

客货共线铁路,路段设计速度为 160 km/h 及以上的地段,当相邻坡段的坡度差 >1‰时,竖曲线半径≥15 000 m;当路段设计速度小于 160 km/h,相邻坡段的坡度差 >3‰时,竖曲线半径≥10 000 m。

三、线路平面图及纵断面图

(一)铁路线路平面图

用一定的比例尺和规定的符号,把线路中心线及其两侧的地形地貌投影到水平面上,就是铁路线路平面图。线路平面图是铁路勘测设计的重要设计文件,表明了线路中心线走向、曲直变化和里程,沿线车站、桥隧建筑物等数量和位置,以及用等高线(地面上高程相等的各点连线)表示的沿线地形、地物等情况,如图 1-10 所示。

(二)铁路线路纵断面图

用一定的比例尺,把线路中心线展直后投影到铅垂面上,并标明平面、纵断面各项有关资料的图纸,称为铁路线路纵断面图。

图 1-11 所示为某段线路的纵断面图,横向表示线路长度、纵向表示高程。该图包括图、表两部分。图的上部细折线为地面线,整齐平缓的粗实线为路线的设计坡度线,即设计的路肩高程的连线。此外还有用符号表明的桥隧建筑物资料(包括桥梁、涵洞的孔径、类型、中心里程和隧

道长度等)、车站资料(包括站名、车站中心里程和相邻车站间的距离)及其他有关情况。

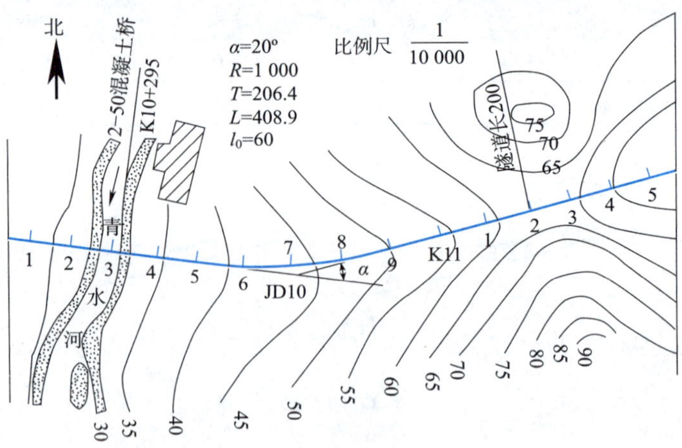

图 1-10　线路平面图

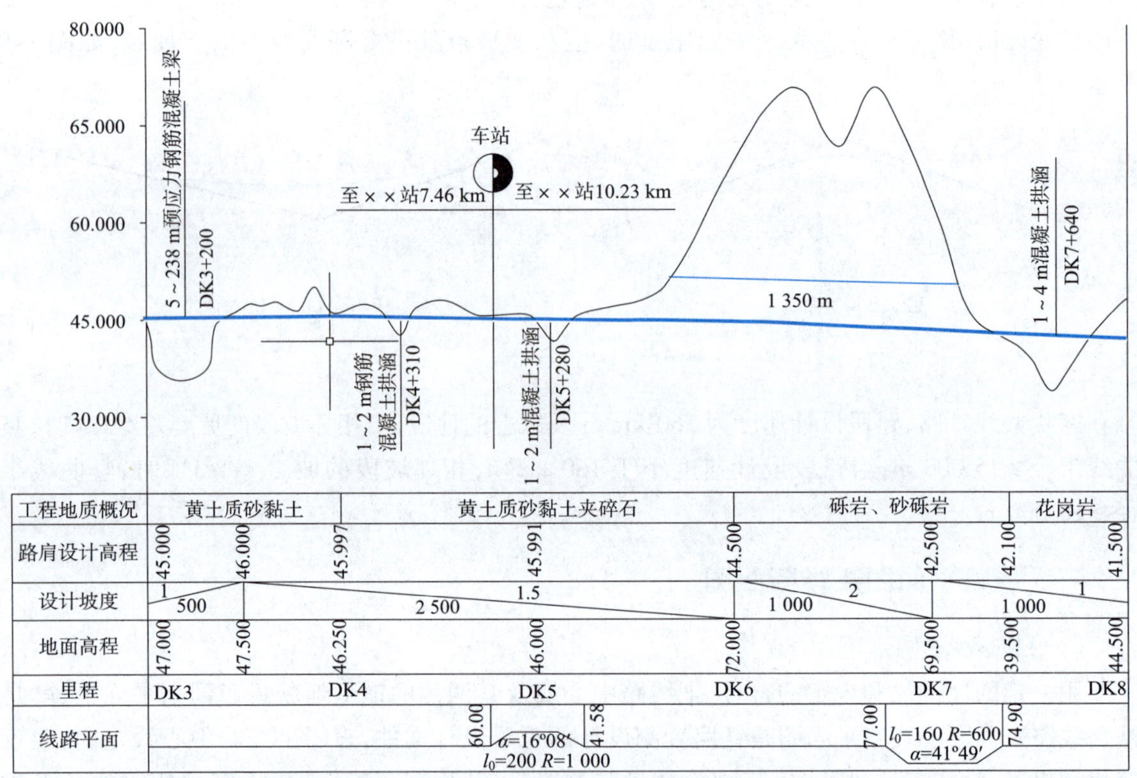

图 1-11　线路纵断面图

在纵断面图的下部是表格部分,其中主要的是路肩设计高程和设计坡度(每个坡段分别标出)、地面高程等。

铁路线路平面图和纵断面图是全面、正确反映线路主要技术条件的重要文件,也是指导线路施工工作和在线路交付运营后仍需使用的技术资料。

四、线路标志

线路标志用来表示铁路线路建筑物及设备的位置，以及铁路各级管理机构管界范围。线路标志应设在线路里程增加方向的左侧机车车辆限界以外，距线路中心线不小于 3.1 m 处。线路标志主要是满足列车行驶和养护维修线路的需要使用，同时也使机车司机和工务人员能及时掌握线路的情况。其中常见的线路标志有：公里标、半公里标、曲线标、圆曲线与缓和曲线的始终点标、桥梁标、坡度标、隧道（明洞）标、及铁路局集团公司、工务段、线路车间、线路工区和供电段的界标等。

（一）里程标

里程标包括公里标、半公里标。公里标设于线路的整千米处，半公里标设于线路的每半千米处，如图 1-12 所示。

（二）曲线标

曲线标为曲线的技术参数标。在曲线标上标明了曲线长主度、缓和曲线长度、曲线半径、外轨超高、轨距加宽等曲线技术参数，该标设于曲线中部。圆曲线和缓和曲线始终点标设于直线与缓和曲线、圆曲线与缓和曲线的连接处，表明缓和曲线的起点与终点，如图 1-13 所示。

（a）公里标

（b）半公里标

图 1-12　里程标

图 1-13　曲线标

（三）桥梁标

桥梁标一般设于桥头处，标明桥梁编号、桥梁中心里程和桥梁长度，如图 1-14 所示。

（四）隧道（明洞）标

隧道（明洞）标，直接标注在隧道（明洞）两端洞门端墙上，标明隧道号或名称，中心里程和长度，如图 1-15 所示。

图 1-14　桥梁标

图 1-15　隧道标

(五)坡度标

坡度标设于变坡点处,标有两相邻坡道的坡度大小、坡段长度和变坡点位置,如图 1-16 所示。

(a)上坡坡度标

(b)下坡坡度标

图 1-16　坡度标

(六)管界标

铁路局集团公司、工务段、线路车间、线路工区和供电段的界标,设在各该单位管辖地段的分界点处,两侧标明所向的单位名称,如图 1-17 所示。

图 1-17　管界标

文件

平面图

任务实施

请通过立体书城 App 扫描二维码查看某铁路线路平面图和纵断面图。

(1)结合所学知识,说说从平面图上能够获得哪些线路信息。

(2)结合所学知识,说说从纵断面图上能够获得哪些线路信息。

(3)指出图纸上的最大纵坡,对比京张铁路 33‰,有何差别。

(4)根据《铁路线路设计规范》(TB 10098—2017)的相关要求,判断纵断面图纸设计是否合理。

文件

纵断面图

任务评价

任务评价表见表 1-7。

表 1-7 任务评价表

序号	评价内容	评价标准	分数	评分记录		
				学生自评	组间互评	教师评分
1	识读平面图	1. 无法准确说出 4 条曲线要素和主点里程,少 1 项扣 1 分,扣满 15 分为止 2. 无法准确说 10 个桥隧建筑物的中心里程、起终和长度,少 1 项扣 1 分,扣满 15 分为止 3. 无法正确说出 2 个车站的中心里程,少 1 项扣 1 分 4. 无法正确判断 2 个车站的类型,判断错误 1 个扣 1.5 分	35			
2	识读纵断面图	1. 无法准确说出 8 个平面曲线要素、主点里程、左偏还是右偏,缺少 1 项扣 1 分,扣满 20 分为止 2. 无法准准确说出 16 个竖曲线要素、起终点里程,缺少 1 项扣 1 分,扣满 15 分为止	35			
3	分析最大纵坡	1. 无法准确说出最大纵坡,扣 5 分 2. 无法阐述与京张铁路 33% 的纵坡对比分析,扣 5 分	10			
4	判断图纸是否合理	1. 不能准确判断平面曲线是否合理,扣 10 分 2. 不能准确判断竖曲线是否合理,扣 10 分	20			
总分			100			

任务三 认识路基和桥隧建筑物

任务引入

2021 年国庆期间,山西遭遇强降雨,南同蒲线祁县至东观间昌源河大桥桥台被冲垮,数米铁轨悬空,造成铁路双向中断,一列货运火车紧急停靠,如图 1-18 所示。铁路在跨越河流时,一般修建桥梁跨越,铁路除了桥梁还有哪些结构?

(a) 冲毁现场

(b) 紧急处置

图 1-18 桥台路基冲毁

任务描述

一条铁路短则数十公里长则数千公里,包括路基工程、桥梁工程、隧道工程等土建工程。路基、桥梁、隧道具体又有哪些类型,其结构构造是怎样的,是本任务要解决的问题。

相关知识

铁路路基是为满足轨道铺设和运营条件而修建的土工构筑物,如图 1-19 所示。路基必须保证轨顶设计高程,并与桥梁、隧道连接组成完整贯通的铁路线路。路基和桥隧建筑物都是轨道的基础,它们直接承受轨道的重量以及机车车辆及其荷载的压力。因此,路基和桥隧建筑物的状态与线路质量的关系极为密切。在铁路线路的施工过程中,是先修筑路基和桥隧建筑物,然后再铺设轨道。

(a) 路基施工现场

(b) 路基建成后

图 1-19 铁路路基

一、铁路路基

1. 路基的基本形式

在铁路线路工程中,依其所处的地形条件不同,路基常见的两种基本形式是路堤和路堑,如图 1-20 所示。此外,还有半路堤、半路堑、半路堤半路堑或不填不挖路基,如图 1-21 所示。

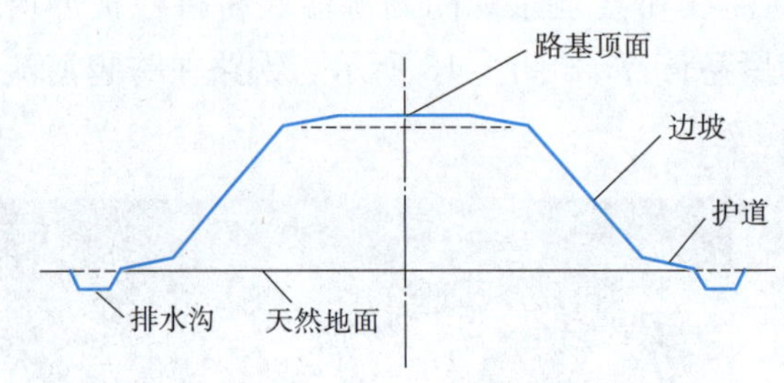

(a) 路堤

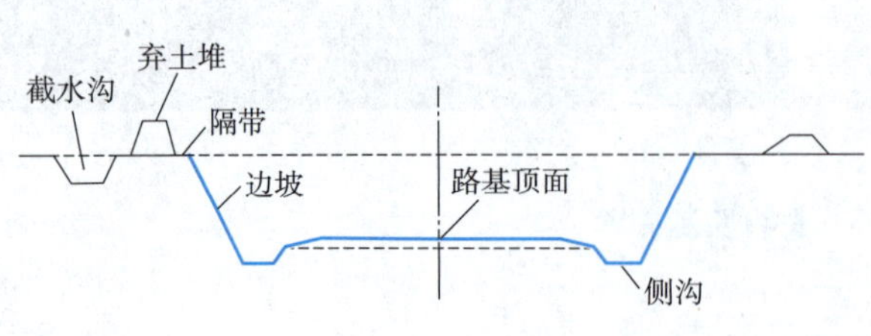

(b) 路堑

图 1-20 路基基本形式

（1）路堤。路堤是当铺设轨道的路基面高于自然地面，经填筑而形成的路基。路堤主要包括路基顶面、边坡、护道、取土坑或纵向排水沟等，如图1-20（a）所示。

（2）路堑。路堑是当铺设轨道的路基面低于自然地面，经开挖而形成的路基。路堑主要包括路基顶面、侧沟、边坡、弃土堆和截水沟等，如图1-20（b）所示。

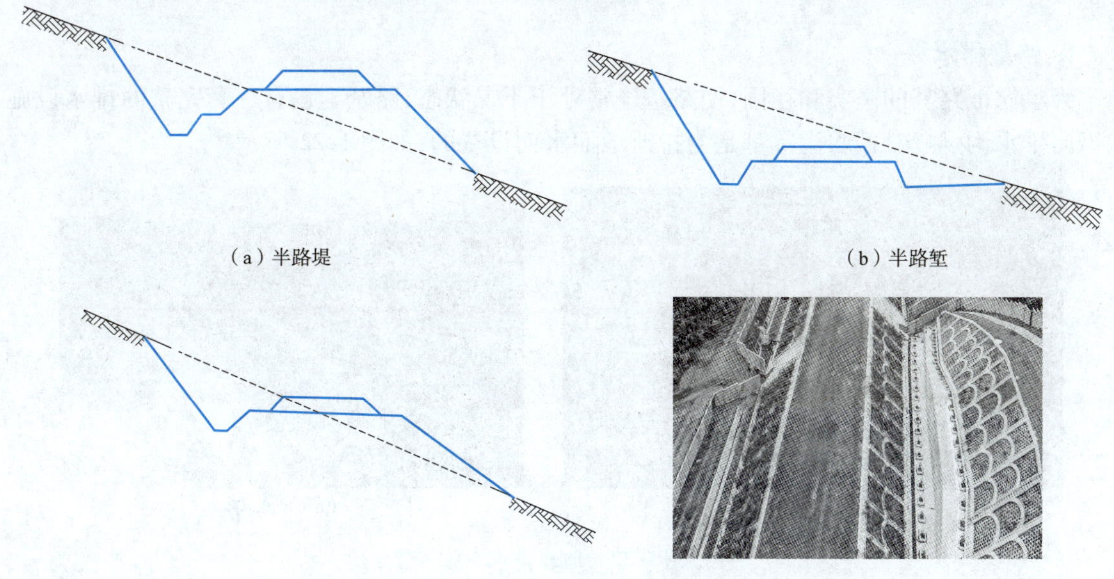

（a）半路堤

（b）半路堑

（c）半路堤半路堑

图1-21 其他形式路堤

2. 路基的组成

（1）路基面：路基顶部表面，包括道床覆盖部分和两侧的路肩。路基面的作用在于铺设轨道和在路肩上设置有关标志。

（2）边坡：路基两侧的斜坡。边坡的作用在于保持路基的稳定。边坡的坡度取决于边坡的土质情况，一般来说，边坡过陡易发生塌滑，过缓又会增加填挖工程量。

（3）纵向排水沟：位于路堤两侧，用于纵向排水，以避免水浸路基。

（4）取土坑：就地取土填筑路堤而形成的坑洼。取土后应按排水要求修整，作为纵向排水沟使用。

（5）护道：路堤坡脚与排水沟（取土坑）之间的斜坡。护道的作用在于防止排水沟中的水流直接冲刷路堤坡脚，稳固路基并为行人提供方便。

（6）侧沟：路堑中路基面两侧的排水沟。侧沟的作用在于排除路基面和边坡上的地面水，以保持路基面的干燥。

（7）弃土堆：开挖路堑的土壤堆积而成。一般情况弃土堆应置于迎水的一侧，以阻挡山水下流。

（8）截水沟：位于路堑的最外方，用以截引山坡上的地面水，以防止山水流入路堑而冲刷边坡造成水土流失。

二、路基排水和防护措施

路基必须坚实而稳固，才能承受沉重的压力，但是土质路基的坚固性和稳定性不易保持，它受许多因素的影响。在一般情况下，水的侵害往往是一个主要原因。因此，在路基的构造形式上处处要考虑如何有利于排水，对于非渗水土的路基面，做成不同形式的路拱。有砟轨道路基面形状应设计为三角形，两侧横向排水坡不宜小于 4%；无砟轨道支承层（或底座）底部范围内路基面可水平设置，支承层（或底座）外侧路基面应设置不小于 4% 的横向排水坡。

1. 路基排水

为了保证路基的坚实和稳固，使路基经常处于干燥状态，路基上设有一套完整的排水设施。如纵向排水沟、侧沟、截水沟等都是为排泄地面水而设置的，如图 1-22 所示。

（a）排水沟　　（b）截水沟

图 1-22　地表排水设施

除了地面水外，地下水也是破坏路基良好状态的一个重要原因（尤其是在路堑地段）。为了拦截、排泄地下水，降低地下水位来保持路基的干燥，通常采用引水渗沟、渗管等地下排水设备。根据具体情况在侧沟下或侧沟旁设置，一般推荐设置在侧沟下。截水渗沟兼有截断流向路基体水流的作用，一般两侧同时设置。为便于检查和维修，需间隔一定距离设置检查井，如图 1-23 所示。当地下水流量小、流程短时，可采用无管渗沟；若水流量较大且较长，则采用有管渗沟。

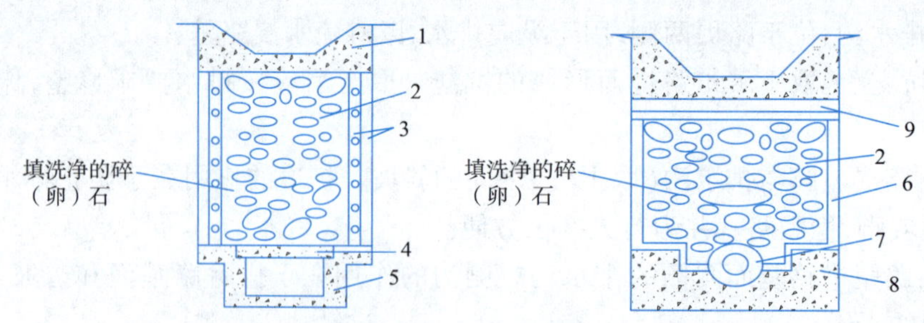

图 1-23　截水渗沟

1—侧沟；2—排水层；3—反滤层；4—混凝土盖板；5—排水槽；
6—土工布；7—排水管；8—混凝土基座；9—垫层

2. 路基防护

路基防护是为保证路基稳定和线路的全天候畅通，使路基不致因地表水流和气候变化而失稳，结合线路整体景观和环境美化而采取的工程措施。对于水流、波浪风力、降水及其他因素可能引起路基的失稳和破坏的地段，均应设置防护工程。路基防护按其方法可以分为坡面防护和冲刷防护。常用的路基防护工程有以下类型：种草、铺草皮、植树、抹面、捶面、喷浆、勾缝灌浆、护面墙、砌石、抛石、石笼、混凝土预制板、土工合成材料、支挡结构、丁坝、顺坝等，如图 1-24 所示。路基防护应根据当地气候环境、水文地质和材料供应等情况，针对可能发生的隐患，对症下药，采取合理的防护类型或综合措施，结合线路景观的连续和与周边环境的协调。

（a）种草防护

（b）砌石护坡

（c）加筋土挡墙

（d）综合防护

图 1-24　路基防护

三、桥隧建筑物

当铁路线路要通过江河、溪沟、谷地、山岭等天然障碍，或要跨越公路、铁路城市轨道交通等人工建筑物时，就需要修建桥隧建筑物，以使铁路线路得以继续向前延伸。桥隧建筑物包括桥梁、涵洞和隧道等，如图 1-25和图 1-26 所示。在铁路线路的修建过程中，桥隧建筑物的工程量一般占相当大的比例，而且大桥和长大隧道的建设工期，有时还成为新建铁路按时通车的关键控制因素。

图 1-25　浩吉铁路洞庭湖大桥

图 1-26　青藏铁路西格二线新关角隧道

（一）桥梁

1. 桥梁的组成

桥梁主要包括桥面、桥梁上部结构、支座、墩台及基础等部分组成，如图 1-27 所示。桥面就是桥梁上铺设的轨道及人行道和护栏部分；桥梁上部结构就是桥梁承受荷载，跨越障碍的部分；墩台则是支承桥跨结构的部分，包括桥墩和桥台，设于桥梁中部的支座叫作桥墩，设于桥梁两端的支座叫作桥台，桥墩与桥台的底部为墩台的基础。

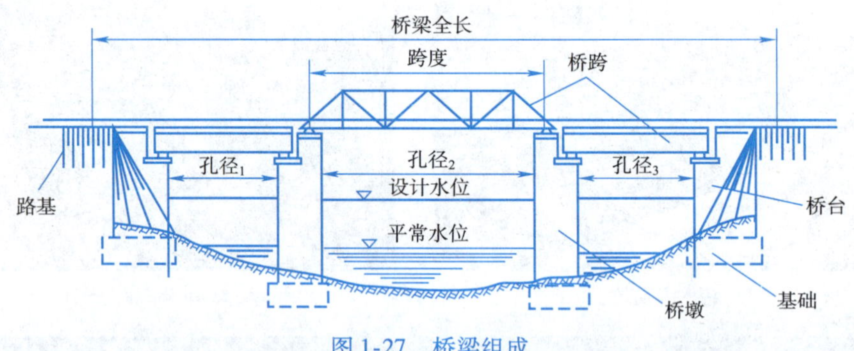

图 1-27　桥梁组成

两个相邻墩台之间的空间叫桥孔。每个桥孔在设计水位处的距离叫孔径。从桥跨结构底部到设计水位的高度以及两相邻墩台之间的限界空间，叫作桥下净空。桥梁的孔径和桥下净空应满足泄洪、排水及船舶通航的要求。每一桥跨两端支座间的距离叫作跨度。整个桥梁包括墩台在内的总长度是桥梁的全长。

2. 桥梁的分类

铁路桥梁的形式多样、种类很多，通常可按建造材料、桥梁长度、跨越障碍和受力体系等进行分类。

（1）按建造材料分，有钢桥、钢筋混凝土桥和石桥等。钢桥强度大、质量轻、安装方便、跨越能力大，多用于跨度较大的桥梁；钢筋混凝土桥则经济实用、坚固耐用、易养护、噪声小，应用广泛；石桥是以石料修筑的桥梁，多为拱形，且造价低、坚固耐久、养护工作量小，可就地取材，节省大量的钢材和水泥。

（2）按桥梁的长度（L）分，有小桥（$L \leqslant 20$ m）、中桥（20 m $< L \leqslant 100$ m）、大桥（100 m $< L \leqslant$ 500 m）和特大桥（$L > 500$ m）。

（3）按跨越障碍分，有跨河桥、跨线桥和谷架桥等。跨河桥是桥梁的主要类型，用于跨越江河、湖泊等；跨线桥也称立交桥，用于跨越公路、铁路的桥梁，以避免相互干扰，如图 1-28 所示；谷架桥则是跨越山谷深洼或其他建筑物的桥梁，用以代替高路堤。

图 1-28　跨线桥转体施工

(4)按受力体系分,有梁桥、拱桥和斜拉桥等。梁桥、拱桥结构简单、稳定性好,在桥梁建筑中占有相当重要的地位;斜拉桥是由梁、斜拉索和高出桥面的塔柱组成,其特点就是自重轻、跨度大、造型美。

(二)涵洞

涵洞是横穿路基,用以排洪、灌溉或作为通道的建筑物,一般设于路堤下部,绝大多数涵洞洞顶有填土,所以在涵洞处路堤通常是连续的;而桥梁则通常使路堤断开,即路堤不连续。涵洞的单孔孔径一般为 0.75 ~6.0 m。涵洞按其作用可分为泄洪涵、交通涵,也有泄洪和交通兼顾的涵洞,如图 1-29 所示。

涵洞主要由洞身、基础、端墙及翼墙组成,如图 1-30 所示。洞身埋于路基之中,应具有一定的纵向坡度以利于排水;端墙及翼墙的作用则是保护路堤边坡,使其不受水流冲刷,并引导水流通过涵洞。

图 1-29 铁路涵洞

图 1-30 涵洞组成

涵洞按其修建材料的不同有石涵、混凝土涵、钢筋混凝土涵等;按其截面形状的不同有箱涵、管涵和拱涵等。

(三)隧道

隧道是铁路线路跨越山岭时,为避免开挖深路堑或修建很长的迂回线,而修建的穿越山岭的建筑物,如图 1-31 所示。此外,还有各种水下隧道以及大城市地下的隧道。

(a)三棵树隧道

(b)三角铺隧道

图 1-31 铁路隧道

1. 隧道分类

(1)按隧道的长度分。隧道长度是指端墙面或斜切式洞门的斜切面与设计内轨顶面的交线同线路中线的交点之间的距离。按隧道的长度可分为特长隧道($L>10\ 000$ m)、长隧道(3 000 m <

$L \leqslant 10\ 000$ m)、中长隧道(500 m $< L \leqslant 3\ 000$ m)、短隧道($L \leqslant 500$ m)四种。

(2)按开挖跨度分。隧道开挖跨度是指隧道开挖断面的水平最大距离。按隧道的开挖跨度分为特大跨度隧道($B > 14$ m)、大跨度隧道(12 m $< B \leqslant 14$ m)、中等跨度隧道(8.5 m $< B \leqslant 12$ m)、短隧道(5 m $< B \leqslant 8.5$ m)四种。

(3)按洞内线路数目分,有单线隧道、双线隧道、多线隧道。

(4)按隧道所在位置的平面和纵断面分,有直线隧道、曲线隧道、平面隧道和斜坡隧道。

(5)按隧道的施工方法,一般可以分为明挖法和暗挖法两大类。

2. 隧道的基本构造

铁路隧道的结构由主体建筑和附属建筑物两大部分构成。主体建筑物是为了保持隧道的稳定,保证隧道正常使用而修建的,主要由洞身内部衬砌、洞门和明洞组成。附属建筑物是指为了保证隧道正常使用、方便养护、维修作业,及满足供电、通信等方面需要的各种辅助设施、避车洞、电缆槽、运营通风设施及洞口缓冲结构等。

任务实施

青藏铁路清水河桥位于海拔 4 500 m 以上的可可西里无人区,全长 11.7 km。风火山隧道位于海拔 5 010 m 的风火山上,全长 1 338 m。

(1)按照长度对清水河桥和风火山隧道进行分类。

(2)在铁道综合演练场,指出路基结构组成。

(3)查找清水河桥资料,简要画出桥梁结构的组成部分。

任务评价

任务评价表见表 1-8。

表 1-8　任务评价表

序号	评价内容	评价标准	分数	评分记录		
				学生自评	组间互评	教师评分
1	判断桥梁类型	无法根据桥梁长度准确判断清水河桥类型的,扣 8 分	8			
2	判断隧道类型	无法根据隧道长度准确判断风火山隧道类型的,扣 8 分	8			
3	分析最大纵坡	无法正确指出路基面、边坡、纵向排水沟等,少 1 项扣 8 分	24			
4	识别桥梁结构组成	不能准确画出桥梁的基础、桥墩、桥台、桥跨、跨度、孔径等,少 1 项扣 10 分	60			
总分			100			

任务四　认识轨道

任务引入

轨道直接承受车轮荷载作用,轨道几何尺寸超限是火车脱轨事故的主要原因。2004 年

2 月 25 日，石太线发生货物列车脱轨重大事故，据铁路部门调查，主要因为轨道几何尺寸严重超标所致。轨道几何尺寸具体指什么呢？轨道有哪些部件组成呢？

任务描述

铁路轨道通常由两条平行的钢轨组成，钢轨固定在轨枕上，轨枕之下为道砟。轨道直接承受着列车的垂直、横向、纵向的静荷载和动荷载，荷载从钢轨通过轨枕和道床传递到路基。本任务介绍轨道结构的组成和相应的技术要求，以及轨道几何尺寸等内容。

相关知识

一、轨道的组成

路基、桥隧建筑物修建完成之后，就可以在上面铺设轨道。轨道是指处于路基面以上、车轮以下部分的铁路线路建筑物，由钢轨、轨枕、联结零件、道床、防爬设备和道岔等主要部件组成。它起着引导机车车辆运行方向的作用，直接承受由车轮传来的巨大压力，并把它传递到路基或桥隧建筑物。轨道的基本组成如图 1-32 所示。

（一）钢轨

钢轨的作用是直接承受车轮的巨大压力并引导车轮的运行方向，因此钢轨应具有足够的强度、稳定性和耐磨性。在电气化铁路或自动闭塞区段，钢轨还兼作轨道电路之用。钢轨的断面形状采用具有最佳抗弯性能的工字形断面，由轨头、轨腰、轨底三部分组成，如图 1-33 所示。

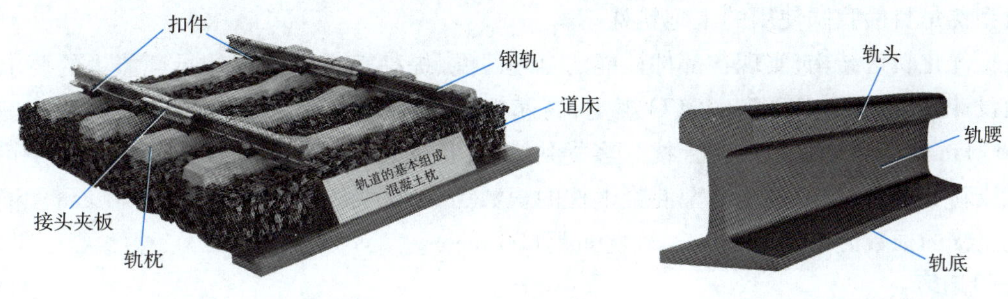

图 1-32 轨道结构组成（AR） 图 1-33 钢轨断面形式

在我国，钢轨的类型以单位长度的质量（kg/m）来表示。现行的标准钢轨类型有：75 kg/m、60 kg/m、50 kg/m 及 43 kg/m。新建、改建铁路正线采用 60 kg/m 钢轨的跨区间无缝线路（重载铁路应采用 60 kg/m 及以土类型钢轨的无缝线路）。

钢轨制造的定尺长度长，可以减少接头的数量，列车运行平稳并可节省接头联结零件和线路的维修费用，但是由于加工条件和运输条件的限制，一根钢轨的轧制长度是有限的。钢轨定尺长可为 100 m、75 m、25 m、12.5 m。无缝线路 60 kg/m 钢轨宜选用 100 m 定尺长钢轨，75 kg/m 钢轨宜选用 75 m 或 100 m 定尺长钢轨。有缝线路宜先用 25 m 定尺长钢轨。

（二）轨枕

轨枕的作用是支承钢轨，并将钢轨传来的压力均匀地传递给道床，保持钢轨应有的位置和轨距，如图 1-34 所示。轨枕应具有必要的坚固性、弹性和耐久性，并且造价低廉、制作简单、铺设及养护方便。轨枕按其制作材料的不同，主要有木枕和钢筋混凝土枕两种。木枕俗称枕木，是铁路最早采用的一种轨枕。木枕具有弹性好、易加工、重量轻、易铺设、易更换等优点。其缺点就是木材消耗量大、使用寿命较短（经防腐处理后的木枕一般可用 15 年左右）。由于我国木材资源较缺乏、价格较贵，在主要干线上已逐渐被钢筋混凝土枕取代。

（a）混凝土枕

（b）木枕（AR）

图 1-34　轨枕

钢筋混凝土轨枕使用寿命长、稳定性能好，可提高轨道的强度和稳定性，减少线路的养护工作量，其材料来源较广，是我国铁路主要使用的轨枕。我国混凝土枕可分为Ⅰ型、Ⅱ（新Ⅱ）型、Ⅲ型枕。不同类型的混凝土枕，其设计使用条件各不相同，承载能力也不同。新Ⅱ型枕与Ⅰ型枕相比，其轨下断面承载能力提高了 13%，枕中断面负弯矩承载能力提高了 40%；Ⅲ型枕与新Ⅱ型枕相比，其轨下断面承载能力提高了 43%，枕中断面负弯矩承载能力提高了 65%。随着我国铁路客货运量及行车速度的提高，Ⅰ型、Ⅱ型枕已不能满足运营要求，目前已不再使用，新Ⅱ型和Ⅲ型枕是目前我国使用的主型轨枕。

根据优化轨道结构、实现各部件性能的合理匹配、提高轨道结构整体承载能力的要求，《铁路轨道设计规范》（TB 10082—2017）规定，高速铁路、城际铁路及客货共线Ⅰ级铁路速度大于等于 160 km/h 应采用Ⅲ型混凝土枕。客货共线Ⅰ、Ⅱ级铁路设计速度 120 km/h 及以下可铺设Ⅲ型枕或新Ⅱ型轨枕，铺设新Ⅱ型混凝土枕的根数为 1 760 根/km（轨枕间距 570 mm），铺设Ⅲ型混凝土枕的根数为 1 667 根/km（轨枕间距 600 mm）。

（三）道床

道床是铺设在路基面土的石砟（道砟）垫层。其主要作用：一是支承轨枕，并把从轨枕上部的压力均匀地传递线下基础；二是固定轨枕的位置，阻止轨枕纵向和横向移动；三是缓和机车车辆轮对钢轨的冲击；四是调整线路的平面和纵断面。道床的断面呈梯形，其顶面宽度、边坡坡度及道床厚度等均按轨道的类型而定。道床分为有砟道床和无砟道床，如图 1-35 所示。

有砟道床是指在铁路线上铺设有碎石的路面，道床的材料应当具有坚硬、不易风化、富有弹性、并有利于排水的特点，常用的材料有碎石、卵石、粗砂等，其中以碎石为最优。我国铁路一般都采用碎石道床。有砟道床的优点是建设费用低、噪声传播范围小、建设周期短、修复容易等。

无砟道床则采用灌注水泥浆或沥青等材料使道床固化，使它成为一个整体来支撑钢轨，这是一种刚性轨下基础，线路的强度高、维修工作量少，适合于高速运行，目前我国大多是在隧道内、大桥上和高速铁路线上应用。

（a）有砟道床

（b）无砟道床

图 1-35　道床形式

(四)联结零件

钢轨联结零件是联结两根钢轨末端以及钢轨与轨枕的部件，包括接头联结零件和中间联结零件两类。

接头联结零件是用来联结钢轨与钢轨间接头部件的统称，包括夹板、螺栓、螺母和弹性垫圈等，如图 1-36 所示，把一节节钢轨联结成一个整体。在钢轨的接头处要适当保留一定的缝隙，叫作轨缝。当气温发生变化时，轨缝可满足钢轨的伸缩。车轮通过接头时会产生撞击，从而增加行车阻力，使旅客感到不舒适，还会增加线路的维修工作。因而，钢轨的接头是轨道的薄弱环节。

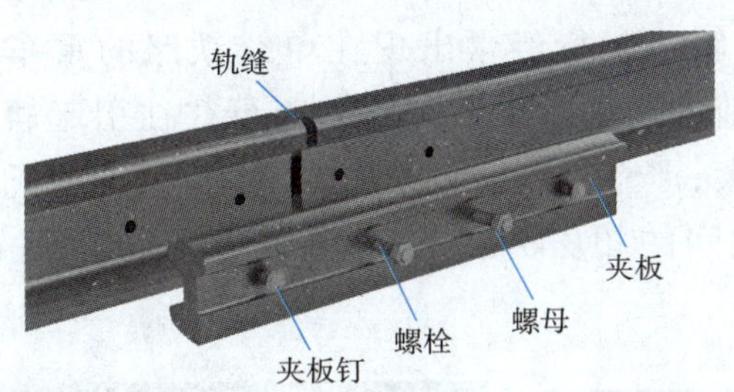

图 1-36　接头联结零件

钢轨与轨枕间的联结是通过中间联结零件实现的。中间联结零件也称扣件，要求具有足够的强度、耐久性和一定的弹性，能长期有效地保持钢轨与轨枕的可靠连接，阻止钢轨相对于轨枕的移动，并能在动力作用下充分发挥其缓冲减震性能，延缓轨道残余变形积累。此外，还应构造简单，便于安装及拆卸。

中间联结零件因轨枕的不同，有木枕扣件和钢筋混凝土枕扣件两类。木枕用的扣件包括普通道钉和垫板。普通道钉用其钩头将钢轨固定于轨枕；垫板置于轨底与木枕之间，其目的在于增加木枕与轨底的接触面积，使木枕经久耐用。钢筋混凝土轨枕用的扣件按扣件弹性可分为刚性扣件和弹性扣件。弹性扣件具有弹性好、扣压力大、联结牢固的特点，能保持钢轨处于正确位置和稳定状态，延长轨道部件寿命，减少线路的养护维修工作量等优点，目前在我国主干线上都采用弹性扣件。钢筋混凝土轨枕用的扣件按结构可分为弹条扣件、扣板式扣件和弹片式扣件。目前我国主要采用弹条扣件，可分为Ⅰ、Ⅱ、Ⅲ、Ⅳ、Ⅴ型，弹条Ⅳ、Ⅴ型扣件主要用于高速铁路，如图 1-37 所示。

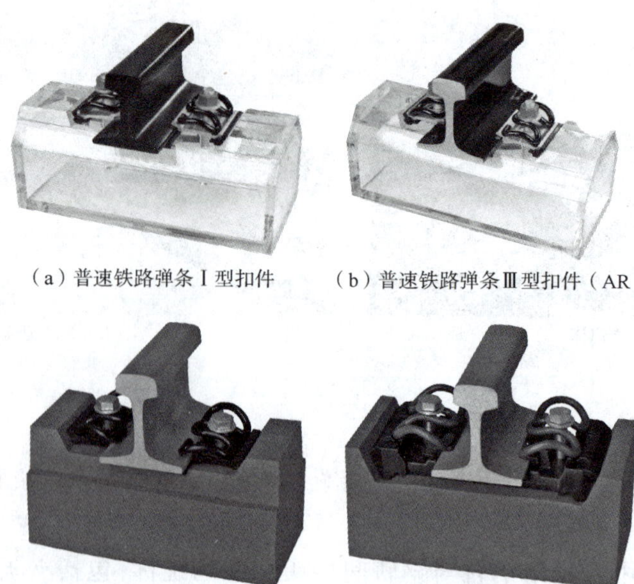

（a）普速铁路弹条Ⅰ型扣件　（b）普速铁路弹条Ⅲ型扣件（AR）

（c）高铁V型扣件（AR）　（d）高铁WJ-8型扣件（AR）

图 1-37　铁路扣件

（五）防爬设备

列车运行时产生的纵向力作用，使钢轨产生纵向移动，有时甚至带动轨枕一起移动，这种现象称为轨道爬行。轨道爬行经常出现在单线铁路的重车方向、双线铁路的行车方向、长大下坡道上及进站前的制动距离内。轨道爬行往往引起轨缝不匀、轨枕歪斜等线路病害，对轨道的破坏性极大，严重时还会危及行车安全，因此必须采用有效措施加以防止。一方面是加强钢轨与轨枕间的扣压力和道床阻力；另一方面是设置防爬器与防爬撑，如图 1-38 所示。

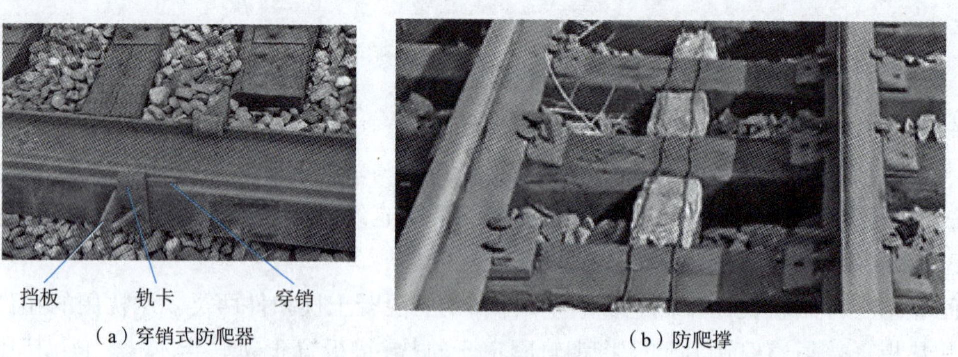

（a）穿销式防爬器　（b）防爬撑

图 1-38　防爬设备

（六）道岔

道岔是铁路线路连接或交叉设备的总称，是机车车辆从一股轨道转入或越过另一股轨道的线路连接设备，是铁路轨道的重要组成部分。由于道岔具有数量多、构造复杂、使用寿命短、限制列车速度、行车安全性低、养护维修投入大等特点，与曲线、接头并称为轨道的三大薄弱环节。道岔有三种基本形式，即线路的连接、交叉、连接与交叉的组合。常用的线路连接有各种类型的单式道岔和复式道岔;交叉有直交叉和菱形交叉;连接与交叉的组合有交分道岔和交叉渡线等。

1. 普通单开道岔

普通单开道岔有左开和右开之分,是最常见、最简单的线路连接设备。普通单开道岔的组成包括转辙器、辙叉及护轨、连接部分,如图 1-39 所示。普通单开道岔是一种主线为直线,侧线向主线的左侧或右侧分支的道岔。

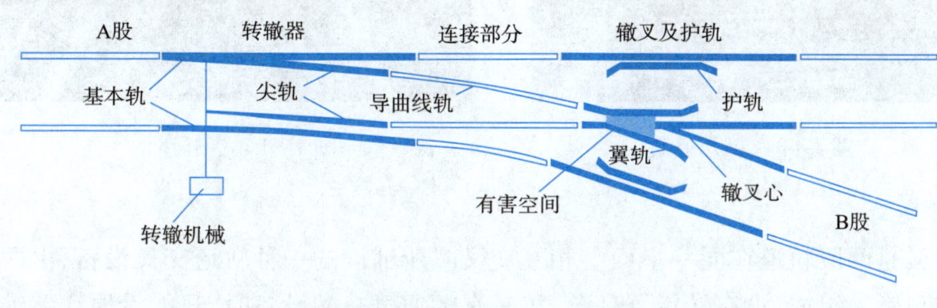

图 1-39 道岔组成(AR)

(1)转辙器,是引导机车车辆沿直线方向或侧线方向行驶的线路设备。转辙器由两根尖轨,两根基本轨和转换设备组成。尖轨是转辙器的主要部件,通过转换设备可使两侧尖轨处于密贴或斥离位置,以确定道岔的开通方向。

(2)辙叉及护轨,包括辙叉心,翼轨及护轨。它的作用是保证车轮安全通过两股轨线的相互交叉处。

从两翼轨最窄处到辙叉心实际尖端之间,存在着一段轨线中断的空隙,叫作辙叉的有害空间。当机车车辆通过辙叉有害空间时,轮缘有走错辙叉槽而引起脱轨的可能,因此,必须设置护轨,对车轮的运行方向实行强制性的引导,保证行车安全。

道岔上的有害空间是限制列车过岔速度的一个重要因素。为了消灭有害空间,适应列车高速运行的要求,国内外都发展了各种活动心轨道岔。活动心轨道岔的辙叉心轨和尖轨是同时被扳动的,当尖轨开通某一方向时动心轨的辙叉心轨就与开通方向一致的翼轨密贴,与另一翼轨分开,从而消灭了有害空间。运营实践证明,由于消灭了有害空间,活动心轨道岔具有行车平稳、直向过岔速度限制较少等优点,因此适合运量大、高速行车的线路使用。

(3)连接部分,是连接转辙器和后端辙叉及护轨的部分,使之成为一组完整的道岔。连接部分包括两根直轨和两根导曲线轨。在导曲线上一般不设缓和曲线和超高,所以列车在侧向过岔时速度要受到限制。

2. 双开道岔

双开道岔也叫对称道岔,是两条线各向左右对称分开的道岔,如图 1-40 所示。在结构上,道岔对称于线路的中线,道岔连接部分有 4 条导曲线轨而无直轨,其主要应用于编组场内,大号码的对称道岔还可用于高速行车的线路。

3. 三开道岔

三开道岔是把一条线分成三条线,其中主线是直线,两侧线分别向左右对称岔开,有两对尖轨,每对由一组转辙机控制,决定尖轨的位置,连接部分有两根直轨,两对导曲线轨,辙叉及护轨部分有 3 副辙叉、4 根护轨，如图 1-41 所示。

图 1-40　双开道岔

图 1-41　三开道岔

4. 菱形交叉

菱形交叉是两股轨道在同一平面上相互交叉时所铺设的一种轨道交叉设备，由两组锐角辙叉和两组钝角辙叉组成，没有转辙器部分，机车车辆通过交叉设备时，只能沿原线路继续运行而不能转线，如图 1-42 所示。

5. 交分道岔

交分道岔是在菱形交叉的基础上，增设两组转辙器和两条侧线，使机车车辆既可以顺交叉轨道直向运行，也可以沿曲线转入侧线运行的道岔，如图 1-43 所示。交分道岔相当于两组对向布置的单开道岔，它可以减少占地面积，改善列车运行条件，是铁路线路上铺设的最为复杂的道岔。它有 4 个辙叉，其中有两个锐角、两个钝角；有 4 条导曲线轨和 8 条尖轨，两根拉杆，每根带动 4 条尖轨同时动作，扳动拉杆使线路开通方向发生变化。

图 1-42　菱形交叉

图 1-43　交分道岔

6. 道岔号数

道岔因其辙叉角的大小不同，有不同的道岔号（N），道岔号数表明了道岔各部分的主要尺寸。道岔号数用辙叉角（α）的余切值来表示，如图 1-44 所示。

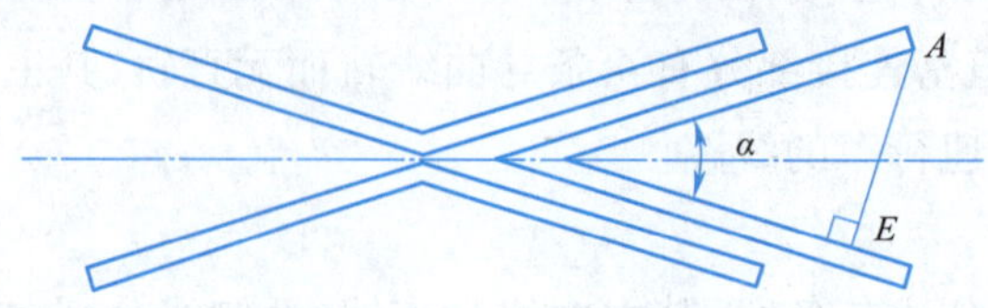

图 1-44　道岔号示意图

辙叉角 α 越小,N 值就越大,导曲线半径也相应越大,机车车辆侧线通过道岔时允许速度也就越高。所以,采用大号码道岔对于列车运行是有利的;然而,道岔号越大,道岔全长就越长,铺设时占地就越多。因此,采用多大号的道岔来连接线路,应根据线路的用途来决定。

由于导曲线部分不设缓和曲线和超高,所以,列车通过道岔时如果速度过高,突然产生的离心力就很大,特别是当列车侧向通过时,车轮对尖轨、护轨和翼轨都有冲击,速度过大时冲击力就很大,这样不仅会造成很大程度的摇晃,使旅客感到不适,而且威胁行车安全。因此,列车的过岔速度不能超过一定范围。

二、轨道的类型

轨道作为列车运行的基础,其强度应当满足该线路每年通过的最大运量和最高行车速度的要求。在列车重量大、列车密度和运行速度高的线路上,轨道的强度应该大些,反之,则可以小些。轨道的强度与各部分的材质、强度和数量等有关,如钢轨的重量与耐磨性,轨枕的种类和数量,联结零件的强度和道床的材料、厚度等。轨道结构主要有两种类型:有砟轨道和无砟轨道。

(一)有砟轨道

有砟轨道是铁路传统的轨道结构,它具有建设费用低、噪声传播范围小、建设周期短、修复容易、自动化及机械化维修效率高等优点,如图 1-45 所示。缺点是随着速度的提高,有砟轨道不均匀下沉越来越严重,轨道平顺性差,轨道破损加剧,从而使维修工作量显著增加,维修周期明显缩短。随着货车的载荷越来越大,旅客列车的速度越来越快,这种轨道结构越来越难以适应,不断出现轨道变形、道砟磨损和粉化,以及道砟飞散等问题,线路的维修越来越频繁。高速铁路尤其需要加强轨道的整体性、可靠性和稳定性,减少维修养护工作量,才能维持列车正常运行。针对有砟轨道的缺点,无砟轨道应运而生。

(二)无砟轨道

无砟轨道具有轨道稳定性高、刚度均匀、结构耐久等特点,不仅减少了线路的养护维修工作量,而且在很大程度上减轻了工人的劳动强度。但无砟轨道造价高,对施工要求较高,在运营过程中一旦出现病害,整治比较困难,且噪声较大、轨道弹性较小,如图 1-46 所示。

图 1-45　有砟轨道

图 1-46　无砟轨道

我国高速铁路无砟轨道一般采用板式、双块式结构形式;客货共线铁路、重载铁路隧道内无砟轨道一般采用弹性支承块式、双块式、轨枕埋入式等结构形式;道岔区无砟轨道宜采用轨枕埋入式结构形式,可采用板式结构形式。

三、无缝线路

在普通线路上，由于轨缝的存在，使得钢轨接头处受到较大的冲击力，大大影响行车平稳和旅客的舒适，并促使道床破坏，线路状态恶化，钢轨及联结零件的使用寿命缩短，维修劳动费用增加，如图 1-47 所示。随着列车轴重、行车速度和密度的不断增长，问题更加突出。无缝线路是解决这一薄弱环节的主要措施。

(a)

(b)

图 1-47　无缝线路

(一)无缝线路分类

无缝线路也叫长钢轨线路，就是把若干根标准长度的钢轨经焊接而铺设的铁路线路。无缝线路根据处理钢轨内部温度应力方式不同，可分为温度应力式和放散温度应力式两种。

温度应力式无缝线路是由一根焊接长钢轨及其两端 2 ~ 4 根标准轨组成，并采用普通接头的形式。无缝线路铺设锁定后，焊接长钢轨因受线路纵向阻力的抵抗，两端自由伸缩受到一定的限制，中间部分完全不能伸缩，因而在钢轨内部产生很大的温度力，其值随轨温变化而异。温度应力式无缝线路结构简单，铺设维修方便，现今世界各国主要采用温度应力式无缝线路。

放散温度应力式无缝线路，又分为自动放散式和定期放散式两种，适用于年轨温差较大的地区。自动放散式是为了消除和减少钢轨内部的温度力，允许长轨条自由伸缩，在长轨两端设置钢轨伸缩接头，为了防止钢轨爬行，在长轨中部用特制的中间扣件。由于结构复杂，已不使用。定期放散温度应力式无缝线路的结构形式与温度应力式相同。根据当地轨温条件，把钢轨内部的温度应力每年春、秋两季调整放散 1 ~ 2 次。放散时，封闭线路，松开焊接长钢轨的全部扣件，使它自由伸缩，放散内部温度应力，应用更换缓冲区不同长度调节轨的办法，保持必要的轨缝。每次放散应力需耗费大量劳力，作业很不方便。放散温度应力式无缝线路曾在苏联和我国年温差较大的地区试用，目前已不使用。

根据无缝线路轨条长度、是否跨越车站，可分为普通无缝线路、全区间无缝线路和跨区间无缝线路；根据长钢轨接头的连接形式，可分为焊接无缝线路和冻结无缝线路（又称为“准无缝线路”）。

(二)锁定轨温

当温度变化时，无缝线路上的钢轨由于不能自由伸缩，在钢轨内部将产生应力，这个力由轨温变化引起的，叫作温度力，它均匀地作用在钢轨的全长上。夏天轨温升高，钢轨内部产生压应力；

冬天轨温降低，钢轨内部产生拉应力。一般来说，钢轨温度每改变1 ℃，每根钢轨就会承受1.645 t的压力或拉力。轨温变化幅度为50 ℃时，一根钢轨则要承受高达82.25 t的压力或拉力。

铺设无缝线路的关键是设法克服长钢轨因轨温变化而产生的温度力问题。过去解决钢轨应力的办法是待温度力聚集到一定量时，采取应力释放措施，即在无缝线路长轨条之间铺设一段短轨，一般在春秋时间松开短轨上的扣件，各释放一次钢轨应力，以解决钢轨胀缩问题。这种方法不仅操作麻烦而且影响运输生产，已不再采用。现在采取加强轨道结构措施，如采用高强度Ⅲ型轨枕、高强度螺栓、加强扣件弹条扣压力等，把钢轨紧扣于轨枕上，当温度变化时，钢轨再不能自由伸缩，也不会出现胀轨变形及钢轨断裂等问题。

在无缝线路上，用强力扣件和防爬设备将钢轨紧扣在轨枕上，称为锁定线路。锁定线路时的轨温称为锁定轨温。锁定轨温是无缝线路设计、铺设及养护维修线路的重要技术指标，选择锁定轨温时，以冬季钢轨不折断，夏季不发生胀轨跑道为原则。选择锁定轨温一般采用稍高于当地历年最高轨温与最低轨温的中间值作为锁定轨温。例如，北京地区最高轨温62.6 ℃，最低轨温为-22.8 ℃，中间轨温为19.9 ℃，而设计时的锁定轨温一般采用24 ℃。

（三）无缝线路组成

无缝线路通常由一对长钢轨及两端各2~4对标准轨组成，即由固定区、伸缩区和缓冲区组成，长钢轨中部钢轨的自由伸缩已全部被扣件阻力和道床阻力及防爬设备所约束，不能随轨温变化而伸缩，称为无缝线路的固定区或稳定区。长钢轨两端钢轨所受的扣件阻力及道床阻力是逐渐增大的，温度力是逐渐被克服的，接头处钢轨会有部分伸缩，称为伸缩区或呼吸区。缓冲区是由2~4根或更多根标准钢轨组成的，目的是便于调整轨缝，放散应力和修理及更换绝缘接头和道岔。

由于普通无缝线路仍存在缓冲区，无缝线路的优越性没有得到充分发挥，同时缓冲区的存在对无缝线路的受力状态也有不良影响。随着高速重载运输的发展，要求必须强化轨道结构，全面提高线路的平顺性和整体性，为此要求把缓冲区消除或减少，无缝线路轨条延长，甚至与道岔连成一体。我国是超长无缝线路铺设最多的国家。

四、轨道几何形位

为了确保行车安全，轨道除了应具有合理的组成外，还应保持良好的轨道几何形位。轨道几何形位是指轨道各部分的几何形状、相对位置和基本尺寸。为确保行车安全，轨道的两股钢轨之间应保持一定的距离；两股钢轨顶面应保持一定的相对高度；在小半径曲线地段，曲线轨距应考虑适当加宽，从而保证机车车辆能够顺利通过曲线。

（一）轨距

轨距是钢轨头部踏面下16 mm范围内两股钢轨工作边之间的最小距离，如图1-48所示。

1. 直线轨距

我国和大多数国家主要采用1 435 mm的标准轨距。大于1 435 mm者为宽轨距，小于1 435 mm者为窄轨距。俄罗斯和东欧各国采用1 520 mm宽轨距。

为使机车车辆能在线路上两股钢轨间顺利滚动，轨距应略大于轮对宽度，当轮对的一个车轮轮缘紧贴钢轨作用边时，另一个车轮轮缘与钢轨作用边之间就留有一定的空隙，此空隙称为游间。轮对和钢轨的相对位置如图1-49所示。

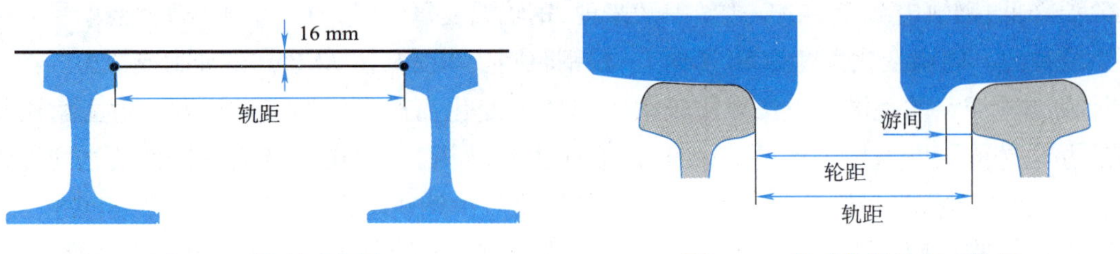

图 1-48　轨距示意图　　　图 1-49　轮对与钢轨相对位置

在直线地段：

$$S = q + \delta \tag{1-16}$$

式中　S——轨距，mm；

q——轮对宽，mm；

δ——游间，mm。

游间 δ 既不能过大，也不能过小。如果 δ 过大，会造成列车运行的较大摇晃，影响轨道的稳定性，危及行车安全；如果 δ 过小，会增加行车阻力和轮轨磨耗，严重时轮对有可能被钢轨卡住。在机车车辆运行的动力作用下，轨距可能产生一定的误差，运营中也容许轨距有规定的合理范围内的增减量。我国《铁路技术管理规程（普速铁路部分）》规定的线路、道岔轨距静态允许偏差见表 1-9。

表 1-9　线路、道岔轨距静态允许偏差

线路允许速度（km/h）	$v \leq 120$	$120 < v \leq 160$	$160 < v \leq 200$
线路（mm）	+6　−2	+4　−2	±2
道岔（mm）	+3　−2	+3　−2	±2

2. 曲线轨距

在机车车辆同一转向架上，始终保持平行的最前位和最后位车轴中心间的距离叫作固定轴距。具有一定固定轴距的机车车辆走行部（转向架）在曲线上运行时，转向架的纵向中心线与曲线轨道中心线不一致，因而引起转向架前一轮对外侧车轮轮缘和后一轮对内侧车轮轮缘挤压钢轨，增加走行阻力，轮轨磨耗加剧。曲线半径越小，挤压钢轨越严重，为保证机车车辆的走行部能顺利通过曲线，要对小半径曲线的轨距适当加宽。《铁路技术管理规程（普速铁路部分）》规定的曲线轨距加宽值见表 1-10。

表 1-10　曲线轨距加宽值

曲线半径 R（m）	加宽值（mm）
$R \geq 295$	0
$295 > R \geq 245$	5
$245 > R \geq 195$	10
$R < 195$	15

（二）水平

1. 直线水平

在线路同一断面处左、右两股钢轨踏面的高度差，简称“水平”。水平可用道尺在进行轨距检查时同步检查。为使两股钢轨受力均匀，直线地段线路两股钢轨顶面应保持同一水平。《铁路技术管理规程(普速铁路部分)》规定的钢轨水平静态允许偏差见表 1-11。

表 1-11　钢轨水平静态允许偏差

线路允许速度(km/h)	$v \leq 120$	$120 < v \leq 160$	$160 < v \leq 200$
正线及到发线(mm)	4	4	3
道岔(mm)	4	4	3

2. 外轨超高

机车车辆在曲线上运行时,由于离心力的作用使曲线外轨承受了较大的挤压力,不仅加速外轨的磨耗,而且使旅客感到不舒适,严重时还会导致翻车。因此通常要将曲线上的外轨适当抬高,使机车车辆向内倾斜,从而平衡离心力。外轨比内轨高出的部分叫作超高,如图 1-50 所示。

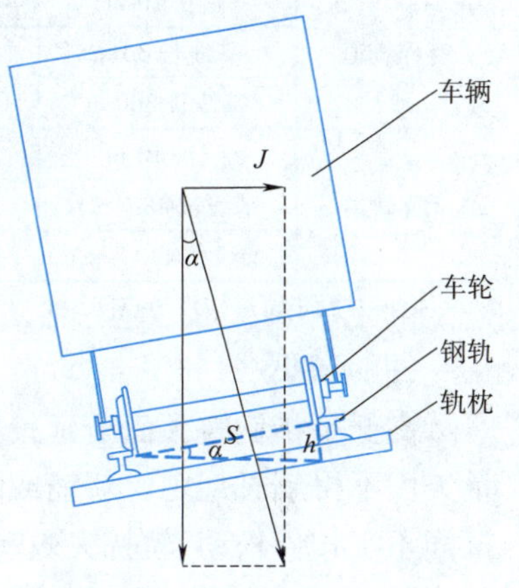

图 1-50　外轨超高示意图

曲线的外轨超高量可用下式计算:

$$h = \frac{11.8v^2}{R} \tag{1-17}$$

式中　h——外轨超高,mm;

v——列车平均运行速度,km/h;

R——曲线半径,m。

《铁路技术管理规程(普速铁路部分)》规定,曲线地段的外轨超高应按有关规定的办法和标准确定,最大实设超高:双线地段不得超过 150 mm,单线地段不得超过 125 mm。《铁路轨道设计规范》(TB 10082—2017)规定,曲线地段最大、最小设计超高值见表 1-12。

表 1-12　最大、最小设计超高值(mm)

项目		最大值	最小值
无砟轨道		175	15
有砟轨道	一般情况	150	
	客货共线铁路单线地段	125	

外轨超高和曲线加宽都是从缓和曲线的起点开始逐渐增加,到圆曲线起点时超高和加宽都应达到规定的值。在曲线地段由于设置超高而加厚了外轨下的道床,因而道床坡脚向外延长,为了保持路肩的应有宽度,所以路基也必须在外侧相应地加宽。

(三)轨向

轨向是指钢轨内侧轨距点沿轨道延长方向的横向凹凸不平顺。在机车车辆运行过程中,直线地段的轨道往往不是一条理想的直线,而是由许多波浪形"曲线"组合而成的线段。直线不直、曲线方向不良,必然会引起列车的蛇行运动。在行驶快速列车的线路上,轨道方向对行车的平稳性更为重要。相对轨距来说,轨向往往是行车稳定性的控制因素,只要方向偏差保持在允许范围之内,轨距变化对车辆振动的影响就不会很大。无缝线路地段,若轨道方向不良,高温季节,在一定条件下会引起胀轨跑道,严重威胁行车安全。为确保行车的平稳和安全,需要定期检查轨向,并及时整正,使之恢复到设计位置上来。《铁路轨道设计规范》(TB 10082—2017)有关轨向的规定见表 1-13 和表 1-14。

表 1-13　客货共线铁路、重载铁路正线轨向静态容许偏差

轨道类型	测量方法	160 km/h < v ≤ 200 km/h	120 km/h < v ≤ 160 km/h	v ≤ 120 km/h
有砟轨道	弦长 10 m	3 mm	4 mm	4 mm
无砟轨道	弦长 10 m	2 mm	2 mm	4 mm

表 1-14　高速铁路、城际铁路正线轨向静态容许偏差

轨道类型	测量方法	250 km/h ≤ v ≤ 350 km/h	v = 200 km/h	v = 160 km/h	v = 120 km/h
有砟轨道	弦长 10 m	2 mm	3 mm	4 mm	4 mm
	基线长 30 m	2 mm/5 m	3 mm/5 m	—	—
	基线长 300 m	10 mm/150 m	10 mm/150 m	—	—
无砟轨道	弦长 10 m	2 mm	2 mm	2 mm	4 mm
	基线长 48a(m)	2 mm/8a(m)	3 mm/8a(m)	—	—
	基线长 480a(m)	10 mm/240a(m)	10 mm/240a(m)	—	—

注：a 为无砟轨道扣件节点间距。

(四)高低

高低是指钢轨顶面沿延长方向的垂向凹凸不平顺。钢轨顶面要目视平顺，高低差 10 m 弦量矢度不得超过规定。新铺或刚大修过的线路，经过一段时间列车运营后，由于路基下沉道床捣固不实扣件松动、轨枕失效、钢轨不均匀磨耗等原因，钢轨将产生不均匀下沉，轨面会出现高低不平，轨底与垫板、垫板与轨枕或轨枕与道床顶面间也会出现间隙；当间隙超过 2 mm 时，称作吊板或暗坑。《铁路轨道设计规范》(TB 10082—2017)有关高低的规定见表 1-15 和表 1-16。

表 1-15　客货共线铁路、重载铁路正线高低静态容许偏差

轨道类型	测量方法	160 km/h < v ≤ 200 km/h	120 km/h < v ≤ 160 km/h	v ≤ 120 km/h
有砟轨道	弦长 10 m	3 mm	4 mm	4 mm
无砟轨道	弦长 10 m	2 mm	2 mm	4 mm

表 1-16　高速铁路、城际铁路正线高低容许偏差

轨道类型	测量方法	250 km/h ≤ v ≤ 350 km/h	v = 200 km/h	v = 160 km/h	v = 120 km/h
有砟轨道	弦长 10 m	2 mm	3 mm	4 mm	4 mm
	基线长 30 m	2 mm/5 m	3 mm/5 m	—	—
	基线长 300 m	10 mm/150 m	10 mm/150 m	—	—
无砟轨道	弦长 10 m	2 mm	2 mm	2 mm	4 mm
	基线长 48a(m)	2 mm/8a(m)	3 mm/8a(m)	—	—
	基线长 480a(m)	10 mm/240a(m)	10 mm/240a(m)	—	—

(五)轨底坡

为了使机车车辆轮对在线路两股钢轨上运行灵活平稳，并且能顺利地通过直线、曲线和道岔，车轮踏面均有一定的锥度。要实现车轮踏面与钢轨顶面匹配，使钢轨轴心受力，钢轨就要有一个向内的倾斜度，这就要求钢轨和轨道平面之间形成一定横向坡度，即轨底坡。轨底坡设置是否正确，可根据钢轨顶面上被车轮磨出的光带位置来判定。如光带偏离轨顶中心向内，说明轨底坡不足；如光带偏离轨顶中心向外，说明轨底坡过大；如光带居中，说明轨底坡合适。

任务实施

京九铁路简称京九线，是中国境内一条连接北京市至香港特别行政区的国铁 I 级铁路；线

路呈南北走向，串联华北、华中、华东和华南地区，正线全长 2 315 km。京九铁路全线于 1993 年动工建设，1996 年 9 月 1 日全线开通运营，是当时国内投资最多、一次性建成的最长双线铁路；为中国“八纵八横”干线铁路网中的一纵。目前列车最高运营速度 160 km/h。

(1)按照目前施行的《铁路轨道设计规范》(TB 10082—2017)，设计京九铁路的轨道结构形式。

(2)结合铁道综合演练场，说出有砟轨道结构组成。

(3)什么是轨道几何尺寸，主要包括哪些项目？

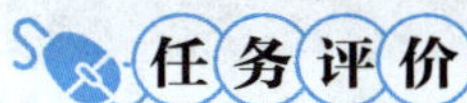

任务评价

任务评价表见表 1-17。

表 1-17　任务评价表

序号	评价内容	评价标准	分数	评分记录		
				学生自评	组间互评	教师评分
1	设计京九铁路的轨道结构形式	无法根据规范正确设计无砟轨道结构和有砟轨道结构的，错误 1 项扣 10 分	20			
2	轨道结构组成	无法正确说出钢轨、扣件、轨枕、道床、道岔、接头连接零件、防爬设备等，少 1 项扣 5 分	35			
3	判断轨道几何尺寸	1. 无法正确指出是轨道几何尺寸的，扣 10 分 2. 不能准确说出轨道几何尺寸主要包括的轨距、水平、轨向、高低、轨底坡等项目，少 1 项扣 7 分	45			
总分			100			

任务五　认识铁路限界

任务引入

2020 年 3 月 30 日 11 时 40 分，由济南开往广州的 T179 次旅客列车运行至京广线下行 K1855 + 642 处，发生列车脱轨事故，如图 1-51 所示。此次事故造成机车及机后第 1 至 8 位车辆脱轨，1 名乘警殉职、122 名旅客和 5 名列车工作人员受伤，中断京广下行线行车 21 h 28 min、上行线行车 22 h 8 min。3 月 31 日 9 时 08 分开通下行线路、9 时48 分开通上行线路，恢复京广线上下行行车。

图 1-51　脱轨现场

据调查处理情况公告，造成该起事故的原因为由于山体滑坡侵占了铁路下行线。T179 次旅客列车运行接近该地段时，受天气影响和地理条件限制，司机瞭望距离不足导致停车不及时，列车与线路上的滑塌体相撞。列车在正常行驶时，周围的空间是多大呢？

任务描述

为了确保机车车辆在铁路线路上安全运行，铁路线周围不允许任何物体设备侵入，京广线 T179 次旅客列车脱轨就是由于发生了滑坡体侵入铁路线内，而发生的事故。铁路线周边应该保持多大的空间，是本任务的主要内容。

相关知识

为了确保机车车辆在铁路线路上运行的安全,防止机车车辆撞击邻近线路的建筑物和设备,而对机车车辆和接近线路的建筑物、设备所规定的不允许超越的轮廓尺寸线,称为限界。铁路限界是一个与平直线路中心线垂直的横断轮廓,其横向尺寸系指水平宽度,由线路中心线起算;其高度尺寸为垂直高度,自钢轨面起算,单位均为 mm。铁路基本限界可分为机车车辆限界和建筑限界两种。图 1-52 所示为由于山体滑坡造成的侵限。

图 1-52　山体滑坡造成侵限

一、机车车辆限界

机车车辆限界是机车车辆横断面的最大极限,它规定了机车车辆不同部位宽度、高度的最大尺寸和底部零件至轨面的最小距离。机车车辆限界是和桥梁、隧道等限界起相互制约作用的,当机车车辆在满载状态下运行时,也不会因产生摇晃、偏移等现象而与桥梁、隧道及线路上其他设备相接触,以保证行车安全。

机车车辆无论空、重状态,均不得超出机车车辆限界。

客货共线铁路,机车车辆的中心最大高度为 4 800 mm。因此,机车车辆顶部的任何装置均应在 4 800 mm 之内,以防机车车辆顶部与桥梁、隧道上部相撞。

机车车辆在钢轨轨面上部 1 250 ~ 3 600 mm 范围内其宽度为 3 400 mm,在 2 600 ~ 3 100 mm 列车信号、后视镜装置范围内允许两侧各加宽 100 mm,如图 1-53 所示。

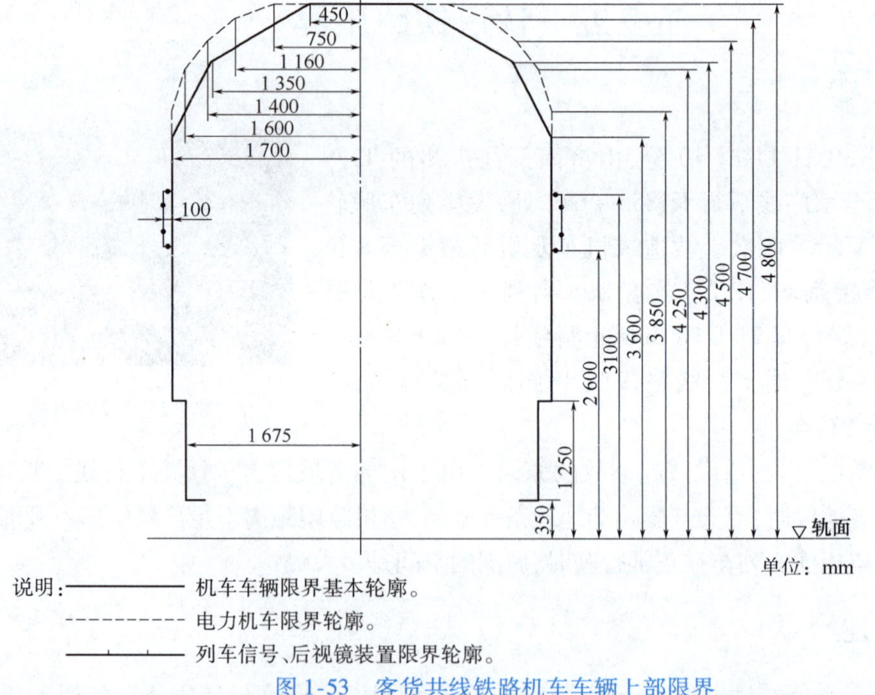

图 1-53　客货共线铁路机车车辆上部限界

客运专线铁路的机车车辆上部限界如图 1-54 所示,客运专线铁路的机车车辆在客货共线铁路运用时,还应符合客货共线铁路机车车辆限界要求。

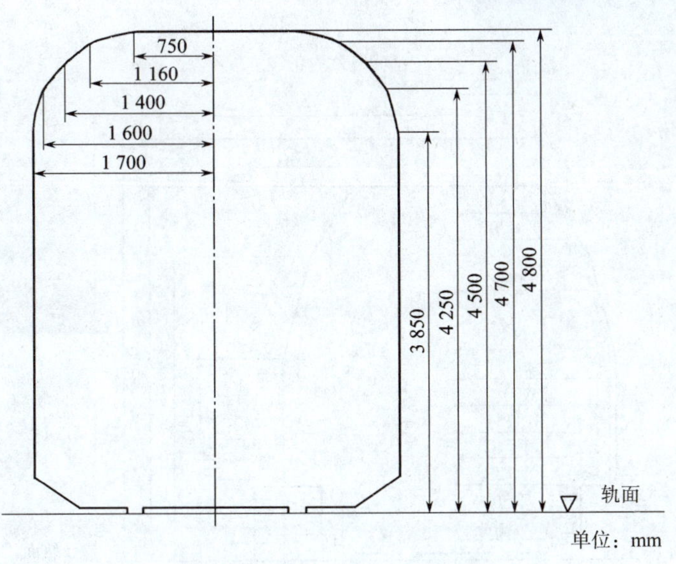

图 1-54　客运专线铁路机车车辆上部限界

二、建筑限界

建筑限界是一个和线路中心线垂直的横断面，它规定了保证机车车辆安全通行所必需的横断面的最小尺寸。凡靠近铁路线路的建筑物及设备，其任何部分(和机车车辆有相互作用的设备除外)都不得侵入限界之内。《铁路技术管理规程(普速铁路部分)》《铁路技术管理规程(高速铁路部分)》根据不同的运行速度规定了不同的建筑限界标准。其中：客运专线铁路建筑限界如图 1-55 所示；$v \leqslant 160$ km/h 客货共线铁路建筑限界，如图 1-56 所示。

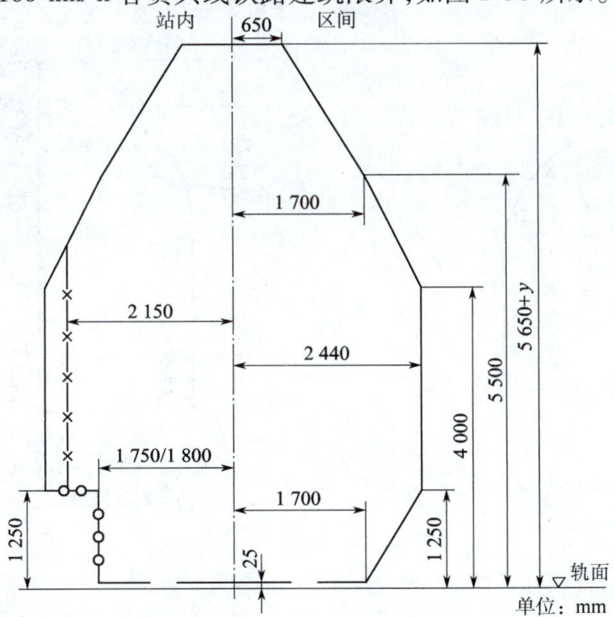

说明：—×—×—×-　信号机、高架候车室结构柱和接触网、跨线桥、天桥、电力照明、雨棚等杆柱的建筑限界(正线不适用)。

-o-o-o-o-o-　①站台建筑限界(侧线站台为 1 750 mm；正线站台，无列车通过或列车通过速度不大于 80 km/h 时为1 750 mm，列车通过速度大于 80 km/h 时为 1800 mm)。

②站内反方向运行矮型出站信号机的限界为 1 800 mm。

———————　各种建(构)筑物的基本限界，也适用于桥梁和隧道。

y 为接触网结构高度。

图 1-55　客运专线铁路建筑限界

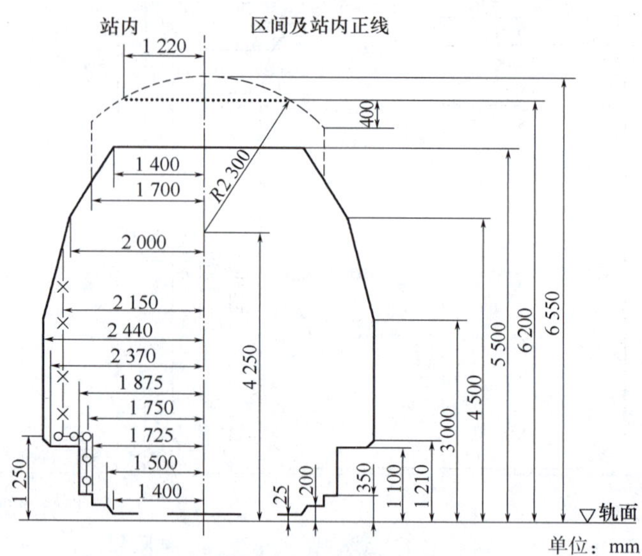

说明：—×—×—×— 信号机、高架候车室结构柱和接触网、跨线桥、天桥、电力照明、雨棚等杆柱的建筑限界（正线不适用）。

—o—o—o—o—o— 站台建筑限界（正线不适用）。

———— 各种建（构）筑物的基本限界。

— — — — 适用于电力牵引区段的跨线桥、天桥及雨棚等建（构）筑物。

- - - - - - - 电力牵引区段的跨线桥在困难条件下的最小高度。

（a）基本建筑限界

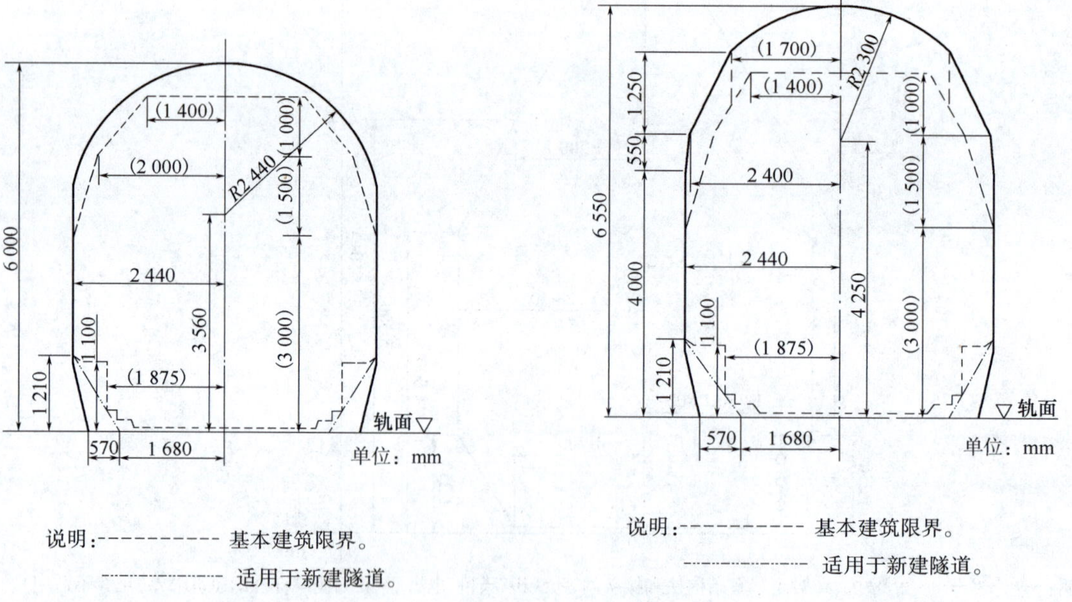

（b）隧道建筑限界（内燃牵引区段）　　（c）隧道建筑限界（电力牵引区段）

图 1-56　客货共线铁路建筑限界（$v \leqslant 160$ km/h）

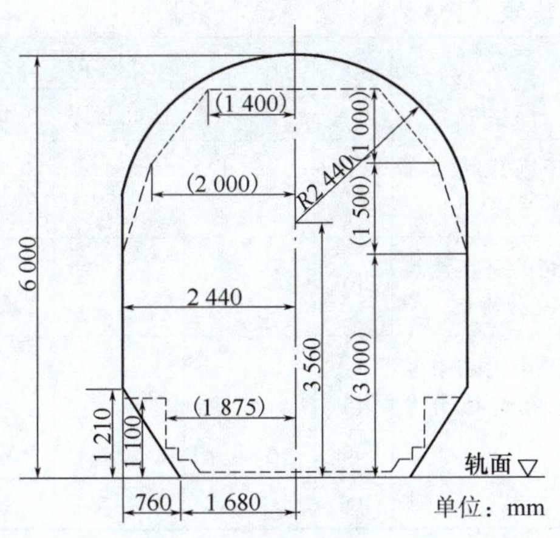

说明：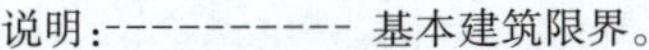 基本建筑限界。

(d)桥梁建筑限界(内燃牵引区段)

说明：---------- 基本建筑限界。

(e)桥梁建筑限界(电力牵引区段)

图 1-56　客货共线铁路建筑限界(v≤160 km/h)(续)

任务实施

京广铁路简称京广线，是中国境内一条连接北京市与广州市的国家Ⅰ级客货共线铁路，北起北京丰台站，经联络线连接北京西站、北京南站和北京站，南至广州站，正线全长 2 263 km，设计速度(改造)160～250 km/h，列车最高运营速度 160 km/h。

京广铁路由原京汉铁路和原粤汉铁路两段衔接而成。

1897 年 4 月，京汉铁路(时称卢汉铁路)动工建设。

1900 年 7 月，粤汉铁路动工建设。

1906 年 4 月，京汉铁路建成通车，北起北京卢沟桥、南至武汉汉口。

1936 年 9 月，粤汉铁路建成通车，北起武汉徐家棚、南至广州黄沙。

新中国成立后通过了复线改造、电气化改造、提速等。1988 年 12 月，全路段成为双线铁路。2001 年 4 月 28 日，全线完成电气化改造。2007 年 3 月 26 日，主路段设计速度 160 km/h，局部路段达 200 km/h。

(1)影响铁路建筑限界的因素有哪些？

(2)画出京广铁路电气化改造后基本建筑限界。

(3)京广铁路上的武汉长江大桥建于 1957 年，后经改造为 160 km/h 电气化铁路，试画出其基本建筑限界。

任务评价

任务评价表见表 1-18。

表 1-18　任务评价表

序号	评价内容	评价标准	分数	评分记录		
				学生自评	组间互评	教师评分
1	铁路建筑限界影响因素	无法正确说出铁路等级、牵引方式、设计速度等，错误 1 项扣 5 分	15			
2	画基本建筑限界	无法正确按照 $v \leq 160$ km/h 客货共线铁路的基本建筑限界要求画出图示，错误 1 项扣 5 分，扣满 40 分为止	40			
3	检测建筑限界	无法正确按照 $v \leq 160$ km/h 客货共线铁路电力牵引区段建筑限界要求画出图示，错误 1 项扣 5 分，扣满 45 分为止	45			
总分			100			

任务六　走进工务段

任务引入

2020 年 4 月 12 日 14 时 29 分，由赤峰南开往山海关的 K7384 次旅客列车以 50 km/h 的速度运行至锦承上行线大营子线路所 3 号道岔处，机车及机后 1～2 位车辆脱轨并侵入锦承下行线，无人员伤亡，中断锦承下行线行车 12 h 28 min、上行线行车 14 h 1min，构成铁路交通较大事故。事故地段于 2019 年 12 月 24 日改建开通，改造前为单线无缝线路，改造后为 Ⅰ 级双线铁路，设计速度 120 km/h。事故发生时限速 60 km/h。大营子线路所铁路线路产权归沈阳局集团公司所有，并由其负责运营，沈阳局集团公司阜新工务段负责线路维修养护。K7384 次旅客列车于锦承上行线大营子线路所 3 号道岔处脱轨，脱轨点位于 3 号道岔距直尖轨尖端 7 730 mm 处。

据调查处理情况公告，造成该起事故的原因：事故地段道岔于 2019 年 12 月 24 日投入使用，施工进行无缝线路胶接时气温为 -16.1 ℃并按此轨温锁定，超出设计锁定轨温范围。事故发生时当地气温为 20.2 ℃、轨温 37 ℃，锁定轨温和实际轨温差达 53.1 ℃。设备管理单位未按规定针对气温回升情况及时实施应力放散，轨道发生胀轨，造成 3 号道岔尖轨与基本轨离缝。K7384 次旅客列车运行至此，机车车轮从尖轨尖端处挤入道岔直尖轨与曲基本轨间缝隙，导致脱轨。应力放散具体归什么部门负责，是如何组织管理的呢？

任务描述

在列车不间断地运行和自然条件作用下，铁路线路会发生变形或损坏。为了确保列车能按规定的速度安全、平稳和不间断地运行，以及延长线路各组成部分的使用寿命，必须加强线路的养护和维修工作，使线路设备经常保持完好状态，这就是铁路工务部门的基本任务。锦承线之所以发生脱轨事故，就是未按照规定进行无缝线路的应力放散。本任务介绍铁路线路工务作业的基本组织和基本内容。

一、工务段

(一)工务段的设置

工务段(含工务桥工段、综合维修段等)是工务部门的基层生产单位,负责线路维修工作和大型养路机械作业地段的工作量调查、维修计划制订、维修方案设计、质量验收及其他作业项目,主要靠人工和小型工机具养路。每一工务段管辖范围:正线线路延展长度不宜超过 1 200 km,特殊情况下由铁路局集团公司规定;山区铁路、管辖范围内有编组站或一等及以上车站时,管辖正线长度可适当减少。工务段现场界标及作业如图 1-57 所示。

图 1-57　工务段现场

(二)工务段生产机构及职责

工务段下设安全生产调度指挥中心和线路车间、重点维修车间、综合机修车间、探伤车间等。线路车间下设检查工区、维修工区、线路工区。具体职责如图 1-58 所示。

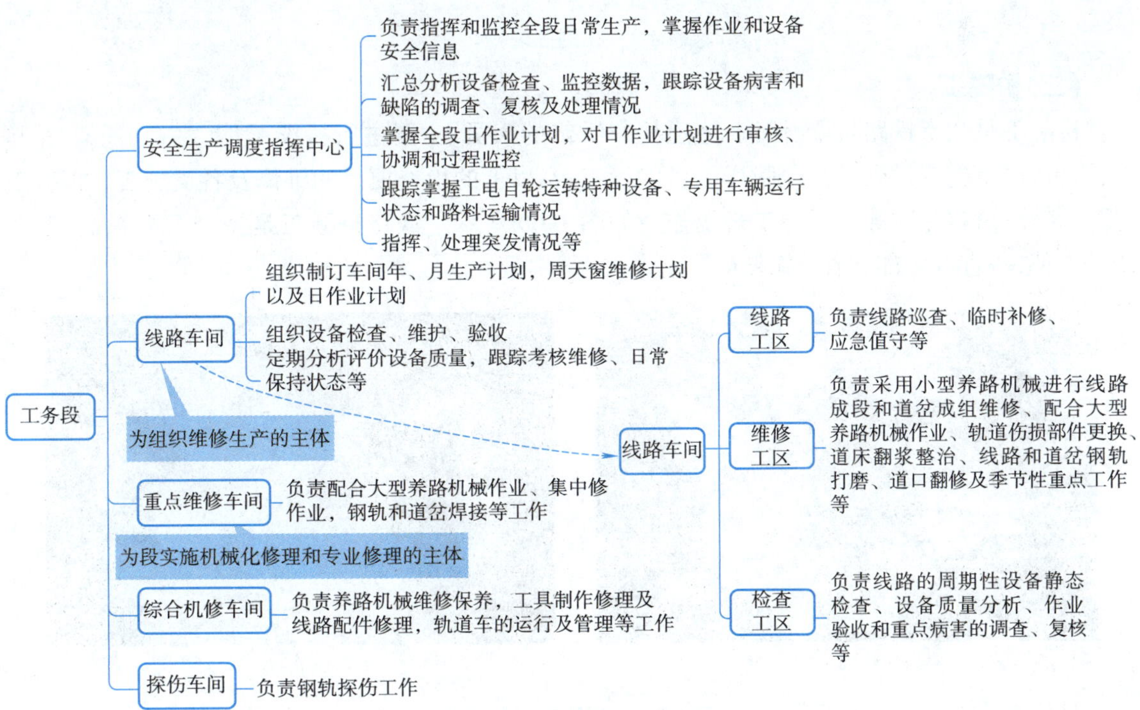

图 1-58　工务段主要生产机构及职责

二、工务段的主要工种

工务段的主要工种包括线路工、桥隧工、看守工、探伤工等。

(一)线路工

线路工是铁路上对线路设备进行维修保养的人员,是铁路工务段基本工种之一。线路工主要负责铁路线路的维护及经常性巡视和定期检查,主要是检查道岔、钢轨、轨枕等线路设备,及时发现可能存在的各种隐患,并制订维修和养护方案,如图1-59所示。在巡视线路的同时,线路工要根据线路变化情况,在全年度和线路管辖范围内,有计划有重点地进行线路养护维修,以保持线路质量经常处于均衡良好的状态。铁路线路的养护和维修是一项综合系统工程,相对比较繁杂,包括清筛整理不洁道床、根据线路情况起道捣固、整治钢轨病害和接头病害、更换放正和修理轨枕、改道、拨道、调整道岔各部位尺寸、全面拨正线路曲线等,是保证铁路线安全运行的关键。线路工担负着铁路线上的"病害整治"任务,被称为"铁道线上的主治医生"。

(a)

(b)

图1-59 线路工现场作业

(二)桥隧工

桥隧工是从事铁路桥梁、涵洞、隧道检查维修的人员,主要进行桥梁梁体、栏杆、托架、吊围栏、墩台,以及隧道衬砌及其他附属设备的检查;及以上的检查项目的维修及各类施工,如清淤、勾缝、修补、清雪除冰等。桥隧工现场作业如图1-60所示。铁路桥隧工是一个"高空、高危"的铁路工种,一直以来都有着"蜘蛛人""清道夫"的称号。

(a)

(b)

图1-60 桥隧工现场作业

(三)看守工

看守工的主要工作职责是看危岩坡面有无变化,听周围山体有无异响,巡线路界限有无变化,守危险处所围歼隐患,以确保铁道线安全畅通。在日常工作中,看守工定时开展线路巡查,一旦发生险情,及时采取措施,拦停列车。当列车通过看守点前,司机会通过无线电与看守工联系,确认看守点安全的情况下,看守工手举缓行黄旗,目送列车通过看守点,保障旅客和人民财产安全。看守工现场作业如图 1-61 所示。

(四)探伤工

探伤工是钢轨探伤工的简称,负责钢轨探伤工作,被誉为"钢轨医生"。铁路线路上的钢轨,在自然状态下,长期承受列车荷载作用,会产生伤损。钢轨在生产过程中,会存在一定的质量缺陷,也会产生伤损。如果不被及时发现,更换下道,可能造成钢轨折断,就会发生脱轨等事故。探伤工采用超声波钢轨探伤仪和手工检查相结合的方法,定期给钢轨进行"体检",及时准确发现各种钢轨病害,并根据钢轨的伤损情况及时采取整治措施,以确保铁路运输安全。探伤工现场作业如图 1-62 所示。

图 1-61 看守工现场作业

图 1-62 探伤工现场作业

钢轨探伤工不管严寒酷暑,长年累月推着探伤仪,在铁道上为钢轨探伤,及时发现和处理钢轨伤损问题,其责任非常重大,其探伤过程也比较辛苦。因此,对探伤工的思想道德素质和业务技术水平要求也比较严格,必须具有责任担当和奉献精神、高超的业务技术素质,才能认真细致地做好钢轨探伤工作,及时发现钢轨伤损并进行安全处置,使线路工能及时将伤损钢轨更换下道,从而保证铁路线路安全。

三、线路设备修理

线路设备修理分为线路设备大修和线路设备维修。

(一)线路设备大修

线路设备大修是恢复或提高轨道结构强度的修理作业,根据线路设备各部件状态变化规律的不同,线路设备大修可分为钢轨大修、道岔大修、轨枕大修、道床大修、线路中修、扣件大修、道口大修等。无缝线路更换新轨大修时,应做好无缝线路前期工程,道床、轨枕等应满足无缝线路铺设条件。因线路设备大修引起其他设备变动时,应由铁路局集团公司在相应的大修计划中统一安排。

(二)线路设备维修

线路设备维修分为计划维修与临时补修。

计划维修是指根据线路及其各部件的变化规律，依据维修周期、结合设备状态评价，以大型养路机械为主要作业手段，全面调整和改善轨道空间线形线位，消除轨道结构病害，恢复道床弹性，更换失效轨枕和联结零件，调整轨道几何尺寸，消除钢轨轨头病害，达到钢轨目标廓形，以及其他各结构部件的修理等为主要内容的单项或多项修理，以恢复线路完好技术状态。

临时补修是指以小型养路机械为主要作业手段，对轨道几何不平顺超过临时补修容许偏差管理值及其他不良处所进行的临时性整修，以保证行车安全和平稳。

四、线路作业机械化

线路作业是一项既费时费工，又极为繁重的体力劳动，它需要占用大量的人力、物力和财力。线路结构大范围地实现了重型化、快速化，这对铁道线路的维修手段提出了更高的要求。为了改变人工作业的落后面貌，提高维修质量和作业效率，节约劳动力和维修费用，世界各国都在努力研制各种养路机具。为了加快发展步伐，在工务段普遍设立了机械化工队和养路工区，配备了以单项、小型为主的养路机械，如小型液压捣固机、锯轨机、钢轨钻孔机等，在一定程度上减轻了劳动强度，提高了作业效率。

20 世纪 80 年代中期以后，我国开始引进少量国外先进的大型养路机械，经试用，在取得一定使用经验和效果后，在消化吸收的基础上自行生产，逐渐实现了自行研制具有自主知识产权的大型养路机械。目前养路机械已由小型到大型、由低级到高级、由单机到联合机械，逐步发展到采用先进技术设备的大型、高效、多功能的机械。大型养路机械取得的突破性进展，为提速扩能，保证繁忙干线和快速线路的运输安全，实现养路机械的现代化，做出了巨大的成绩。现场机械化作业如图 1-63 所示。

(a)

(b)

图 1-63　机械化作业

五、综合维修

合理的基础设施维修组织是高质量、高效率、低成本养护与维修线路的前提。中国国家铁路集团有限公司于 2017 年指导推进了“统一组织架构、统一天窗安排、统一生产计划、统一作业组织、统一应急处置、统一防护管理、统一生产平台、实施联合调度”的“七统一、一联合”综合维修车间组织生产模式。该模式下设立综合维修车间负责生产计划编制、设备状态分析、日常生产组织等工作，以“专业配合”为核心，各专业间不存在隶属关系，仍受专业段的管理与约束。至 2019 年底，已开通高速铁路基本实现了“七统一、一联合”的综合维修生产一体化。

为进一步深化高速铁路综合维修生产一体化站段改革，中国国家铁路集团有限公司于2019年指导推进高速铁路基础设施段组织管理模式的实施。高速铁路基础设施段按“技术+生产”重组机构，设立生产技术中心，分为专业维修技术中心和生产调度监控中心。专业维修技术中心负责专业技术管理、施工组织、专项集中修等；生产调度监控中心负责专业日常安全生产调度和信息统计、天窗管理、应急处置指挥等工作。高速铁路基础设施段下设综合维修车间、电力车间、车载设备车间、机修车间等负责具体的日常生产、巡视保养、自轮运转设备修理等，形成以“集中为主、分散为辅”的作业组织形式，是目前高速铁路基础设施综合维修的重要发展模式。

任务实施

锦承铁路起点锦州站，终点承德站，是内蒙古东部煤炭外运至辽宁的主要铁路运输通道。由锦州向北经义县向西到朝阳，经建平、凌源、平泉到承德，全程436.7 km，并与沈山线、北票支线、新义线、叶赤线、魏塔线、京承线相连。锦承铁路原是日本为侵略我国华北而仓促修筑的，质量较差。该线在辽西丘陵地带及河北北部山区运行。新中国成立后对该线进行了改造，运输能力有了较大的提高。全线成为东北与关内联系的重要通道。

2019年12月24日，锦承铁路扩能改造工程竣工开通。实施扩能改造后，锦承铁路等级由Ⅱ级变为Ⅰ级，单线变为双线，无缝线路，全线实现电力牵引。线路允许时速由原来的100 km提高到120 km。

(1)不考虑其他因素，单纯考虑锦承铁路，应如何设置线路设备维修管理组织？

(2)线路设备修理的内容包括哪些？

(3)熟悉线路设备维护设备。

(4)假设您是锦承线上的一名铁路线路工需要具备哪些素质？

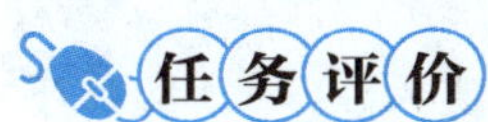

任务评价

任务评价表见表1-19。

表1-19 任务评价表

序号	评价内容	评价标准	分数	评分记录		
				学生自评	组间互评	教师评分
1	如何设置线路设备维修管理组织	无法正确说出工务段的设置、组织机构及相应职责，错误1项10分	30			
2	轨道结构组成	无法正确说出线路设备大修、维修的内容，错误1项扣10分	20			
3	熟悉线路维护设备	无法正确说出小型液压捣固机、锯轨机、钢轨钻孔机、钢轨打磨车、捣固车、钢轨探伤车等，能说出6种及以上维护设备，少1项扣5分	30			
4	线路工的素质	无法正确说出具有健壮的体格，有吃苦耐劳的精神；具备良好的心理素质及沟通表达能力等，少1项扣5分	20			
总分			100			

试题

项目一
铁路线路

巩固练习

一、填空题

1. 根据《中国铁路总公司铁路建设管理办法》(铁总建设〔2015〕78号),铁路建设项目按照________、________、________和________的基本程序组织建设。

2. 铁路主要技术标准是指对________、________、________以及选定的其他有关技术条件有显著影响的基本标准和设备类型。

3. 线路的平面反映了线路的________和________。

4. 在进行线路的平面和纵断面设计时,需要综合考虑________和________。

5. 坡道用________和________来表示。

6. 铁路隧道的结构由________和________两大部分构成。

7. 钢轨的断面由________、________和________三部分组成,

8. 轨道由________、________、________、________、________和________等主要部件组成。

9. 轨道的三大薄弱环节是指________、________和________。

10. 轨道结构主要有________和________两种类型。

二、选择题

1. 客货共线铁路的主要技术标准不包括(　　)。

A. 铁路等级　　B. 旅客列车设计速度
C. 正线数目　　D. 动车组编组车辆

2. 客货共线铁路是指旅客列车与货物列车共线运营、旅客列车设计速度为(　　)及以下的铁路。

A. 300 km/h　　B. 250 km/h　　C. 200 km/h　　D. 160 km/h

3. 一般新线设计时,纵断面的设计高程采用(　　)的高程。

A. 中心线　　B. 路肩　　C. 左轨　　D. 右轨

4. 铁路线路坡度的大小通常用(　　)来表示。

A. 千分率　　B. 百分率　　C. 分数　　D. 比值

5. 在一般情况下,限制坡度的数值往往和区段内(　　)的最大坡度值相当。

A. 缓长上坡道　　B. 陡长上坡道
C. 缓长下坡道　　D. 陡长下坡道

6. 线路标志应设在线路里程(　　)机车车辆限界以外。

A. 减小方向的左侧　　B. 减小方向的右侧　　C. 增加方向的右侧　　D. 增加方向的左侧

7. 客货共线Ⅰ级铁路速度大于等于160 km/h应采用(　　)混凝土枕。

A. Ⅰ型　　B. Ⅱ型　　C. 新Ⅱ型　　D. Ⅲ型

8. 钢轨与轨枕通过(　　)连接。

A. 扣件　　B. 夹板　　C. 螺栓　　D. 夹轨器

9. 轨距是(　　)范围内两股钢轨工作边之间的最小距离。

A. 钢轨顶面　　B. 钢轨顶面中心

C. 钢轨头部踏面下 16 mm　　D. 钢轨头部踏面中心

10. 水平是在线路同一断面处左、右两股钢轨踏面的(　　)。

A. 距离　　B. 高度　　C. 高度差　　D. 高程

三、判断题

1. 铁路等级是区分铁路在国家铁路网中的作用、意义和远期年客货运量大小的标志。(　　)

2. 设计铁路时,要先确定铁路等级,然后在确定其他主要技术标准和各种运输装备的类型。(　　)

3. 铁路的等级必须全线一致。(　　)

4. 在实际测量时,线路中心就是两根钢轨之间连线的中间位置。(　　)

5. 从运营的角度来看,最理想的线路是既直又平的线路。(　　)

6. 钢轨的作用是直接承受车轮的巨大作用力并引导车轮的运行方向。(　　)

7. 钢轨的接头是轨道的薄弱环节。(　　)

8. 有缝线路宜选用 12.5 m 定尺长钢轨。(　　)

9. 辙叉角越小,道岔号越小。(　　)

10. 高速铁路无砟轨道一般采用板式、双块式结构形式。(　　)

四、简答题

1. 缓和曲线的作用有哪些?

2. 什么是铁路线路纵断面图?

3. 常见的线路标志有哪些?

4. 铁路桥梁按长度是如何分类的?

5. 铁路隧道按开挖跨度是如何分类的?

6. 铁路隧道的基本结构包括哪些?

7. 道床的主要作用有哪些?

8. 有砟轨道的特点有哪些?

项目二
铁路牵引供电系统

项目描述

1879 年，在德国柏林举行的世界贸易博览会上，由西门子和哈尔斯克公司展出了世界上第一条电气化铁路。1961 年 8 月 15 日，中国第一条电气化铁路：宝（鸡）成（都）线宝鸡—凤州段正式通车，从此揭开了我国电气化铁路建设的序幕。

采用电力牵引的铁路称为电气化铁路。电力机车牵引动力是电能，但机车本身没有原动力，而是依靠外部供电系统提供电能，并通过机车顶部升起的受电弓从接触网上获取电能，再通过牵引电动机驱动机车运行。在电气化铁路沿线设置的这套完善的不间断地向电力机车供电的装置称为铁路电力牵引供电系统。

下面主要对我国电气化铁路的发展概况，电气化铁路牵引供电系统的电流制式、组成、供电方式、主要供电设备、供电段的组成及工作职能等内容加以介绍。

学习目标

知识目标

(1) 掌握电气化铁路的概念及组成。

(2) 了解电气化铁路的电流制式。

(3) 掌握牵引供电系统的组成及供电方式。

(4) 熟悉电气化铁路基本设备的结构组成。

(5) 了解供电段的任务、生产机构、职能及各工种岗位职责。

能力目标

(1) 能够根据接触网实物，说出接触网各组成部分。

(2) 能够认识牵引变电所中各种供电设备。

(3) 能够读懂相关供电设备铭牌及型号信息。

素养目标

(1) 激发学生的爱国情怀和责任担当，并自觉地投入到实现中国梦的实践中。

(2) 引导学生感受我国铁路行业的新技术、新工艺，弘扬新时代铁路精神。

(3) 引导学生积极探索、求真务实、追求进步，树立远大的职业理想。

(4) 强化铁路职业认同感，培养学生吃苦耐劳、爱岗敬业、甘于奉献的职业道德。

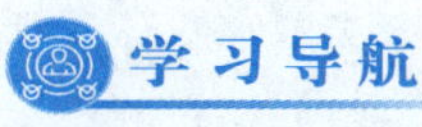

学习导航

- 线路牵引供电系统
  - ▶★🔔认识电气化铁路供电系统
    - ❤我国电气化铁路的发展概况
      - 中国电气化铁路的诞生（1953—1980年）
      - 改革开放后的电气化铁路建设（1981—2000年）
      - 新世纪电气化铁路的发展（2001年至今）
    - ★🔔电气化铁路牵引供电系统
      - 电气化铁路的电流制式
        - 直流制
        - 三相交流制
        - 低频单相交流制
        - 工频单相交流制
      - 🔔电气化铁路牵引供电系统的组成
        - 高压输电线路——输送电能
        - ❤牵引变电所——变压、变相、向牵引网供电
        - 馈电线——向接触网送电
        - ❤接触网——向电力机车供电
        - 轨道
          - 非电气化轨道——引导列车
          - 电气化轨道——构成电气回路
        - 回流线——连接钢轨和牵引变电所
        - ❤分区所
          - 实现上下行并联或单独工作
          - 实现越区供电，缩小事故范围
        - 开闭所
          - 扩大回路数量、缩小事故范围
          - 降低牵引变电所复杂度、检修灵活安全
      - ★电气化铁路牵引供电系统的供电方式
        - 牵引变电所向牵引网的供电方式
          - 单边供电
          - 双边供电
          - （单边供电、双边供电）正常供电
          - 越区供电——事故供电
        - 牵引网向电力机车的供电方式
          - 直接（TR）供电方式
          - 吸流变压器（BT）供电方式
          - 带回流线的直接（DN）供电方式
          - 自耦变压器（AT）供电方式
  - ▶★🔔认识电气化铁路供电设备
    - 变配电系统基本设备
      - 一次设备
        - 开关电器
          - 断路器
          - 隔离开关
          - 负荷开关
        - 变换电器
          - ❤变压器
          - 互感器
        - 保护电器
          - ❤熔断器
          - 避雷器
        - 补偿电器
          - 电力电容器
          - 静止无功补偿装置
        - 成套装置
          - 高压开关柜
          - 低压配电屏
          - 气体绝缘金属封闭组合电器
      - 二次设备
        - 继电保护装置
        - 综合自动化设备
        - 直流系统装置
    - ★🔔接触网的基本结构
      - 接触悬挂
        - 承力索
        - ❤接触线
        - 吊弦
      - 支持装置
        - 腕臂（平腕臂、斜腕臂）
        - 悬式绝缘子、棒式绝缘子
        - 软横跨、硬横跨
      - 定位装置
        - 定位管
        - 定位器
      - 支柱与基础
        - 钢筋混凝土支柱
        - H型钢柱
    - 接触悬挂的种类
      - 简单悬挂
      - 链形悬挂
    - ❤接触网的电分段与电分相
      - 电分段与电分相的作用、类型
      - 电分段与电分相的设置原则
  - ▶🔔走进供电段
    - 供电段
      - 供电段的任务
      - 供电段生产机构及职责
      - 🔔供电段的主要工种
        - ❤接触网工
        - ❤电力线路工
        - 变（配）电检修工
        - 接触网作业车司机
        - 变（配）电值班员
      - 供电段工作内容介绍
    - 6C系统简介

🔔学习重点　★学习难点　▶慕课资源　❤课程思政

任务一　认识电气化铁路供电系统

任务引入

铁路运输的三种牵引形式中内燃牵引和电力牵引功率大、热效率高，运输能力强，特别是电力牵引，能够综合利用资源且不污染环境，是今后发展的主要牵引形式。

请通过学习并查阅相关资料，说出牵引供电系统向电力机车供电的四种方式的原理及其优缺点、应用范围和对应的既有线路。

任务描述

电气化铁路牵引供电系统是铁路沿线设置完善、不间断向电力机车提供电能的装置。国家电力系统或发电厂用专门的高压输电线路将电压为 110 kV 或 220 kV 的高压电输送至牵引变电所，变成 27.5 kV 的单相工频交流电，再通过不同的供电方式由接触网向电力机车供电。了解牵引供电系统的供电方式及其供电原理、优缺点、应用范围，是铁路供电岗位从业人员的基本能力之一。

相关知识

一、我国电气化铁路的发展概况

(一)中国电气化铁路的诞生(1953—1980 年)

宝成铁路是新中国成立后修建的一条工程艰巨的铁路，特别是宝鸡—凤州段更为艰险。宝鸡—凤州段全长 93 km，采用 25 kV 工频单相交流制，1958 年 6 月 15 日开工建设，经过建设者们两年的奋力拼搏，于 1960 年 5 月 14 日胜利建成，经过 1 年多的试运行，于 1961 年 8 月 15 日正式交付运营。在秦岭的崇山峻岭中，中国的电气化铁路迈出了试探性的第一步，这也是中国铁路牵引动力开始向现代化迈进的一个重要标志。

到了 20 世纪 60 年代中期，宝成线凤州至成都段电气化工程又分段进行修建。1975 年 7 月 1 日，全长 668.2 km 的宝成电气化铁路全线建成通车。截止到 1980 年，我国电气化铁路总里程 1 679.6 km。

(二)改革开放后的电气化铁路建设(1981—2000 年)

随着改革开放的不断深入，我国电气化铁路的建设速度和技术水平有了新的突破和发展。到 1998 年，我国的电气化铁路里程已突破 10 000 km。在“九五”期间，我国电气化铁路建设掀起了新的高潮，还建成开通了我国第一条时速 200 km 的准高速铁路——广深电气化铁路。截止到 2000 年底，我国电气化铁路里程已达 14 750 km。

(三)新世纪电气化铁路的发展(2001 年至今)

2001—2005 年是中国电气化铁路建设史上建成开通最多的 5 年，到 2005 年底，我国电气化铁路里程已跃上 20 000 km，超过了日本、印度，跃居亚洲第一位，世界第三位，这是中国铁路建设史上的一项重大成就，也是中国铁路现代化进程中的一个重要的里程碑。截止到 2012

年 12 月,历经54 年,我国电气化铁路总里程突破 4.8 万 km,超越了原电气化铁路世界第一的俄罗斯,跃升为世界第一位。截至 2021 年末,全国铁路营业里程达到 15 万 km,其中高铁 4 万 km。全国铁路复线率 59.5%;电气化率 73.3%。

二、电气化铁路牵引供电系统

(一)电气化铁路的电流制式

1. 直流制

电力系统将三相交流电送到牵引变电所,经降压、整流后转换为直流电,再通过接触网向电力机车供电的制式。

优点:直流牵引电动机调速性能好,机车构造简单,接触网对铁路沿线通信线路的电磁干扰较小。

缺点:接触网导线的截面面积大,金属耗费多,线路损耗大。变电所间距小,增加了变电所的数目,且变电所的设备结构较复杂(降压、整流),泄漏电流对沿线地下金属的腐蚀作用较为严重。

2. 三相交流制

用两根接触网导线和一根钢轨形成三相系统电路进行供电的制式。

优点:牵引变电所和机车设备简单,维修方便。

缺点:异步电动机调速困难,接触网结构复杂且不安全。

3. 低频单相交流制

采用低于工业频率(50 Hz)的单相交流电源供电的制式。

优点:接触网上的电压比直流制高,接触网导线的截面面积减小,牵引变电所的距离有所增大。

缺点:频率与工业频率不同。牵引变电所需要设置变频机,或设置专用变频所,从经济效果方面比较,这种制式不如直流制。

4. 工频单相交流制

采用工业频率(50 Hz)的单相交流电供电的制式,供电电压一般为 25 kV。

优点:牵引供电系统的结构比其他电流制式简单;供电电压提高,牵引变电所的间距增大,数量减少,接触网导线截面面积减小;交流电力机车的黏着性能和牵引性能良好,交流制的地中电流对地下金属的腐蚀性小。

缺点:单相牵引负荷在电力系统中形成负序电流,牵引负荷为感性,功率因数低,牵引电流为非正弦波;工频单相电流对沿线通信线路造成较大的电磁干扰。

(二)电气化铁路牵引供电系统的组成

发电厂发出的电能由升压变压器升高后,通过专用的高压输电线输送到铁路沿线的牵引变电所,在牵引变电所将电能从三相 110 kV 或 220 kV 变换成 27.5 kV 的单相工频(50 Hz)交流电,再通过接触网向电力机车进行供电。电气化铁路牵引供电系统供电过程示意图如图 2-1 所示。

图 2-1　电气化铁路牵引供电系统供电过程示意图

电气化铁路牵引供电系统主要由地方变电站、高压输电线路、牵引供电回路等组成。牵引供电回路包括牵引变电所、馈电线、接触网、电力机车、钢轨、回流线、接地网等。其中,馈电线、接触网、钢轨、回流线构成牵引网。牵引供电系统组成示意图如图 2-2 所示。

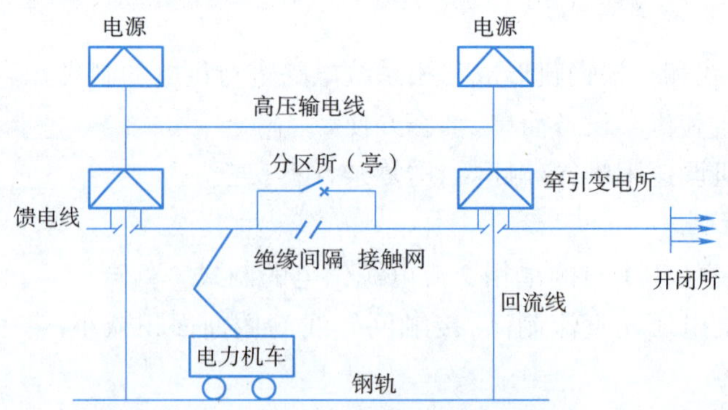

图 2-2　牵引供电系统组成示意图

1. 高压输电线路

高压输电线路是用来传输电能的,按结构不同可分为架空输电线路和电缆输电线路。

架空输电线路:将裸露导线架设在杆塔上来进行电能的传输,如图 2-3 所示。

电缆输电线路:将导线敷设在地下(埋在土中、沟中、管道中)用来进行电能传送,如图 2-4 所示。

图 2-3　架空输电线路

图 2-4　电缆输电线路

在牵引供电系统中，高压输电线将 110 kV 或 220 kV 的电能输送到牵引变电所，它是为牵引变电所供电的专线，其修建和维护均由电力部门负责。铁路供电部门与电力部门的责任分界线是牵引变电所高压进线门形架，如图 2-5 所示。

2. 牵引变电所

牵引变电所将电力系统高压输电线输送来的 110 kV/220 kV 的三相交流电，变成 27.5 kV 的单相工频交流电后，再送到邻近区间和所在站场线路的接触网上，作为电力机车的牵引电源，保证可靠且不间断地向接触网供电，如图 2-6 所示。

图 2-5　牵引变电所高压进线门形架

图 2-6　牵引变电所（AR）

牵引变电所一般设有备用电源，采用双回路高压线路送至接触网，以保证当一条回路检修或故障时由另一条线路供电。电压的变换由牵引变压器完成，将电力系统的三相电变为单相方式输出是通过牵引变压器的电气接线形式实现的。2020 年 12 月 27 日京雄城际铁路全线开通运营，我国首个集科技与景观融合的地下牵引变电所——雄安牵引变电所投入使用。

3. 馈电线

馈电线是牵引变电所与接触网之间的连接线，可以理解为“送电的线”或“供电线”。在牵引变电所中的主要作用是给接触网传送电能。

4. 接触网

接触网是在电气化铁路中沿钢轨上空架设的向电力机车供电的输电线路，电力机车通过受电弓与接触网连续接触获取电能。接触网是铁路电气化工程的主构架，其主要由接触悬挂、支持装置、定位装置、支柱与基础和附加悬挂等部分组成，如图 2-7 所示。

图 2-7　接触网

5. 轨道

用钢材铺设的供火车行驶的线路，在电气化铁路中，轨道具有导通回流的作用，是整个电气回路的重要组成部分。

6. 回流线

回流线是连接钢轨和牵引变电所中主变压器接地相的导线，将钢轨中的电流引入牵引变电所。

7. 分区所

分区所也称为分区亭，是将牵引网分割成不同供电分区（供电臂）的设施。通常设在两相邻牵引变电所的供电分界处，可以通过控制开关状态使同一供电臂的上下行并联工作或单独工作，中老铁路玉磨段分区所调试设备如图 2-8 所示。

8. 开闭所

开闭所即单相开关站，其中只有配电设备而无牵引变压器，仅用于接受和分配电能，户外箱式开闭所如图 2-9 所示。

素养教育

中老铁路

图 2-8　中老铁路玉磨段分区所调试设备

图 2-9　户外箱式开闭所

（三）电气化铁路牵引供电系统的供电方式

1. 牵引变电所向牵引网的供电方式

（1）单边供电。接触网通常在相邻两牵引变电所的中央断开设置分区所，将两牵引变电所间的接触网分为两个供电分区。每一供电分区的接触网只能从一端的牵引变电所获取电能，这种形式称为单边供电，如图 2-10 所示。我国电气化铁路普遍采用单边供电方式。

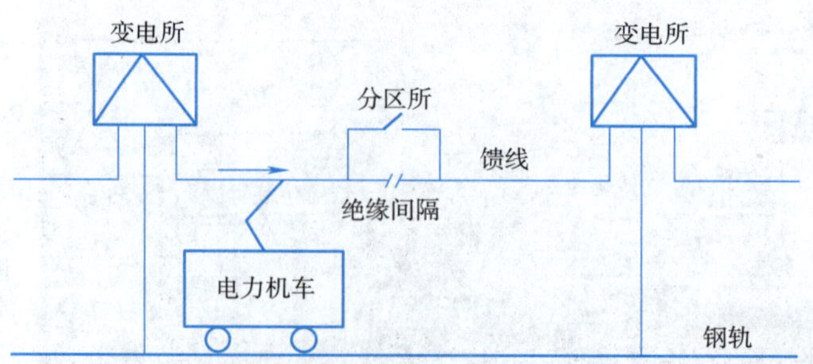

图 2-10　单边供电示意图

（2）双边供电。将分区所的断路器闭合，则相邻牵引变电所间的两个接触网供电分区可同时从两个变电所获得电能，此方式称为双边供电，如图 2-11 所示。

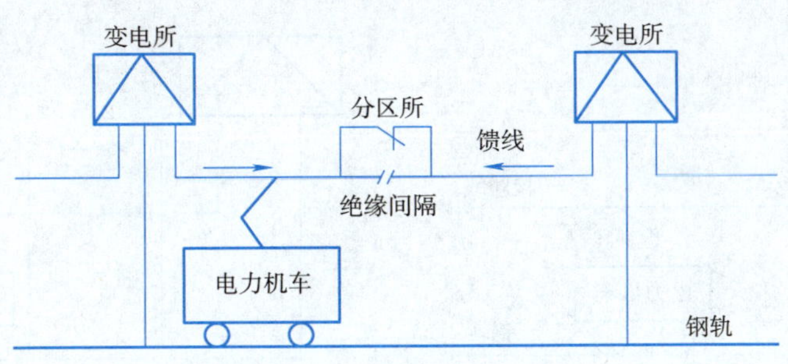

图 2-11　双边供电示意图

双边供电可提高接触网电压水平，减少电能损耗，但馈线及分区所的保护及开关设备都比较复杂，因此，目前采用较少。城市轨道交通正线的牵引供电系统均采用双边供电方式。

(3)越区供电。单边和双边供电为正常的供电方式，还有一种非正常供电方式(也称事故供电方式)叫越区供电，如图 2-12 所示。

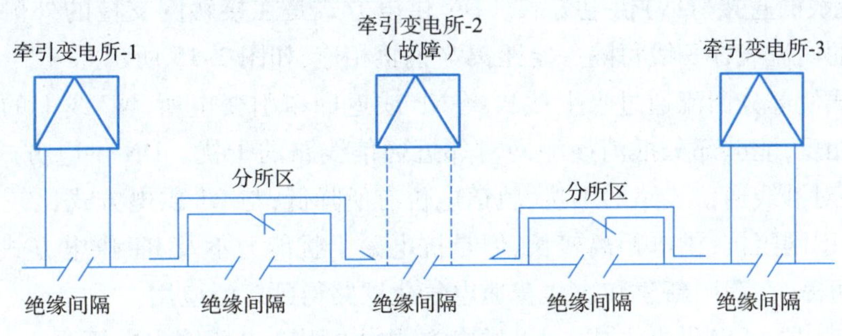

图 2-12　越区供电示意图

由于越区供电的供电距离延长，如果运行列车数量相同的情况下，延伸供电臂的末端电压就会大大降低，若低于电力机车允许最低工作电压时，将造成机车无法运行。因此，越区供电只能保证客车或重要货车通过，是作为避免中断运输的临时性措施。

2. 牵引网向电力机车的供电方式

牵引网包括馈电线、接触网、轨道、大地和回流线。目前单相工频牵引网向电力机车供电方式有：直接(TR)供电方式、吸流变压器(BT)供电方式、带回流线的直接(DN)供电方式和自耦变压器(AT)供电方式。

(1)直接(TR)供电方式。TR 供电方式是指牵引变电所通过接触网直接向电力机车供电，牵引电流经钢轨及大地返回牵引变电所的供电方式，如图 2-13 所示。

这种供电方式的电路构成结构简单、设备少，施工及运营维修都较方便，投资成本低。但该供电方式钢轨中电位较高，且由于接触网在空中产生的强大磁场得不到平衡，对邻近的广播、通信线路干扰较大，只适用于对防电磁干扰影响要求不高的地区，目前一般很少使用。

(2)吸流变压器(BT)供电方式。BT 供电方式在接触网上每隔一段距离装一台吸流变压器(变比为 1:1)，其一次线圈串联在接触网上，二次线圈串联在回流线(NF 线)上，每两台吸流变压器之间有一根吸上线，将 NF 线与钢轨连接，如图 2-14 所示。

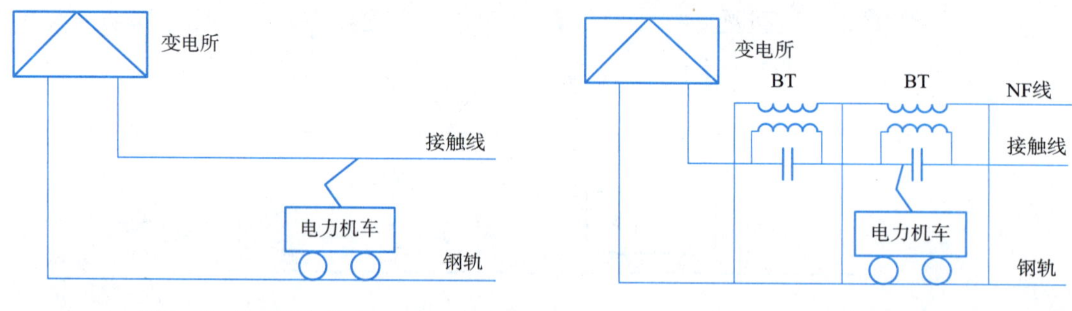

图 2-13　TR 供电方式　　图 2-14　BT 供电方式

吸上线的作用是将钢轨中的电流全部“吸上”去，再经 NF 线返回牵引变电所。理想状态下，在 NF 线和接触网中的电流方向相反，磁场得到平衡，能够起到防电磁干扰的效果。不足是由于系统中串联了吸流变压器，牵引网阻抗增加，导致供电臂电压损失增大，供电距离缩短，不利于列车高速运行。

(3)带回流线的直接(DN)供电方式。DN 供电方式是在接触网支柱的外侧同杆架设了一条与钢轨并联的回流线，NF 线每隔一定距离与钢轨相连，如图 2-15 所示。

该供电方式使部分回流通过吸上线再经 NF 线返回牵引变电所，NF 线上的电流与接触网上的电流方向相反，能够部分抵消接触网对邻近通信线路的干扰。DN 供电方式与 TR 供电方式比较，减少了对沿线通信线路的干扰，轨道电位有所降低；与 BT 供电方式比较，钢轨与 NF 线并联，降低了牵引网阻抗，供电距离较长，但是抗电磁干扰能力不及 BT 供电方式。由于该供电方式结构简单可靠，在我国新建和改建普速电气化铁路得到广泛应用。

(4)自耦变压器(AT)供电方式。AT 供电方式中牵引变电所输出电压为 2 × 27.5 kV，经沿 AT 变压器(自耦变压器，变比 2 : 1)降压后向接触网供电。自耦变压器其绕组两端分别接至接触线和正馈线(AF 线)，其中性点则与钢轨相连接，如图 2-16 所示。

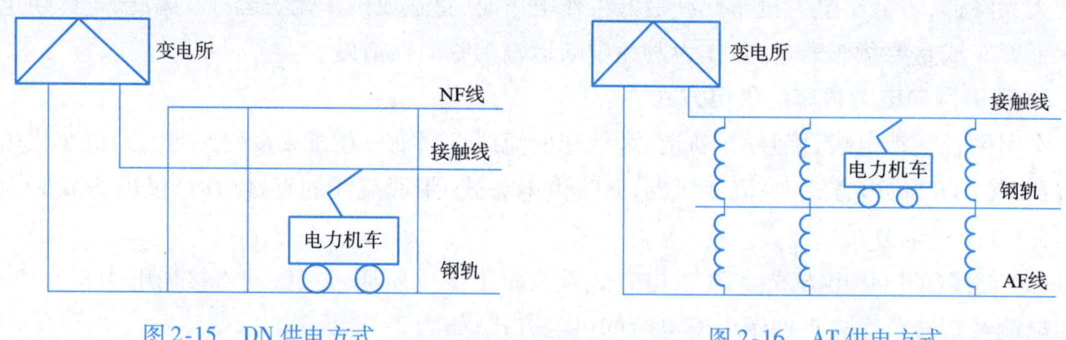

图 2-15　DN 供电方式　　图 2-16　AT 供电方式

这种供电方式对通信线路具有良好的防护措施，并且具有接触网电压高，线路电能损耗和电压损失低，供电臂距离较长，适合带高速、重载、大功率的牵引负荷等一系列优点。缺点是一次性投资较高、结构、施工、维修、运行比较复杂。目前已成为我国高速铁路和重载铁路首选供电方式。

任务实施

(1)深入研究并比较四种供电方式的原理,确定各供电方式的优缺点。

(2)小组讨论并分析总结各种供电方式的适用范围。

(3)小组合作利用网络资源,查阅各种供电方式对应的既有铁路线路。

任务评价

任务评价表见表2-1。

表2-1　任务评价表

序号	评价内容	评价标准	分数	评分记录		
				学生自评	组间互评	教师评分
1	我国电气化铁路电流制式	无法准确说出我国电气化铁路采用的电流制式,扣8分	8			
2	牵引供电系统的组成	无法准确说出牵引供电系统的八个主要组成部分的,错误一处扣3分,满分24分扣完为止	24			
3	牵引变电所向牵引网的供电方式	无法准确说出牵引变电所向牵引网的2种供电方式及原理的,错误一处扣8分,满分16分扣完为止	16			
4	牵引网向电力机车的供电方式	无法准确说出牵引网向电力机车的四种供电方式及原理,错误一处扣8分,满分32分扣完为止	32			
5	接触网的组成结构	无法准确说出接触网四大组成部分的,错误一处扣5分,满分20分扣完为止	20			
总分			100			

任务二　认识电气化铁路供电设备

任务引入

牵引变电所沿着电气化铁路沿线分布,每一个牵引变电所负责两侧供电分区接触网的供电。说一说在牵引变电所设备中,ZN42-27.5/1250表示哪种高压断路器?请通过立体书城App扫描图2-47右侧二维码观看接触网现场视频资料,对照实物说出接触网的四大组成部分的名称、包括的零部件及作用。

任务描述

电气化铁路中供电设备种类繁多,断路器是具有控制和保护作用的重要开关电器。能够快速准确辨识断路器的型号表示及含义,是铁路供电从业人员的基本素质。接触网是铁路电气化工程的主构架,是沿铁路线路上空架设的向电力机车供电的特殊形式的输电线路。准确无误地说出其基本结构、包括具体的零部件及作用是铁路供电岗位从业人员必须具备的关键能力之一,同时也是其他铁路从业人员的拓展能力之一。

相关知识

一、变配电系统基本设备

(一)电气设备的分类

牵引变电所内的电气设备按所属电路性质可分为两大类:一次侧高压电路中的所有电气设备即为一次设备;二次侧控制、信号和测量电路中的所有电气设备即为二次设备。一次设备是变配电系统的主体,二次设备是变配电系统安全可靠运行的重要保障。二者协调工作才能保证变配电系统的安全可靠运行。

1. 一次设备

在变配电所中,直接用来接受电能、改变电压和分配电能的设备及其相关的所有设备均称为一次设备,或称为主设备。由一次设备构成的电路相应地称为一次电路或主电路。

变电所中的一次设备根据功能大致可分为开关电器、变换电器、保护电器、补偿电器和成套装置。

(1)开关电器。开关电器是指用于正常控制主电路通断的设备,主要有断路器、隔离开关和负荷开关等。其中,断路器用来在电路正常工作和发生故障时接通和开断电路,具有灭弧装置,如图 2-17 所示;隔离开关主要用于将高压设备与电源隔离,以保证检修工作人员的安全,没有灭弧装置,如图 2-18 所示;负荷开关用来在电路正常工作或过载时接通以及开断电路,具有灭弧装置,如图 2-19 所示。

图 2-17 六氟化硫气体断路器

图 2-18 户外隔离开关

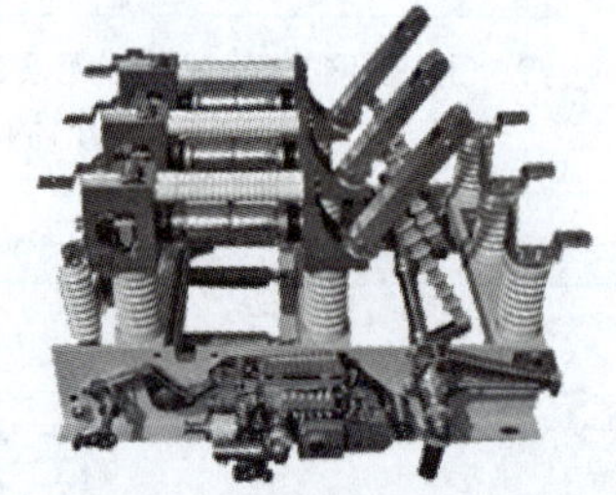

图 2-19 户外真空负荷开关

(2)变换电器。变换电器是指变配电系统中用于变换电压或电流的设备,主要有电力变压器和互感器(电流互感器、电压互感器),如图 2-20 和图 2-21 所示。

图 2-20 电力变压器

图 2-21 互感器

（3）保护电器。保护电器是指用于变配电系统中进行过电流保护、过电压保护和其他方式保护的设备，主要有熔断器、避雷器，如图2-22和图2-23所示。除此以外，还有抗雷线圈、限流电抗器等，如图2-24和图2-25所示。

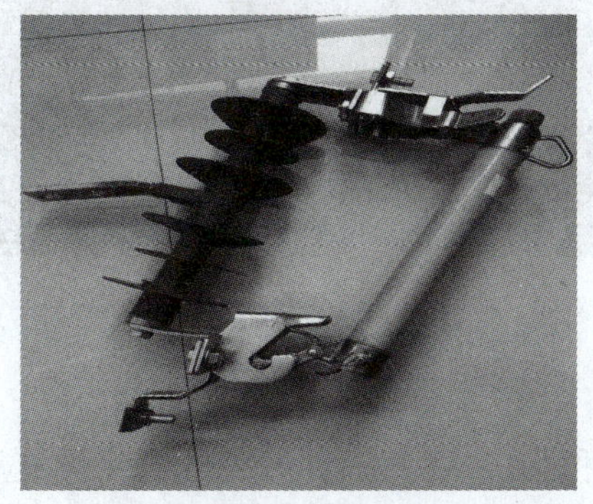

图2-22　户外熔断器

图2-23　氧化锌避雷器

图2-24　抗雷线圈

图2-25　限流电抗器

（4）补偿电器。补偿电器是变配电系统中用于补偿电路无功功率，提高功率因数的设备，主要有电力电容器、静止无功补偿装置等如图2-26和图2-27所示。

图2-26　电力电容器

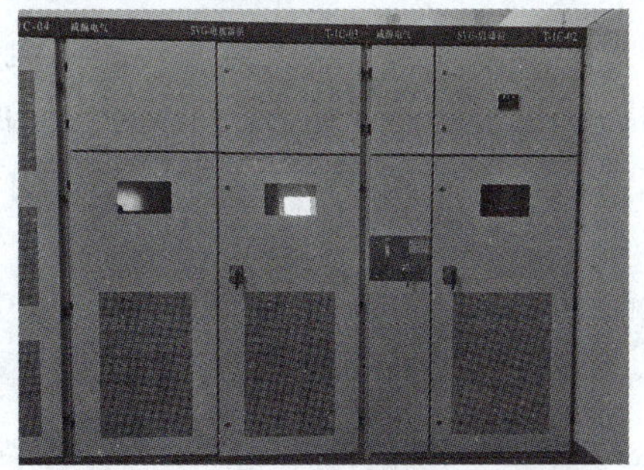

图2-27　静止无功补偿装置

（5）成套装置。根据一次电路的要求，将有关一次设备、二次设备组合为一个整体的电气装置称为成套装置，如高压开关柜、低压配电屏以及气体绝缘金属封闭组合电器（Gas Insulator Switchgear，GIS）等，如图2-28和图2-29所示。

图 2-28　低压配电屏

图 2-29　气体绝缘金属封闭组合电器(GIS)

2. 二次设备

对一次设备进行控制、保护、监测和指示的设备,称为二次设备,如各种继电保护装置、综合自动化设备、直流系统装置等,如图 2-30 ~ 图 2-32 所示。

图 2-30　继电保护装置

图 2-31　综合自动化设备

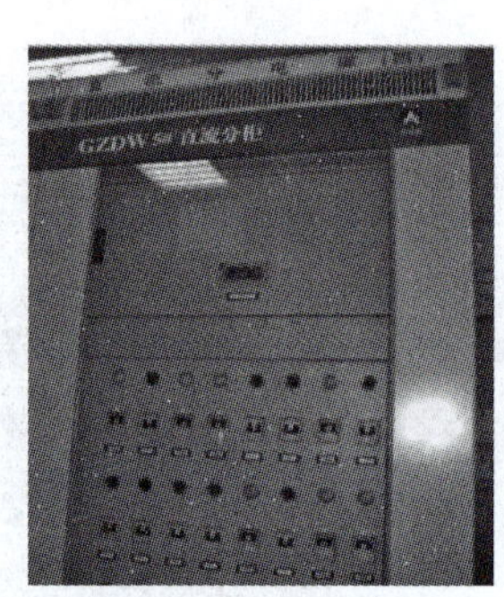

图 2-32　直流系统装置

(二)常用电气设备介绍

1. 高压断路器

高压断路器是一种具有控制和保护双重作用、有很强灭弧能力、性能较完善的高压开关电器。其最大特点是开断负荷电流和短路电流。

根据断路器采用的灭弧介质不同,常用的断路器主要有油断路器、六氟化硫(SF_6)气体断路器和真空断路器,如图 2-33 ~ 图 2-35 所示。

图 2-33　少油断路器

图 2-34　六氟化硫气体断路器

图 2-35　真空断路器

高压断路器的型号表示具有一定要求,包括断路器的类型、安装地点、设计序号、额定电压及其他标志，具体表示形式如图 2-36 所示。

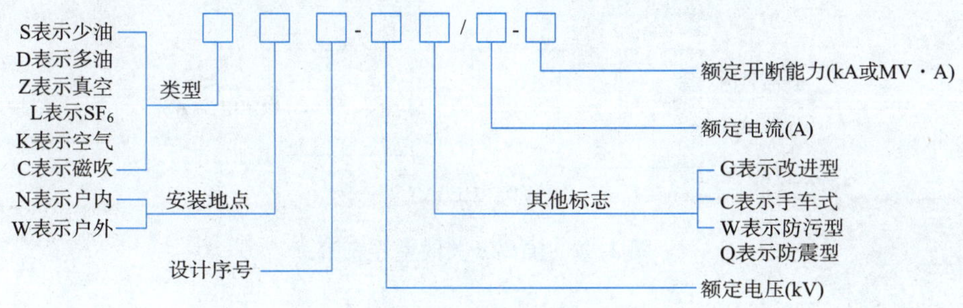

图 2-36 高压断路器的型号表示

例如，LW7-220/3150-15000 表示设计序号为 7 的户外 SF6 断路器，额定电压为 220 kV，额定电流为 3 150 A，额定断流容量为 15 000 MV·A。

2. 隔离开关

隔离开关是一种没有灭弧装置的开关设备，应当和高压断路器配套使用，用于保证高压电气装置检修时的电气隔离和人员安全。其主要作用为隔离电源、倒闸操作、分合小电流。

隔离开关按照安装地点和条件的不同可分为室(户)内隔离开关和室(户)外隔离开关，如图 2-37 和图 2-38 所示。

图 2-37 室(户)内隔离开关

图 2-38 室(户)外隔离开关(AR)

按照动触头运动方式分水平旋转式、垂直旋转式、垂直伸缩式等，如图 2-39 ~ 图 2-41 所示。

图 2-39 水平旋转式

图 2-40 垂直旋转式

图 2-41 垂直伸缩式

隔离开关的型号表示如图 2-42 所示。

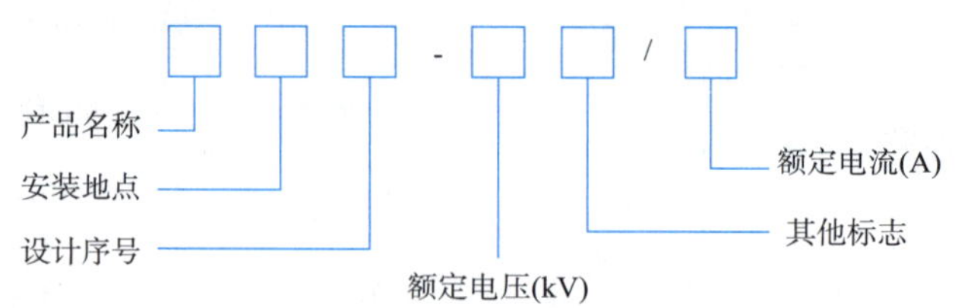

图 2-42　隔离开关的型号表示

产品名称:G 表示隔离开关。

安装地点:N 表示室内,W 表示室外。

其他标志:G 表示改进型,D 表示带接地刀闸型,K 表示快速分闸型,W 表示防污型,T 表示统一设计。

3. 高压熔断器

熔断器是最早使用的一种比较简单的保护电器,故障或过负荷时能够自动切断电路,保护设备安全。

当电力系统由于过载引起电流超过某一数值时,过负荷电流或短路电流通过熔体在其上产生发热,熔体采用冶金效应法制成,具有电阻大、熔点低的优良特性。熔体在被保护设备的温度未达到破坏设备绝缘之前熔断,切断电源以起到保护设备的作用。

(1)高压熔断器按使用地点分为户内式和户外式,如图 2-43 和图 2-44 所示。

素养教育

冶金效应法

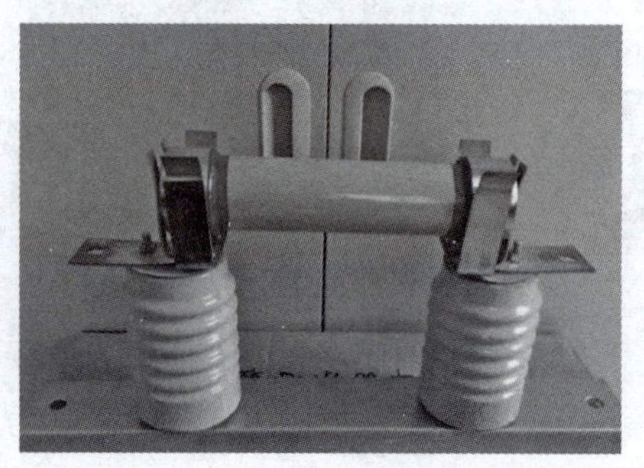

图 2-43　户内式高压熔断器

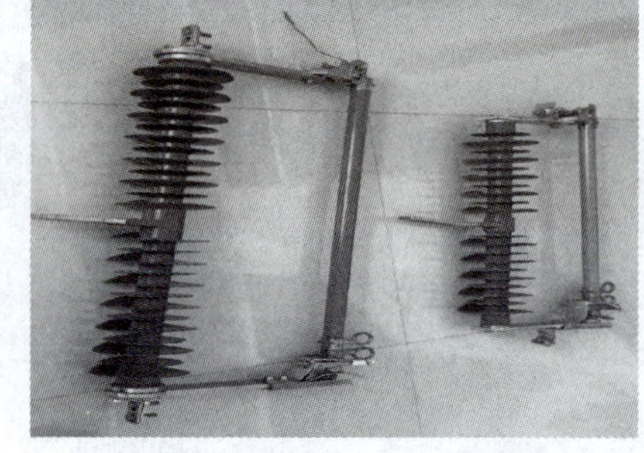

图 2-44　户外式高压熔断器

(2)高压熔断器的型号表示。高压熔断器的型号表示如图 2-45 所示。

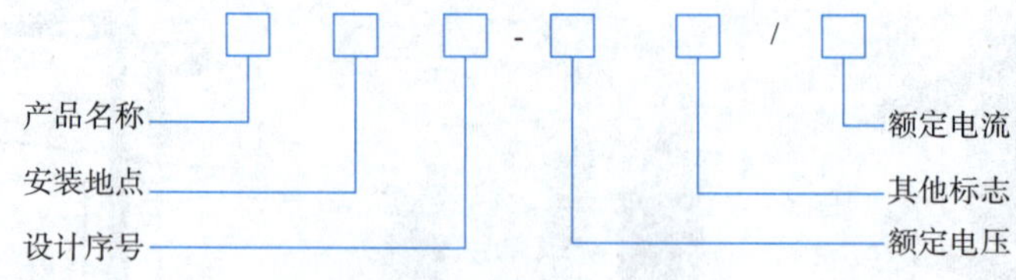

图 2-45　高压熔断器的型号表示

产品名称:R 表示熔断器。

安装地点:N 表示内式,W 表示外式。

其他标志:T 表示带热脱扣器,Z 表示带自动重合闸,H 表示带有限流电阻。

例如,RW4-10 型熔断器,表示 10 kV 户外熔断器,设计序号为 4。

4. 变压器

视 频

变压器结构原理

变压器是利用电磁感应原理将某一电压等级的电能转换为相同频率另一电压等级的电能的静止电器,其主要作用是变换电压和传输电能。

变压器的型号通常由电压相数、冷却方式、设计序号、额定容量、额定电压的符号与数字等组成,表示形式如图 2-46 所示。

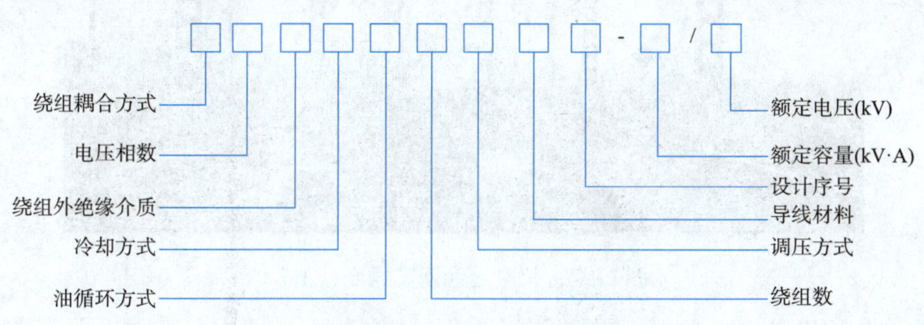

图 2-46　变压器的型号表示

绕组耦合方式:不标表示普通电力变压器,O 表示自耦。

电压相数:S 表三相,D 表示单相。

绕组外绝缘介质:不标表示变压器油浸绝缘,C 表示干式环氧浇注,G 表示干式空气自冷。

冷却方式:J 表示油浸自冷(可不标),F 表示油浸风冷,W 表示油浸水冷。

油循环方式:N 表示自然循环,P 表示强迫循环,D 表示强油导向。

绕组数:不标表示双绕组,S 表示三绕组,F 表示双分裂绕组。

调压方式:不标表示无载调压,Z 表示有载调压。

导线材料:不标表示铜线,L 表示铝线。

例如,SF8-20000/220 表示额定容量为 20 000 kV · A、高压侧额定电压为 220 kV,设计序号为 8 的油浸风冷三相电力变压器。

牵引变压器在交通行业发挥着重要作用。2020 年 6 月 28 日,我国首套时速 600 km 高速磁悬浮专用牵引变压器在中国中铁电气化局保定轨道交通产业园下线,标志着我国高速磁悬浮牵引供电设备研制取得突破性进展。高速磁悬浮专用牵引变压器具备自主知识产权和国产化批量生产能力,将为中国高速磁悬浮列车发展提供重要技术支撑。

二、接触网的基本结构

架空接触网实物图和组成如图 2-47 和图 2-48 所示。

(一)接触悬挂

接触悬挂作用是将牵引变电所的电能输送给电力机车。主要由承力索、接触线、吊弦及车接零部件组成,如图 2-49 所示。接触悬挂是通过支持装置架设在支柱上,接触线与电力机车受电弓直接接触。

图 2-47 架空接触网实物图(AR)

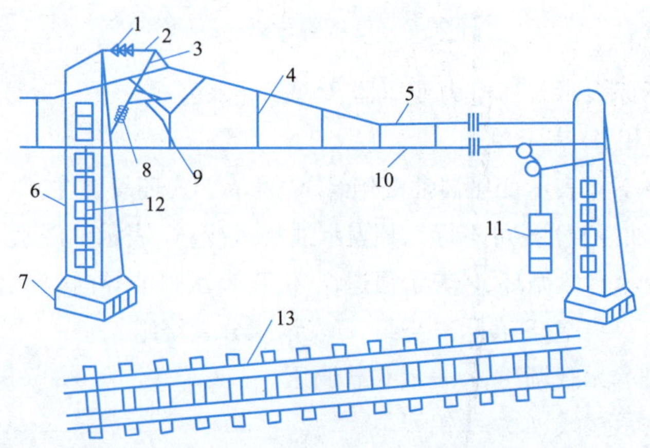

图 2-48 架空接触网组成示意图(AR)

1—悬式绝缘子;2—拉杆;3—腕臂;4—吊弦;5—承力索;6—支柱;7—基础;8—棒式绝缘子;9—定位器;10—接触线;11—坠砣;12—接地线;13—钢轨

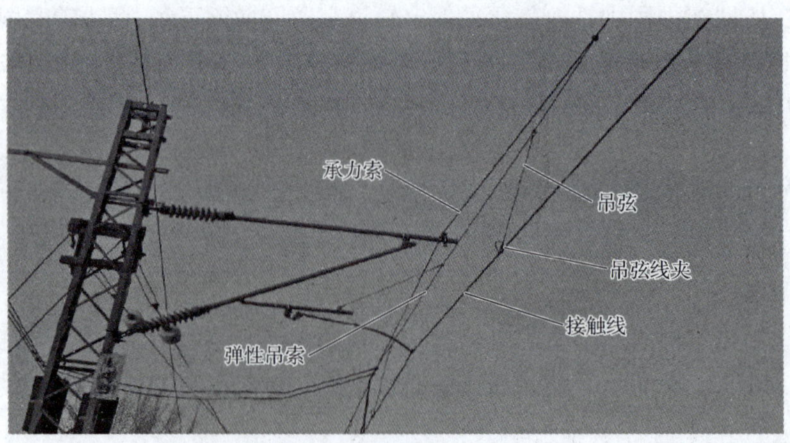

图 2-49 接触悬挂的组成

1. 承力索

承力索是将接触线通过吊弦悬挂起来,不与电力机车受电弓摩擦的铜合金绞线。承力索在不增加支柱的情况下,增加了接触线的悬挂点,提高了接触线的稳定性,减小了接触线的弛度,改善了接触线的弹性。

2. 接触线

接触线是直接与电力机车受电弓接触,经常处于摩擦状态的铜合金导体,如图 2-50 和图 2-51 所示。

高铁列车行驶时速度能达到 350 km/h,在如此快的速度下,受电弓与接触线摩擦却不会将接触线磨断,原因就在于这套精妙的弓网系统中。

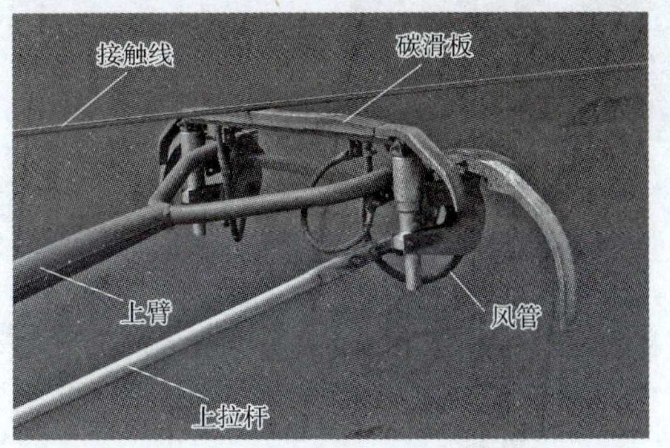

图 2-50　弓网接触图

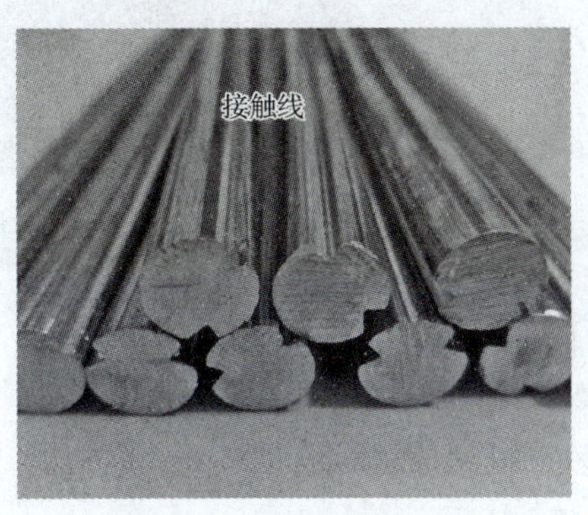

图 2-51　接触线断面图

素养教育

弓网系统

3. 吊弦

在链形悬挂中吊弦将接触线吊挂在承力索上。通过调节吊弦的长短来保证接触悬挂的结构高度和接触线距轨面的工作高度,从而改善接触悬挂的弹性,提高受电弓的受流质量,如图 2-52和图 2-53 所示。

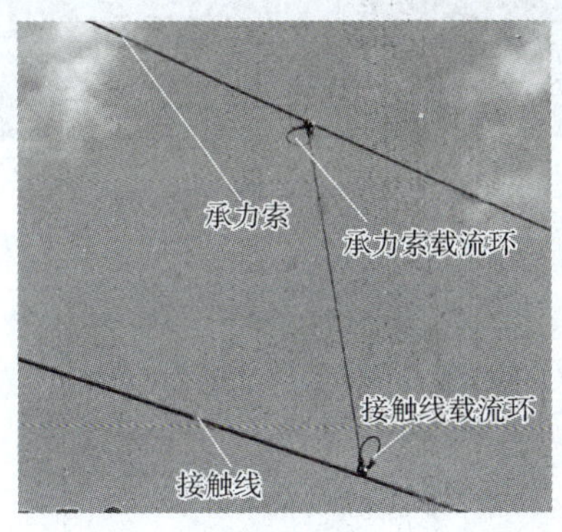

图 2-52　整体吊弦(AR)

图 2-53　接触线载流环

吊弦安装时应注意:吊弦载流环应固定在吊弦线夹螺栓的外侧,与列车前进方向一致,线鼻子与接触线夹角保持 30°~45°,承力索载流环与接触线载流环方向相反。

(二)支持装置

支持装置用以支持接触悬挂,并将其负荷传给支柱或其他建筑物,根据接触网所在区间、站场和大型建筑物不同,支持装置结构也有所不同。

1. 区间

区间主要是以腕臂支持结构，包括腕臂（平腕臂、斜腕臂）、腕臂支撑、棒式绝缘子及其他支持设备。腕臂支持结构如图 2-54 所示。

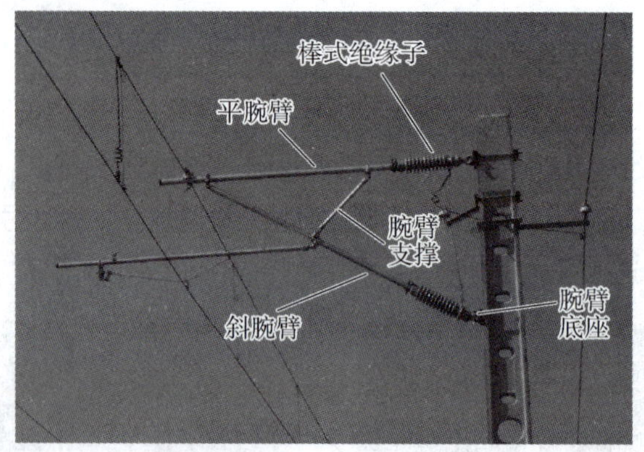

图 2-54　腕臂支持结构

2. 站场

站场大于 3 个股道时，一般采用硬横跨、软横跨结构方式，如图 2-55 和图 2-56 所示，其中硬横跨也是以腕臂结构安装的。

图 2-55　硬横跨

图 2-56　软横跨

3. 隧道桥梁

隧道和桥梁等大型建筑物根据其内部结构而有不同的设计形式，必要时采用特殊结构（如大限界框架、多线路腕臂等方式）。

（三）定位装置

定位装置包括定位管、定位器及连接零件，其功能是固定接触线的位置，使接触线始终处于受电弓滑行轨迹范围之内，保证电车机车良好的取流，避免脱弓造成事故，同时将接触线所产生的水平力传递给腕臂和支柱。定位装置如图 2-57 所示。

定位方式是指定位装置以及支柱的连接方式，支柱所处位置不同，其定位方式也就不同。正定位和反定位是接触网的基本定位形式。正定位结构如图 2-58 所示，反定位结构如图 2-59 所示。

图 2-57　定位装置

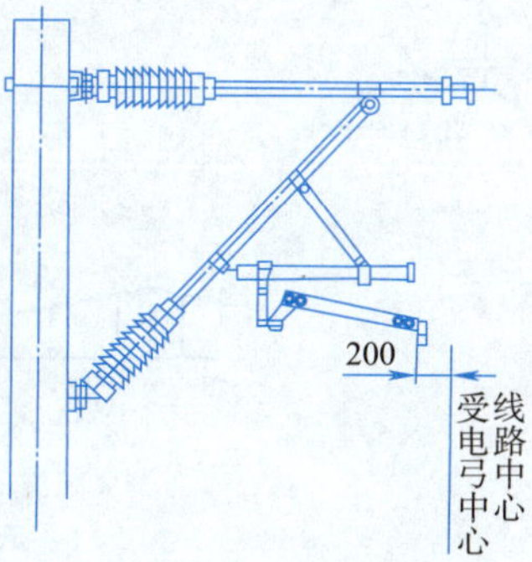

图 2-58　正定位结构
（单位：mm）

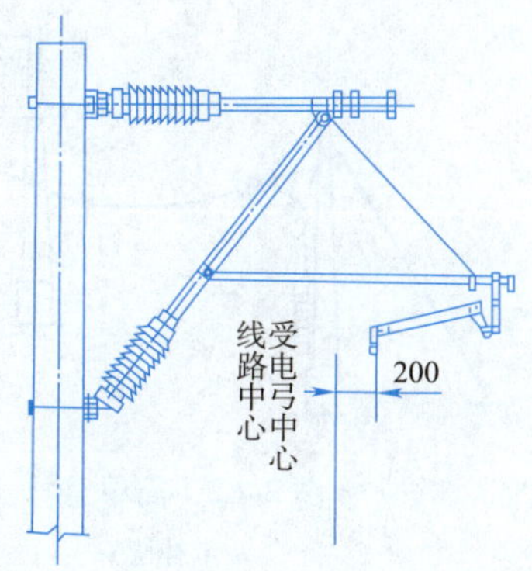

图 2-59　反定位结构
（单位：mm）

（四）支柱与基础

支柱与基础用来承受接触悬挂、支持装置和定位装置的全部负荷，并将接触悬挂固定在规定的高度和位置上。我国接触网中采用预应力钢筋混凝土支柱和 H 型，如图 2-60 和图 2-61 所示。基础是对 H 型钢柱而言的，即 H 型钢柱固定在下面的钢筋混凝土制成的基础上，由基础承受支柱传来的全部负荷，并保证支柱的稳定性。预应力钢筋混凝土支柱与基础制成一个整体，下端直接埋入地下。

图 2-60　钢筋混凝土支柱

图 2-61　H 型钢柱

三、接触悬挂的种类

（一）简单悬挂

简单悬挂是由一根接触线直接固定在支持装置上的悬挂形式，如图 2-62 所示。

简单悬挂的特点是驰度大，且弹性不均匀，但结构简单，造价低，一般用于车速较低的线路上，如次等站、库线、净空受限的人工建筑物内以及城市电车和矿山运输线。

（二）链型悬挂

链型悬挂是通过吊弦悬挂在承力索上，承力索悬挂于支持装置上的悬挂方式，使接触线在不增加支柱的情况下增加了悬挂点，通过调整吊弦长度，接触线可在整个跨距内对轨面的距离保持一致，如图 2-63 所示。链型悬挂的特点是减小了接触线在跨距中间的弛度，改善了弹性，增加了悬挂质量，提高了稳定性，可以满足电力机车高速运行取流的要求。链型悬挂比简单悬挂具有更好的性能，但也带来了结构复杂、造价高、施工和维修任务量大等许多问题。

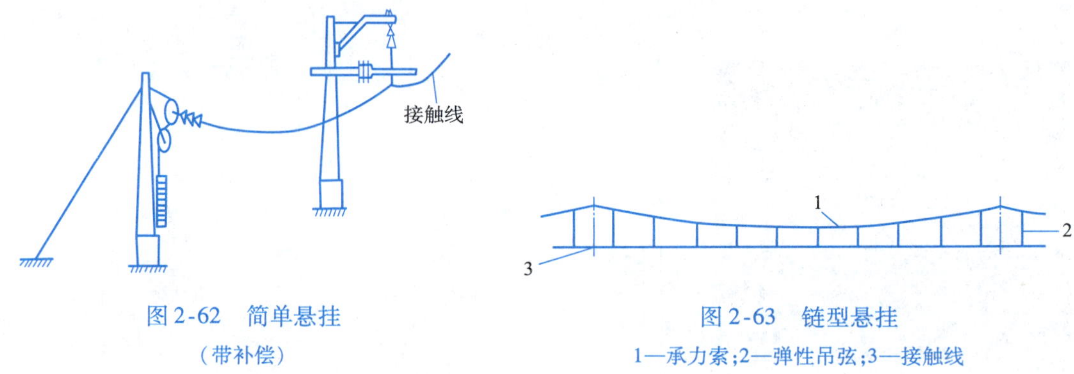

图 2-62　简单悬挂
（带补偿）

图 2-63　链型悬挂
1—承力索；2—弹性吊弦；3—接触线

链型悬挂可按悬挂点处吊弦的类型、悬挂链数、张力补偿方式、线索的相对位置等进行分类。

按悬挂点处吊弦的类型分为简单链型悬挂、弹性链型悬挂，如图 2-64 和图 2-65 所示，实物如图 2-66 和图 2-67 所示。

按悬挂链数的多少可分为简单链型、双链型（又称复链型，如图 2-68 所示）、多链型（又称三链型），目前我国采用单链型悬挂。

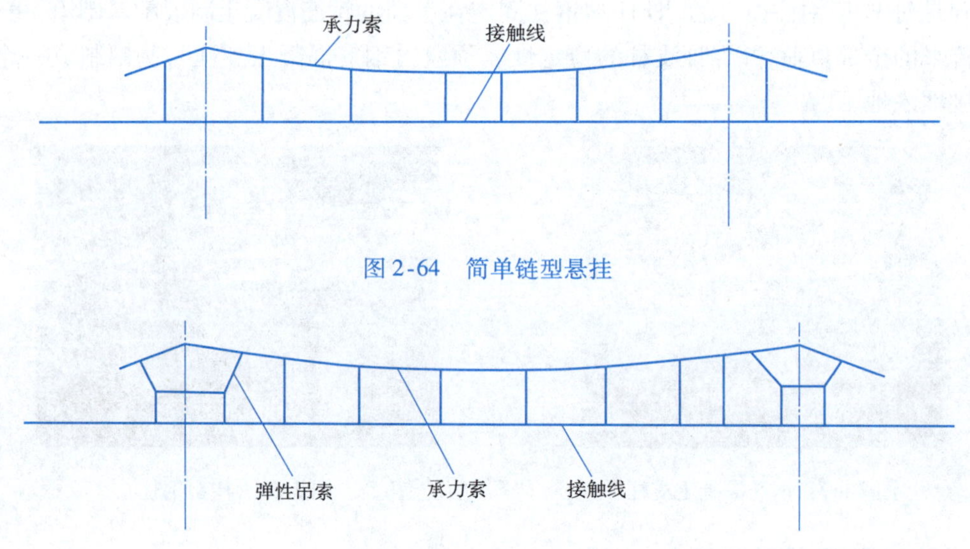

图 2-64　简单链型悬挂

图 2-65　弹性链型悬挂

按照张力补偿方式分为未补偿链型悬挂、半补偿链型悬挂、全补偿链型悬挂。

按照线索的相对位置分为斜链型悬挂、半斜链型悬挂、直链型悬挂。

图 2-66　简单链型悬挂实物图

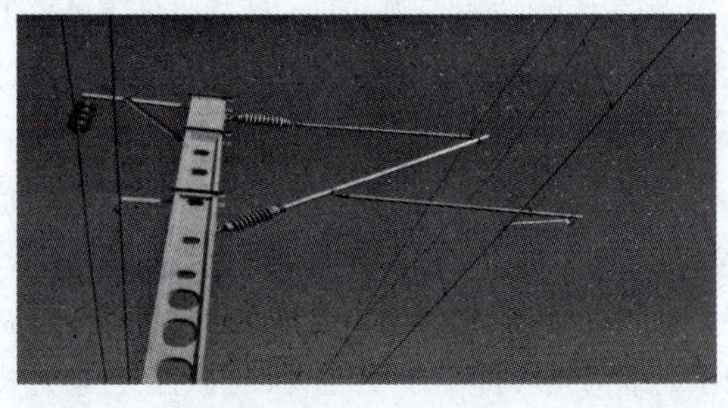

图 2-67　弹性链型悬挂实物图

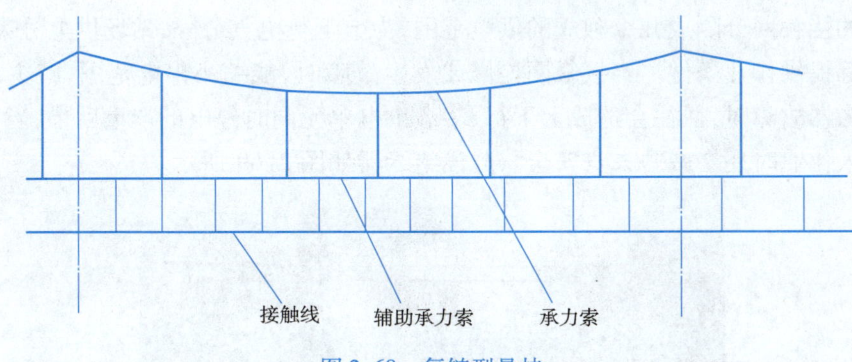

图 2-68 复链型悬挂

四、接触网的电分段与电分相

(一)接触网电分段

1. 电分段的作用与类型

(1)电分段的作用。电分段能够增加接触网供电的灵活性和安全性,缩小停电事故范围,满足供电和检修以及其他特殊需要。被分段的接触网在电气方面是独立的,并用隔离开关连接,当某区段发生事故或停电进行检修时,可以打开相应段的隔离开关使该区段无电,而不致影响其他各段接触网的运行。

(2)电分段的类型:

①横向电分段。接触网线路之间进行的电分段,它用于复线上下行股道间,车站,车场各股道间的接触网电分段;由分段绝缘器和隔离开关、悬式绝缘子(用于软横跨)实现。

②纵向电分段。接触网沿线路方向进行的电分段叫纵向电分段。用于沿线路方向接触网之间的电分段,如沿线路方向各供电臂之间的电分段,由绝缘锚段关节实现。

2. 接触网电分段设置原则

(1)多个电气化车场的接触网之间应设横向电分段。

(2)枢纽站内、上下行正线间、外包线与其他线路间应设横向电分段。

(3)铁路枢纽地区各站间、编组站间及编组站各分场间应根据行车组织及检修需要设横向电分段。

(4)大型客运站应根据客运需要按不同方向的列车进路或站台划分设横向电分段。

(5)站内货物装卸线、旅客列车整备线、机车整备线及路外专用线均应单独设电分段。

(6)电力机务段、折返段、动车组维修基地,各检查地沟所在线路及需上车顶作业的线路均应根据检修需要单独设立电分段。

(7)单线电气化区段,在车站两端电源侧应设绝缘锚段关节式纵向电分段。

(8)双线电气化区段,应按满足上下行正线分别停电、检修安全的要求设置绝缘锚段关节式纵向电分段,安装负荷开关或消弧电动开关,并纳入数据采集与监视控制系统。

(9)区间一定长度的接触网之间应设绝缘锚段关节式纵向电分段。

(10)大型桥梁或隧道的接触网应单独设电分段。

3. 分段绝缘器

分段绝缘器是接触网上实现同相电气分段、使受电弓平滑通过的重要绝缘设备。它将同一相供电单元的接触网分隔成几个独立的供电范围,为上下行电气分隔,站场供电分束,机务整备和车务装卸等提供作业条件。当接触网检修或发生故障时,能缩小停电范围,减少对运输的干扰。分段绝缘器故障时,往往会造成上下行、多个供电单元同时停电的严重后果,当接触网上或机车顶上有人作业时还会威胁人身安全。分段绝缘器如图 2-69 所示。

图 2-69　分段绝缘器(AR)

(二)接触网电分相

1. 电分相的作用及类型

(1)电分相的作用。分相绝缘器用于接触网需要分相供电的电分段处,避免在接触网上发生相间短路,同时承受一定的机械负荷,并且在一个变电所发生故障时,相邻的变电所可以进行越区供电,缩小事故范围。为保证牵引变电所供给的两个供电臂的接触网电压是同相的,一般在变电所出口以及两牵引变电所之间(供电臂末端)设电分相装置,如图 2-70 所示。

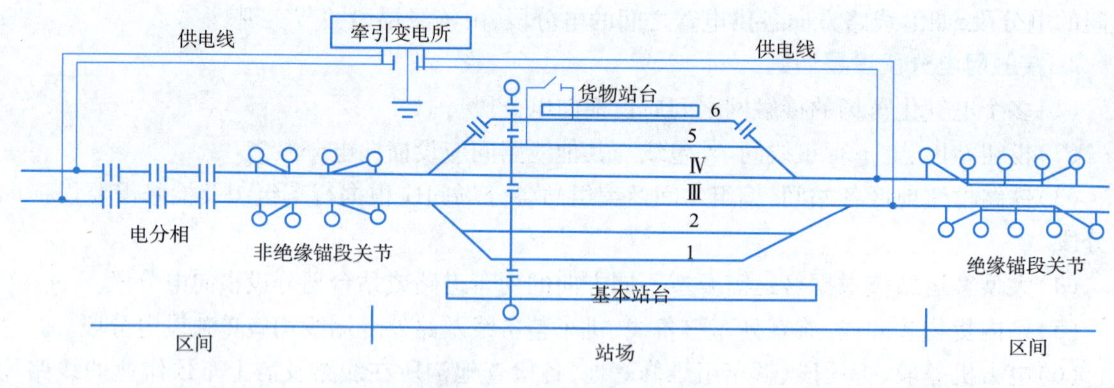

图 2-70　电分相设置位置

(2)电分相的类型。电分相通常由分相绝缘器实现,分相绝缘装置主要有分相绝缘器电分相、锚段关节式电分相。

2. 接触网电分相设置原则

(1)为减少接触网分相数量,避免分区亭开关设备承受线间电压,两相邻变电所之间的接触网一般应采用同一相电源供电。

(2)接触网电分相区一般设置在牵引变电所和分区亭出口、牵引变电所供电分区处、铁路局分界处。

(3)不得将接触网电分相区设置在大于6‰的坡道区段或距车站进站信号机小于500 m的范围内。

3. 电分相绝缘标志

在电分相绝缘器区段的相关位置需设立明显的断电标、合电标和禁止双弓标，以提示机车司机关闭辅助机组，断开主断路器，列车惰行通过电分相装置，过电分相后，及时合上主断路器，恢复机车受电。断、合电标和禁止双弓预告标的安装位置如图2-71所示，预告标安装位置如图2-72所示。

(a)

(b)

(c)

图2-71　禁止双弓预告标、断电标、合电标

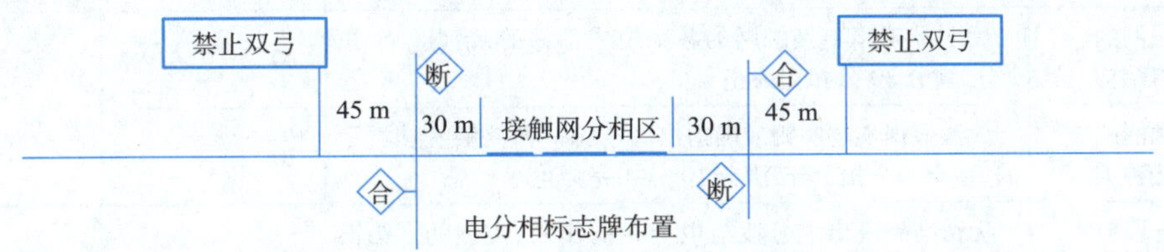

图2-72　预告标安装位置

接触网是电气化铁路牵引供电系统的重要组成部分，它直接影响到列车能否安全稳定运行。2021年4月4日，因接触网挂了风筝，导致沪宁城际多次列车晚点。2021年11月18日，黑龙江省内局部地区出现了冻雨、湿雪、暴风雪等灾害性天气，导致接触网上形成了厚厚的冻冰层(如图2-73所示)。哈尔滨铁路局集团公司供电系统迅速采用电力机车、动车组列车热滑除冰及人工手动敲冰方式，展开多轮打冰、刮冰作业(如图2-74所示)。除恶劣天气、自然灾害外，人为在高铁线路附近放风筝、气球或向供电接触网抛掷物品等(如图2-75所示)，都会造成触电、短路等事故，危及生命安全，造成列车事故。因此要提高全民安全意识，守好铁路“安全红线”。

图2-73　接触网挂冰

图2-74　接触网除冰

图2-75　接触网挂异物

任务实施

(1)对照图 2-36 断路器的型号表示,阐述 ZN42-27.5/1250 的含义。

(2)通过小组合作,查阅接触网相关的图片、观看接触网现场视频资料,并将接触网实物与图 2-47 和图 2-48 对照,依次确定接触网的各零部件。

(3)列出接触网的 4 个组成部分,再根据图 2-49 ~ 图 2-61 将 4 部分依次拆解为各对应零部件。

任务评价

任务评价表见表 2-2。

表 2-2 任务评价表

序号	评价内容	评价标准	分数	评分记录		
				学生自评	组间互评	教师评分
1	一次设备、二次设备	无法明确区分牵引变电所一次设备和二次设备的,错误一个扣 2 分,满分 20 分扣完为止	20			
2	设备的型号表示和含义	无法根据断路器、隔离开关、熔断器、变压器设备型号说出其具体含义的,错误一个扣 4 分,满分 20 分扣完为止	20			
3	接触网的基本结构	无法准确指出接触网的各个组成部件的,错误一个扣 2 分,满分 30 分扣完为止	30			
4	接触网的悬挂种类	无法根据现场实物准确指出属于哪一种接触悬挂类型的,错误一个扣 2 分,满分 10 分扣完为止	10			
5	电分段与电分相	无法准确说出电分段与电分相的作用、类型的。错误一个扣 5 分,满分 20 分扣完为止	20			
总分			100			

任务三 走进供电段

任务引入

接触网设备检修作业时需要一人操作,一人监护。某工区接触网工在进行接触网设备检修时,未等监护人到位即开始进行检修作业,且忘记验电,漏挂接地线,造成严重的人身伤亡事故,付出了沉痛的代价。

请结合事故案例,讨论事故的原因,并结合供电段各工种岗位职责,说一说作为一名铁路供电段工作人员,如何保证安全生产作业。

任务描述

供电段是铁路系统的重要业务部门之一。供电设备的检修与保养是供电段的主要工作内容之一。在进行检修、保养作业时,各项作业内容都要严格按照相关岗位职责要求及标准化作业流程进行,否则将造成重大安全事故。能够依据现场实例,准确说出铁路供电相关作业安全标准,是供电段从业人员或相关岗位工作人员应具备的基本能力之一。

一、供电段

(一)供电段的任务

供电段一般设在重要的铁路交通枢纽处,主要负责电气化铁路的牵引供电、铁路运输信号供电、铁路地区的电力供应、电力设备的检修与保养等工作。其根本任务是保证牵引供电设备安全可靠的供电和电气化铁路正常运行。

(二)供电段生产机构及职责

供电段生产机构设有管理部门、车间和工区。其中,车间一般包括电力车间、供电车间、动力设备车间、检修车间、维修车间、供电检测车间等;车间下设若干个工区,工区为供电段最基层单位,一般设在较大车站附近,负责管内电气化铁路接触网管理、维修及当地铁路地区各铁路单位的电力供应等工作。

1. 车间安全职责

供电段各车间应贯彻执行国铁集团、铁路局集团公司、供电段有关技术标准和规章制度,建立健全车间班组各项管理制度,对班组规章管理制度落实情况进行检查、指导、跟踪;组织落实供电段下达的各项安全工作部署,制定车间安全生产目标,落实工作绩效考核制度;配合调查处理铁路(道路)交通事故、人身伤亡事故、火灾、爆炸、盗窃、破坏、特种设备事故、设备故障,收集、整理、提报事故、设备故障相关资料;负责车间职工培训、考核管理;强化职工日常安全教育,严格执行标准化作业程序。

除以上安全职责外,各个车间还应根据各自管辖范围和工作内容的不同,履行各自的岗位职责。

2. 工区安全职责

各工区均应贯彻落实国家法律法规、上级安全有关文件政策以及安全生产规章、制度、标准等规定,执行班组全员的安全生产责任制并检查、考核、督导落实情况;负责供电设备日常运行,开展巡视、应急处置、检修等工作;组织制定并按段、车间要求实施涉及本班组的安全生产教育和培训工作计划;组织班组全员开展安全风险辨识、研判、管控和安全隐患排查治理的组织、分析、督导、考核,及时消除事故隐患;组织建立完善并实施分管范围内的事故应急救援预案和应急处置措施,并及时、如实报告事故、故障和安全问题并配合调查。

除以上安全职责外,各个工区还应根据各自管辖范围和工作内容的不同,履行各自的岗位职责。

(三)供电段的主要工种

供电段的主要工种有接触网工、电力线路工、变(配)电检修工、接触网作业车司机、变(配)电值班员、供电调度员等。

1. 接触网工

接触网工是从事接触网设备安装和维护等工作的人员,如图 2-76 和图 2-77 所示,需要掌握接触网设备检修工艺和安装标准,并按规定的作业时间,对接触网设备进行安装、维护、修理和调试等有关工作。

从事的具体工作有支柱安装(立杆)、支柱装配(组装腕臂)、线索架设(承力索、导线、回流线、馈线、加强线等)、悬挂安装(定位器、吊弦、电连接等)、悬挂调整(调整承、导高度)、拉线安装等。

图 2-76 接触网工春运设备检修(AR)

图 2-77 女接触网工飞“网”走“臂”精细检修

2. 电力线路工

电力线路工是从事管辖路段用电设备的日常巡视、维护和应急抢修等工作的人员,如图 2-78 所示。需要掌握电力设备检修工艺和安装标准,严格执行劳动纪律和作业纪律,按要求完成设备维护和抢修工作,保证电力机车、照明及各种用电设备的正常供电。

3. 变(配)电检修工

变(配)电检修工是从事变、配电设备检修工作的人员,如图 2-79 所示。主要工作包括配电检修和变电检修,配电检修主要检修配电所,需要掌握室内配电柜的检查维护及试验方法;变电检修主要检修变电所,包括开关组、继保组、高试组等,需要掌握开关状态调试、开关设备维护、支架除锈刷漆、继保装置调试、设备高压试验等作业标准。

素养教育

60℃灯桥上电力线路工检修设备

图 2-78 60 ℃灯桥上电力线路工检修设备

图 2-79 开关设备检修

4. 接触网作业车司机

接触网作业车司机是从事接触网作业车使用、保管保养和安全工作的人员,如图 2-80 和图 2-81 所示,需要掌握铁路《铁路技术管理规程》(简称《技规》)、《铁路行车组织规则》(简称《行规》)、《接触网作业车管理规则》和有关行车的安全操作规程,熟练掌握作业车性能,正确操作使用作业车设备,精心保养作业车设备,做到“四懂”(懂原理、懂构造、懂性能、懂用途)、“三会”(会操作、会保养、会排除故障)。行驶中要集中精力、谨慎驾驶、注意瞭望、确认信号,并认真执行高声呼唤、手比眼看和车机联控制度。

图 2-80　接触网作业车司机作业

图 2-81　接触网作业车

5. 变(配)电值班员

变(配)电值班员在变(配)电所所长的领导下,全面负责本班的工作,是当值时的全所安全生产运行、操作和处理事故等工作的直接指挥者。需要掌握本职工作所需的安全生产知识、实作技能(设备巡视、倒闸作业、故障处理、设备维护)以及应急处置能力;掌握相邻供电臂、站区、区间设备分布及运行方式,深入现场熟悉设备分布情况。变(配)电值班员作业如图 2-82 和图 2-83 所示。

图 2-82　值班员倒闸作业

图 2-83　值班员巡视主变压器

(四)供电段工作内容介绍

供电段的主要工作内容:负责管内牵引变电所、分区所、开闭所、自耦变压器所、调度所、车间工区行政领导和供电设备的运营管理、日常维护、维修测试、故障抢修以及零部件修配等;供电设备发生故障时组织人力、装备进行抢修;供电段管内各工区设备、材料的分配和一般机械零配件的检修、配置;供电段管内汽车、轨道车、作业车的维护修养;仪器、仪表、继电保护装置、远动控制系统的调试、校验。

为保证电气化区段的可靠供电,一般不得从接触网上引接非牵引负荷。对当地车站无电源,只能利用接触网供电者,经铁路局批准可允许由车站接触网引接少量的非牵引负荷,供电段与使用单位应明确分界,各自对分管设备加强管理,认真维护保养,确保接触网的正常供电。

二、6C 系统简介

高速铁路的快速发展对牵引供电系统的运行安全性提出了更高的要求,先进的检测技术和现代化的检测设备是提高牵引供电系统维修质量的保证,是实现电气化铁路状态检测和状态维修的重要手段。高速铁路供电安全检测监测系统(简称 6C 系统)应运而生。它是保障供电设备安全可靠运行的必要手段,是保证铁路运输安全畅通的重要技术装备。

6C 系统概括起来由两大部分组成：一部分是采用移动设备来检测接触网设备，即 1C、2C、3C、4C 装置；另外一部分是采用地面固定的设备检测受电弓滑板、接触网和变电设备，5C 装置重点检测受电弓滑板，6C 装置则是固定地点的接触网及其变电综合检测装置，如图 2-84 所示。

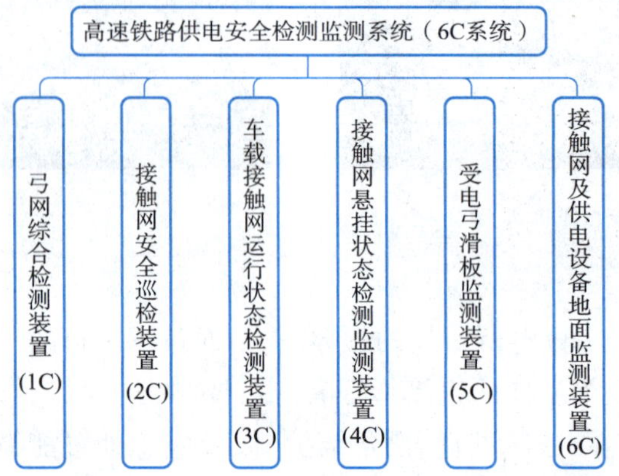

图 2-84　高速铁路供电安全检测监测系统组成

(一)弓网综合检测装置(1C)(CPCM)

在检测列车安装的车载式接触网检测设备，随着综合检测列车在铁路上巡回检测运行，对铁路接触网的参数和状态、弓网关系进行综合性检测，如图 2-85 所示。检测主要参数包括拉出值、硬点、接触线高差、接触网高度、接触网压力、接触网电压等。1C 装置搭载平台为高速综合检查车，巡检周期为 3 个月，全路接触网检测信息管理系统界面如图 2-86 所示。

图 2-85　弓网综合检测装置

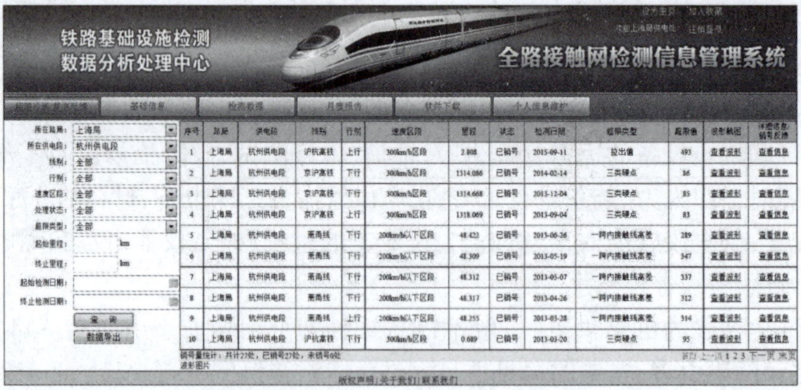

图 2-86　全路接触网检测信息管理系统界面

(二)接触网安全巡检装置(2C)(CCVM)

接触网安全巡检装置是指采用便携式视频采集装置，安放在动车组上对接触网的状态进行视频采集，通过视频分析接触悬挂部件技术状态，统计接触悬挂部件异常状态，指导接触网状态维修，如图 2-87 和图 2-88 所示。检测分析主要项目包括支持装置、接触悬挂、定位装置、附加悬挂、支柱、路外环境等。利用红外线探头补光装置对隧道内设备进行拍摄，做到线路全覆盖，利用2C服务器与分析软件进行视频回放，大大提高了查找缺陷的效率。装置搭载在运营动车组上，巡检周期为每天或固定周期。接触网安全巡检系统平台界面如图2-89所示。

图2-87　接触网安全巡检装置

图2-88　检辅助设备(AR)

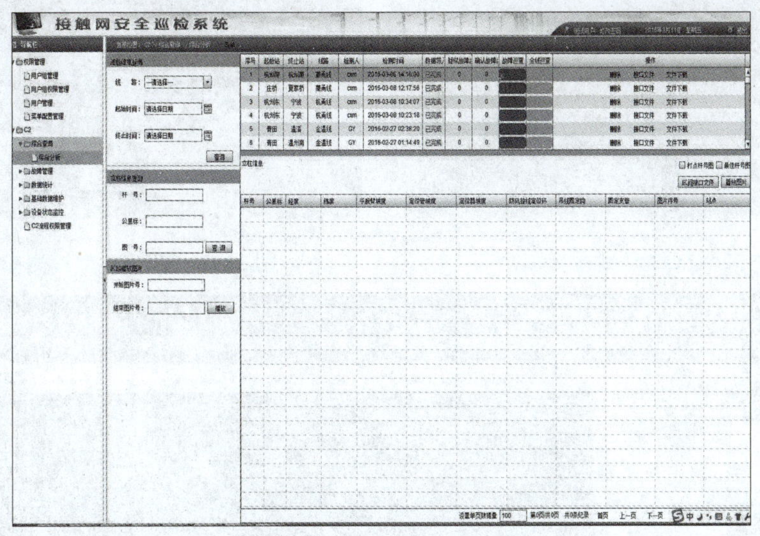

图2-89　巡检系统平台界面

(三)车载接触网运行状态检测装置(3C)(CCLM)

车载接触网运行状态检测是在运营的动车组上加装接触网检测设备，以实现铁路接触网状态的全覆盖、全天候的动态检测，如图2-90和图2-91所示。检测主要数据包括动态拉出值、动态接触线高度、燃弧时间等。检测周期为实时或定期。

图2-90　车载接触网运行状态检测装置(AR)

图2-91　车内检测机柜

（四）接触网悬挂状态检测监测装置(4C)(CCHM)

接触网悬挂状态检测监测装置安装在接触网检测车上，对接触网悬挂系统的零部件进行高精度成像检测，在检测数据的自动识别与分析的基础上，形成维修建议，如图2-92和图2-93所示。接触网悬挂状态检测监测系统实现巡视接触网设施功能，主要包括接触网几何参数、接触悬挂、支持装置、隔离开关、附加悬挂、支柱、路外环境、定位装置等状态检测，主要检测分析内容包括设备有无松、脱、卡、断、磨、破损、闪络及安装工艺等问题。接触网悬挂状态检测监测系统配置在接触网检测车上，检测周期高铁为3个月，普速为6个月。接触网悬挂状态检测监测装置平台界面如图2-94所示。

图2-92　JX-300型检测车

图2-93　JX-300型检测车车顶

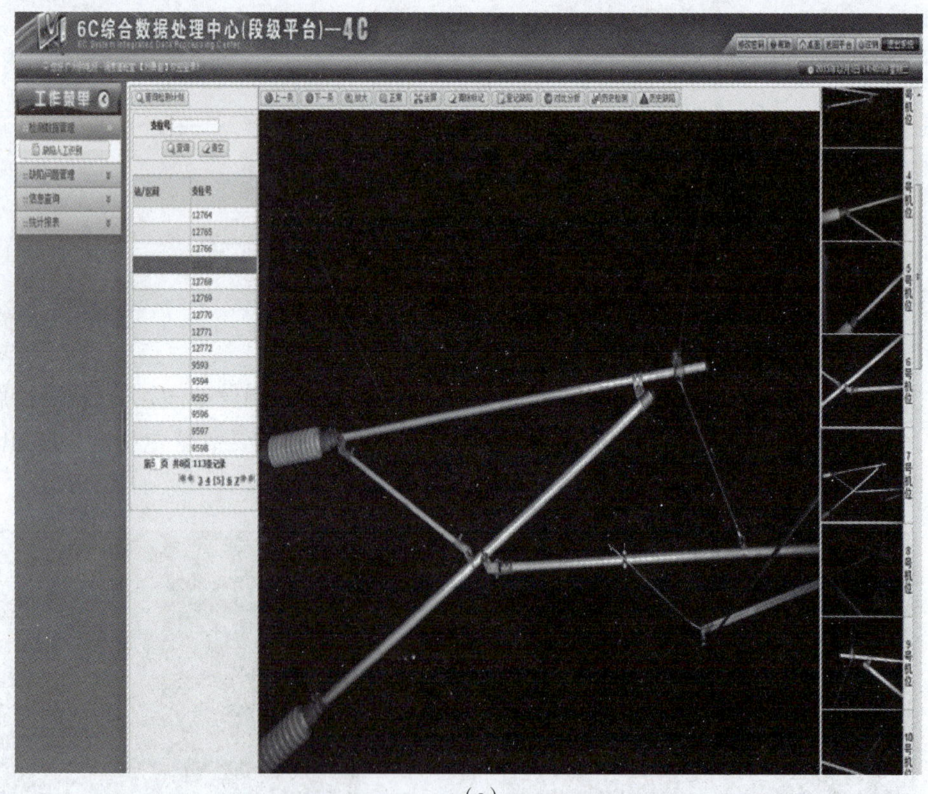

(a)

图2-94　接触网悬挂状态检测监测装置平台界面

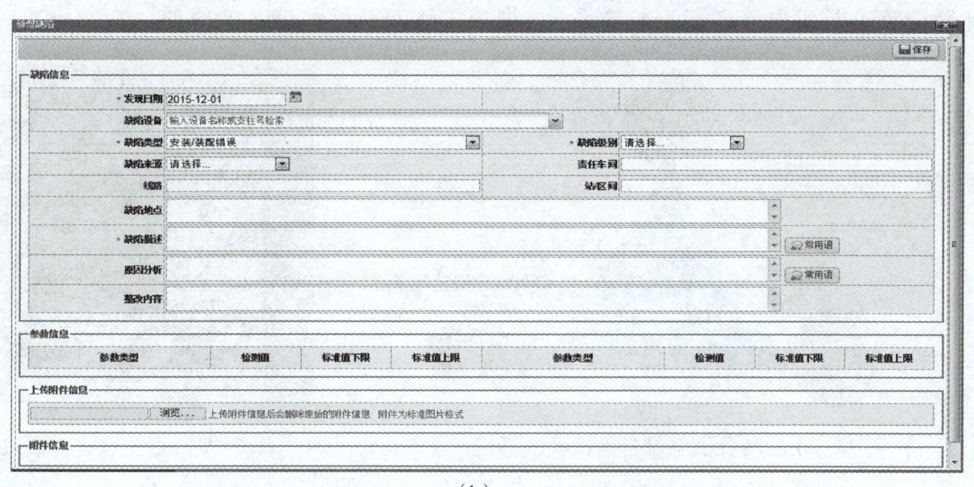

（b）

图 2-94　接触网悬挂状态检测监测装置平台界面（续）

（五）受电弓滑板监测装置（5C）（CPVM）

与以上系统不同的是，5C 装置的搭载平台在地面，用于接触网的特殊断面和区段的视频监视，如高速铁路的车站、动车库进出线、车站咽喉区、重点隧道口、线岔和分相环节，如图 2-95 所示。通过受电弓滑板状态及时发现接触网异常状态，指导故障消除，确保接触网和受电弓的运行状态良好。该装置由受电弓通过检测模块、高清成像模块、监测平台、传输通道、用户终端等组成。受电弓滑板状态监测装置平台界面如图 2-96 所示。

图 2-95　受电弓滑板状态监测装置

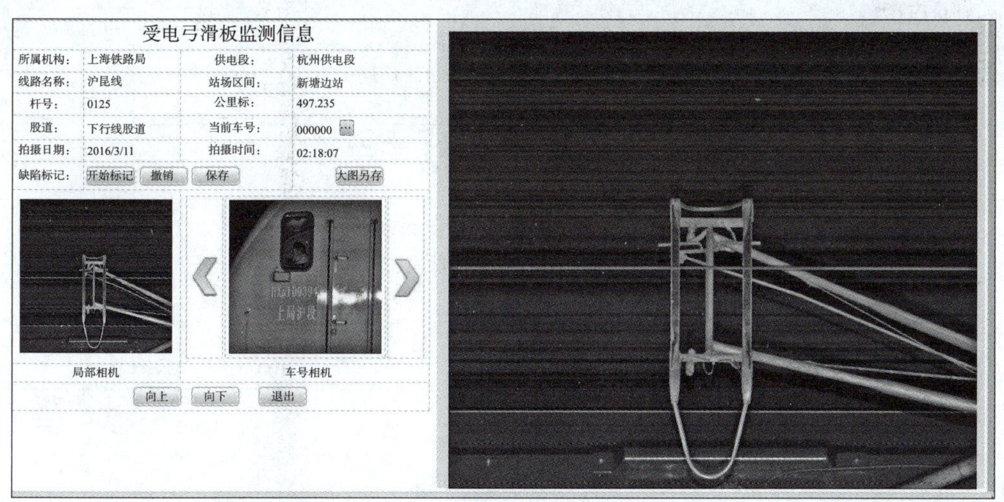

图 2-96　受电弓滑板状态监测装置平台界面

（六）接触网及供电设备地面监测装置（6C）（CCGM）

接触网及供电设备地面监测装置由智能巡视系统、视频监控系统和红外线测温监控系统等三部分组成，如图 2-97 和图 2-98 所示，搭载于地面，在接触网的特殊断面（如：定位点、锚段关节、线岔、隧道内、桥梁处）及牵引变电所设置监测装置，监测接触网的张力、振动、抬升量、线索温度、补偿位移等及供电设备运行状态参数，指导接触网及供电设备的维修。

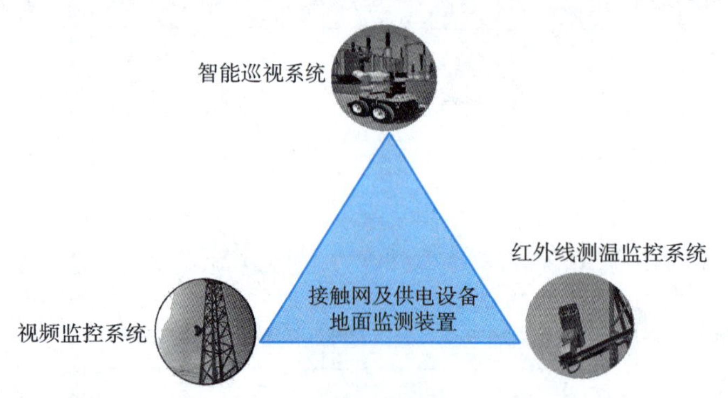

图 2-97　接触网及供电设备地面监测系统

图 2-98　智能巡检机器人

任务实施

（1）结合学习内容进行小组讨论，将发生事故的原因依次列举并做好记录。

（2）针对安全生产的要素进行小组讨论，并将讨论结果做好记录。

（3）通过查阅相关资料，结合讨论结果，整理最终答案。

任务评价

任务评价表见表 1-3。

表 1-3　任务评价表

序号	评价内容	评价标准	分数	评分记录		
				学生自评	组间互评	教师评分
1	供电段的生产机构	无法准确说出供电段各级生产机构之间的从属关系的，错误一个扣 5 分，满分 20 分扣完为止	20			
2	供电段的工种	无法说出供电段的主要工种及岗位职责的，错误一个扣 6 分，满分 30 分扣完为止	30			
3	供电段的工作内容	无法说出供电段的主要工作内容的，错误一条扣 2 分，满分 20 分扣完为止	20			
4	6C 系统	无法准确说出 6C 系统主要监测、检测的项目和参数的，错误一个扣 5 分，满分 30 分扣完为止	30			
总分			100			

试题

项目二
铁路牵引
供电系统

巩固练习

一、填空题

1. 电气化铁路牵引供电系统主要包括地方变电站、__________、牵引供电回路。

2. 牵引供电回路是由牵引变电所、__________、接触网、__________、钢轨、回流线、接地网组成的闭合回路。

3. 牵引网向电力机车的供电方式有直接供电方式、__________、吸流变压器供电方式和自耦变压器供电方式。

4. 吸流变压器供电方式在接触网和回流线中__________吸流变压器。

5. 牵引变电所内的电气设备按所属电路性质可分为__________、__________。

6. 变电所中的一次设备根据功能大致可分为__________、变换电器、保护电器、__________和成套装置。

7. 接触网主要由__________、定位装置、__________、支柱与基础四个部分组成。

8. 接触网一次验电接地作业中,验电和装设、拆除接地线必须由__________人进行,一人__________,一人__________。

9. 高速铁路供电安全检测监测系统(6C 系统)中 2C 系统是__________。

10. 弓网综合检测装置(1C)检测的主要参数包括__________、硬点、接触线高差、接触网高度、接触网压力、接触网电压等。

二、判断题

1. 我国铁路接触网电压为 25 kV 的三相交流电。（　　）
2. 电力部门用 55 kV 的高压输电线将电能送入牵引变电所。（　　）
3. 牵引变电所向牵引网的正常供电方式分为两种:单边供电方式和双边供电方式。（　　）
4. 越区供电方式也是一种正常供电方式。（　　）
5. 直接供电方式结构简单、投资少、维护费用低,但是电磁干扰较大。（　　）
6. 带回流线的直接供电方式牵引网阻抗小,供电距离长。（　　）
7. 高压断路器最大特点是开断负荷电流和短路电流。（　　）
8. 隔离开关是一种有专门灭弧装置的开关设备,它在发电厂和变电站的电气系统中扮演了重要的角色。（　　）
9. 熔断器按是否有限流作用分为限流式和非限流式。（　　）
10. 发电厂和变电站中常用的高压开关柜有固定式和手车式两大类。（　　）

三、简答题

1. 如何实现双边供电方式?
2. 带回流线的直接供电方式与吸流变压器供电方式相比,有哪些优缺点?
3. 简单叙述自耦变压器供电方式的工作原理。
4. 牵引变电所、分区所、开闭所各有什么作用?
5. 牵引网主要由哪几部分组成?
6. 供电段的主要任务是什么?
7. 说一说作为一名铁路供电段的工人,应该具备哪些素质和技能。

项目三

铁路机车

项目描述

“火车跑得快,全靠车头带”。我们通常看到一列火车的两端,集中装有动力机械与牵引设备的动力车——铁路机车,火车头是它的俗称。由于铁路车辆不具备动力装置,需要将其连挂成车列,由机车牵引沿钢轨运行。在车站内,车辆的转线以及货物车辆的取送、调车作业,都要由机车完成。因此,铁路为了完成客货列车的牵引和车站的调车工作,必须保证提供足够数量、牵引性能良好、可靠性高的机车;同时,还必须加强对机车的保养与检修工作,组织机车的合理运用等。

下面主要对铁路机车的类型及编号,我国内燃机车、电力机车的发展历程、组成和工作原理,机务段的组成及工作职能等内容加以介绍。

学习目标

知识目标

(1)掌握铁路机车的类型和机车型号的编码方法。

(2)了解机车牵引性能的基本概念。

(3)掌握内燃机车和电力机车的类型和特点。

(4)熟悉内燃机车和电力机车的组成。

(5)理解内燃机车和电力机车的工作原理。

(6)了解机务段职能和机车整备及检修的基本要求。

(7)掌握机车交路、运转和乘务等机务运用知识。

能力目标

(1)能够根据机车实物(或机车虚拟资源),区分机车的类型和归属。

(2)能够根据内燃机车实物(或机车虚拟资源),辨识机车总体结构。

(3)能够根据电力机车实物(或机车虚拟资源),辨识机车总体结构。

(4)能够根据机车运行情况,准确判断机车交路、运作、乘务等类型。

素养目标

(1)引导学生感受我国铁路装备的伟大变革,增强学生的民族自豪感。

(2)弘扬新时代铁路精神,培育学生忠于职守、执标达标、安全至上的职业品质。

(3)强化铁路职业认同感,培育学生“攻坚克难、挑战极限”的精神。

(4)传承铁路初心,培育学生自觉严明的纪律观、勇于奉献的价值观。

学习导航

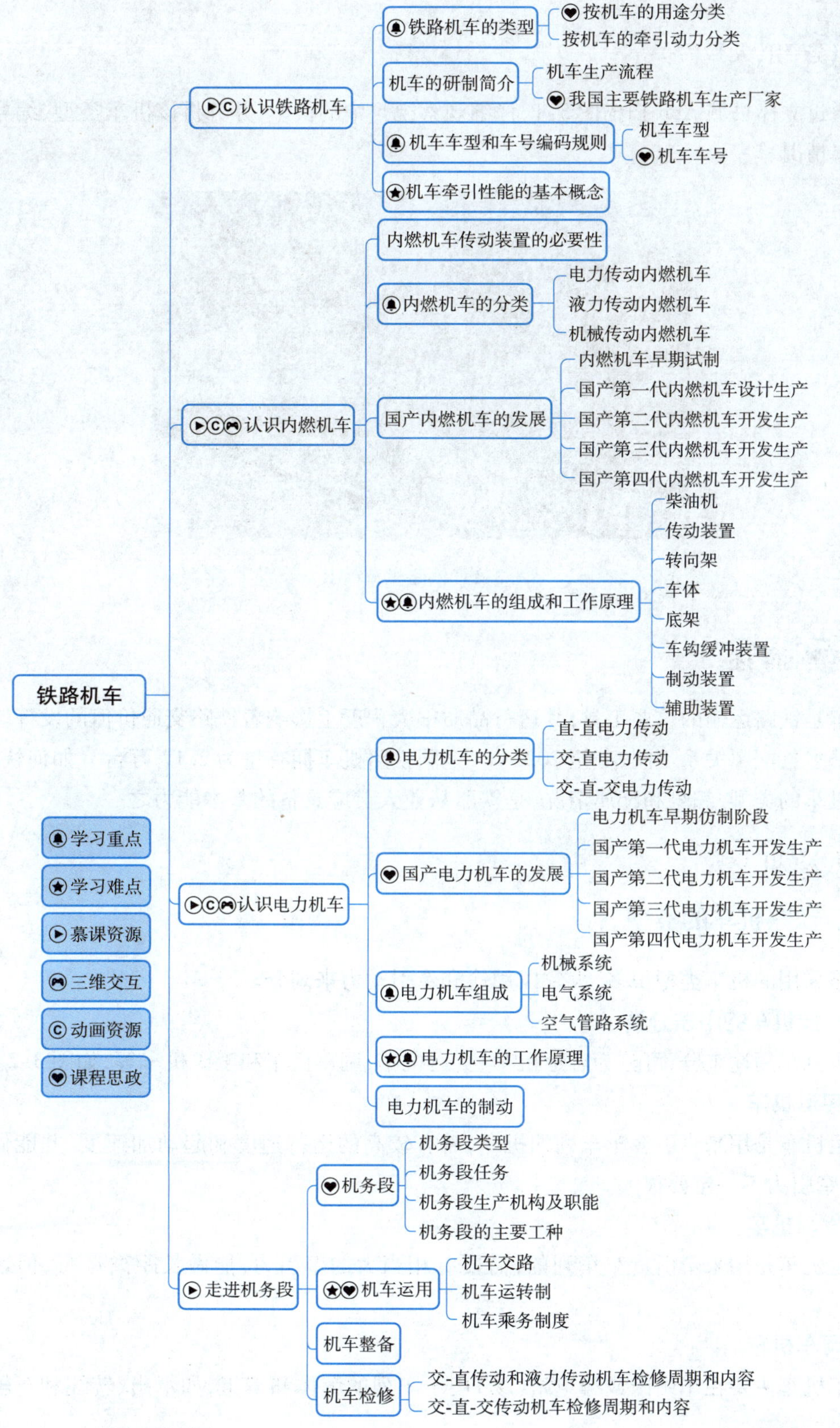
铁路机车
认识铁路机车
铁路机车的类型
按机车的用途分类
按机车的牵引动力分类
机车的研制简介
机车生产流程
我国主要铁路机车生产厂家
机车车型和车号编码规则
机车车型
机车车号
机车牵引性能的基本概念
认识内燃机车
内燃机车传动装置的必要性
内燃机车的分类
电力传动内燃机车
液力传动内燃机车
机械传动内燃机车
国产内燃机车的发展
内燃机车早期试制
国产第一代内燃机车设计生产
国产第二代内燃机车开发生产
国产第三代内燃机车开发生产
国产第四代内燃机车开发生产
内燃机车的组成和工作原理
柴油机
传动装置
转向架
车体
底架
车钩缓冲装置
制动装置
辅助装置
认识电力机车
电力机车的分类
直-直电力传动
交-直电力传动
交-直-交电力传动
国产电力机车的发展
电力机车早期仿制阶段
国产第一代电力机车开发生产
国产第二代电力机车开发生产
国产第三代电力机车开发生产
国产第四代电力机车开发生产
电力机车组成
机械系统
电气系统
空气管路系统
电力机车的工作原理
电力机车的制动
走进机务段
机务段
机务段类型
机务段任务
机务段生产机构及职能
机务段的主要工种
机车运用
机车交路
机车运转制
机车乘务制度
机车整备
机车检修
交-直传动和液力传动机车检修周期和内容
交-直-交传动机车检修周期和内容
学习重点
学习难点
慕课资源
三维交互
动画资源
课程思政

任务一　认识铁路机车

任务引入

请通过立体书城 App 扫描图 3-1,仔细观察视频中的机车,并分析该机车类型、编号车号含义及配属情况。

图 3-1　铁路机车(AR)

任务描述

机车是铁路运输的重要工具,其运行品质很大程度上影响着铁路交通价值的发挥。我国机车种类繁多且配属关系不同,截至 2021 年,全国铁路机车拥有量为 2.17 万台。如何快速、准确辨识出机车的类型、编号和配属情况,是铁路从业人员应具备的基本能力之一。

相关知识

一、铁路机车的类型

铁路采用的机车类型很多,大致以用途和牵引动力来划分。

(一)按机车的用途分类

按照机车用途来分,可分为客运机车、货运机车、调车机车和工矿机车等,如图 3-2 所示。

1. 客运机车

客运机车是用来牵引客车车列的机车,需有较高的运行速度和起动加速度,并能做长距离运行,但牵引力不一定要很大。

2. 货运机车

货运机车是用来牵引货车车列的,需要有相当大的牵引力,能做长距离运行,但速度不必很高。

3. 调车机车

调车机车主要在车站内或编组站(场)用于车列的解体和编组,如牵出、转线和车辆的取送等作业。这种机车起动和停车频繁，机动灵活，能通过较小的曲线半径，因此固定轴距要小，不需要较高的构造速度。

4. 工矿机车

工矿机车是担任采掘、冶金、石油、化工、森林等企业内部运输和工厂内部运输的机车。一般来说，功率比铁路干线用的机车小，速度要求也不高，但必须有足够的牵引力。在某些特殊工厂运输用的机车还必须有防火、防爆等设施。

（a）客运机车

（b）货运机车

（c）调车机车

（d）工矿机车

图 3-2　铁路机车分类

（二）按机车的牵引动力分类

按照机车的牵引动力来分，可分为蒸汽机车、内燃机车、电力机车和新能源机车。

1. 蒸汽机车

蒸汽机车以蒸汽机作为牵引动力来源，为自带能源式机车，具有构造简单、造价低、维修方便等优点；缺点是热效率太低，只有 7%，运行不平稳，污染大，操纵要求较高，值乘环境较差，现已淘汰。现存的蒸汽机车大部分留在中国铁道博物馆内，如图 3-3 所示，也有部分旅游景点使用蒸汽机车开展铁路文化旅游。

2. 内燃机车

内燃机车以内燃机（通常为柴油机）作为源动力，为自带能源式机车，相比蒸汽机车，内燃机车的热效率较高（可达 30% 左右）。内燃机车的整备时间较短，持续工作时间较长，受外部因素影响较小，可以在所有的铁路线上运行，初期投资少，值乘环境相对于蒸汽机车较好，现在仍被许多国家广泛应用。但是，内燃机车功率提升有限，且存在着大气污染和噪声污染，如图 3-4 所示。

图 3-3 哈密三道岭的蒸汽机车

图 3-4 内燃机车

3. 电力机车

电力机车的牵引动力是电能，但机车本身没有源动力，而是依靠外部牵引供电系统提供电能，是一种非自带能源的机车，具有功率大、过载能力强、牵引力大、速度快等优点，在长大坡道、隧道及重载牵引时具备显著优势。使用电力机车牵引车列，可以提高列车运行速度和承载重量，从而大幅度提高铁路的运输能力和通过能力，如图 3-5 所示。

电力机车平均热效率比内燃机车高，它在提高铁路运输能力、合理利用资源、保护生态环境方面具有明显优势，是铁路理想的牵引动力。

缺点是机动性差，如遇自然灾害等不可抗力因素引发断电或没有接触网的情况时，电力机车将无法运行，甚至可能引发事故，如图 3-6 所示，故电力机车虽有许多优点，仍然无法全面取代内燃机车。

图 3-5 电力机车

图 3-6 接触网挂冰

4. 新能源机车

新能源机车包括油电混合动力机车、液化天然气与柴油双燃料机车、氢燃料电池混合动力机车等，如图 3-7 所示。其中，氢燃料电池混合动力机车是由氢燃料电池系统和大功率锂电池构成机车动力系统，通过对氢燃料进行氢氧化学反应产生电能来为机车提供动力。2021 年，我国自主研发的首台氢燃料混合动力机车，在中车大同电力机车有限公司成功下线，标志着我国氢能利用技术取得关键突破，中国铁路机车装备驶入全球氢能技术高地，如图 3-7(c) 所示。

(a) 油电混合动力机车

(b) 液化天然气与柴油双燃料机车

(c) 氢燃料电池混合动力机车

图 3-7 新能源机车

相比于内燃机车等传统自给式机车，新能源机车可以有效地减少排放污染，有利于环保；相比于电力机车等传统非自给式机车，又具备减少基建成本、可靠性更高、建设周期更短的优势。

二、机车的研制简介

(一)机车生产流程

一款机车的出厂是一个复杂而昂贵的生产过程，在交付使用前，都需要经历机车设计、零部件加工、零部件装配、机车试验 4 个过程。

1. 机车设计

制造机车像所有的机械产品一样，要先进行总体设计；再进行零部件设计，画出装配图和零件图；然后根据零件的工作条件、性能及环境保护等要求，选择合理的金属材料以及合理的成型加工方法；最后，由工艺部门编制成型加工工艺规程或工艺图，交付生产部门生产。

2. 零部件加工

一台机车有成千上万个零部件，要造机车，得先根据设计图样制造零部件以及各种电气设备。

3. 零部件装配

机车的各种零件制造出来后，要经过部件装配和总装配才能组装成为一台完整的机车。装配过程并不是将合格零件简单地连接起来就行了，而是要根据各种技术要求，通过调整、校正、平衡、配合以及反复的检验来保证机车产品质量，如图 3-8 所示。

(a) 机车电气安装

(b) 机车总装

图 3-8 零部件装配

4. 机车试验

试验是保证机车质量必不可少的环节，除了研究性的试验外，经常性的试验有零部件试验、考核试验和整车试验，其中整车的试验有出厂试验、性能试验、环道试验、线路试验等，如图3-9所示。

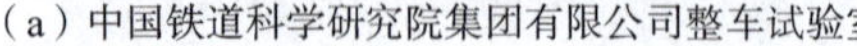

（a）中国铁道科学研究院集团有限公司整车试验室

（b）中国铁道科学研究院集团有限公司环铁试验场

图3-9 中国铁道科学研究院集团有限公司型式试验

新设计铁路机车车辆必需按照规定的程序开展设计定型工作，新设计机的车样车在正线运用考核前，应进行试用评审。通过试用评审后，方可开展30万km和1年货运运用考核，考核完成并经过解体检查合格后，机车设计定型工作全部完成，即可办理铁路机车车辆型号合格证和制造许可证，如图3-10所示。

图3-10 机车运用考核

（二）我国主要铁路机车生产厂家

在我国，铁路机车的生产制造厂商主要是中国中车股份有限公司（简称中国中车），它是由中国北车股份有限公司、中国南车股份有限公司合并组建，承继了中国轨道交通装备制造业的百年积淀，承载着中国高铁走向世界的梦想。

中国中车旗下能够自主研发和生产铁路机车的子公司有6家，如图3-11所示。

三、机车车型和车号编码规则

（一）机车车型

机车车型是指按照同一车种内机车产品定型或局部改进的时间顺序赋予具有同一技术特征的机车的分类，其编码一般由基本型号代码、基本变型代码和辅助变型代码三部分组成，如图 3-12 所示。

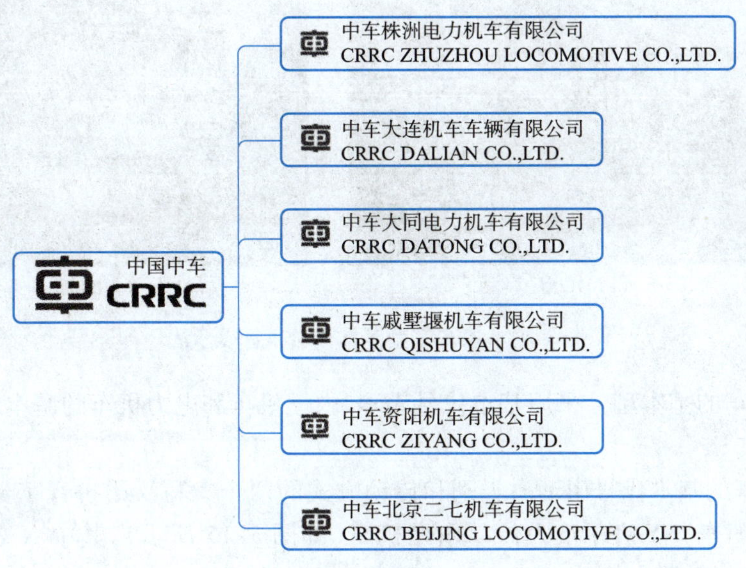

图 3-11　我国主要机车生产厂家

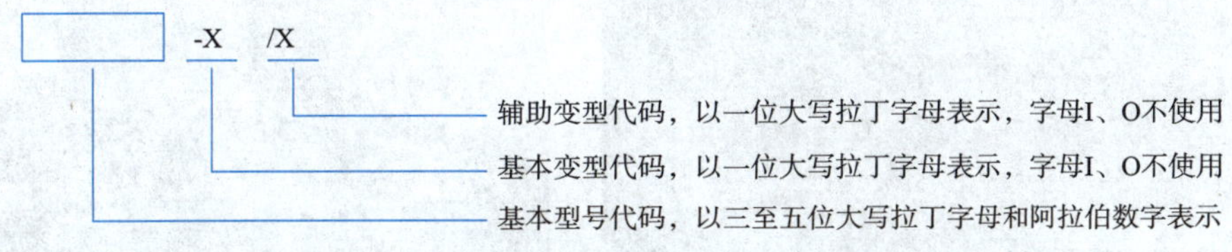

图 3-12　机车车型编码构成

1. 基本型号

不同的机车车型应采用不同的基本型号代码，我国制造机车的基本型号采用基本名称或基本代号表示，也可同时使用。

（1）基本名称用汉字表示，如东风 5、韶山 1，如图 3-13 所示。

（2）基本代号用车型名称每个汉字拼音的第一个大写字母表示，如 DF、SS、HX、FX 等，如图 3-14 所示。

（a）东风5型　　（b）韶山1型

图 3-13　机车车型基本名称汉字表示法

（a）DF_4型

（b）SS_1型

图 3-14　机车车型基本代号拼音表示法

国外进口机车的基本型号采用基本代号表示，内燃机车和电力机车的基本代号分别用下列方法表示：

（1）内燃机车的基本代号由动力类别和传动方式的两个大写汉语拼音字母组成，如 ND 表示电力传动内燃机车，NY 表示液力传动内燃机车（如图 3-15 所示），其中 N 表示内燃机车，D 表示电力传动，Y 表示液力传动。

（a）ND_5

（b）NY_7

图 3-15　国外进口内燃机车

（2）电力机车的基本代号由机车车轴数量和代表电源整流方式汉语拼音的大写字母组成，如 6G 表示六轴硅半导体整流的电力机车，8K 表示八轴晶闸管整流的电力机车，6Y 表示六轴引燃管整流的电力机车，其中 G 表示硅半导体整流方式，K 表示晶闸管整流方式，Y 表示引燃管整流方式，如图 3-16 所示。

（a）6G

（b）8K

（c）6Y

图 3-16　国外进口电力机车

2. 基本变型和辅助变型

(1)基本变型。经过重大改进型的机车,应赋予新的基本变型代码。基本变型代码按照同一技术平台的机车产品进行重大改进的时间确定,以大写拉丁字母表示,由 A 起顺序排列,字母 I、O 不使用。基本型号代码与基本变型代码之间以“ - ”连接(一般情况下可不显示),如 HXD$_{1B}$、HXD$_{3C}$。

(2)辅助变型。经过一般改进型的机车,应赋予新的辅助变型代码。辅助变型代码按照同一技术平台的机车产品进行一般改进的时间先后顺序确定,以大写拉丁字母表示,由 A 起顺序排列,字母 I、O 不使用。基本型号代码或基本变型代码与辅助变型代码之间以“/”连接(一般情况下可不显示),如 HXD$_{3CA}$。

(二)机车车号

我国制造的机车车号编码数字码,用四位阿拉伯数字表示。按一台机车编定车号的多节机车,应分别在每节机车车号后缀以节号,节号分别用大写拉丁字母表示,由 A 起顺序排列,如 HXD$_{1}$ 1131A、HXD$_{1}$ 1132B,如图 3-17 所示。

(a) 机车正面车号

(b) 机车侧面车号

图 3-17 机车车号

机车的车号与机车的基本型号代码组合构成,实现机车车型车号的唯一性。一般情况下,机车车号都是按照其制造顺序号来进行确定的,但是有三个“车牌号”却被永久确定下来,机车可以升级换代,但是车号永久不变,那就是被誉为火车头中的火车头,被冠以领袖的名字的三大“伟人号机车”:“毛泽东号”机车、“朱德号”机车、“周恩来号”机车,如图 3-18 所示。

(a) HXD$_{3D}$1893

(b) HXD$_{3D}$1886

(c) HXD$_{1D}$1898

图 3-18 三大“伟人号机车”

四、机车牵引性能的基本概念

机车牵引列车运行的过程，就是机车牵引力克服列车起动时和运行中所受的阻力过程。机车牵引列车运行是由于它具有相当大的牵引力，在列车运行中的任意瞬间，机车牵引力（F）和运行速度（v）的乘积，就是机车的功率（N），即 $F \cdot v = N$，常用“kW”做单位。任何一种机车，它的最大功率率是一定的，叫作标称功率，例如 DF4B 型内燃机车的标称功率为 1 985 kW。

机车在牵引列车时，由于线路平纵断面及其他因素的影响所受到的阻力是经常变化的。当阻力增大时，机车就要发挥出更大的牵引力来克服它；反之，当阻力减小时牵引力就可以小一点。为了充分利用机车的功率，要求机车在各种不同运行阻力的情况下，都能具有恒功率输出性能。这就要使 $F \cdot v =$ 常数。可见，牵引力和速度之间应当成反比关系；当速度小时，牵引力大；速度大时，牵引力小。

把对 F 和 v 的这种要求表示在坐标上，是一条曲线，如图 3-19 所示。这条曲线叫作机车理想牵引性能曲线，无论任何一种机车的牵引特性，都应与它相符合。

当然，曲线的两端不能无限延长。左端，牵引力不能超过轮轨之间的黏着力，否则车轮会空转；右端，速度也不能超过机车构造所能允许的范围。

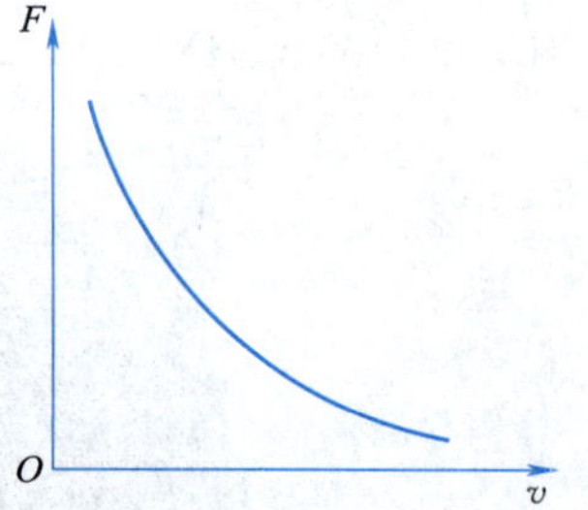

图 3-19　机车牵引特性曲线

任务实施

（1）观察任务引入机车车顶，判断机车类型。

（2）查找机车编号喷涂所在位置，并对其所代表含义进行说明。

（3）查找机车配属标识所在位置，并对其所代表含义进行说明。

任务评价

任务评价表见表 3-1。

表 3-1　任务评价表

序号	评价内容	评价标准	分数	评分记录		
				学生自评	组间互评	教师评分
1	机车类型判断	1. 无法准确地说明机车归属某一种类特征的，扣 10 分 2. 无法准确地判断机车类型的，扣 10 分 3. 以 30 s 为基准，每超出 5 s，扣 5 分，本项扣完为止	20			
2	机车编号识别	1. 无法准确地找到机车编号标识涂装位置的，扣 10 分 2. 无法准确地说明机车编号文字的含义，扣 30 分 3. 以 30 s 为基准，每超出 5 s，扣 10 分，本项扣完为止	40			
3	机车配属判断	1. 无法准确地找到机车配属标识涂装位置的，扣 10 分 2. 无法准确地说明配属文字的含义，扣 30 分 3. 以 30 s 为基准，每超出 5 s，扣 10 分，本项扣完为止	40			
总分			100			

任务二 认识内燃机车

任务引入

HXN5 型机车是我国干线货运用大功率交流电传动内燃机车，由中车戚墅堰机车有限公司与通用电气(GE)合作生产，构建了我国大功率交流传动内燃机车产业技术平台。该型机车采用模块化设计，动力学性能和制动性能良好，起动加速快，额定功率达到 4 660 kW，最大起动牵引力为 620 kN，最高运行速度为 120 km/h。

请通过立体书城 App 扫描图 3-20，在虚拟平台上进行 HXN5 机车拆卸，仔细观察其总体组成，说明各部分结构名称，辨别机车轴列式。

图 3-20 HXN5 型内燃机车(AR)

任务描述

内燃机车是以内燃机作为源动力，通过传动装置驱动车轮的机车，是我国铁路牵引动力的重要组成部分之一。截至 2021 年底，全国铁路内燃机车拥有量为 0.78 万台，占 35.9%。如何能准确地辨识内燃机车总体结构和轴列式，说出其机械部分各部结构的名称，既是铁路机务岗位从业人员应具备的关键能力之一，同时也是其他铁路从业人员的拓展能力之一。

相关知识

一、内燃机车传动装置的必要性

1892 年，德国著名工程师鲁道夫·狄塞尔发明了柴油机；1912 年 9 月，德国和瑞士的公司试制成功了世界首台内燃机车。

为什么内燃机车迟迟上不了铁路呢？内燃机车在它的诞生初期道路坎坷，主要是没有可行的功率传动装置。

铁路上采用的内燃机绝大多数是柴油机。在内燃机车上，柴油机和机车动轮之间都装有传动装置，柴油机的功率是通过传动装置传递到动轮上去的，而不是由柴油机直接驱动动轮的，其原因就在于柴油机的特性不能满足机车牵引特性的要求。

(1)柴油机直接驱动机车动轮不能实现机车的理想牵引特性。柴油机的扭矩特性 M[即 $M=f(n)$]和功率特性 N[即 $N=f(n)$]，如图 3-21 所示。当每一循环供油量一定时，柴油机的扭矩 M 几乎不随转速的变化而改变，因此柴油机的功率 N 基本上与转速 n 成正比。

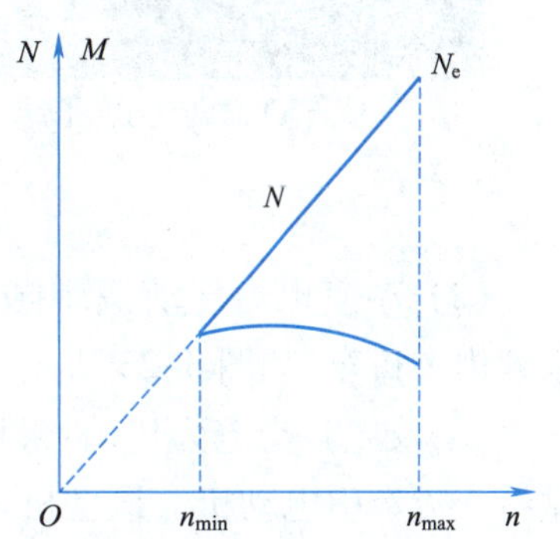

图 3-21 柴油机扭矩特性和功率特性

图 3-21 中的扭矩特性曲线，也就是采用直接驱动方式时的内燃机车的牵引特性曲线，显然不符合内燃机车的理想牵引性能曲线的要求，并且只有当柴油机达到额定功率转速时，即机车在最高速度时，柴油机功率才能得到充分利用。

(2)柴油机的转速范围满足不了机车运行速度范围变化的要求。当柴油机转速低于最低转速运转时会熄火,高于最高转速运转时又会引起飞车,且损坏柴油机。而机车最低运行速度为 3 ~5 km/h,最高运行速度为 100 ~160 km/h,甚至更高。

(3)柴油机应在无负载情况下起动,而机车起动负载都是很大的,所以柴油机无法直接驱动机车动轮。

(4)柴油机曲轴一般不能反转,而机车却需要既能前进也能后退。

内燃机车设置传动装置,可使机车在运行过程中,当运行阻力发生变化时可以不改变机车柴油机的供油量,即不改变柴油机的输出功率,而通过传动装置自动地调节列车的运行速度和机车的牵引力,维持 $F \cdot v =$ 常数,使柴油机始终工作在最佳状态,同时还保证了柴油机的空载起动、机车换向运行以及机车有较大的调速范围。

当内燃机车加装了传动装置之后,才具有牵引特性,根据列车运行条件的变化,能对牵引力进行自我调节,使柴油机始终保持开足马力,姗姗来迟的内燃机车得以正式登上了铁路大舞台。

二、内燃机车的分类

内燃机车按传动方式的不同可分为电力传动内燃机车、液力传动内燃机车和机械传动内燃机车。以电力传动内燃机车应用最多。

(一)电力传动内燃机车

电力传动内燃机车是通过内燃机运转带动发电机,发电机产生的电能输送至电动机,将电能转化为机械能,最终将动力传递车轮的机车。根据电机型式不同,有以下几种类型。

(1)直-直电力传动:主发电机与牵引电动机均为直流电机,主要应用于20世纪60年代前的内燃机车产品中,比较有代表性的产品有东风、东风 2、东风 3 型机车,如图 3-22 所示。

(a)东风型内燃机车

(b)东风2型内燃机车

图 3-22　直-直电力传动内燃机车

(2)交-直电力传动:采用交流主发电机、直流牵引电动机。比较有代表性的产品有东风4系列内燃机车,如图 3-23 所示。

(3)交-直-交电力传动:采用交流主发电机,先经过整流,再经过逆变,输出变频的交流电,供给交流牵引电动机。该型机车起动力大、不易产生空转、运行平稳且牵引力大。比较有代表性的产品有和谐型内燃机车,如图 3-24 所示。

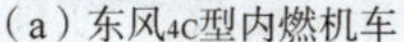
（a）东风4C型内燃机车

（b）东风4D型内燃机车

图 3-23 交-直电传动内燃机车

（a）和谐3型内燃机车

（b）和谐5型内燃机车

图 3-24 交-直-交电力传动内燃机车

（4）交-交电力传动：是一种中间没有直流环节直接变频的交流传动，由于其特有的优越性能，将是今后内燃机车电力传动的发展方向。

（二）液力传动内燃机车

液力传动内燃机车源动力仍是柴油机。在柴油机和机车动轮之间，装有一套液力传动装置，利用工作油改变柴油机的外特性，以适合列车运行的要求。液力传动内燃机车与电力传动内燃机车相比，除传动装置不同外，其余部分都是相似的。

液力传动内燃机车虽然具有牵引性能良好、起动平稳、造价低廉、维护方便及节省有色金属和大量钢材等优点，但液力传动内燃机车的传动效率较电力传动低、功率较小、经济性较差，不能牵引货物列车也不适合高速旅客列车。由于技术及经济原因，我国液力传动内燃机车现保有量较少。比较有代表性的产品有北京型、东方红型内燃机车，如图 3-25 所示。

（a）北京型内燃机车

（b）东方红型内燃机车

图 3-25 液力传动内燃机车

(三)机械传动内燃机车

机械传动内燃机车是通过齿轮转轴连杆等装置将内燃机的动力传输到车轮的机车,是最原始的传动方式,要求原动机跟从动机不能太远,因其具有技术上的局限性,现已很少采用。

三、国产内燃机车的发展

我国自 20 世纪 50 年代开始内燃机车的研制和生产,经历了 70 多年的发展,经过了早期试制、定型生产、自主开发、采用先进技术开发新型内燃机车 4 个阶段。

我国已成为世界上为数不多的同时具有内燃机车设计和制造技术的国家之一,是世界上内燃机车的生产强国。

(一)内燃机车早期试制(1958—1963 年)

该阶段的技术特征表现为:机车或柴油机基本上是仿制国外的产品、直流电力传动匹配冲程中速柴油机和四冲程高速柴油机、液力传动匹配四冲程高速柴油机,设计技术水平低、可靠性差。其代表产品有建设、巨龙、先行、卫星型内燃机车等,如图 3-26 所示。

(a)先行型内燃机车

(b)卫星型内燃机车

图 3-26 早期试制的内燃机车

(二)国产第一代内燃机车设计生产(1964—1968 年)

该阶段的技术特征与内燃机车早期试制阶段相同,但性能有所提高。代表产品有东风、东风 2、东风 3、东风 2 增、东风 3 增、东方红 1 型等,如图 3-27 所示。

(a)东风3型内燃机车

(b)东方红1型内燃机车

图 3-27 国产第一代内燃机车

(三)国产第二代内燃机车开发生产(1966—1988 年)

该阶段的技术特征表示为:机车、柴油机及主要部件都是我国自主开发的;机车技术性能和可靠性、经济性有大幅度提高；液力传动既配高速柴油机，也配中速柴油机。代表产品：东风 4、东风 5、东风 7、东风 8、东方红 3、北京型等，如图 3-28 所示。

(a) 东风5型

(b) 东风7型

(c) 东风8型

(d) 东方红3型

图 3-28 国产第二代内燃机车

(四) 国产第三代内燃机车开发生产(1989—1998 年)

该阶段的技术特征：干线机车采用与国外合作开发或进一步自主开发的新型 16V240ZJD(及其系列)和 16V280ZJA 型柴油机；干线机车为中速柴油机匹配交直流电传动采用微机控制；准高速机车采用牵引电动机架悬式转向架；机车整体水平有了很大提高。代表产品：东风 6、东风 11、东风 8B、东风 4D、东风 10F 型等，如图 3-29 所示。

(a) 东风11型

(b) 东风8B型

(c) 东风10F型

图 3-29 国产第三代内燃机车

(五) 国产第四代内燃机车开发生产(1999 年至今)

该阶段的技术特征：采用交-直-交电力传动(直接采用第三代逆变器 IGBT)、辅机交流电传动、机车微机控制、柴油机电子喷射、客运机车牵引电动机悬挂、货运机车径向转向架等技术。代表产品：捷力号、东风 8CJ、东风 8DJ、和谐、复兴型等，如图 3-30 所示。

(a) NJ1型捷力号

(b) 东风8CJ型

(c) 东风8DJ型

图 3-30 国产第四代内燃机车

(d) 和谐型

(e) 复兴型

图 3-30　国产第四代内燃机车(续)

四、内燃机车的组成和工作原理

内燃机车的种类虽然很多,但其主要组成和工作原理基本相同或相似。目前,电力传动内燃机车在我国应用较为普遍,下面以交-直电力传动 DF4B 型内燃机车为例,介绍它的组成和基本工作原理。

DF4B 型内燃机车设有两个司机室、一个动力室、一个冷却室和一个电气室,主要由柴油机、传动装置、转向架、车体、底架、车钩缓冲装置、制动装置和辅助装置等部分组成,如图 3-31 所示。

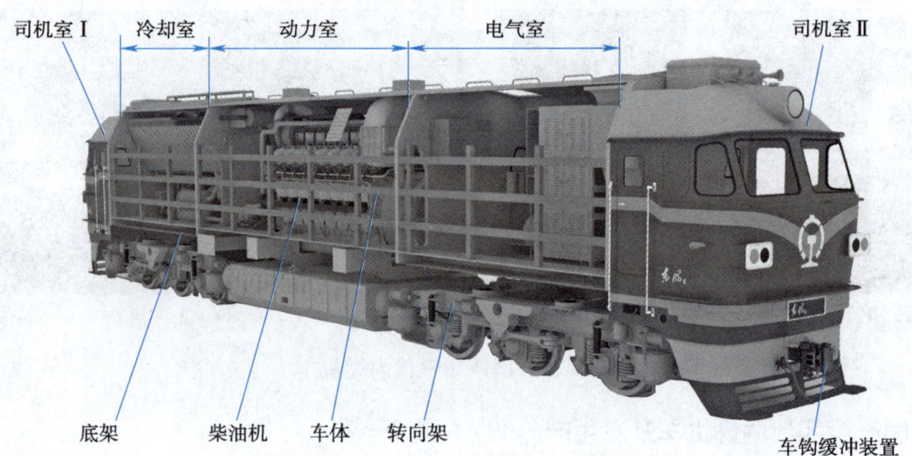

图 3-31　DF4B 型内燃机车组成示意图

(一)柴油机

柴油机是利用柴油燃烧后所产生的热能作动力的一种机械,多为四冲程、多缸、废气涡轮增压柴油机。DF4B 型内燃机车上采用的 16V240ZJB 型柴油机,即柴油机有 16 个气缸;分成两排,呈 V 字形排列,气缸内径为 240 mm;Z 表示装有废气涡轮增压器和增压空气中间冷却器;J 表示铁路牵引用;B 表示产品改进型符号。它是四冲程机车用柴油机,如图 3-32 所示。

1. 柴油机的组成

柴油机由固定机件、运动机件、配气机构以及进排气、燃油、冷却、润滑等系统所组成。

(1)固定机件。固定件通常包括机体、主轴承、气缸、气缸盖、机座(油底壳)等部件,如图 3-33 所示。

图 3-32 16V240ZJB 型柴油机(AR)

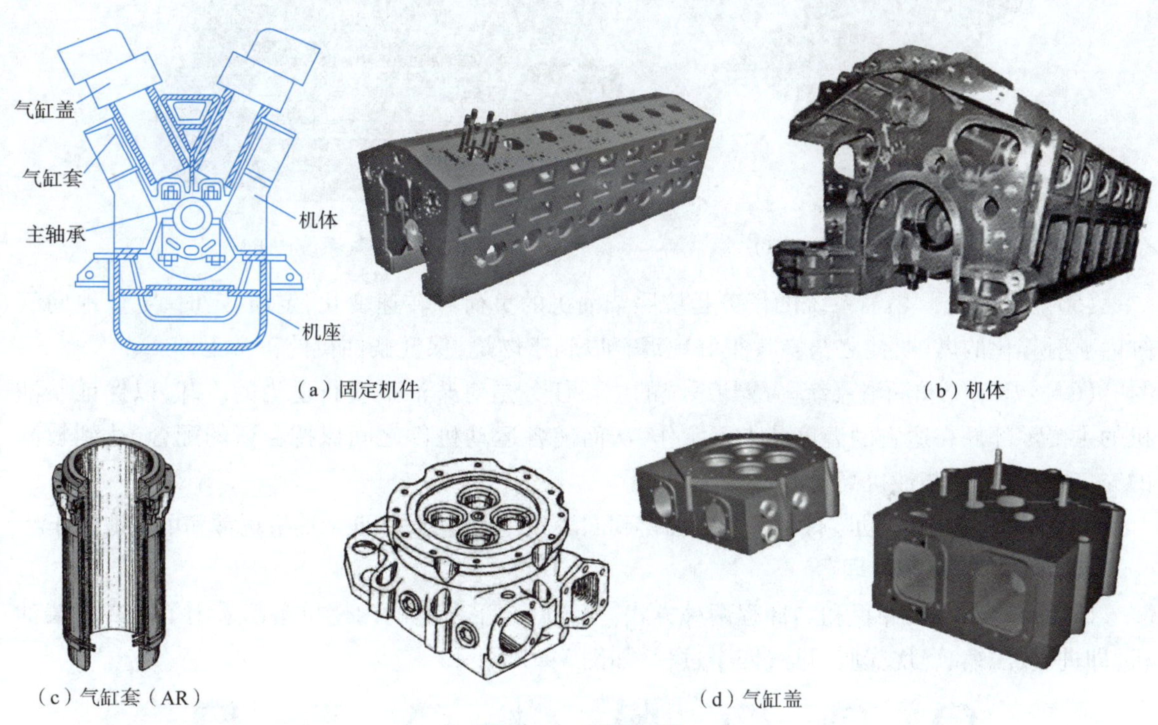

(a)固定机件 (b)机体

(c)气缸套(AR) (d)气缸盖

图 3-33 固定机件

(2)运动机件。运动机件主要包括活塞组、连杆组、曲轴组等部件,如图 3-34 所示。它的作用是将燃料在缸内产生的热能转换成机械能,并把活塞的直线运动转变为曲轴的旋转运动。

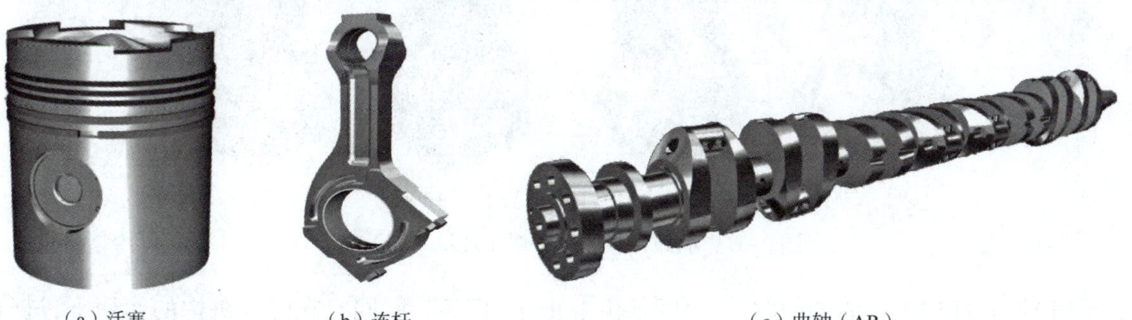

(a)活塞 (b)连杆 (c)曲轴(AR)

图 3-34 运动机件

(3)配气机构。配气机构是柴油机进气、排气过程的控制机构。根据柴油机气缸的发火顺序,准时地开启和关闭进、排气门,并与进、排气系统相配合,保证柴油机尽量多地排出废气和提高充气量,如图3-35所示。

(4)进、排气系统。进、排气系统的作用是向气缸内供给充足、清洁的空气,同时尽可能干净地排出气缸中燃烧膨胀后的废气,并将废气的能量充分地加以利用,以提高柴油机的进气压力,如图3-36所示。

图3-35　配气机构(AR)

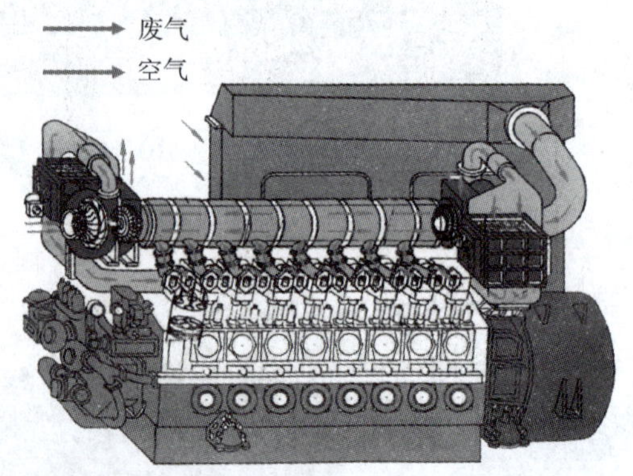

图3-36　进、排气系统(AR)

(5)燃油系统。燃油系统的任务是按照柴油机的负荷和转速变化,定质、定时、定量地向气缸内喷射雾化的燃油,使之与空气很好地混合以利于燃烧,保证柴油机的正常工作。

(6)冷却系统和润滑系统。冷却系统的主要任务是对柴油机实行适当的冷却,以保证柴油机的主要零部件在适宜的温度状态下工作,从而使各运动机件之间保持合适的配合,达到较高的充气量,以保证柴油机高效能地持久工作。

润滑系统使相对运动零件的摩擦表面得到润滑和冷却,从而保证柴油机正常和可靠地工作。

2. 柴油机的工作原理

柴油机工作有四冲程和二冲程两种方式。目前,几乎所有的内燃机车都采用了四冲程柴油机,即进气、压缩、燃烧膨胀、排气四个过程,如图3-37所示。

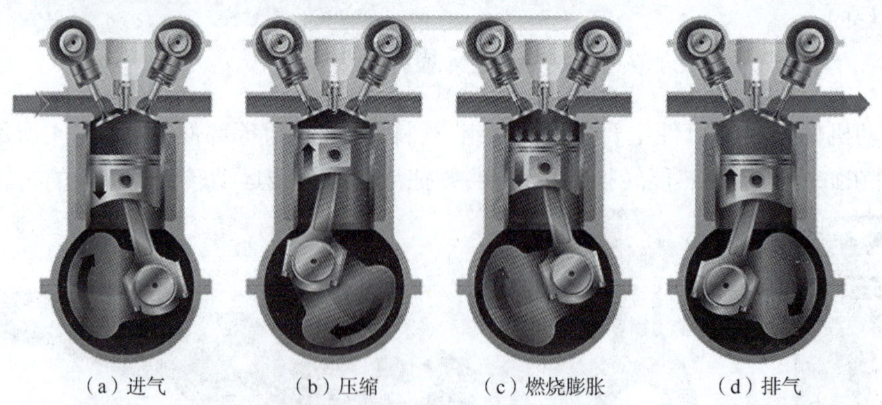

图3-37　四冲程柴油机工作原理示意图(AR)

(1)进气冲程。在曲轴的驱动下,活塞由上止点向下移动,同时在配气机构的作用下,进气阀开启,排气阀关闭,新鲜空气由进气阀与阀座间隙进入气缸,如图3-37(a)所示。

(2)压缩冲程。在曲轴的驱动下,活塞由下止点开始向上移动,同时在配气机构的作用下,进气阀关闭,排气阀仍处于关闭状态。此时,随着活塞向上移动,使进入气缸内的新鲜空气不断地被压缩,其压力和温度不断升高,为燃油自燃创造了必要条件,如图 3-37(b)所示。

(3)燃烧膨胀冲程。当活塞接近上止点时,燃烧供油装置使喷油器打开,向气缸内喷入 25.5 MPa 的高压雾状燃油。此时(进排气阀仍处于关闭状态),燃油与气缸内的高温高压空气混合,迅速自行燃烧。燃气的压力、温度瞬间迅速上升,并迅速开始膨胀,推动活塞下行,通过曲柄连杆机构使曲轴转动,并由曲轴向外输出机械能,直到活塞到达下止点。这是柴油机做功冲程,即把燃料的化学能转变为热能,再转变为机械能的过程,如图 3-37(c)所示。

(4)排气冲程。在曲轴的驱动下,活塞由下向上移动。同时排气阀开启,进气阀仍处于关闭状态。这时气缸内经过膨胀做功的废气开始由排气阀与阀座的间隙排出,并把废气排尽,如图 3-37(d)所示。

在配气机构的作用下,柴油机又重新回到第一冲程,进气阀重新打开,排气阀关闭,并按上述顺序,不断地工作。

(二)传动装置

交-直电力传动装置主要由主发电机、整流装置和牵引电动机等组成。

1. 主发电机

主发电机是由转子和定子两部分构成的。转子由柴油机曲轴带动,形成旋转磁场,定子线圈在旋转磁场的作用下,产生感应电势,发出三相交流电。

2. 整流装置

利用硅二极管的单向导电特性,将交流电变成直流电,以满足直流牵引电动机的需要。

3. 牵引电动机

牵引电动机安装在机车转向架上,每根轴一台。它的一侧悬挂在转向架的端梁或横梁上,另一侧抱在车轴上,如图 3-38 所示。

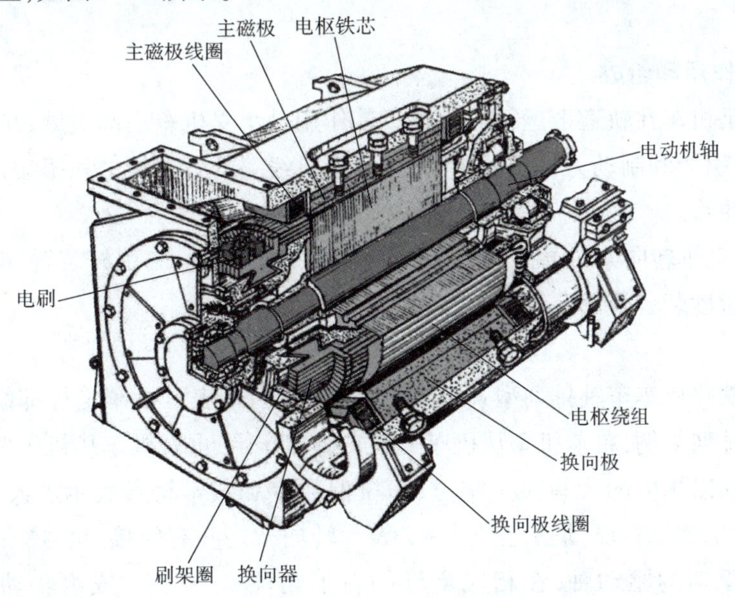

图 3-38 DF4B 型内燃机车直流牵引电动机(AR)

4. 交-直电力传动工作原理

(1)基本原理

交-直电力传动基本原理,如图3-39所示。

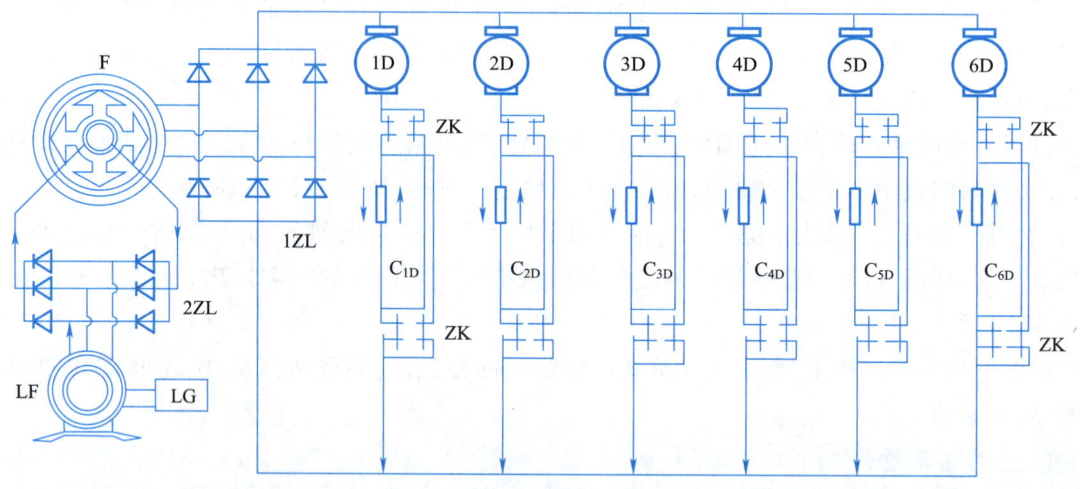

图3-39　交-直电力传动基本原理图

柴油机的曲轴输出端与发电机的转子连接在一起,组成柴油发电机组,当柴油机工作时,便带动发电机转子旋转,如果给励磁绕组输入电流,发电机便可发出三相交流电,把机械能变成交流电能,经三相桥式硅整流柜1ZL整流后,变成直流电,再供六台并联的牵引电动机1D~6D使用,此时又把电能变成了机械能,通过传动齿轮驱动动轮旋转,使机车运行。

(2)机车换向

机车运行方向是由牵引电动机的旋转方向决定的。只要改变牵引电动机中励磁绕组的电流方向就能改变牵引电动机的旋转方向,从而改变机车的运行方向。

(三)转向架

1. 转向架的作用和组成

机车转向架是机车在轨道上运行的装置。其作用是承受机车上部重量,并将它们均匀地传递给轮对、传递牵引力和制动力,以及缓和和吸收来自线路的各种冲击和振动,保证机车沿轨道运行并顺利通过曲线。

DF4B型内燃机车转向架主要由构架、轮对、轴箱、摩擦旁承、牵引杆装置、电动机悬挂装置、基础制动装置及撒砂装置等部分组成,如图3-40所示。

2. 轴列式

轴列式又称铁路机车车轴排列型式,是指用数字或字母表示机车走行部结构特点的方法。以内燃机车车轴排列为例,单节机车从机车I端或前端开始,重联机车从机车两端开始,按同种相邻车轴数量分别以相应的大写拉丁字母、阿拉伯数字和数学符号表示。大写拉丁字母表示驱动轴,阿拉伯数字表示非驱动轴,正号"+"表示转向架之间有铰接,负号"-"表示转向架之间无连接。单独驱动的驱动轴,在相应字母的右下角注一"0"字,成组驱动的驱动轴,不加注角,如:

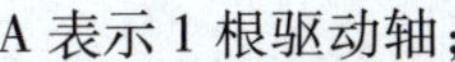

A 表示 1 根驱动轴；

B_0 表示 2 根单独驱动的驱动轴；

C_0 表示 3 根单独驱动的驱动轴；

B 表示 2 根成组驱动的驱动轴；

C 表示 3 根成组驱动的驱动轴；

1 表示 1 根非驱动轴；

2 表示 2 根非驱动轴；

……其余类推。

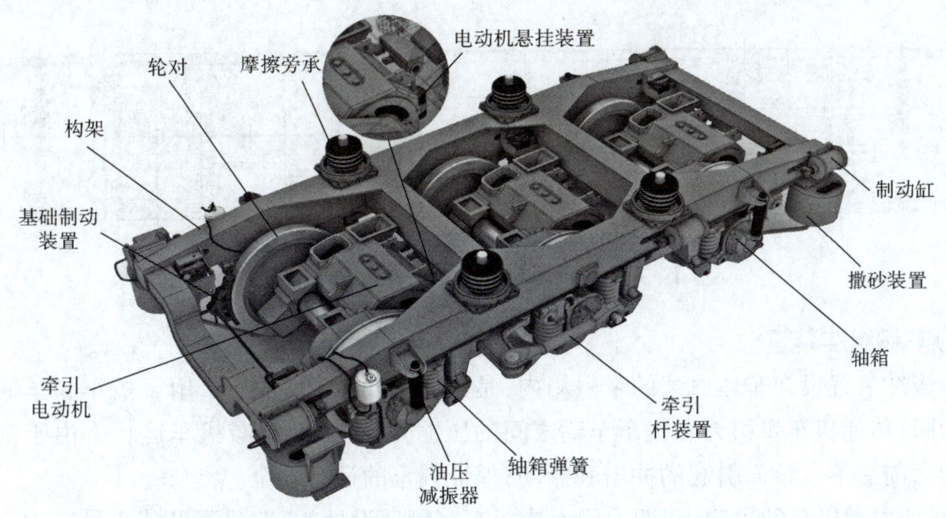

图 3-40　DF4B 型内燃机车转向架组成示意图

例如：DF4B 型内燃机车走行部的轴列式为 C_0-C_0：表示每台机车 2 台转向架，每台转向架上有 3 根单独驱动的驱动轴。

DF4CK 型内燃机车走行部的轴列式为 A_{1A}-A_{1A}：表示每台机车 2 台转向架，每台转向架上有 3 根车轴，但是每台转向架的中间轴是 1 根非驱动轴。

DF10F 型内燃机车走行部的轴列式为 2(B_0-B_0)：表示每台机车 2 个转向架，每个转向架上有 2 根单独驱动的驱动轴，每个车组由两台机车固定重联组成。

(四)车体

车体是车架上部的外壳，起保护机车上的人员和机器设备不受风、沙、雨雪的侵袭和防寒作用，如图 3-41 所示。按其承受载荷情况，分为整体承载式和非整体承车体；按其外形分为罩式和棚式车体。

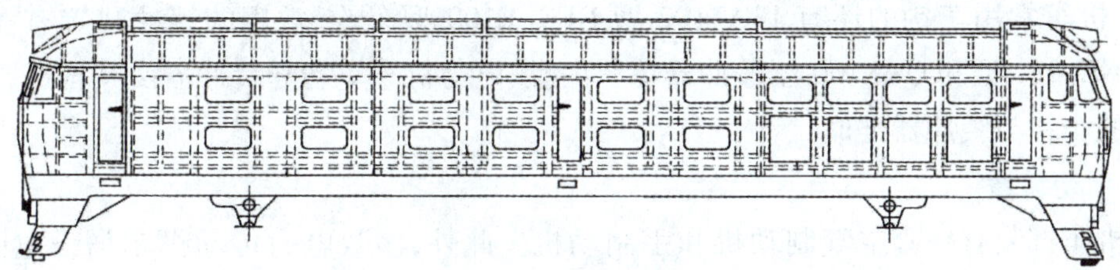

图 3-41　DF4B 型内燃机车体示意图

（五）底架

底架是机车的骨干，是安装动力机、车体、弹簧装置的基础。底架为一个矩形钢结构，由中梁、侧梁、枕梁、横梁等主要部分组成，上面安装有柴油机、传动装置、辅助装置和车体（包括司机室），下面由两个转向架支撑并与底架相连，底架中梁前、后两端的中下部装设车钩、缓冲装置，如图 3-42 所示。底架承受荷载最大，并传递牵引力使列车运行，因此，底架必须有足够的强度和刚度。

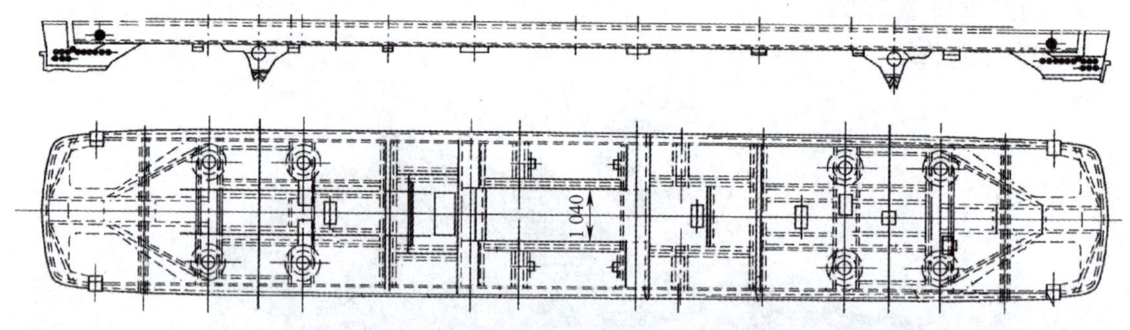

图 3-42　DF4B 型内燃机车底架示意图

（六）车钩缓冲装置

车钩缓冲装置设在车体底架的牵引箱内，是机车的重要部件之一，用于机车和车辆的连接和分解，并且传递机车牵引力和机车车辆之间的压缩力；缓和及衰减机车运行中由于牵引力变化和制动力前后不一致而引起的冲击和振动；保证列车的运行安全。

DF4B 型内燃机车的车钩，初期采用大连机车车辆厂设计的"改进下开式 3 号车钩"，后期改用 13 号下作用式车钩，缓冲器采用的是采用全钢摩擦式 2 号缓冲器，如图 3-43 所示。

（a）13号下作用式车钩（AR）

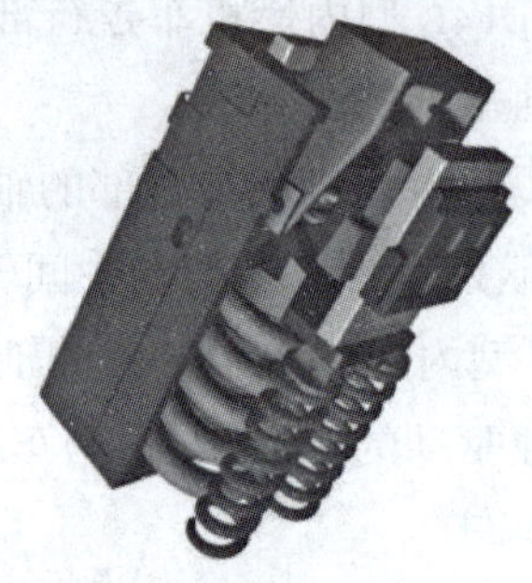

（b）2号缓冲器

图 3-43　DF4B 型内燃机车车钩缓冲装置

此外，机车常用车钩的还有 13A、102 型 DFC-E100 型车钩；常用的缓冲装置有 MT-3 型、MX-1 型、NC-391 型和 QKX100 型缓冲器等。内燃、电力机车车钩与缓冲器及其构造、作用与车辆上使用的车钩与缓冲器类似。

（七）制动装置

内燃机车都装有一套空气制动机和手制动机。此外，多数电力传动机车增设电阻制动装置，液力传动机车装有液力制动装置。

(八)辅助装置

辅助装置是用来保证柴油机、传动装置、转向架和制动装置等正常工作的装置。其主要设备包括燃油系统、冷却系统、机油管路系统、空气滤清器、压缩空气系统和辅助电气设备等。

任务实施

(1)在虚拟平台上对 HXN5 型机车进行总体观察,并对其组成部分进行识别。

(2)在虚拟平台上查找 HXN5 型机车车体部分所在位置,并对车体组成部分进行识别。

(3)在虚拟平台上查找 HXN5 型机车走行部所在位置,并对其组成部件进行识别。

(4)在虚拟平台上查找 HXN5 型机车动力系统所在位置,并对其组成部分进行识别。

(5)在虚拟平台上查找 HXN5 型机车制动系统所在位置,并对其组成部分进行识别。

(6)综合以上,说出 HXN5 型机车轴列式类型。

任务评价

任务评价表见表 3-2。

表 3-2　任务评价表

序号	评价内容	评价标准	分数	评分记录		
				学生自评	组间互评	教师评分
1	机车总体布置的识别	无法准确找到 HXN5 型机车总体组成部件并未正确说明对应名称的,错误一次扣 2 分,满分 10 分扣完为止	10			
2	机车车体组成的识别	无法准确找到 HXN5 型机车车体组成部件并未正确说明其名称的,错误一次扣 2 分,满分 20 分扣完为止	20			
3	机车走行部组成的识别	无法准确找到 HXN5 型机车走行部组成并未正确说明对应名称的,错误一次扣 2 分,满分 30 分扣完为止	30			
4	机车动力系统设备的识别	无法准确找到 HXN5 型机车动力系统设备组成并未正确说明对应名称的,错误一次扣 2 分,满分 10 分扣完为止	10			
5	机车制动系统的识别	无法准确找到 HXN5 型机车制动系统部件组成并未正确说明对应名称的,错误一次扣 2 分,满分 10 分扣完为止	10			
6	机车轴列式判断	1. 无法准确说出 HXN5 型机车轴列式的,扣 10 分 2. 无法准确说出确定 HXN5 型机车轴列式原因的,扣 10 分	20			
总分			100			

任务三　认识电力机车

任务引入

HXD3 型电力机车为交流传动货运机车,在研制过程中采用了国内外成熟、可靠的新技术,能够在中国全境范围内运行,满足在环境温度在 −40 ~ +40℃,海拔在 2 500 m 以下的主干线上进行大型货运牵引。该型机车额定功率为 7 200 kW,最大启动牵引力 570 kN,最高运行速度为 120 km/h。

请通过立体书城 App 扫描图 3-44，在虚拟平台上进行 HXD3 型电力机车拆卸，仔细观察其总体组成，说明各部分结构名称，辨别机车轴列式。

图 3-44 HXD3 型电力机车（AR）

任务描述

电力机车是第二次工业革命的产物，但直到第三次工业革命后才有了超大规模的发展，是现代铁路的主力军。截至 2021 年底，全国铁路电力机车拥有量为 1.39 万台，占全国铁路机车拥有量 64.1%。如何能准确辨识电力机车总体结构和轴列式，说出其机械部分各部结构的名称，既是铁路机务岗位从业人员应具备的关键能力之一，同时也是其他铁路从业人员的拓展能力之一。

相关知识

一、电力机车的分类

电力机车是靠其顶部的受电弓从接触网上取得的电能转换成机械能使机车运行的。

电力机车按照传动方式不同分为直流传动电力机车和交流传动电力机车。直流传动电力机车根据供电电流的不同，又分为直流供电和交流供电。

（一）直-直电力传动

电力机车可直接从接触网上取得直流电供给直流牵引电机使用。一般牵引变电所内设有整流装置，它将三相交流电变成直流电后，再送到接触网上，简化了机车上的设备。缺点是接触网的电压低，一般为 1 500 V 或 3 000 V，输电距离有限，机车功率较小，接触导线要求很粗，要消耗大量的有色金属，加大了建设投资。比较有代表性的产品有我国早期的韶峰型电力机车等，如图 3-45 所示。

（二）交-直电力传动

电力机车从接触网上取得单相工频交流电（部分国家使用 25 Hz 交流电）经牵引变压器降压，再经过变流装置将交流电变为直流电，供给直流牵引电机牵引列车。比较有代表性的产品是韶峰型电力机车，如图 3-46 所示。

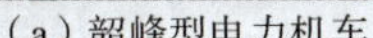
（a）韶峰型电力机车

（b）VL8型电力机车

图 3-45　直-直电力机车

（a）SS$_4$型电力机车

（b）SS$_9$型电力机车

图 3-46　交-直电力机车

（三）交-直-交电力传动

电力机车从接触网取得单相交流电，经过整流变为直流电，再由逆变器变为三相交流电，供给三相异步电动机来牵引机车。比较有代表性的产品有和谐型、复兴型电力机车，如图 3-47 所示。

（a）和谐型电力机车

（b）复兴型电力机车

图 3-47　交-直-交电力机车

二、国产电力机车的发展

国内最早使用电力机车在1914 年，是抚顺煤矿使用的1 500 V 直流电力机车。我国电力机车自 50 年代末研制成功第 1 台干线电力机车以来，历经了仿制、设计、更新完善和升级的 4 个阶段，从无到有，从客货两用到货运重载、客运高速的分离，从直流传动到交流传动，从满足国内市场需求到进入国际市场，实现了重大跨越，已经成为中国铁路运输行业的重要力量。

(一)电力机车早期仿制阶段(1956—1967 年)

这一阶段,我国电力机车从无到有,从模仿苏联技术入手,湘潭电机厂在株机厂等厂所协助下,试制出了中国第一台电力机车,即 6Y1 型干线电力机车,如图 3-48 所示,共生产 1 ~7 号车。机车在试验中,都出现了很多故障,此后经过 30 余项重大改进,改善了机车受流性能和运行性能,保证了列车长大下坡安全。但是,这些车均属早期试制产品,它们都没有正式上线牵引就全部报废,这样,我国电力机车制造业就徘徊了近 10 年。

素养教育

韶山1型电力机车推动中国铁路机车现代化的"火车头"

图 3-48　我国第一台电力机车

图 3-49　量产 SS1 型电力机车

(二)国产第一代电力机车开发生产(1968—1978 年)

1968 年,在总结试制和运行经验的基础上,综合了 4 号和 7 号机车的科研成果,设计试制成功第 8 台 6Y1 型机车,主要改进有采用大功率半导体硅整流、加装功率为 2 800 kW 的电阻制动等,小时功率提高到 4 200 kW,速度 90 km/h。该机车改名为 SS1 型电力机车,开始小批量生产。此后又经过三次重大技术改进,正式定型批量生产,共生产了 826 台,是我国第一代主型电力机车,如图 3-49 所示。

(三)国产第二代电力机车开发生产(1979—1989 年)

这一阶段是我国电力机车开始发展的 10 年,研制出我国自己的相控机车,电力机车技术上升到了一个新的水平,提高了机车功率,充分发挥电力机车的优越性。这时期的代表机型是 SS3 型和 SS4 型电力机车,如图 3-50 所示。

(a) SS3型电力机车

(b) SS4型电力机车

图 3-50　自行设计阶段电力机车产品

(四)国产第三代电力机车开发生产(1990—2002 年)

我国在 20 世纪 90 年代进口 8K 和 6K 机车的同时,引进了大量先进技术。经过消化吸收先进技术,结合我国电力机车实际和优秀的传统结构,我们相继研制或改进了 SS5、SS6、SS7、SS8、SS3G、SS4G 等型电力机车,如图 3-51 所示,使我国电力机车研制技术水平得到了迅速提高。

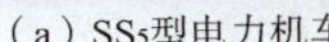
（a）SS$_5$型电力机车

（b）SS$_6$型电力机车

（c）SS$_7$型电力机车

（d）SS$_8$型电力机车

图 3-51　更新完善阶段电力机车产品

（五）国产第四代电力机车开发生产（2003 年至今）

进入 21 世纪后，以微机控制和交流传动的新技术为标志，开辟了电力机车的新时期。2004 年起，原铁道部向国内外企业公开招标采购，启动了大功率机车项目。此后，中车株洲电力机车有限公司的 HXD1 型（与德国西门子合作）、中车大同电力机车有限公司的 HXD2 型（与法国阿尔斯通合作）、中车大连机车车辆有限公司的 HXD3 型（与日本东芝合作）成功下线，如图 3-52 所示。

（a）HXD$_1$型电力机车

（b）HXD$_2$型电力机车

（c）HXD$_3$型电力机车

图 3-52　升级阶段电力机车产品

在此基础上，发展和形成了八轴 9 600 kW、六轴 9 600 kW、六轴 7 200 kW 交流传动电力机车三个产品系列，我国电力机车已达到了世界先进水平。2020 年，全球最大功率电力机车——神 24 型电力机车在中车株洲电力机车有限公司成功下线，如图 3-53 所示。神 24 以单机功率 28 800 kW、牵引力 2 280 kN 的超强动力，刷新了轨道交通装备动力的世界纪录，填补了世界 20 轴、24 轴大功率交流传动电力机车产品的空白，成为国之重器。

（a）神$_{24}$型电力机车侧视图

（b）神$_{24}$型电力机车正视图

（c）运行中的神$_{24}$型电力机车

图 3-53　神 24 型电力机车

三、电力机车组成

电力机车的种类虽然很多,但其主要组成和工作原理基本相同或相似,主要是由机械系统、电气系统和空气管路系统三部分组成,下面主要以 HXD1 型电力机车来进行介绍。

(一)机械系统

电力机车机械系统主要由车体、底架、转向架、车钩缓冲装置及制动等装置组成,其作用、结构特征都与交-直电力传动内燃机车相似,故不再重复介绍。

(二)电气系统

电力机车的电气系统的作用就是用线路将各电气设备在电方面连接起来构成一个整体,用以实现特定的功能。电力机车的电气部分按功能分为主电路、辅助电路和控制电路三大部分。

1. 主电路

主电路的作用是把产生机车牵引力和制动力的各种电气设备连成一个系统,实现机车的功率传播。主电路包括的电气设备主要有受电弓、主断路器、主变压器、变流装置和牵引电动机等。

(1)受电弓。受电弓通过绝缘子安装于电力机车车顶,属于高压电器。每台机车一般装有两台受电弓,机车正常运行时只升后面的受电弓,另一台受电弓备用,如图 3-54(a)所示。受电弓的弓头升起后,紧压接触网导线滑行摩擦从电网上取得电流。

受电弓分为菱形弓和单臂弓两种,目前单臂弓应用较为广泛,如图 3-54(b)、(c)所示。电力机车的升降弓过程要求必须先快后慢:升弓时滑板离开底架要快,贴近接触网导线要慢,以防弹跳;降弓时滑板脱离接触导线要快,接近底架时要慢,以防在离开导线时拉出电弧和对底架有过分的机械冲击。

(a) HXD_1型机车受电弓

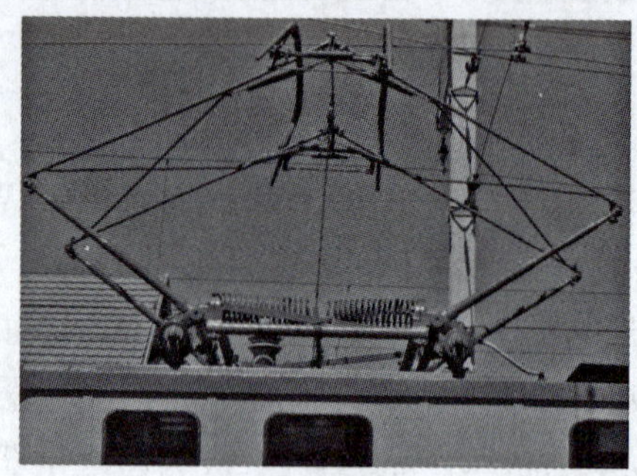
(b) 菱形弓

(c) 单臂弓 (AR)

图 3-54 受电弓

(2)主断路器。主断路器是用来接通或断开电力机车高压电路的,相当于电力机车总闸。当受电弓升起来与接触网接触后,司机控制主断路器闭合,这时机车才能从接触网上接受电流,如图 3-55 所示。主断路器对电力机车来说,还起着控制和保护的作用,当主电路发生短路、接地或整流调压电路、牵引电动机等设备发生故障时,它能自动切断机车电源。

(3)主变压器。主变压器又称牵引变压器,一般由油箱、器身、油保护装置、冷却系统及其他附属装置组成,如图 3-56 所示。它把从接触网上取得的 25 kV 高压电降低为牵引电动机所

图 3-55　主断路器

适用的电压。变压器共有 4 个绕组,1 个一次绕组接 25 kV 高压电,3 个二次绕组,其中牵引绕组用来向牵引电动机供电,励磁绕组用在电阻制动时给电动机提供励磁电流,辅助绕组用来给机车的辅助电机供电。

图 3-56　HXD1 型电力机车牵引变压器(AR)

(4)变流装置。变流装置主要由大功率晶体管、晶闸管和其他附件组成,用于直流和交流之间电能的变换,并对各种牵引电动机起控制和调节作用。

HXD1 型电力机车每节车设有 1 个牵引变流柜,每个牵引变流柜由 2 套相互独立的变流器组成。1 个变流器包含 2 个并联的四象限整流器、1 个牵引逆变器和 1 个辅助逆变器等,如图 3-57 所示。

(5)牵引电动机。牵引电动机安装在转向架上,通过齿轮与轮对相连。机车在牵引运行状态时,牵引电动机将电能转换成机械能,通过轮对驱动机车运行,如图 3-58 所示。机车在电气制动状态运行时,牵引电动机将机械能转换成电能,产生机车的制动力,此时牵引电动机处于发电机运行状态。

图 3-57　HXD1 型电力机车变流柜(AR)

图 3-58　HXD1 型电力机车牵引电动机(AR)

我国机车牵引电动机主要采用直流电动机。随着电力电子技术的发展,异步电动机在控制系统的支撑下具有了与直流电机媲美的调速特性,异步电动机还有比直流电动机体积小、功率大、效率高、恒功范围宽、维护量小等优点,因此世界各国都在推广异步牵引电动机的运用。

2. 辅助电路

辅助电路是机车上为主电路电器服务的各种辅助电气设备和辅助电源连成的一个电路系统，包括各种电动机(冷却风机、压缩机、油泵、水泵的电动机)、蓄电池充电器空调及窗加热装置等。

3. 控制电路

控制电路将主电路和辅助电路中各电气设备的控制电器(包括各种控制开关、接触器、电空阀等)同电源、照明、信号等的控制装置连成一个电路系统。一般采用低压直流电源，电压值为 50～110 V，所以又叫低压线路。

以上三个电路系统在电气方面一般是相互隔离的，但三者通过电磁、电空或机械传动等方式相互联系、配合动作，用低压电控制高压电，以保证操作的安全和实现机车的运行。

(三)空气管路系统

空气管路系统直接影响机车的工作可靠性和运行的安全性，是机车的重要系统。与其他类型机车相比，电力机车空气管路系统更有其重要性，这是因为电力机车起动和制动都离不开空气管路系统外，受电弓的升降、主断路器的分合等都要用压缩空气。

电力机车空气管路系统按其功能可分为风源系统、控制管路系统、辅助管路系统和制动机管路系统 4 大部分，如图 3-59 所示。

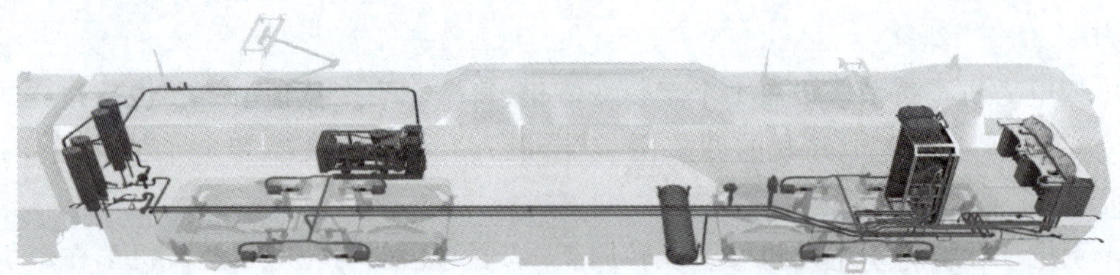

图 3-59　电力机车空气管路系统示意图(AR)

四、电力机车的工作原理

(一)交-直型电力机车

交-直型电力机车通过受电弓将接触网供给的单相工频交流电引入机车内部，经牵引变压器降压，再经整流装置将交流电转换为直流电，然后向直流(脉流)牵引电动机供电，牵引电动机旋转带动车轴和车轮转动，由于轮轨间的黏着作用产生牵引力使列车前进，如图 3-60 所示。牵引电动机的转速不同，机车的运行速度就不同。电动机的转向改变，机车的运行方向也随之改变。

直流传动电力机车有结构简单、造价低、控制简单和运行可靠的优点，但由于受供电及牵引电动机端电压的限制，机车功率受到限制且供电效率低，不能满足大功率牵引的需要。

(二)交-直-交型电力机车

交流传动电力机车也是经受电弓从接触网上取得单相工频交流电，经变压器降压，不同的是交流传动电力机车的变流装置将单相工频交流电整流后再进行逆变，从而转换成电压和频率可调的三相交流电供给三相交流牵引电动机，如图 3-61 所示。

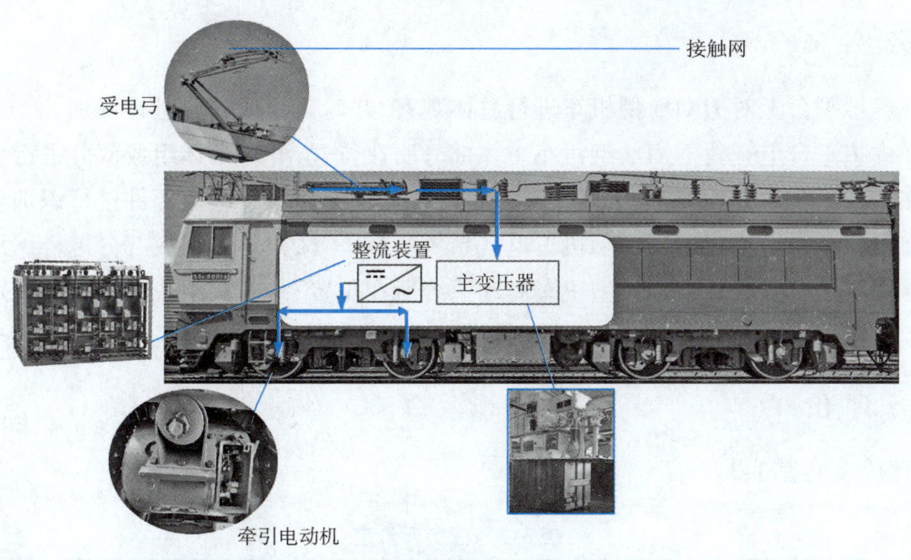

图 3-60 交-直型电力机车工作原理(AR)

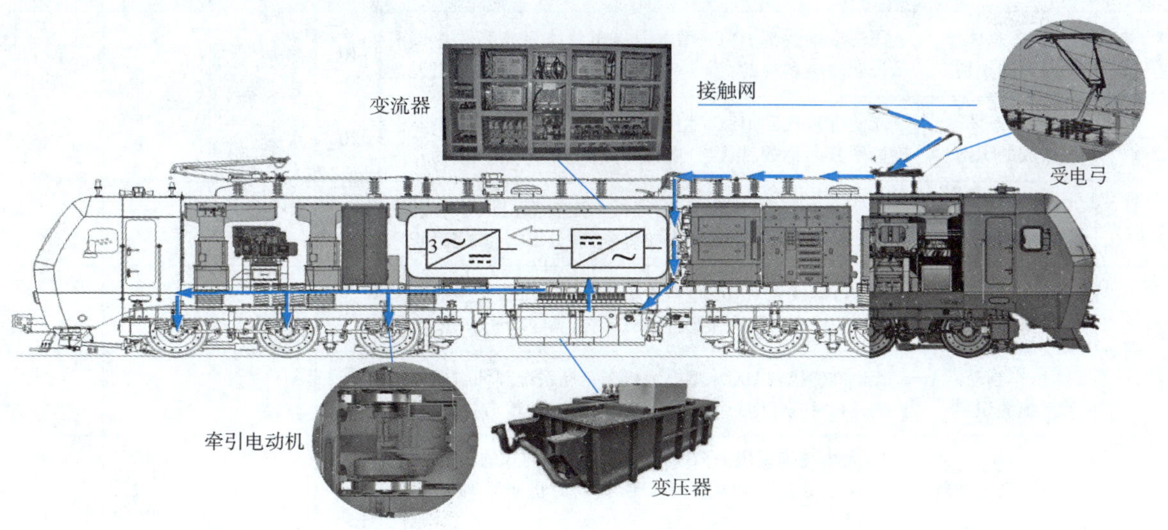

图 3-61 交-直-交型电力机车工作原理(AR)

交流传动机车具有优异的牵引和制动性能、黏着系数高、电动机维护简单、功率因数高、等效干扰电流小等诸多优点。在大秦线上,两台 HXD1 型电力机车通过无线重联可以牵引 2 万 t 的重载列车。

五、电力机车的制动

当机车需要制动时,除使用空气制动装置外,还可以采用电气制动。当司机把控制手柄从牵引位转到制动位时,牵引电动机就改成发电机运行,产生一个与速度成比例的阻力阻止列车运行。如果发出的电能被制动电阻变成热能散掉就称之为电阻制动;如果将电能重新送回电网中再加以利用,就称之为再生制动。从能量利用上来看,电阻制动虽然不如再生制动,但电阻制动的主电路工作可靠、稳定,技术比较简单,故目前在电力机车上得到广泛使用。

任务实施

(1)在虚拟平台上对 HXD3 型机车进行总体观察,并对其组成部分进行识别。

(2)在虚拟平台上查找 HXD3 型机车车体部分所在位置,并对车体组成部分进行识别。

(3)在虚拟平台上查找 HXD3 型机车走行部所在位置,并对其组成部件进行识别。

(4)在虚拟平台上查找 HXD3 型机车电气系统所在位置,并对其组成部分进行识别。

(5)在虚拟平台上查找 HXD3 型机车制动系统所在位置,并对其组成部分进行识别。

(6)综合以上,确定 HXD3 型机车轴列式类型。

任务评价

任务评价表见表 3-3。

表 3-3　任务评价表

序号	评价内容	评价标准	分数	评分记录		
				学生自评	组间互评	教师评分
1	机车总体布置的识别	无法准确找到 HXD3 型电力机车总体组成部件并未正确说明对应名称的,错误一次扣 2 分,满分 10 分扣完为止	10			
2	机车车体组成的识别	无法准确找到 HXD3 型电力机车车体组成部件并未正确说明其名称的,错误一次扣 2 分,满分 20 分扣完为止	20			
3	机车走行部组成的识别	无法准确找到 HXD3 型电力机车走行部组成并未正确说明对应名称的,错误一次扣 2 分,满分 30 分扣完为止	30			
4	机车电气系统设备的识别	无法准确找到 HXD3 型电力机车电气系统设备组成并未正确说明对应名称的,错误一次扣 2 分,满分 20 分扣完为止	20			
5	机车制动系统的识别	无法准确找到 HXD3 型电力机车制动系统部件组成并未正确说明对应名称的,错误一次扣 2 分,满分 10 分扣完为止	10			
6	机车轴列式判断	1. 无法准确说出 HXD3 型电力机车轴列式的,扣 5 分 2. 无法准确说出确定 HXD3 型电力机车轴列式原因的,扣 5 分	10			
总分			100			

任务四　走进机务段

任务引入

6245/6246 次列车是一趟运行在我国路网最北端的“慢火车”,列车从齐齐哈尔出发一路向北,跨过嫩江平原,穿越兴安林海,掠过“神州北极”,最终抵达古莲。当地人亲切地称这趟车为“齐古慢”。这趟车是百姓进出大山唯一的交通工具。

请结合列车的开行实际情况,绘制 6245/6246 次列车机车交路和轮乘示意图,同时说明对应机车的配属情况。

机务段是火车头的“家”，机务运用管理工作是铁路运输组织工作的重要组成部分，是铁路运输联动的关键环节。厘清机车交路、机车运转制、机车乘务制度等机车运用基本概念，能够依据现场实例，查阅相关资料，准确说明机务运用具体情况，是机务岗位从业人员或相关结合岗位从业人员应具备的基本能力之一。

相关知识

一、机务段

(一)机务段类型

机务段按照其担当的运输生产任务、机车检修任务及设备规模，可分为机务本段、机务折返段及机务折返点三种。

机务段设置的基本原则是最大限度地满足牵引列车的需要，并充分发挥各项设备的能力和机车运用效率；两段间距离的长短，应考虑机车乘务员的连续工作时间，并结合编组站、区段站的位置尽可能长距离地设置。

1. 机务本段

机务本段是设在铁路沿线，负责机车检修和运用工作的基层生产单位，一般设在编组站或区段站上。

机务段按所担当的任务可分为货运机务段、客运机务段和综合机务段；按机型可分为内燃机车机务段、电力机车机务段或混合机务段，如图3-62(a)所示为哈尔滨机务段(货运机务段)，图3-62(b)所示为济南机务段(客运机务段)。

(a) 哈尔滨机务段（货运机务段）

(b) 济南机务段（客运机务段）

图3-62　机务本段

2. 机务折返段

机务折返段是设在机车交路折返点上，是机务段的行车派出机构，其组织成员和业务工作均属机务段领导，级别与车间相同。一般没有配属机车，只供折返机车进行整备作业和乘务人员出退勤和待乘休息之用。因此，在机务折返段上，只设机车整备设备，而不设检修设备。

在特殊情况下，机务折返段也支配少量的机车，担任较小工作量的机车交路、小运转和调车业务,并设置部分临修设备。

3. 机务折返点

机务折返点又称机务整备所,它是为担当补机、调机、小运转机车等的部分整备作业而设置的,机车在折返点为等待工作仅作较短时间停留。在折返点不设公寓,仅有相应的管理机构及少量的管理人员。

(二)机务段任务

目前,我国机车的管理采用国铁集团、铁路局集团公司、机务段三级管理模式,机车运用的主要原则是“统一指挥、分级管理”,以充分发挥各级机车运用管理组织的职能作用。

机务段的任务是认真贯彻上级的命令指示,执行列车运行图、机车周转图;在机车运用方面,负责计划和组织本段机车和乘务组完成邻接区段的列车牵引任务和车站调车任务,并对日常运用机车进行整备和日常保养;在机车检修方面进行段修范围内的机车定期检修和日常维修工作,按计划供应质量良好的机车,确保运用机车的状态良好。

(三)机务段生产机构及职能

机务段设有管理部门和生产车间。生产车间是其核心业务部门,一般包括运用车间、检修车间、整备车间、设备车间和机务折返段等,具体职责如图 3-63 所示。

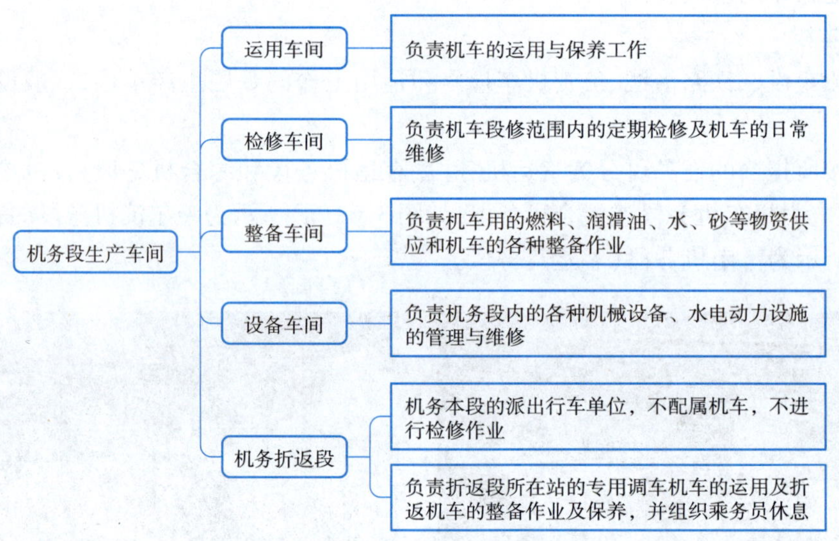

图 3-63　机务段生产车间及主要职责

(四)机务段的主要工种

机务段的核心岗位主要有机车司机、机车整备工、机车钳工、机车电工和制动钳工。

1. 机车司机

机车司机俗称“火车司机”,按级别分为司机和副司机,按驾驶机车类型可分为内燃机车司机、电力机车司机和动车组司机;按驾驶列车类型可分为客车司机和货车司机。

想成为一名合格的火车司机需要经历千锤百炼。首先要系统地学习理论知识,包括《技规》《行规》《铁路机车操作规则》(简称《操规》)等基本规章及机车专业知识。理论考试合格后,进入实际操作阶段,进行“师带徒”实作培训,乘务学习满半年或乘务公里满 3 万 km,才有资格进行定职鉴定考核，成为副司机。然后，连续机务乘务学习 1 年以上或乘务公里满 6 万 km，参加国家铁路局组织的铁路机车车辆驾驶人员资格考试，通过后，取得国家铁路局颁发的“中华人民共和国铁路机车车辆驾驶证”，正式持证上岗，成为正司机，如图 3-64 所示。

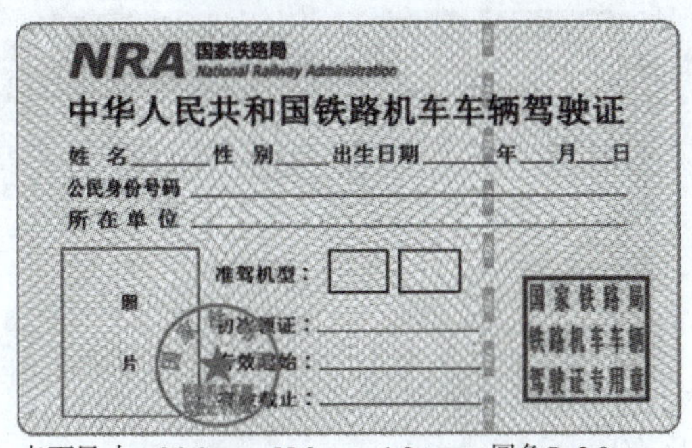

卡面尺寸：86.6 mm×55.0 mm×1.2 mm，圆角R=3.0 mm

图 3-64　中华人民共和国铁路机车车辆驾驶证

他们的职责就是负责组织本机班按列车运行图行车，认真执行规章制度，确保列车安全正点、平稳操作，质量良好地完成运输任务。开火车不但要技术好，还要有超强的责任心、过硬的心理素质以及较强的应急处置能力，一趟行程下来，瞭望、手比信号、呼唤，对体力和脑力都是巨大的考验。

2. 机车整备工

机车整备工负责整备作业，即机车运行前的各项技术准备工作，主要包括燃料、水、润滑油（脂）和砂子的供应，机车的擦洗，机车各部件的日常检查和给油保养等工作，如图 3-65 所示。

3. 机车钳工

机车钳工是从事机车转向架、受电弓等机械部件的维护和检修的人员，如图 3-66 所示，需要掌握转向架、受电弓等机械部件的构造和作用原理、检修范围和工艺、作业和质量标准，掌握检查、判断、处理方法，并按规定的作业时间质量良好地完成机车的维护、修理和调试等各项有关工作。

图 3-65　机车整备工

图 3-66　机车钳工

4. 机车电工

机车电工是使用工、夹、量具、仪器仪表及检修设备对机车电气装置进行维护、检修和调试的人员，如图 3-67 所示。

5. 制动钳工

制动钳工对铁路机车各种制动装置及制动机进行修理、装配、调试的人员，如图 3-68 所示。

图 3-67 机车电工

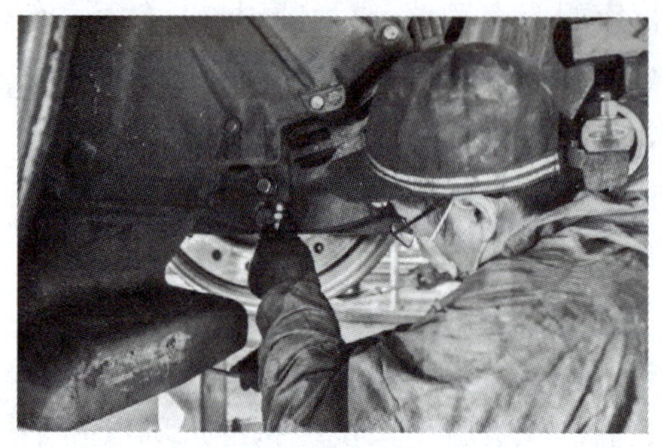
图 3-68 制动钳工

二、机车运用

机车运用上的一个特点是机车只要离开机务段，就要受到车站及上级运用管理部门的调度和指挥。因此机务部门和行车部门的关系尤为密切，两者必须联动协作才能安全、优质地完成运输任务。

(一)机车交路

铁路机车牵引列车总是按区段接续进行的，机车在固定区段担当运输任务往返运行的回路称为机车交路。

按用途分为客运机车交路和货运机车交路；按区段距离分为分为一般机车交路和长交路。客运机车交路区段距离在 800 km 以上、货运机车交路区段距离在 500 km 以上的为长交路。国铁集团负责确定跨局机车长交路并定期分布。

目前，机车交路的设置原则是充分利用运输设备条件，根据列车编组站分工，推行"机车长交路、乘务区段化"运用模式，实行机车集中配置，乘务分段担当，向同方向或多方向延伸覆盖，提高运用效率。

例如，哈尔滨西—海口 Z114 次，哈尔滨西—阜阳间由沈局沈阳机务段 HXD_{3D} 型电力机车担当；阜阳—赣州间由南昌局南昌机务段 HXD_{1D} 型电力机车担当，赣州—广州间由广铁集团广州机务段 SS9 型电力机车担当；广州—海安南由广铁集团广州机务段 DF_{11G} 型内燃机车担当；海安南站至海口站运行区间为粤海铁路的火车渡轮航线轮渡，之后列车通过调机牵引重新连挂，并驶至海口站，其间还会在沈阳、山海关、天津等站更换机班，如图 3-69 所示。

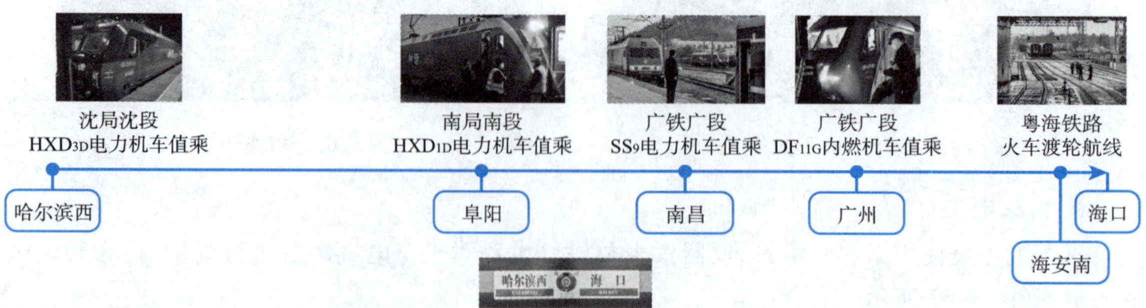

图 3-69 Z114 次机车交路示意图

(二)机车运转制

机车运转制是指机车在交路上从事列车牵引作业的方式,它是合理使用机车的因素之一。可分为肩回运转制、循环运转制、半循环运转制、环形运转制等。我国现行的主要是肩回运转制和循环运转制。

1. 肩回运转制

机车担当与机务段相邻区段的列车牵引任务,列车每次返回机务段所在站都需要入段作业的叫肩回运转制。采用肩回运转制如图3-70(a)所示,机车由机务段出段后,从机务段所在站牵引列车到折返段所在站,进入折返段进行整备及检查,然后再牵引相反方向的列车返回机务段所在站,再进入机务段进行整备及检查。这种运转方式,机车每往返一次,就要进入机务段进行作业。

采用肩回运转制时,机车要在段内进行整备,在车站不需另设整备设备。

2. 循环运转制

机车担当与机务段相邻区段的列车牵引任务,除因检修需要入段外,其余每次返回机务段所在站时,只在车站上进行整备作业的叫循环运转制,如图3-70(b)所示。采用循环运转制时,机车从机务段出发,在一个牵引区段(如乙—甲间)往返牵引列车后回到机务段所在站(乙站)、机车不入段,只在到发线上进行整备作业,然后仍继续牵引同一车列或换挂另一个已经准备好了的车列,运行到另一牵引区段(如乙—丙间)的折返段所在站(丙站),再从丙站牵引列车返回甲站。这样,机车在两个区段上牵引列车循环运转,平时不进机务段,直到定期检修到期时才入段检修。

采用循环运转制时,由于机车很少进机务段,节省整备时间,机车交路可以延长,使机车的牵引性能充分发挥,从而提高机车运用效率,加速机车周转。但是,循环运转制一般只有在上下行都有大量不需要改编的中转列车经过机务段所在站时才能采用,而且要在车站上增设相应的整备设备。

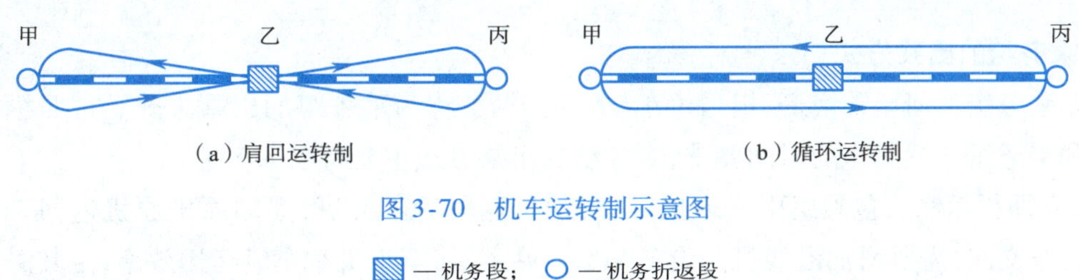

图3-70 机车运转制示意图

▨—机务段; ○—机务折返段

(三)机车乘务制度

机车乘务制度是指机车乘务员使用机车的制度。机车乘务员的管理按照机务段、运用车间、运用车队和乘务指导组(班组)4级管理模式。

我国铁路现行的机车乘务制度分为包乘制和轮乘制。

1. 包乘制

包乘制是将一台机车配备给若干个固定的乘务组值乘,责成他们对机车包管包用的机车乘务制度。包乘制由于乘务组对机车相对固定,有利于加强乘务员的责任心和机车的保养工作,同时也便于乘务员熟悉机车性能。但常会出现车等人或人等车的现象,劳动生产效率较低,机车运用率也较低。

2. 轮乘制

轮乘制为机车没有固定的乘务组，各乘务组轮流上车值乘，按一定的顺序轮流值乘不同的机车。采用轮乘制时，机车乘务组值乘的机车是不固定的，这样可以有效地使用机车和合理安排乘务员的作息时间，以较少的机车或乘务组，完成较多的运输任务。当然，对乘务员的驾驶技术要求更高，对机车的质量和保养也要求更严。

素养教育

"毛泽东号"精神

机车长交路和轮乘制既可提高旅行速度和加快机车周转，又可节省机车和乘务人员，提高劳动生产率，便于组织运输生产，已成为铁路机车运用的发展趋势。

目前，我国干线机车实行轮乘制，调车机车、小运转机车则实行包乘制。例如，"毛泽东号"机车组诞生之初实行的是包乘制，曾奉原铁道部命令推广包车负责制，机车开到哪里，包乘制就推行到哪里；2010 年 12 月 26 日起，"毛泽东号"机车由包乘制改为轮乘制，充分有效利用机车生产，提高了运行效率，如图 3-71 所示。

图 3-71　作业中的"毛泽东号"机车组

3. 乘务组的出乘方式

机车乘务组如何出乘换班，担当机车作业的方式，称为乘务组的出乘方式。按照机车交路的长短和乘务组连续工作的时间要求，乘务组的出乘方式主要有以下三种。

(1)立即折返制。包乘组中一班出乘，到达折返段后不换班，立即原班原机返回。主要用于一般机车交路，需要增加沿线机务设备和区段站数量，至于机车车辆运用效率，由其采用何种机车运转制而定，但对于机务段组织管理和乘务员下班后能回家休息方面是有利的。

(2)外段驻班。包乘组中一班出乘，到达折返段后换班退勤，机车交由驻在折返段的另一班乘务组接乘返回。其具有长交路的某些优点，一般多采用此种方式，但乘务员要经常在外段驻班休息，应加强驻班点的组织管理和乘务员生活休息条件的改善。

(3)随乘换班。包乘组中两班出乘(另两班在驻地休息)，其中一班工作，另一班在随挂的宿营车上休息，到达某中途站或折返点后，自行换班随乘返回。一般只在线路修建期间及战时特殊情况下采用。

三、机车整备

机车在出段牵引列车或担任调车工作以前，需要供应机车必需的物资和做好各项准备工作，这种物资供应和准备工作总称为机车整备作业。机车类型不同，整备作业的内容也不一样。内燃、电力机车整备作业的项目见表3-4。

表3-4　内燃、电力机车整备作业的项目

需要供应的物资			需要做的准备工作		
项目	内燃机车	电力机车	项目	内燃机车	电力机车
燃料	√	—	机车转向	一般单向	—
水	√	—	机车擦拭	√	√
砂	√	√	检查	√	√
润滑油	√	√	给油	√	√
擦拭材料	√	√	机车乘组交接班	√	√

为了完成以上整备作业，机务段根据需要建设股道管理自动化系统和整备库(棚)、检测棚、整备线检查地沟和作业平台等设施，设置机车补充砂、水、润滑油、燃料及转向、检查、检测、清洗、保养、卸污、化验等机车整备设备，如图3-72(a)所示；配备机车检修必要的设备、设施；电力机车整备线的接触网应有分段绝缘器、隔离开关设备及联锁标志灯等。配属、支配使用内燃机车的机务段根据运用整备需要还应有1～2个月的机车燃料储存油库，如图3-72(b)所示。

整备设备的布置，应保证各项整备作业能平行或流水式地进行并应具备足够的能力，以压缩整备作业时间，提高机车的运用效率。

(a) 机车整备库

(b) 机车燃料储存油库

图3-72　机车整备设备

机务段应实行机车乘务与地勤分离管理模式，实现地勤检查、检测、整备、维修、保养、保洁一体化专业管理，应对所有入段运用机车(包括外段、外局机车)按统一标准整备。

四、机车检修

机车经过一定时期的运用后,各部件都会发生磨耗、变形或损坏。为了保证机车的正常运用,延长使用期限,除了机车乘务员的日常检查和保养外,还必须进行各种定期检修。

我国机车实行计划预防修,逐步推行基于大数据技术的预见性维修,开展机车主要部件的故障预测和健康管理,实施主要零部件的专业化、集约化、规模化、集中检修。

机车检修周期应根据机车实际技术状态和走行公里或使用时间确定,机车检修周期及技术标准应按国铁集团机车检修规程执行。

(一)交-直传动和液力传动机车检修周期和内容

交-直传动和液力传动机车修程分为大修(轻大修)、中修、小修、辅修,其中大修(轻大修)为厂修,中修、小修、辅修为段修。

机车类型不同,它们的检修周期和检修内容也不一样,见表3-5。

表3-5 交-直传动和液力传动机车检修周期

<table>
<tr><th colspan="2">机车类型</th><th>辅修</th><th>小修</th><th>中修</th><th>轻大修</th><th>大修</th></tr>
<tr><td rowspan="3">交-直传动电力机车</td><td>SS7C、SS7D、SS7E、SS8、SS9</td><td>3万~4万km</td><td>10万~12万km</td><td>50万~60万km</td><td>100万~120万km</td><td>200万~240万km</td></tr>
<tr><td>其他客、货运本务机车</td><td>2.5万~4万km</td><td>8万~12万km</td><td>40万~50万km</td><td>—</td><td>160万~200万km</td></tr>
<tr><td>补机和小运转机车</td><td>2~3个月</td><td>6~9个月</td><td>3~4年</td><td>—</td><td>12~16年</td></tr>
<tr><td rowspan="4">交-直传动和液力传动内燃机车</td><td>DF11G</td><td>3万~4.5万km</td><td>6万~9万km</td><td>40万~45万km</td><td>80万~90万km</td><td>160万~180万km</td></tr>
<tr><td>DF11、DF4D(客)型机车</td><td>2.5万~4万km</td><td>5万~8万km</td><td>20万~30万km</td><td>70万~90万km</td><td>160万~180万km</td></tr>
<tr><td>其他客、货运本务机车</td><td>2万~3万km</td><td>4万~6万km</td><td>23万~30万km</td><td>—</td><td>70万~90万km</td></tr>
<tr><td>补机和小运转机车</td><td>2~3个月</td><td>4~6个月</td><td>2.5~3年</td><td>—</td><td>7~9年</td></tr>
</table>

(1)大修(轻大修):机车全面检查修理,恢复机车的基本性能,可同时进行机车或主要部件的技术提升。

(2)中修:机车主要部件检查修理,恢复其可靠使用的质量状态。

(3)小修:机车关键部件和易损易耗零部件检查维修和保养,有针对性地恢复机车运行可靠性。

(4)辅修:机车例行检查和保养,做故障诊断,按状态修理。

(二)交-直-交传动机车检修周期和内容

和谐型交流传动机车在修程上设置C1、C2、C3、C4、C5、C6修6个等级,其中C1~C4修为段级修程,C5、C6修为高等级修程。

各修程周期如下。

C6修:200×(1±10%)万km,不超过12年。

C5修:100×(1±10%)万km,不超过6年。

C4修:50×(1±10%)万km,不超过3年。

C3修:25×(1±10%)万km,不超过1年。

C2修:13×(1±10%)万km,不超过6个月。

C1修:7×(1±10%)万km,不超过3个月。

各修程要求如下。

C6 修：机车全面分解检修，全面性能参数测试，恢复基本性能，可同时进行机车或主要部件的技术提升。

C5 修：机车主要部件分解检修，性能参数测试，恢复机车可靠质量状态。

C4 修：机车主要部件检查，性能参数测试，修复不良状态部件，恢复机车可靠质量状态。

C3 修、C2 修：机车关键部件重点检查维修，有针对性地恢复机车运行可靠性。

C1 修：机车例行检查和保养，利用机车自检系统进行故障诊断，按状态修理。

和谐型大功率机车的段修采取集中检修的模式，设立天津、上海、广州、武汉、成都、西安、哈尔滨等 7 处集中检修场所。

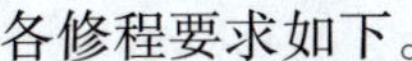

任务实施

（1）查阅 6245/6246 次列车相关文字资料、铁路线路地图和影像资料，做好基础资料调研工作。

（2）参照正文中样例，结合调研情况，绘制 6245/6246 次列车机车交路示意图。

（3）结合调研情况，绘制 6245/6246 次列车机车轮乘示意图。

（4）结合调研情况，说明 6245/6246 次列车值乘机车类型、配属情况，并介绍 6245/6246 次列车运行基本情况，为什么被称为“齐古慢”。

任务评价

任务评价表见表 3-6。

表 3-6　任务评价表

序号	评价内容	评价标准	分数	评分记录		
				学生自评	组间互评	教师评分
1	系统查阅相关资料	1. 汇报时，无法清晰说明查阅资料过程的，扣 5 分 2. 汇报时，无法对已查阅到的资料进行展示，扣 5 分	10			
2	绘制机车交路示意图	1. 无法绘制出机车交路示意图，扣 25 分 2. 无法准确说明绘制的机车交路示意图的内在依据，扣 10 分 3. 绘制的机车交路示意图不美观，扣 5 分	40			
3	绘制轮乘示意图	1. 无法绘制出机车轮乘示意图，扣 10 分 2. 无法准确说明绘制的机车轮乘示意图的内在依据，扣 5 分 3. 绘制的机车轮乘示意图不美观，扣 5 分	20			
4	说明机车配属情况	1. 无法准确地说出机车类型，扣 5 分 2. 无法准确地说出机车配属，扣 5 分	10			
5	介绍 6245/6246 次列车特点	1. 汇报 PPT 制作不美观，扣 10 分 2. 无法准确说出 6245/6246 次列车特点，扣 10 分	20			
总分			100			

试题

项目三
铁路机车

巩固练习

一、填空题

1. 机车按牵引动力分为__________机车、__________机车、__________机车、__________机车。

2. 机车从用途上分为__________机车、__________机车、调车机车和工矿机车五类。

3. 内燃机车传动装置主要有__________、__________和机械传动。

4. DF4B 型内燃机车的传动装置是____________________。

5. SS4 型电力机车的轴列式是____________________。

6. 交-直电力机车通过__________将接触网供给的单相工频交流电引入机车内部。

7. DF4B 型内燃机车上采用了 16V240ZJB 型柴油机，其中，16 代表柴油机有 16 个__________、Z 表示__________、J 表示__________。

8. 电力机车除可以使用空气制动装置制动外，还可以使用__________制动。

9. 电力机车进行__________时，牵引电动机作为发电机工作，将列车在运行中所具有的机械能转换成电能送回接触网。

10. 电力机车空气管路系统按其功能可分为__________、__________、__________和__________ 4 部分。

二、选择题

1. 液力传动内燃机车，柴油机的功率要通过(　　)装置才能变为机车的轮周功率。

A. 液力传动　　B. 电力传动　　C. 发电机　　D. 牵引电动机

2. 内燃机车走行部采用(　　)的结构形式。

A. 转向架　　B. 固定架　　C. 活动架　　D. 滚动架

3. 液力传动内燃机车具有牵引性能良好、起动平稳、造价低廉、维护方便等优点。以下哪种型号机车为液力传动内燃机车？(　　)

A. 北京型　　B. 韶山型　　C. 东风型　　D. 巨龙型

4. 近年来，通过技术引进和自主生产，最新运用的内燃机车系列为(　　)。

A. 东方红系列　　B. 东风系列　　C. 和谐系列　　D. 北京型

5. C_0-C_0 轴式表示机车有(　　)。

A. 两台两轴转向架　　B. 三台两轴转向架

C. 两台三轴转向架　　D. 三台三轴转向架

6. 机车组成中，不属于机械系统的是(　　)。

A. 转向架　　B. 制动机管路　　C. 钩缓装置　　D. 牵引装置

7. 机车转向架应具备的功能里不包括(　　)。

A. 缓和冲击　　B. 传递牵引力　　C. 曲线导向　　D. 弓网受流

8. 电力机车顶部一般装有两套单臂(　　)，它紧压接触网导线，沿接触网导线滑行取得电流。

A. 主短路器　　B. 受电弓　　C. 主变压器　　D. 硅整流装置

9.“毛泽东号”机车精神是(　　)。

A. 敢挑重担、勇当先锋

B. 报效祖国、忠于职守、艰苦奋斗、勇当先锋

C. 坚守实干、创新争先

D. 英勇、团结、牺牲、奉献

10. 成为副司机后，需要连续机务乘务学习1年以上或乘务公里满(　　)万km，才能参加国家铁路局组织的铁路机车车辆驾驶人员资格考试。

A. 6　　B. 8　　C. 9　　D. 10

三、判断题

1. 调车机车主要在车站内或编组站(场)用于车列的解体和编组。(　　)

2. 电力机车的机车属于自带能源式机车。(　　)

3. 内燃机车是以内燃机作为原动力的一种机车。(　　)

4. 液力传动内燃机车是由柴油机驱动主发电机发电，然后向牵引电动机供电使其旋转，并通过牵引齿轮传动驱动机车轮对旋转。(　　)

5. 内燃机车可用柴油机直接驱动动轮，因为柴油机的工作特性能满足机车牵引特性的要求。(　　)

6. 内燃机车的传动装置主要由主发电机、机车整流柜和牵引电动机等组成。(　　)

7. 交-直-交电力传动内燃机车最后输出至牵引电动机的电流是直流电。(　　)

8. 电力传动的机车的运行方向是由牵引电动机的旋转方向决定的。(　　)

9. 主断路器是用来接通或断开电力机车高压电路的，相当于电力机车总闸。(　　)

10. 机务折返段配置了机车检修设备，可供机车进行检修、整备作业和折返前乘务人员临时休息之用。(　　)

四、简答题

1. 简述四冲程柴油机的基本工作原理。

2. 内燃机车为什么要设传动装置？

3. 电力传动内燃机车的传动装置有哪几个主要设备？功率是如何传输的？

4. 简述交-直-交型电力机车工作原理。

5. 机务段与折返段有什么区别？

6. 我国的机车运转制度有哪些？各有何特点？

7. 我国的乘务制度有哪些？各有何特点？

8. 肩回运转制和循环运转制各有何优点？

9. 简述电力机车和内燃机车的检修周期，各类修程的主要作用是什么？

项目四

铁路车辆

项目描述

“铁路能移山，全靠车辆搬”，通常一列火车除“火车头”以外的部分，就是能够承担载客出行及运送货物的运载工具——铁路车辆。铁路车辆一般不具备动力装置，通常连挂成列运行。为了保证旅客出行及货物运输的需求，我国铁路车辆不断向着技术装备现代化、客车高速舒适、货车重载快捷的方向前进。同时，铁路部门持续加强对铁路车辆的检查、维修、保养等工作，以保证我国铁路车辆在整体性能、技术水平、安全风险隐患预防方面得到提升。

下面主要从对铁路车辆的分类及用途，我国铁路客车、货车的发展历程，铁路车辆的组成，车辆段的组成及工作职能等内容加以介绍。

学习目标

知识目标

(1)了解铁路车辆的基本概念。

(2)掌握铁路车辆的分类及用途。

(3)掌握铁路车辆的标记、主要技术参数。

(4)熟悉铁路车辆的基本构造。

(5)掌握铁路车辆的主要部件的功能。

(6)了解车辆段的组成和车辆段各工种的工作职能。

(7)了解车辆运行安全防范预警系统(5T 系统)。

能力目标

(1)能够根据铁路车辆实物(或铁路车辆虚拟资源)，区分铁路车辆的类型和用途。

(2)能够根据铁路车辆实物(或铁路车辆虚拟资源)，辨识铁路车辆的总体结构。

(3)能够根据铁路车辆的标记，辨识车辆产权、车型、运用、检修等信息。

(4)能够根据车钩的三态作用位置图，准确判断车钩所处位置。

素养目标

(1)促进学生了解铁路发展与民生幸福的同频共振，引导学生勇担“交通强国，铁路先行”的历史使命。

(2)引导学生敬畏规章制度、严守标准准则，培养学生“安全第一”的工作意识。

(3)激发学生向铁路先进工作者学习的热情，培养学生“甘于奉献”的敬业精神。

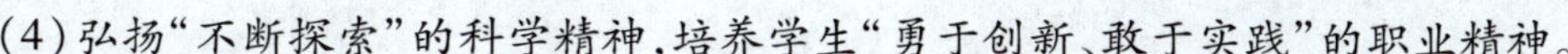

(4)弘扬“不断探索”的科学精神，培养学生“勇于创新、敢于实践”的职业精神。

学习导航

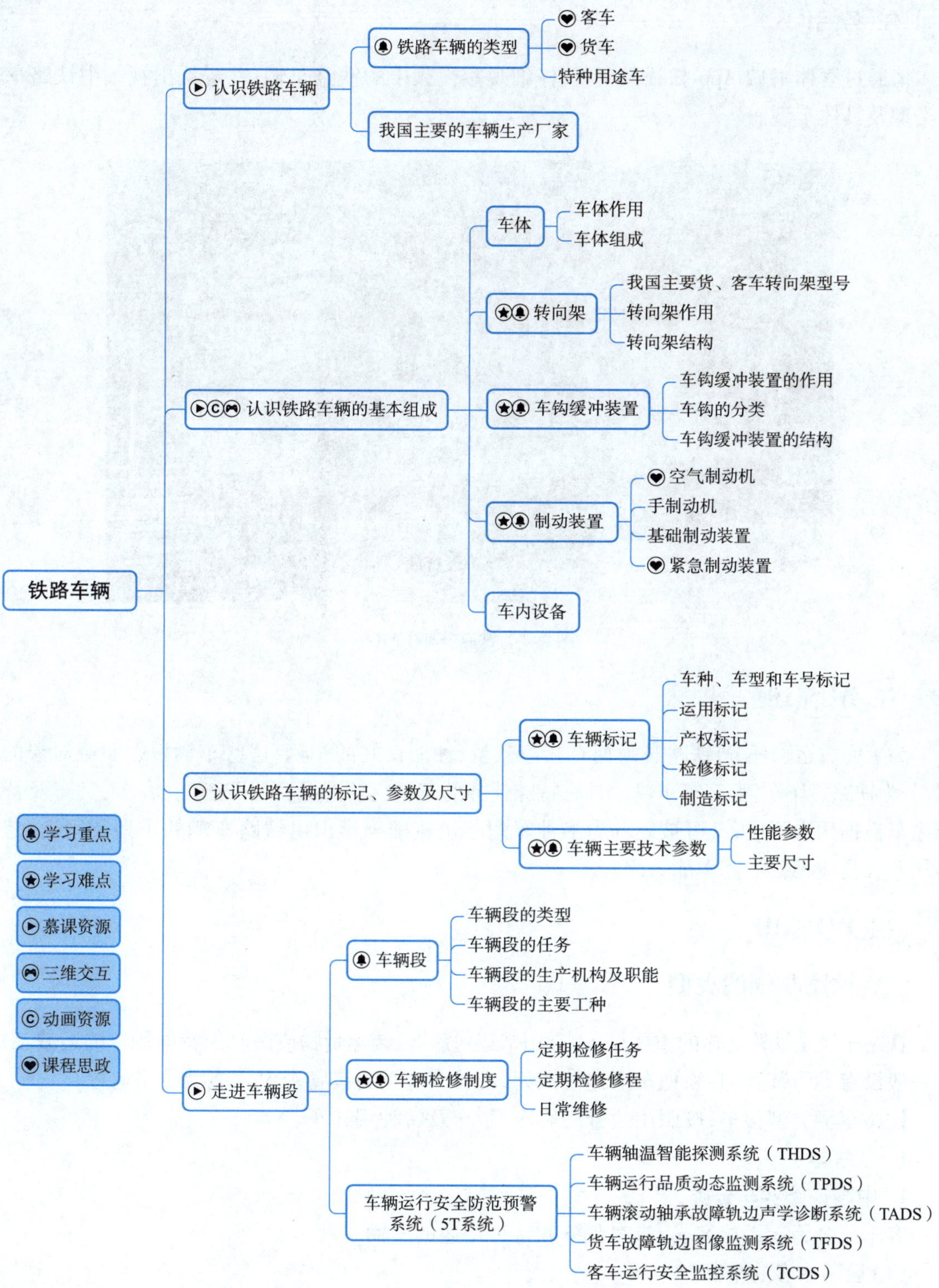

- 铁路车辆
  - 认识铁路车辆
    - 铁路车辆的类型
      - 客车
      - 货车
      - 特种用途车
    - 我国主要的车辆生产厂家
  - 认识铁路车辆的基本组成
    - 车体
      - 车体作用
      - 车体组成
    - 转向架
      - 我国主要货、客车转向架型号
      - 转向架作用
      - 转向架结构
    - 车钩缓冲装置
      - 车钩缓冲装置的作用
      - 车钩的分类
      - 车钩缓冲装置的结构
    - 制动装置
      - 空气制动机
      - 手制动机
      - 基础制动装置
      - 紧急制动装置
    - 车内设备
  - 认识铁路车辆的标记、参数及尺寸
    - 车辆标记
      - 车种、车型和车号标记
      - 运用标记
      - 产权标记
      - 检修标记
      - 制造标记
    - 车辆主要技术参数
      - 性能参数
      - 主要尺寸
  - 走进车辆段
    - 车辆段
      - 车辆段的类型
      - 车辆段的任务
      - 车辆段的生产机构及职能
      - 车辆段的主要工种
    - 车辆检修制度
      - 定期检修任务
      - 定期检修修程
      - 日常维修
    - 车辆运行安全防范预警系统（5T系统）
      - 车辆轴温智能探测系统（THDS）
      - 车辆运行品质动态监测系统（TPDS）
      - 车辆滚动轴承故障轨边声学诊断系统（TADS）
      - 货车故障轨边图像监测系统（TFDS）
      - 客车运行安全监控系统（TCDS）

学习重点
学习难点
慕课资源
三维交互
动画资源
课程思政

任务一　认识铁路车辆

任务引入

请通过立体书城 App 扫描图 4-1，仔细观察视频中的铁路车辆，并辨认出视频中铁路车辆的类型及具体车型。

图 4-1　铁路车辆(AR)

任务描述

为了完成运输任务，铁路必须拥有相应数量、性能良好的车辆，这些车辆根据装载对象的不同，分为铁路货车车辆、客车车辆。具有特殊任务的车辆，被称为特种用途车。客车、货车及特种用途车根据用途不同，又可被划分为多种车型。快速准确辨识出铁路车辆的车型及用途，是铁路从业人员应具备的基本能力之一。

相关知识

一、铁路车辆的类型

铁路车辆是铁路运输的重要设备，是用来运送旅客、装运货物或做其他特殊用途的运载工具。它一般没有动力装置，必须把车辆连挂成列，由机车等动力设备牵引才能沿线路运行。

铁路车辆类型很多，按照用途分为客车、货车及特种用途车。

(一)客车

1. 中国铁路客车分类

客车可分为运送旅客、为旅客服务和特种用途的车辆三种。

(1)运送旅客的车辆。

①硬座车：如图 4-2(a)所示，硬座车是旅客座位为半硬制品(如泡沫塑料)或木制品，相对

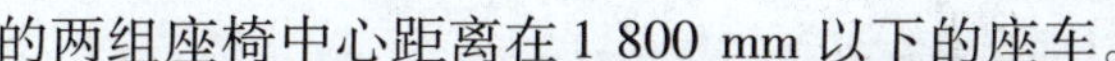

的两组座椅中心距离在 1 800 mm 以下的座车。

②软座车:如图 4-2(b)所示,软座车是旅客座位及靠垫设有弹簧装置,相对的两组座椅中心距离在 1 800 mm 以上的座车。

③硬卧车:如图 4-2(c)所示,卧铺为三层,铺垫为半硬制品(如泡沫塑料)或木制品的,卧室为敞开式或半敞开式。

④软卧车:如图 4-2(d)所示,卧铺为两层,铺垫有弹簧装置,卧室为封闭式单间,单间定员不超过 4 人。

⑤双层客车:如图 4-2(e)所示,双层客车是设有上、下两层客室的座车或卧车。

(a) 硬座车

(b) 软座车

(c) 硬卧车

(d) 软卧车

(e) 双层客车

图 4-2 运送旅客的车辆

(2)为旅客服务的车辆。

①餐车:如图 4-3(a)所示,餐车是供旅客在旅行中饮食就餐用的车辆,车内设有厨房、餐室及储藏室(或小卖部和炊事等设备)。

②行李车:如图 4-3(b)所示,行李车是供运输旅客行李及物品的车辆,车内设有行李间及办公室等设备。

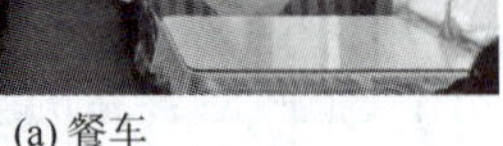

(a) 餐车

(b) 行李车

图 4-3　为旅客服务的车辆

(3)特种用途的车辆。

①邮政车:如图 4-4(a)所示,邮政车是供运输邮件使用的车辆,车内设有邮政间及邮政员办公室等设备,常固定编挂于旅客列车中。

②空调发电车:如图 4-4(b)所示,KD25K 型空调发电车是为旅客客车提供电力供应的空调车厢,构造速度为 160 km/h,共安装 3 台发电机组。车内设施齐全,装有单元式空调机组、火灾自动报警装置、取暖给水装置等。车内分为乘务员室、卫生间和配电室、发电机室及冷却室等几部分。

③医疗车:如图 4-4(c)所示,医疗车是到铁路沿线为铁路职工及家属进行巡回医疗使用的车辆,车内有医疗设备。

④公务车:如图 4-4(d)所示,公务车是供国家机关人员办公专用车辆。

(a) 邮政车

(b) 空调发电车

(c) 医疗车

(d) 公务车

图 4-4　特种用途的车辆

2. 中国铁路客车发展简介

(1)客车型号。铁路客车主要型号有21型、22型、24型、25型等。

21型客车是中国铁路第一代客车,1953年开始设计制造,1961年停产。

22型客车是中国铁路第二代客车,1956年开始设计制造,1994年停产,在相当长的一段时间,这型客车在我国铁路客运中占据着主导地位,如图4-5(a)所示,其车身都为绿色底色和黄色色带组成的经典涂装,也被称为"绿皮车"。

随着社会的进步、铁路的发展,如今铁路上多是速度更快、车内设施更健全、舒适度更高的新型客车。但这些"绿皮车"并没有消失,而是以"慢火车"的形态活跃在一些经济欠发达地区,如图4-5(b)所示,发挥出铁路作为国民经济大动脉的重大作用,托起经济欠发达地区人民的致富梦。

(a) 绿皮车外观

(b) 慢火车

图4-5 绿皮车

24型客车分为两个系列:1956年—1966年由四方机车车辆厂设计制造的广深空调列车组和20世纪80年代从德意志民主共和国进口的24型客车。

25型客车是中国铁路第三代客车。1965年开始研制,先后生产了25型(试验型)、25A型(空调)、25B型(燃煤)、25C型(不锈钢)、25G型(25A改进型)、25K型(快速)、25Z型(准高速)、25T型(提速)等车型。

(2)客车发展。客车在构造和内部设施上应能为旅客提供安全和舒适的条件。旧中国虽有多家机车车辆厂,但技术力量很差,主要从事修理工作,很少制造客车。1950年2月全国车辆清查统计,旧中国铁路留下的准轨铁路客车共4 201辆,其中硬卧车只有82辆。这些客车大部分来自西方各国,型号多达130多种,多数是木结构,车体短,定员少,构造速度低,设备简陋,施行舒适度较低。

现代客车有较大改进,车体为薄壁筒形结构,其材质已由普通钢发展为低合金钢、不锈钢以及铝合金。这种结构和材质不仅大大提高了车体的强度、刚度和耐腐蚀性,而且降低了车辆的自重,提高了车辆运行的安全性,节约了维修费用和牵引动力消耗,为提高列车运行速度创造了有利条件。车内设备更加先进、实用,如采用电热器取暖、集中或分散供电、空气冷却系统和空气加热系统等。

从20世纪90年代初开始,铁路客车由22型向25型升级换代,技术水平日益提高。特别是随着中国铁路的大提速而诞生、发展的25K型快速客车成为当时中国铁路主要客车。直至2003年,新型25T型客车开始投产,25K型客车于同年年底停产。25T型客车是为满足中国铁路第五次大提速160 km时速等级而设计制造的,且至今仍然在产。

(二)货车

铁路货车是供运输货物和为此服务的车辆,一般编组在货物列车中使用。货车类型很多,按用途分为通用货车和专用货车。

1. 通用货车

通用货车是装运普通货物的车辆,其货物类型多不固定,也无特殊要求,所占比例较大,一般有敞车、棚车、平车、罐车和保温车等。

(1)敞车:如图4-7(a)所示,敞车是设有底架、侧墙和端墙,底架为平底或浴盆(单浴盆或双浴盆)结构,不设车顶的铁路货车。主要供运送煤炭、矿石、矿建物资、木材、钢材等大宗货物用,也可用来运送重量不大的机械设备。

(2)棚车:如图4-7(b)所示,棚车车体为全钢焊接整体承载结构,主要由底架、侧墙、端墙、车顶、车门、车窗等组成。棚车主要用来运送日用品、粮食、仪器等比较贵重的和怕晒、怕湿的货物。大多数棚车是通用型的。

2022年,上海疫情防控形势严峻,黑龙江向上海捐赠3 000 t大米作为疫情防控生活保障物资。如图4-6所示,这些物资就是通过棚车运送至上海支援上海疫情防控一线的。

图4-6　运输抗疫物资的棚车

(3)平车:如图4-7(c)所示,平车是设有底架,两侧设有柱插,不设侧墙、端墙和平顶的铁路货车。平车一般用于装运原木、钢材、建筑材料等长型货物和集装箱、机械设备等的货车。

(4)罐车:如图4-7(d)所示,罐车车体外形大多为一个卧放的圆筒,具有较大的强度和刚度。也有立置筒形、槽形、漏斗形等。罐体上设有安全阀,当外界温度发生变化时,罐体内的压力超过一定数值,安全阀能自行打开,将罐内气体放出;罐内压力低于一定数值时,通过安全阀向罐内补气,以保证运行安全。罐车用于装运各种液体、液化气体和粉末状货物等,按货物品种分为轻油用罐车、粘油用罐车、酸类罐车、水泥罐车、液化气体罐车、粉末状货物罐车多种。

(5)冷藏车:如图4-7(e)所示,冷藏车外形似棚车,为了减少太阳辐射热,车体外涂成银灰色,墙板夹层装有隔热材料,侧墙上有可密闭的外开式车门,用于运送易腐货物。车内有降温装置,可使车内保持需要的低温;有的车还有加温装置,在寒冷季节可使车内保持高于车外的温度。按冷藏设备的不同,有加冰冷藏车和机械冷藏车等。

(a) 敞车　(b) 棚车 (AR)

(c) 平车

(d) 罐车　(e) 冷藏车

图 4-7　通用货车

2. 专用货车

专用货车是专门运输某一种类货物的车辆。其用途比较单一，同一种车辆要求装载的货物重量或外形尺寸比较统一，有时在铁路上的运营方式也比较特别，如固定编组、专列运行等。专用货车一般有矿石车、毒品车、长大货物车、漏斗车、粮食车、集装箱车等。

(1) 矿石车：如图 4-8(a) 所示，矿石车主要用以运送各种矿石、矿粉，有的整个车体能借液压或空气压力的作用向任一侧倾斜，并自动开启侧门，把货物倾泻出来。

(2) 毒品车：如图 4-8(b) 所示，毒品车是专供运送有毒物品的车辆，如运输农药等。

(3) 长大货物车：如图 4-8(c) 所示，长大货物车用以装运重量特大或长度特长的货物，如大型机床、发电机、重型机械设备等。长大货物车载重及自重较大，为适应线路允许轴重要求，车轴数量较多。

(4) 漏斗车：如图 4-8(d) 所示，漏斗车是车体上设有一个或数个带盖或不带盖的具有一定斜坡的装货斗的车辆，通常借货物的自重从漏斗口卸货。

(5) 粮食车：如图 4-8(e) 所示，粮食车主要用于运输玉米、小麦、大豆等散粒粮食类货物。

(6) 集装箱车：如图 4-8(f) 所示，集装箱车是车体上设有固定集装箱的设备，用以装运集装箱的车辆。

(a) K_{16A}型矿石车

(b) W_{SSK}型毒品车

(c) DQ_{45}型载重450 t长大货物车

(d) C_{32}型运煤漏斗车

(e) L_{70}型粮食车

(f) 云南铁路集装箱车

图 4-8　专用货车

(三)特种用途车

特种用途车是具有特殊用途的车辆,主要有救援车、除雪车、检衡车。

1. 救援车

如图 4-9(a)所示,救援车是列车发生颠覆或脱轨事故时,排除线路障碍物及修复线路故障的车辆。一般编成救援列车,包括起重吊车、修复线路的工具车、材料车、救援人员的食宿车等。

2. 除雪车

如图 4-9(b)所示,除雪车供扫除铁道上积雪之用,车上装有专门的扫雪装置,一般由机车推动前进。

3. 检衡车

如图 4-9(c)所示,检衡车是用于鉴定轨道平衡性能的车辆,设有砝码或同时设有操作机器。

此外还有轨道检查车、轨道探伤车、隧道摄影车、限界检查车等特殊用途的车辆。

二、我国主要的车辆生产厂家

在我国,铁路车辆的生产制造厂商主要有中国中车股份有限公司、包头北方创业股份有限公司、重庆长征重工有限责任公司、晋西铁路车辆有限责任公司等。其中中国中车股份有限公司是全球规模最大、品种最全、技术领先的轨道交通装备供应商。

中国中车旗下主要生产铁路车辆的子公司有 15 家，如图 4-10 所示。

(a) 机务段重型机械铁路救援车 (AR)

(b) 除雪车，铲除线路积雪 (AR)

(c) 动态检衡车，检查货车超载偏载 (AR)

图 4-9　特殊用途车辆

中国中车 CRRC

中车大连机车车辆有限公司
CRRC DALIAN CO., LTD.

中车太原机车车辆有限公司
CRRC TAIYUAN CO., LTD.

中车唐山机车车辆有限公司
CRRC TANGSHAN CO., LTD.

中车北京二七车辆有限公司
CRRC BEIJING ERQI VEHICLE CO., LTD.

中车贵阳车辆有限公司
CRRC GUIYANG CO., LTD.

中车眉山车辆有限公司
CRRC MEISHAN CO., LTD.

中车南京浦镇车辆有限公司
CRRC NANJING PUZHEN CO., LTD.

中车石家庄车辆有限公司
CRRC SHIJIAZHUANG CO., LTD.

中车齐齐哈尔车辆有限公司
CRRC QIQIHAR ROLLING STOCK CO., LTD.

中车长春轨道客车股份有限公司
CRRC CHANGCHUN RAILWAY VEHICLES CO., LTD.

中车沈阳机车车辆有限公司
CRRC SHENYANG CO., LTD.

中车长江车辆有限公司
CRRC YANGTZE CO., LTD.

中车青岛四方机车车辆股份有限公司
CRRC QINGDAO SIFANG CO., LTD.

中车山东机车车辆有限公司
CRRC SHANDONG CO., LTD.

中车西安车辆有限公司
CRRC XI'AN CO., LTD.

图 4-10　中国中车旗下主要生产铁路车辆的子公司

任务实施

（1）观察任务引入视频中各种铁路车辆，识别铁路车辆类型，并指出该类车辆用途。

（2）判断视频中铁路车辆具体车型，并指出该车型车辆用途。

任务评价

任务评价表见表4-1。

表4-1　任务评价表

序号	评价内容	评价标准	分数	评分记录		
				学生自评	组间互评	教师评分
1	铁路车辆分类识别	无法准确识别出车辆类型，扣10分	10			
2	铁路车辆用途说明	无法准确说明该类车辆用途，扣10分	10			
3	铁路车辆车型识别	视频中两种车型，每少识别一种，扣20分，共40分	40			
4	铁路车辆用途说明	视频中两种车型，每少说一种车型用途，扣20分，共40分	40			
总分			100			

任务二　认识铁路车辆的基本组成

任务引入

25T型客车（提速型列车）是中国铁路为满足第五次大提速160 km时速等级而设计制造的一款铁路客车，于2003年1月起投入运营，2003年12月定型，按生产厂商分为BSP（庞巴迪）型和国产型，按运用性质分为普通型及青藏高原型。

请通过立体书城App扫描图4-11，在视频中仔细观察25T型硬卧车辆，指出客车主要组成结构。

图4-11　25T型硬卧客车（AR）

任务描述

铁路货车需要较大的容量和承重量，以满足货物运输需求。铁路客车需要足够的运力和舒

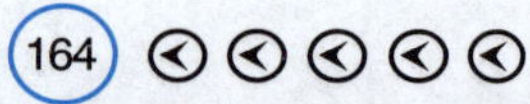

适度，以满足国内迁移人口众多的实际情况。因此，铁路车辆车体必须具备容量大、转向架承重能力强、车辆内部设备品质高、车钩缓冲装置及制动装置作用良好等特点。能够准确辨识铁路车辆基本构造，说出其车体、转向架、车钩缓冲装置、制动装置及内部设备的用途，既是铁路车辆岗位从业人员应具备的关键能力之一，也是其他铁路从业人员的拓展能力之一。

相关知识

为适应和满足旅客和货物运输的不同要求，车辆构造也各有不同，但从基本结构看，其结构大致相似。一般由车体、转向架、车钩缓冲装置、制动装置、车辆内部设备等基本部分组成，如图 4-12 所示。

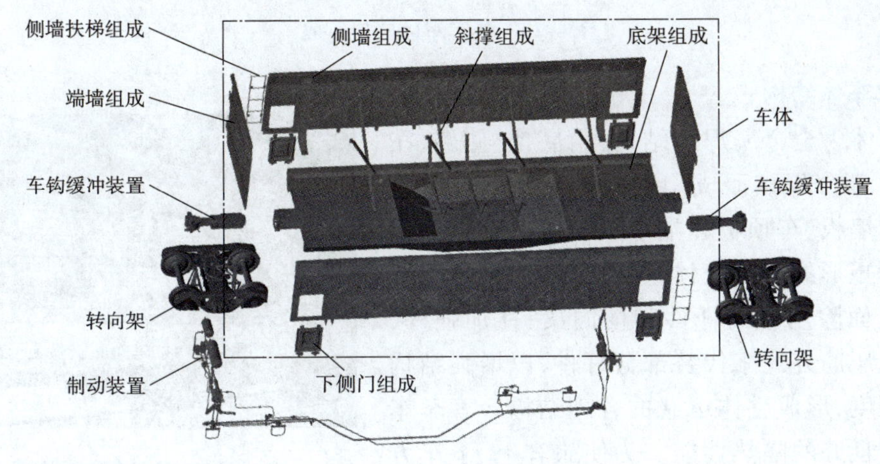

图 4-12　车辆基本结构

一、车体

（一）车体作用

车体是供旅客乘坐或装载货物的部分。车体和底架一起承受着作用于车辆上的各种载荷。

（二）车体组成

车体主要由底架、侧墙、端墙、地板、车顶等部分组成。其中，底架是车体的基础。早期车辆的车体多以木结构为主，辅以钢板、弓形杆等来加强。近代的车体以钢结构或轻金属结构为主。

1. 货车车体结构

货车车体主要组成部分包括侧壁（墙）、端壁（墙）、车顶等。车体的钢结构由许多纵向梁和横向梁（柱）组成，车体底架通过心盘或旁承支撑在转向架上。车体钢结构承担自重、载重、整备重量及由于轮轨冲击和簧上振动而产生的垂直动载荷；列车起动、变速、上下坡道时，在车辆之间所产生的牵引和压缩冲击力等纵向载荷；以及包括风力、离心力、货物对侧壁的压力等侧向载荷。

如图 4-13 所示，货车车体底架一般由中梁、侧梁、枕梁、纵梁、横梁及端梁等组成。

中梁位于底架的中央，是整个底架的基础和主要受力杆件。中梁端部是安装车钩缓冲装置的地方，直接承受纵向作用力。枕梁是底架和转向架连接的地方，在枕梁下部设有上旁承和上心盘，分别和转向架摇枕上的下旁承和下心盘相对，它受力较大，负担全车的质量，并通过心盘将质量传给转向架。

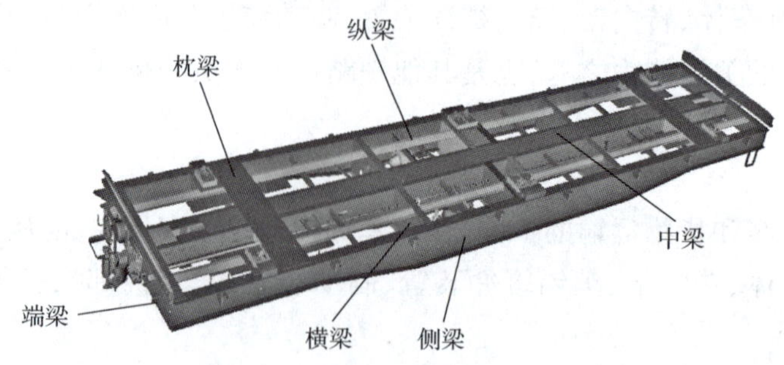

图 4-13　货车车体底架组成

2. 客车车体结构

客车车体为全金属焊接结构，由底架、侧墙、车顶和端墙 4 部分焊接而成。在钢骨架外面焊有金属地板。侧墙板、车顶板和端墙板形成一个上部带圆弧下部为矩形的封闭壳体，俗称薄壁筒形结构车体。壳体内面除用纵向杆件和横向梁、柱加强外，还采用墙板压筋方式来代替部分杆件，以增强结构的强度和刚度，形成整体承载的合理结构。客车车体必须具有良好的隔热性能。为使旅客上、下车方便，客车两端设有通过台，并在通过台的外端设置折棚和渡板，防止风雨及寒气侵入。车体内除设置门窗、座椅及卧铺外，还需装设卫生设备、通风装置、给水设备、车电设备、取暖设备、播音装置及空气调节装置等。图 4-14 所示为客车车体结构展示图。

图 4-14　客车车体结构展示

二、转向架

（一）我国主要货、客车转向架型号

1. 货车转向架型号

（1）21 t 轴重货车转向架，主要有转 8 系列、转 K2、转 K3 和转 K4 型转向架。

（2）25 t 轴重货车转向架，主要有转 K5、转 K6、转 K7 型转向架。

（3）27 t 轴重货车转向架，主要有 DZ1、DZ2、DZ3 型转向架。

（4）30 t 轴重货车转向架，主要有 DZ4、DZ5 型转向架。

2. 客车转向架型号

（1）第一代客车转向架，主要有 101 型、102 型、103 型转向架，主要用于 21 型客车。

（2）第二代客车转向架，主要有 201 型、202 型、203 型、204 型、205 型转向架，主要用于 22 型及 24 型客车。

（3）第三代客车转向架，主要有 206 系列、207 系列、208 系列、209 系列及 CW-2 系列转向架，主要应用于 25 型客车。

(4)第四代客车转向架,主要有 CW-200、SW-200、PW-200、CW-300 及 SW-300 转向架。

(二)转向架作用

转向架引导车辆沿轨道运行,并把车辆的质量和货物的载重传递给钢轨,它应保证车辆以最小的阻力在轨道上行走,并顺利地通过曲线。转向架能否保持良好的状态,对于车辆的安全、平稳、高速运行有很大影响。

(三)转向架结构

车辆转向架是由两组轮对、轴箱油润装置、侧架、摇枕及弹簧减振装置等组成一个整体结构,并通过摇枕上的下心盘、中心销和车体底架枕梁上的上心盘对接后与车体连接为一体。转K5 型转向架是我国铁路上使用的一种货车转向架。如图 4-15 所示,下面以该转向架为例来说明转向架的一般构造。

(a) 转K5型转向架实物图

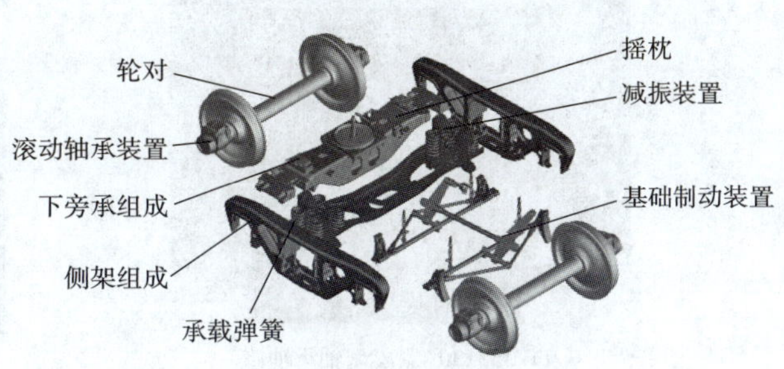

(b) 转K5型转向架分解图 (AR)

图 4-15 转 K5 型转向架

1. 轮对

如图 4-16(a)所示,两个车轮紧密地压装在一根车轴上组成轮对。轮对承受车辆的全部质量,并在负重的情况下以较高的速度引导车辆在钢轨上行驶。

车轮与钢轨头部直接接触的表面,称为踏面,如图 4-16(b)所示。踏面做成一定的斜度,可使车辆的重心落在线路中心线上,以减少或避免车辆的蛇行运动,使轮对较顺利地通过曲线,减少车轮在钢轨上的滑行。

车轮内侧外缘凸起的部分叫轮缘,如图 4-16(b)所示。它的作用是引导车辆沿钢轨运行,防止车辆脱轨,保证车辆在线路上安全运行。

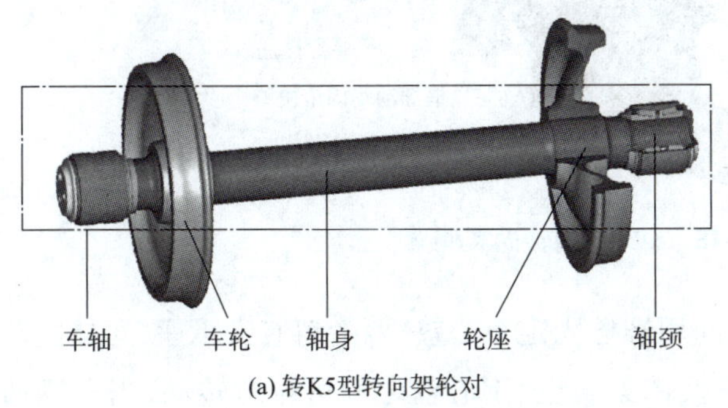

(a) 转K5型转向架轮对

(b) 车轮踏面与钢轨的接触

图 4-16 转 K5 型转向架轮对

车轴两端伸进轴箱的部分叫轴颈，用以安装轴承。轮座是压装、固定车轮的部分，也是车轴受力最大、直径最大的部分。车轴的中部为轴身。

2. 轴箱油润装置

轴箱油润装置将轮对和侧架联结在一起，并将车辆的重量传给轮对；主要作用是保护轴颈，使轴承与轴颈间得到润滑，减少摩擦，防止在高速运行条件下发生热轴，保证车辆安全运行。

铁路车辆上有两种类型的轴箱装置，即滚动轴承轴箱和滑动轴承轴箱装置。现在大量采用的是滚动轴承轴箱，如图 4-17 所示。

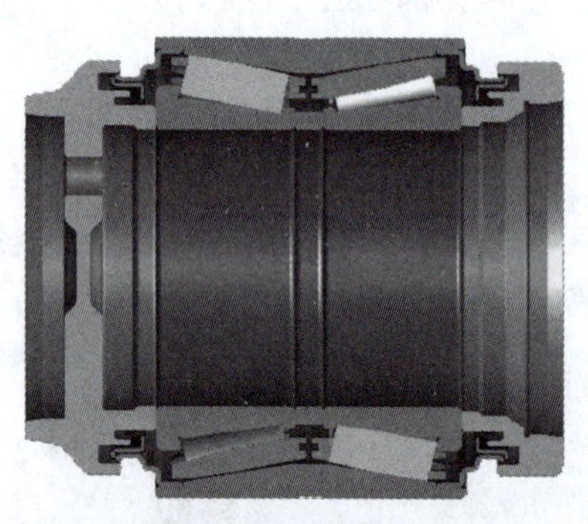

(a) 353130A紧凑型轴承轴箱

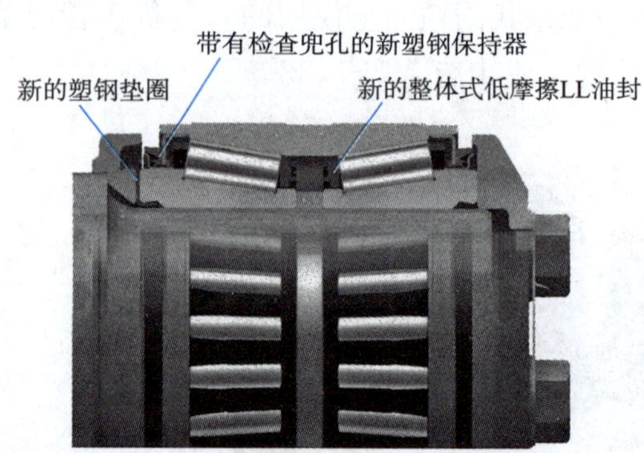

(b) 353130B紧凑型轴承轴箱

图 4-17　滚动轴承轴箱

3. 侧架、摇枕及弹簧减振装置

货车转向架的构架是由左右两个独立的侧架与摇枕组成，侧架和摇枕是货车转向架的主要部件。它不仅承受、传递各种作用力，而且把转向架各零部件组成一个整体。

(1)侧架。侧架是安装弹簧减振装置、轴箱装置及制动装置的地方。转 K5 型转向架侧架结构如图 4-18 所示。

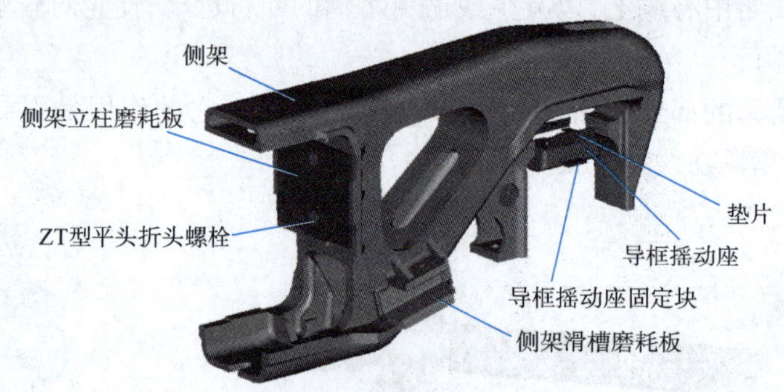

图 4-18　转 K5 型转向架侧架

(2)摇枕。如图 4-19 所示，摇枕中间用螺栓固定下心盘，两旁铸有旁承座，车体的质量和载荷通过下心盘经摇枕传给两侧的枕弹簧及侧架。上、下心盘之间可相对转动，当车辆通过曲线时，转向架可以绕心盘自由回转，减少车辆通过曲线的阻力。

(3)下心盘。下心盘装在摇枕中央，与装在车体底架枕梁中央的上心盘相对应，下心盘上

装有中心销,通过中心销与上心盘连接。下心盘如图 4-19 所示。

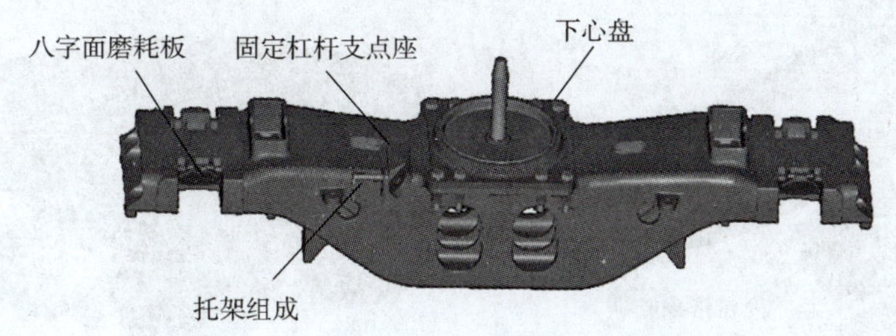

图 4-19 转 K5 型转向架摇枕及下心盘

(4)下旁承。摇枕两端各设一个下旁承,与车体底架枕梁两端的上旁承相对。上、下旁承之间不能压死,必须留有适当的空隙(游间),当车辆在线路上运行车体发生左右摇摆或通过曲线时,向下倾斜一侧的上旁承和下旁承相接触而支撑车体,从而防止车体过度摇动和倾斜。下旁承组成有常接触橡胶弹性旁承及钢弹簧弹性旁承两种形式,如图 4-20 所示。

(a) 常接触橡胶弹性旁承

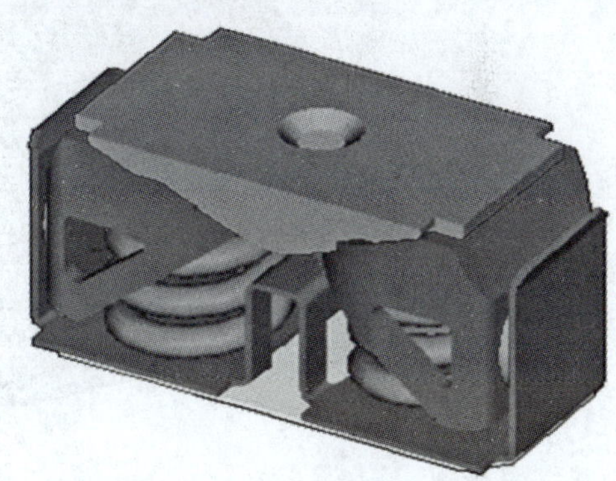

(b) 钢弹簧弹性旁承

图 4-20 转向架下旁承

(5)弹簧减振装置。弹簧减振装置的作用是缓和或消减车辆运行受到的冲击和振动。它由摇枕弹簧和减振器组成。为了更好地减轻振动,除了弹簧装置以外,还采用其他的减振设备,如我国货车转向架上采用摩擦减振器,客车转向架上采用的油压减振器,在高速客车、双层客车和地下铁道车辆转向架上还装有空气弹簧。

空气弹簧是利用装在橡胶容器中的压力空气的气体体积可变化的原理制成的,如图 4-21 所示。当橡胶容器受压时,里面的空气体积变小,外力撤销后,空气体积又恢复原状,从而达到缓和冲击和减振的作用。空气弹簧与一般刚性弹簧相比,具有良好的吸收高频振动和隔音性能以及自重小等优点,因此,在高速客车上得到应用。

如图 4-22 所示,客车转向架通常比货车转向架有更好的运行平稳性和更高的运行速度,因此,要求也更为严格,一般采用两系弹簧悬挂装置。为改善客车转向架的横向动力性能,有的采用吊杆、吊轴和弹簧托板等组成的摇动台装置。有的利用空气弹簧的横向弹性复原作用。此外,还设有减振装置,如油压减振器和空气弹簧的节流孔技术等。

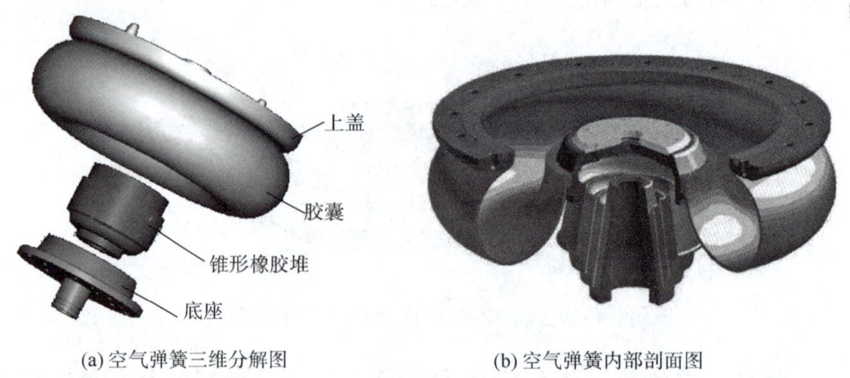

(a) 空气弹簧三维分解图　　(b) 空气弹簧内部剖面图

图 4-21　空气弹簧

图 4-22　CW200 型客车转向架(AR)

三、车钩缓冲装置

(一)车钩缓冲装置的作用

车钩缓冲装置是将车辆与车辆之间进行互相连接的装置。它具有传递和缓和列车运行中纵向力的性能,车钩缓冲装置主要安装在车体底架的两端。车钩缓冲装置应具有强度大、摘挂方便、缓冲性能良好的特点。

(二)车钩的分类

按照牵引连接装置的连接方式,可分为自动车钩和非自动车钩。自动车钩不需要人工参与就能实现连接,非自动车钩则要由人工完成车辆之间的连接。我国铁路车辆均采用自动车钩。

自动车钩按照使用材料不同,可以分为刚性车钩和非刚性车钩。

刚性车钩,也称为密接式车钩。高速列车、城市地铁和轻轨车辆的车钩缓冲装置常采用机械气路、电路均能同时实现自动连接的密接式车钩,如图 4-23 所示。

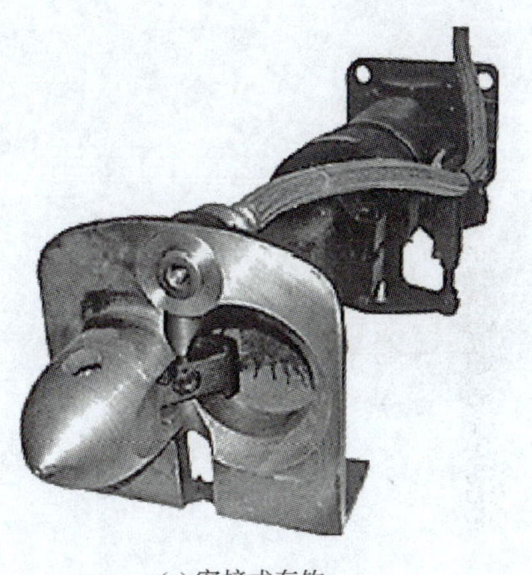
(a) 密接式车钩

(b) 密接式车钩连挂

图 4-23　密接式车钩

非刚性车钩允许两个相连接的车钩钩体在垂直方向上有相对位移,主要应用于铁路客、货车车辆。

非刚性车钩主要优点:简化了两车钩纵向中心线高度偏差较大的车辆相互连挂的条件,车钩强度大,不需要复杂的钩尾销连接结构和复杂的对心装置,车钩钩体的结构和铸造工艺较为简单。如图 4-24 所示,17 型车钩属于非刚性自动车钩。

(三)车钩缓冲装置的结构

车钩缓冲装置包括车钩、缓冲器两部分,安装在车体底架中梁的两端。车钩缓冲装置无论是承受牵引力,还是冲击力,都要经过缓冲器将力传递给牵引梁,使车辆间的纵向冲击振动得到缓和和消减,改善运行条件,保护车辆及货物不受损坏。下面以 17 型车钩为例来说明车钩的一般构造,如图 4-25 所示。

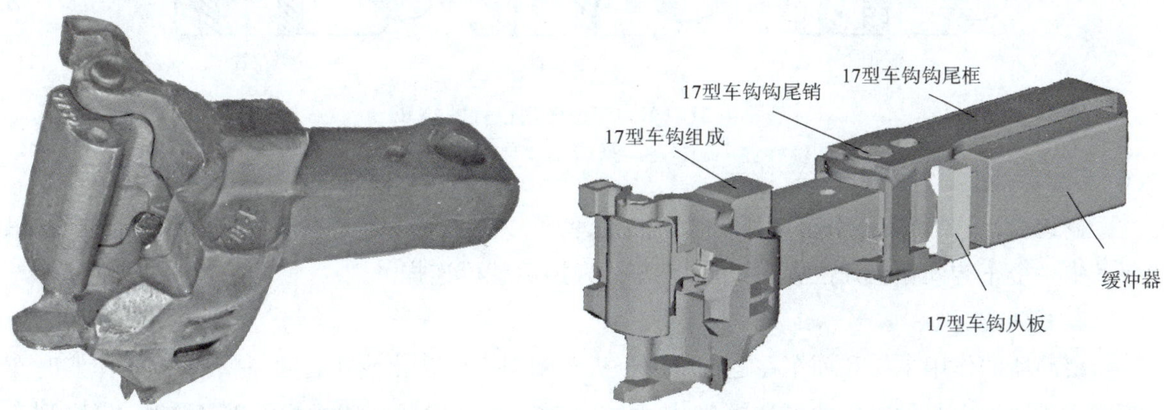

图 4-24　17 型车钩

图 4-25　17 型车钩系统组成

1. 车钩

车钩由钩头、钩身、钩尾三部分组成,钩头里装有钩舌、钩舌推铁和钩锁铁等零部件,如图 4-26 所示。

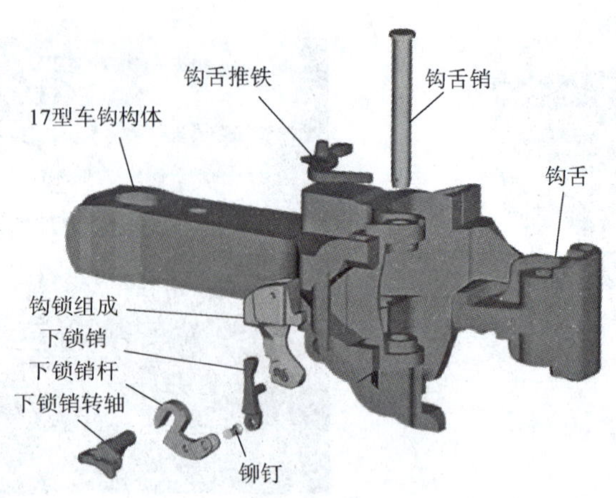

图 4-26　17 型车钩组成分解图

为了实现挂钩或摘钩,使车辆连接或分离,车钩具有以下 3 种位置:

(1)图 4-27(a)所示为锁闭位置,车钩的钩舌被钩锁铁挡住不能向外转开的位置。两个车辆连挂在一起时车钩就处在这种位置。

(2)图 4-27(b)所示为开锁位置,即钩锁铁被提起,钩舌只要受到拉力就可以向外转开的位置。

(3)图 4-27(c)所示为全开位置,即钩舌已经完全向外转开的位置。

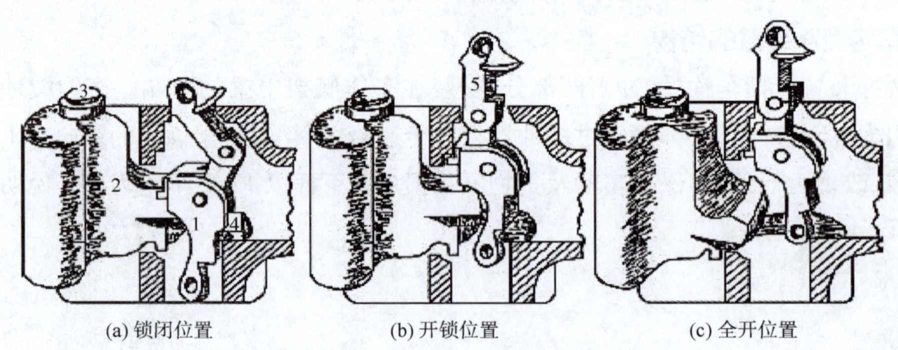

图 4-27　车钩三态作用位置图(AR)

1—钩锁铁;2—钩舌;3—钩舌销;4—钩舌推铁;5—钩提销

摘钩时,只要其中一个车钩处在开锁位置,就可以把两辆车分开。当两辆车需要连挂时,只要其中一个车钩处在全开位置,与另一个车钩碰撞后就可连挂。

2. 缓冲器

缓冲器的作用是缓和列车在运行中由于机车牵引力的变化或在起动、制动及调车作业时车辆相互碰撞而引起的纵向冲击和振动,从而减轻对车体结构和装载货物的破坏作用,提高列车运行的平稳性。

缓冲器的工作原理是借助于压缩弹性元件来缓和冲击作用力,同时在弹性元件变形过程中利用摩擦和阻尼吸收冲击能量。根据其结构特性和工作原理,可分为弹簧式缓冲器、摩擦式缓冲器、橡胶缓冲器、摩擦橡胶式缓冲器、液压缓冲器及空气缓冲器等。目前应用最广泛的为摩擦式缓冲器和摩擦橡胶式缓冲器。

客车和货车所用缓冲器不同，其中客车的缓冲器更加灵敏，稍有冲动即起缓冲作用。

(1)客车缓冲器。我国铁路客车上主要采用的缓冲器是摩擦式缓冲器，型号有1号缓冲器、G1型缓冲器及弹性胶泥缓冲器。

①1号缓冲器。1号缓冲器曾普遍用于客车，如图4-28所示。其弹簧盒内分为前后两半，中间由弹簧座板相隔；前部装有双卷螺旋弹簧；后部由6个外环弹簧、5个内环弹簧及2个半环弹簧组成。1号缓冲器由的优点是灵敏性好，缺点是维修工作量大、使用寿命短，目前已基本停止使用。

②G1型缓冲器。G1型缓冲器是在1号缓冲器基础上开发出来的，可用于双层客车和扩编旅客列车，如图4-29所示。它只是将弹簧的材料做了改进，并适当改变了一些结构尺寸，扩大了缓冲器的行程(最大变形量)，提高了其抵抗冲击力的容量。

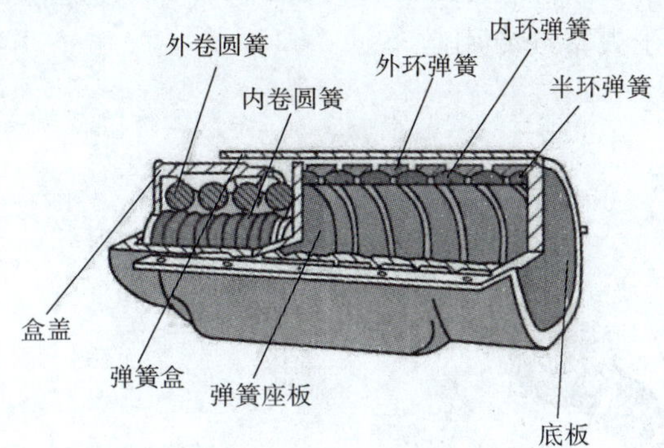

图4-28 1号缓冲器

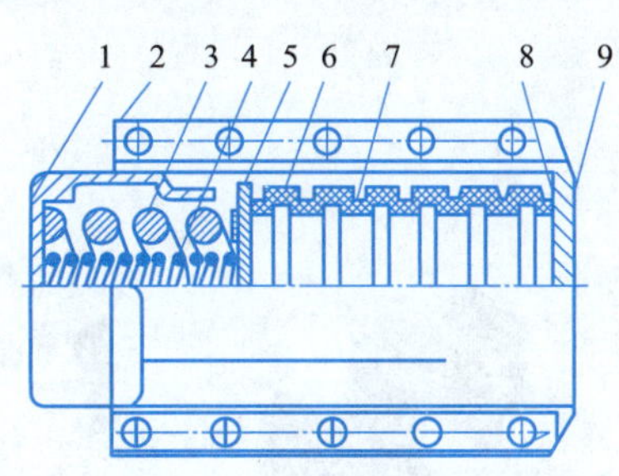

图4-29 G1型缓冲器

1—弹簧盒盖；2—弹簧盒；3—外圆弹簧；4—内圆弹簧；5—弹簧座；6—外环弹簧；7—内环弹簧；8—半环弹簧；9—底板

③弹性胶泥缓冲器。弹性胶泥缓冲器在第五次大提速的25T型客车上曾经使用过弹性胶泥缓冲器。其起缓冲作用的关键部件是弹性胶泥芯子(如图4-30所示)，缓冲器通过胶泥芯子的往复运动吸收能量，弹性胶泥还可通过阻尼孔产生摩擦而耗散能量。

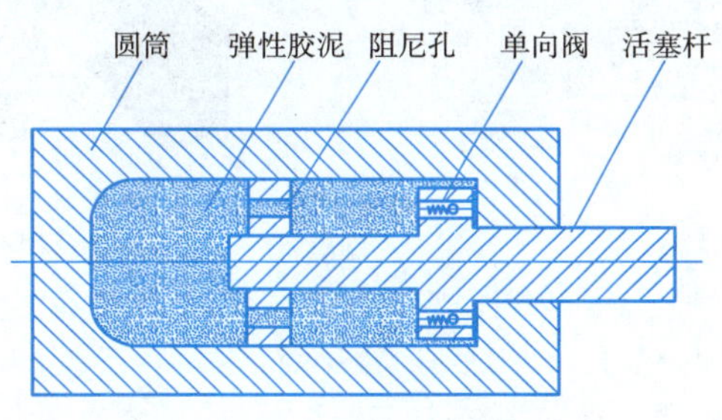

图4-30 弹性胶泥芯子结构

(2)货车缓冲器。我国货车上采用的摩擦式缓冲器有2号及3号缓冲器；全钢干摩擦式弹簧缓冲器型号为ST型缓冲器；弹簧摩擦式缓冲器型号为MT-2型与MT-3型缓冲器；摩擦橡胶缓冲器型号为MX-1和MX-2型橡胶缓冲器；弹性胶泥缓冲器型号为HM-1型缓冲器。

①2号缓冲器。如图4-31所示，其结构上的主要区别在于盒内前部的螺旋弹簧也改用环弹簧代替，但为保持一定的灵敏性，前部环弹簧的外径和断面厚度较后部的环弹簧较小，而且其中有两个内环开有切口。

②ST型缓冲器。如图4-32所示，由箱体、1个推力锥、3个摩擦楔块、1个限位垫圈、1个内

圆弹簧、1个外圆弹簧、拉紧螺栓及螺母等组成。

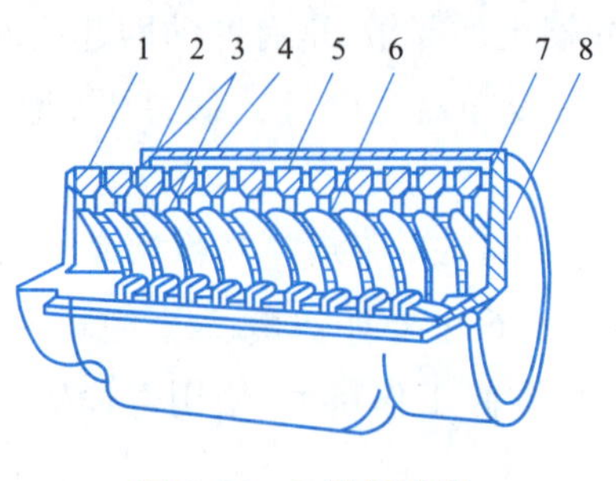

图4-31　2号缓冲器

1—盒盖;2—弹簧盒;3—开口内环弹簧;4—小外环弹簧;
5—大外环弹簧;6—内环弹簧;7—半环弹簧;8—底板

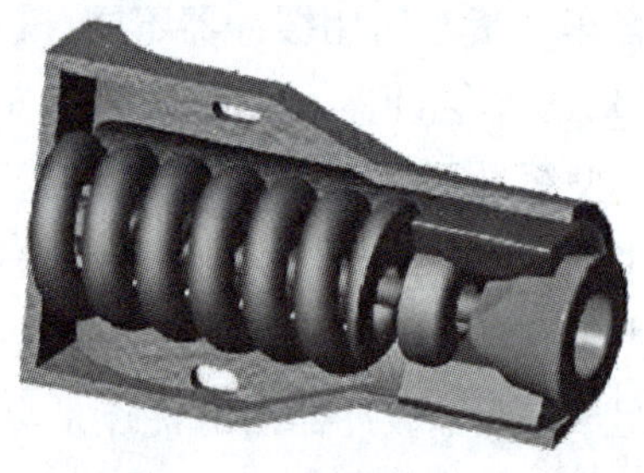

图4-32　ST型缓冲器

③MT-2型缓冲器。如图4-33所示,MT-2型缓冲器由我国仿照国外先进缓冲器结构研制并批量生产,它是新一代大容量通用货车缓冲器,用于大秦线专用敞车。

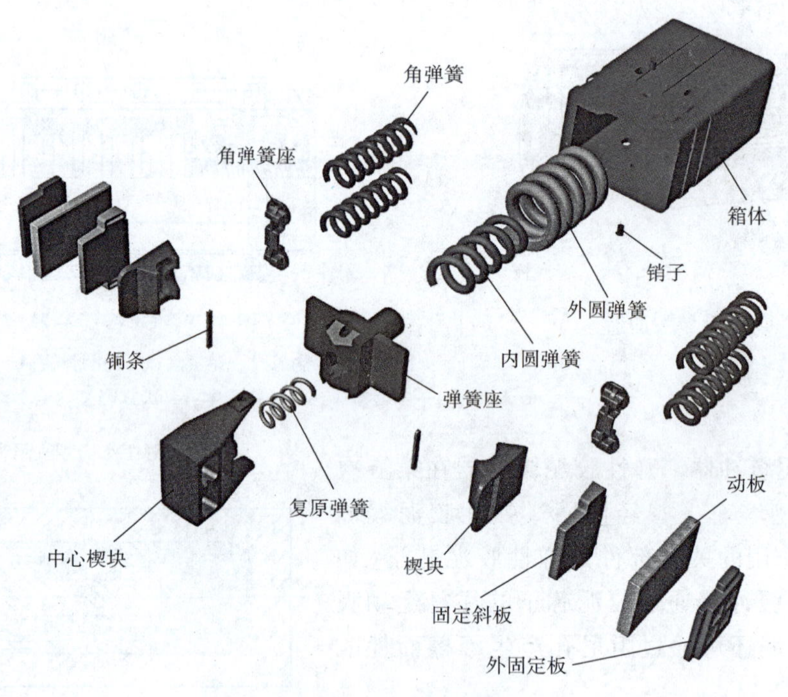

图4-33　MT-2型缓冲器

④MX-1型缓冲器。MX-1型缓冲器借助橡胶分子内摩擦和弹性变形起到缓和冲击、消耗能量作用。如图4-34所示,其特点是容量大,可达35 kJ以上;性能良好,能量吸收率高达90%;结构简单、成本低、检修容易。缺点是橡胶性能不稳定,易老化,箱体易破裂。

⑤HM-1型缓冲器。如图4-35所示,新型摩擦胶泥缓冲器由箱体、摩擦机构和弹性元件组成。HM-1缓冲器缓冲能力强,可满足一般干线开行5 000 t重载列车和10 000 t重载组合列车、大秦线开行10 000 t重载单元列车和20 000 t重载组合列车的使用要求。

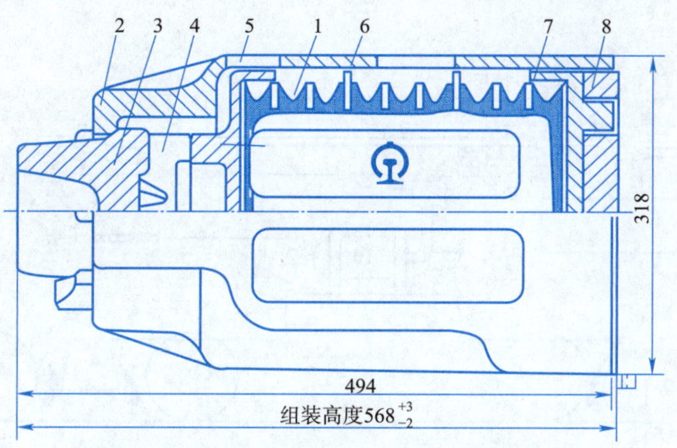

图 4-34　MX-1 型缓冲器(单位:mm)
1—橡胶片组成;2—箱体;3—压块;4—楔块;5—预隔板;
6—中隔板;7—底隔板;8—底板

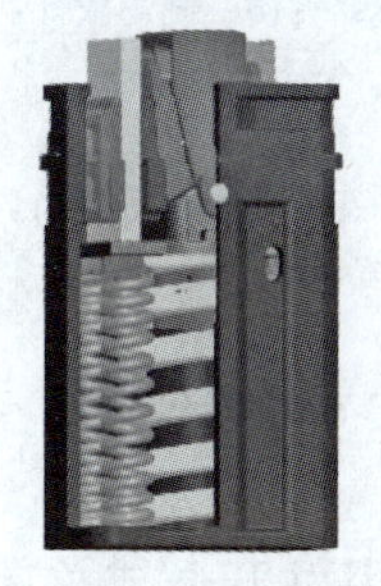

(a) HM-1型缓冲器结构图

(b) HM-1型缓冲器实物图

图 4-35　HM-1 型缓冲器

四、制动装置

制动装置是通过压缩空气或人力推动基础制动装置,使闸瓦或闸片压紧车轮,从而保证高速运行中的列车能按需要实现减速、在规定的距离内实现停车或防止静止的车辆溜走,以确保行车安全。制动装置一般由空气制动机、手制动机、基础制动装置及紧急制动装置等部分组成。

(一)空气制动机

空气制动机是以压缩空气为动力的制动机,也是目前世界各国广泛采用的制动机,我国机车车辆上都装有空气制动机。目前,货车用空气制动机主要有 GK 型、103 型和 120 型,客车用空气制动机主要有 104 型和 F8 型。

1. 空气制动机的组成

如图 4-36 所示,列车空气制动机的部件,一部分装在机车上,另一部分装在车辆上。装在机车上的有空气压缩机、总风缸、给风阀和自动制动阀等,由空气压缩机产生的压缩空气存储在总风缸内,列车中车辆的制动与缓解作用,由机车司机操纵自动制动阀来实现。

装在车辆上的空气制动机的各主要部件及其作用如下。

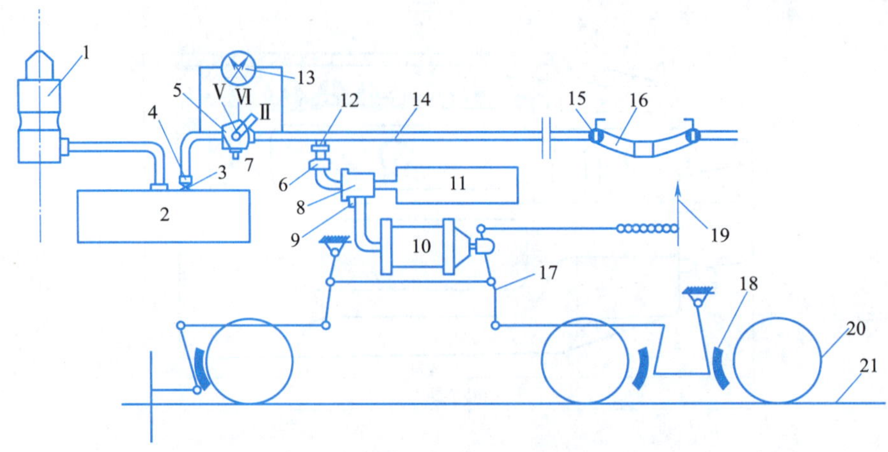

图 4-36　列车空气制动系统的组成

1—空气压缩机；2—总风缸；3—总风缸管；4—给风阀；5—自动制动阀；6—远心集尘器；7—制动阀排气口；8—三通阀（分配阀或控制阀）；9—三通阀（分配阀或控制阀）排气口；10—制动缸；11—副风缸；12—截断塞门；13—双针压力表；14—制动管；15—折角塞门；16—制动软管；17—基础制动装置；18—闸瓦；19—手制动装置；20—车轮；21—钢轨

(1)制动管：安装在车体底架下面，传送压缩空气贯通全车。制动管两端装有折角塞门和制动软管，并用软管连接器与临车软管相连。

(2)折角塞门：安装在各车辆制动主管两端，用以开通或关闭制动主管与制动软管之间的压缩空气通路，以便安全摘挂机车和车辆。

(3)截断塞门：安装在制动支管上远心集尘器的前方，用以开通或关闭制动支管的空气通路。

(4)远心集尘器：安装在制动支管上截断塞门和三通阀之间，用来清除制动主管压缩空气中带来的灰尘、水分、铁锈等杂质，保证清洁的压缩空气送入三通阀（分配阀或控制阀）等机件。

(5)三通阀（分配阀或控制阀）：它连接制动支管、副风缸和制动缸，根据制动管内空气压力的变化来控制压缩空气的通路，使制动机起制动、保压或缓解作用。

(6)副风缸：是存储压缩空气的容器。制动时，作为风源将压力空气经三通阀（分配阀或控制阀）充入制动缸，使制动机产生制动作用。

(7)制动缸：如图 4-37 所示，制动时，压缩空气进入制动缸，将活塞杆推出，把空气的压力转变为机械推力，然后通过基础制动装置使闸瓦紧抱车轮而起制动作用。缓解时，活塞杆缩回制动缸内。

2. 新型空气制动机

为了适应车辆向大吨位、高速度方向发展，空气制动机中的三通阀已不能适应铁路运输事业发展的需要。为此，我国铁路已大量生产、装用新型空气制动机。新型空气制动机除增设一个工作风缸，用空气分配阀代替三通阀外，其余部分和上述空气制动机基本相同，如图 4-38 所示。

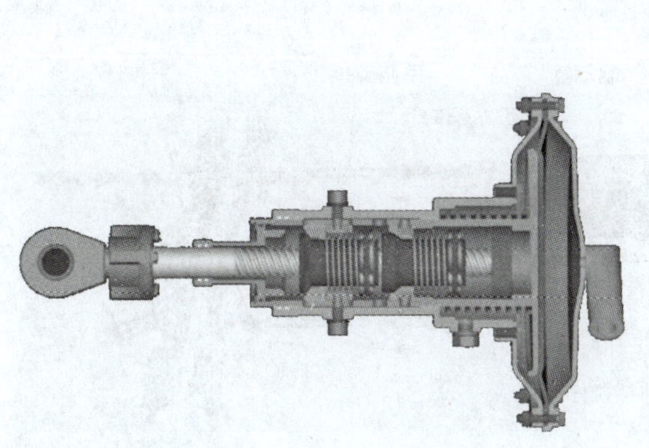

图 4-37 制动缸原理(AR)

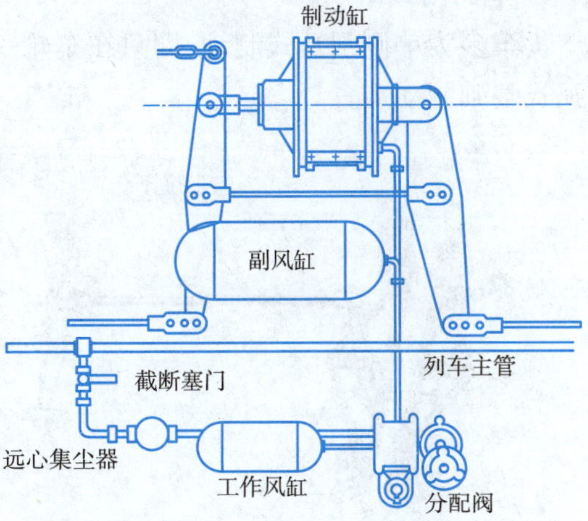

制动缸
副风缸
列车主管
截断塞门
远心集尘器
工作风缸
分配阀

图 4-38 新型空气制动机

(二)手制动机

在每辆车辆的一端,都装有一套手制动机,如图 4-39 所示,可以用人力来使单节车辆或车组减速或停车。

我国铁路货车上多用链式手制动机,它结构简单、操纵灵活、制动力强。当进行手制动时,可将手制动轮按顺时针方向转动,使制动链绕在轴上,拉动制动杠杆,就如同空气制动机中制动缸活塞杆向外推动一样,使闸瓦紧压车轮而产生制动作用。

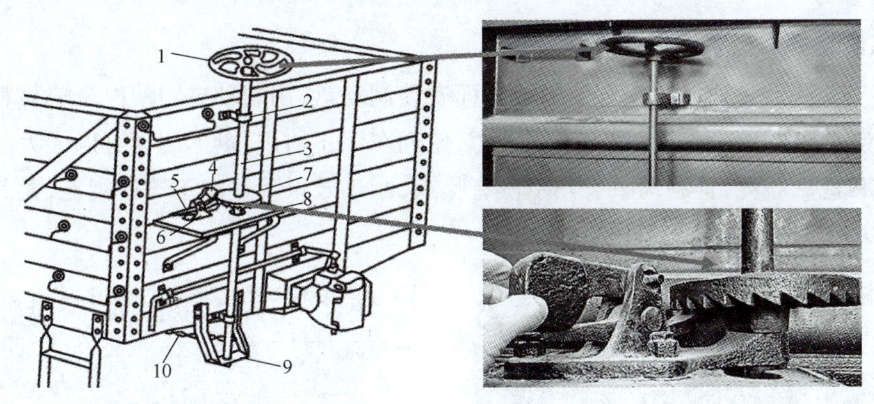

图 4-39 手制动机

1—手制动手轮;2—手制动轴导架;3—手制动轴;4—棘子锤;5—棘子;6—棘子托;7—棘轮;8—踏板;9—手制动轴托;10—手制动链

(三)基础制动装置

基础制动装置是指从制动缸活塞推杆到闸瓦之间所使用的一系列杠杆、拉杆、制动梁、吊杆等各种零部件所组成的机械装置,其中一部分设在转向架上。基础制动装置是利用杠杆原理,将空气制动机或手制动机产生的力量扩大适当倍数,再均衡地向各个闸瓦传力。按设置在每个车轮上的闸瓦块数及其作用方式,可分为单侧闸瓦式、双侧闸瓦式、多闸瓦式和盘形制动基础制动装置等。

1. 单侧闸瓦式制动

货车多为单侧闸瓦式制动,即只在车轮一侧设有一块闸瓦。图 4-40 所示为四轴货车单侧闸瓦式基础制动装置。

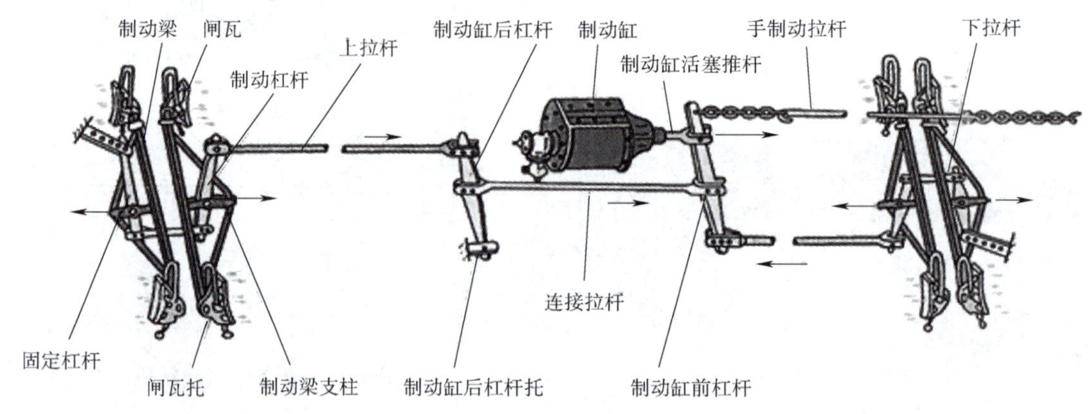

图 4-40　货车基础制动装置布置及制动力传递图

2. 双侧闸瓦式制动

客车多为双侧闸瓦式制动,如图 4-41 所示,在制动时闸瓦压紧车轮踏面,从而将列车运动的动能转换为摩擦热能消散于大气,达到列车减速或停车的目的,但是,在摩擦过程中,闸瓦温度很高,可达到 400 ~ 450 ℃,这样就会产生踏面磨耗、裂纹或剥离,既影响使用寿命也影响行车安全。

3. 盘形制动

如图 4-42 所示,车轴上或在车轮辐板侧面安装制动盘,用制动夹钳使以合成材料制成的两个闸片紧压制动盘侧面,通过摩擦产生制动力,使列车停止前进,盘形制动可以大大减轻车轮踏面的热负荷和机械磨耗,且制动平稳几乎没有噪声,制动效果明显高于铸铁闸瓦,尤其适用于时速 120 km 以上的高速列车。

图 4-41　双侧闸瓦式基础制动装置

图 4-42　盘形制动转向架

(四)紧急制动装置

如图 4-43 所示,在铁路客车车厢端部,有标明"危险！ 请勿动！"的红色手把,这就是"紧急制动阀"。拉下后,制动管风表就会指示到 0 MPa(列车开动时,制动管风表和总风管风表的指示都为 600 MPa),列车将紧急停下。

《铁路技术管理规程(普速铁路部分)》明确指出,车辆乘务员、客运乘务组等列车乘务人员发现危及行车和人身安全情形时,应使用紧急制动阀(紧急制动装置)停车。例如:车辆燃轴或重要部件损坏;列车发生火灾;有人从列车上坠落或线路内有人死伤等。铁路行车部门规定,列车行驶中,在一般情况下只有列车长、乘警、检车乘务员才有权使用紧急制动阀,且必须严格按照规章标准进行操作,旅客随意拉阀的后果不堪设想。

图 4-43 紧急制动阀

五、车内设备

如图 4-44 所示,车内设备是指能良好地为运输对象服务而设于车体内的一些固定附属装置。如客车内的座席、卧铺、茶桌、行李架、给水、卫生、取暖、通风、照明、空调及各种电气设备和供电装置。货车由于类型不同,内部设备也因此千差万别,一般来说比客车简单,如棚车中的拴马环、床托,冷藏车中装设的制冷设备等。

(a) 客车内洗漱台

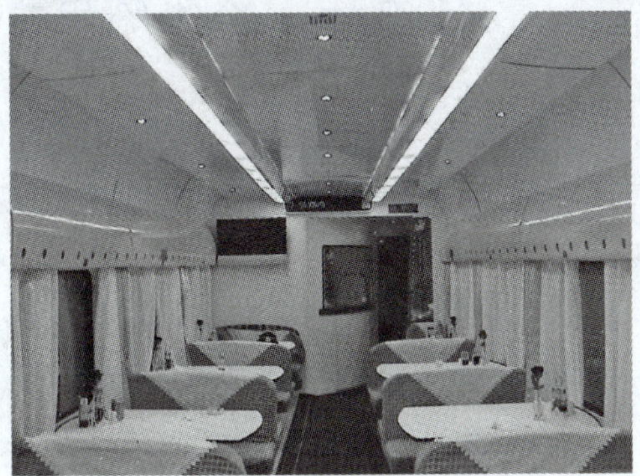

(b) 客车餐车车厢内设备设施

图 4-44 车内设备

任务实施

(1)观察任务引入视频中客车车辆总体结构,识别客车车辆组成结构名称。

(2)查找任务引入视频中车体所在位置,识别车体组成。

(3)查找任务引入视频中转向架所在位置,识别转向架组成。

(4)查找任务引入视频中车钩缓冲装置所在位置,识别车钩缓冲装置组成。

(5)查找任务引入视频中制动装置所在位置,识别制动装置组成。

(6)查找任务引入视频中车内设备所在位置,识别车厢内车内设备。

任务评价

任务评价表见表 4-2。

表 4-2　任务评价表

序号	评价内容	评价标准	分数	评分记录		
				学生自评	组间互评	教师评分
1	车辆基本构造识别	客车车辆基本构造每少一项扣 5 分，满分 25 分	25			
2	车辆车体结构识别	1. 无法指出车体位置的，扣 5 分 2. 无法说明车体组成的，扣 10 分	15			
3	车辆转向架结构识别	1. 无法指出转向架位置的，扣 5 分 2. 无法说明转向架组成的，扣 10 分	15			
4	车辆车钩缓冲装置结构识别	1. 无法指出车钩缓冲装置位置的，扣 5 分 2. 无法说明车钩缓冲装置组成的，扣 10 分	15			
5	车辆制动装置结构识别	1. 无法指出制动装置位置的，扣 5 分 2. 无法说明制动装置组成的，扣 10 分	15			
6	车辆车内设备识别	指出至少 3 种车辆内部设施，每少一项扣 5 分	15			
总分			100			

任务三　认知铁路车辆的标记、参数及尺寸

任务引入

请通过立体书城 App 扫描图 4-45，仔细观察视频中车辆，并分析该车车型标识、性能参数及检修信息含义。

图 4-45　客车车辆检修标记及参数(AR)

任务描述

为了便于对客车、货车的运用和管理，车辆指定部位均被涂打用于标明车辆配属、用途、编号、主要参数、方向、位置等的文(数)字和代号等车辆标记，还有便于车辆计划预防修的检修标记等。准确识别车辆标记、参数及尺寸等信息，是铁路从业人员应具备的基本能力之一。

一、车辆标记

车辆标记一般分为车型车号标记、运用标记、产权标记、检修标记、制造标记五类。

(一)车种、车型和车号标记

1. 客车车种、车型和车号标记

(1)客车车种。客车车种是指按客车座别或使用特征对铁道客车进行的分类。例如:硬座车、软卧车、餐车等。车种代码由客车车种基本代码构成,结构如图4-46所示。

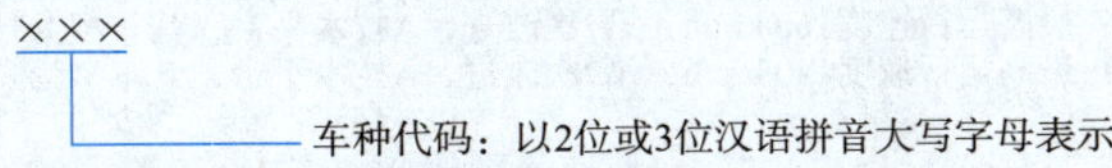

图4-46 客车车种代码结构

车种基本代码按照车辆的座别和使用特征确定,客车车种基本代码及名称见表4-3。合造车的车种代码由组成合造车的车种基本代码组合而成。

表4-3 客车车种基本代码及名称

序号	车种名称	车种基本代码
1	软座车	RZ
2	硬座车	YZ
3	软卧车	RW
4	硬卧车	YW
5	行李车	XL
6	邮政车	UZ
7	餐车	CA
8	空调发电车	KD
9	公务车	GW
10	医疗车	YL
11	卫生车	WS
12	试验车	SY
13	维修车	WX
14	特种车	TZ
15	救援车	JY
16	文教车	WJ
17	工具车	GJ
18	市郊车	SJ
19	观光车	GG
20	轨检车	DJ
21	双层硬座	SYZ
22	双层软座	SRZ
23	双层硬卧	SYW
24	双层软卧	SRW
25	双层餐车	SCA

例如:行李邮政车的车种代码为XU,软硬座车的车种代码为RYZ。

(2)客车车型。客车车型是指按车辆速度特征及产品定型或局部改进的时间顺序赋予铁道客车的分类。客车车型代码由速度特征代码、变型代码和技术平台代码构成,代码结构如图4-47所示。

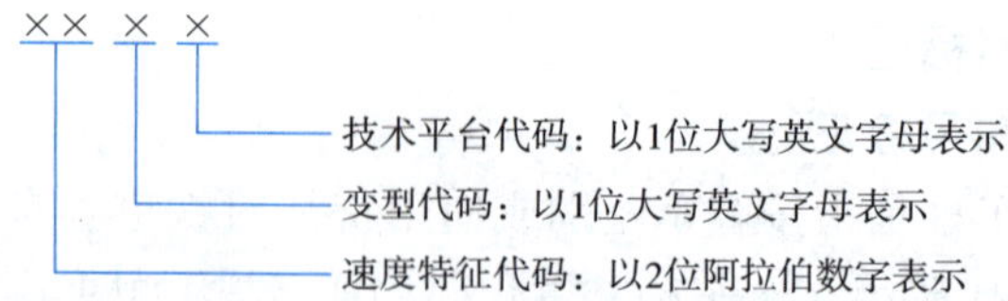

示例1：最高运行速度160 km/h，首次定型，A技术平台，其车型为16AA。
示例2：最高运行速度160 km/h，第1次改进，A技术平台，其车型为16BA。
示例3：最高运行速度120 km/h，第2次改进，A技术平台，其车型为12CA。

图4-47　客车车型代码结构

速度特征代码以客车最高运行速度(单位为km/h)的百位和十位阿拉伯数字表示,速度特征代码见表4-4。

表4-4　速度特征代码示例

最高运行速度(km/h)	速度特征代码
120	12
140	14
160	16
200	20

同一速度级客车发生改进时用变型代码表示,按变型先后顺序依次选用英文字母A～Z,首次定型的原型车变型代码为A,字母I、O不使用。

(3)客车车号。每辆客车应具有唯一车号。如客车中的硬座车起讫号码为300000～499999,硬卧车起讫号码为600000～799999。

2. 货车车种、车型和车号标记

(1)货车车种。货车车种是指按货车的形状特征和所装运货物的特征或车辆的技术特征划分的货车种类。货车车种编码原则上按货车车种名称的汉语拼音的第1个大写字母表示。货车车种的具体编码见表4-5。

表4-5　货车车种代码

车种名称	车种编码	车种名称	车种编码	车种名称	车种编码
敞车	C	冷藏车	B	集装箱专用车	X
棚车	P	粮食车	L	小汽车专用车	SQ
平车	N	毒品车	W	汽车驮背专用车	QT
罐车	G	水泥车	U	长大货物车	D
漏斗车	K	家畜车	J	特种车	T

(2)货车车型。货车车型是指表征车种和车辆用途、技术特征、结构特征等的字母和数字组合。货车车型采用大写汉语拼音字母和阿拉伯数字编码,由车种编码、辅助编码1、辅助编码

2、载重级别或速度级别或顺序序列、定型序号、转向架编码等组成。可无辅助编码1、辅助编码2、定型序号、转向架编码。具体表示如图4-48所示。

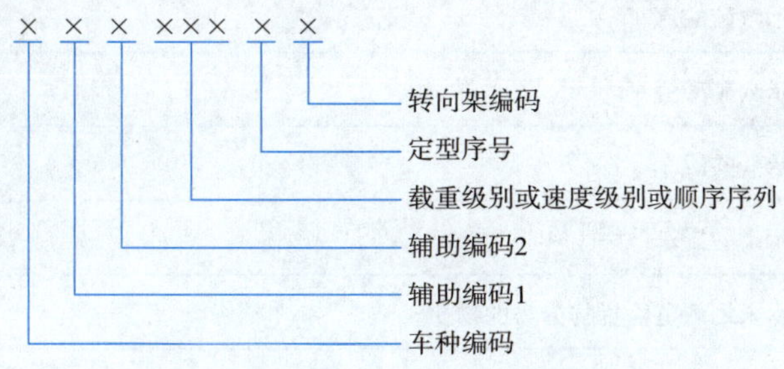

图4-48　货车车型代码结构

辅助编码1，用于区分货车的不同用途或特殊结构，具体编码见表4-6。

表4-6　辅助编码1

货车车种	辅助编码1	含义	货车车种	辅助编码1	含义
平车	X	集装箱	罐车	Q	轻油类
	P	带活动棚		N	黏油类
	J	铺架机组车辆		S	酸类
	A	凹底平车		J	碱类
漏斗车	M	煤炭		L	沥青类
	Z	石砟		W	食品类
	S	石灰石		H	其他化工类
	T	铁矿石		Y	压力
	L	熟料		F	粉状货物
	F	自翻	冷藏车	H	货物
长大货物车	N	平		F	发电
	Q	钳夹	特种车	G	罐
	A	凹底		P	棚
	K	落下孔		B	保温
	F	机身运输	—	—	—
	L	运梁	—	—	—

辅助编码2，用于区分酸类罐车、化工类罐车、压力罐车、粉状货物罐车、食品类罐车等车型的不同用途，具体编码见表4-7。

表4-7　辅助编码2

辅助编码2		含　义
压力罐车	A	表示第2.1项易燃气体
	B	表示第2.2项非易燃无毒气体
	C	表示第2.3项毒性气体
	D	表示液体，装运该类液体的压力罐车受《移动式压力容器安全技术监察规程》的监察

续表

辅助编码 2		含　义
酸类罐车	—	表示浓硫酸罐车
	A	表示浓硝酸罐车
	B	表示盐酸罐车
	C	表示磷酸罐车
化工类罐车	—	表示未划入危险货物分类的物质
	A	表示第 3 类易燃液体
	B	表示第 4 类易燃固体、易于自燃的物质、遇水放出易燃气体的物质
	C	表示第 5 类氧化性物质和有机过氧化物
	D	表示第 6 类有毒物质和感染性物质
	E	表示除强酸、强碱外的第 8 类腐蚀性物质
	F	表示第 9 类杂项危险物质和物品
食品类罐车	—	表示食用油等需要加热的食品类物质
	A	表示牛奶等需要保洁的食品
粉状货物罐车	—	表示氧化铝粉
	M	表示煤粉

注:“第 2. ×项”、“第×类”为《铁路危险货物品名表》中的分项。

(3)货车车号。货车车号编码采用 7 位阿拉伯数字,每一辆货车应有唯一的车号。货车中的棚车 P70 起讫号码为 3800000 ~ 3899999,敞车 C80、C80H、C80A、C80AH、C80C、C80CA 起讫号码为 4370000 ~ 4399999,平车 NX70、NX70A 起讫号码为 5450000 ~ 5499999。

(二)运用标记

运用标记是铁路运输部门如何运用车辆的依据。

1. 自重、载重及容积

自重为空车时车辆本身的质量,以 kg 为单位,保留一位小数;载重即车辆允许的最大装载质量,以 kg 为单位;容积是货车内部可容纳货物的体积,以车体内部长、宽、高的乘积表示。

2. 车辆全长及换长

车辆全长指车辆两端的车钩在闭锁位置时,两钩舌内侧面之间的距离。换长是为了编组列车时统计工作的方便,将车辆全长换算成辆数来表示的长度,换算时以长度 11 m 为计算标准。

$$换长 = \frac{车辆全长(m)}{11(m)}$$

3. 车辆定位

设置车辆定位就像数学上给定坐标系一样,便于在设计、制造、检修、运用中确定同类型零

部件在车辆中的位置。车辆的定位一般以制动缸活塞杆推出的方向为一位，相反的方向为二位，如图 4-49 所示，并在车上规定的部位涂刷上方位标志。

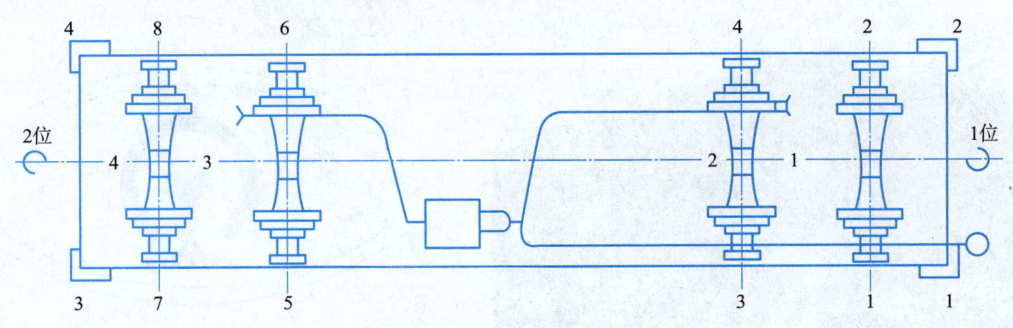

图 4-49 车辆方位图

4. 货车结构特殊标记

(MC) 表示该车辆各部分符合国际联运的要求，可以参加国际联运。

表示禁止通过机械化驼峰的货车。

(人) 表示具有车窗、床托等的棚车，可以运送人员。

(古) 表示具有拴马环或其他拴马装置的货车。

(卷) 表示凡装有牵引钩的货车，必须在 1、4 位牵引钩上方涂打该标记。

(特) 表示可装运坦克及其他重量较大的特殊货物的车辆。

(关) 表示部分平车的活动侧墙放下时超出机车车辆限界，装卸货物后，必须关好侧墙板，以保证行车安全。

(超) 表示货车车体的部分超过机车车辆限界，但未超出规定。

5. 运用特殊标记

在部分车辆上还涂打有各种运用特殊标记，如毒品标记、罐车装载货物品名标记、“进气压力”标记、“危险”及色带标记。长大货物车涂打“限速”和“限制曲线半径”标记。在部分货车上涂打货车新产品试运期间试验标记；紧急制动阀手把旁安装“危险请勿动”铭牌；在客车上还装有各种不同的使用标记等。

（三）产权标记

1. 国徽

凡参加国际联运的客车须在侧墙外中部悬挂国徽。

2. 路徽

凡产权归国铁集团的车辆均应在侧墙或端墙适当的部位涂刷路徽，如图 4-50(a)所示。对于货车还应在侧梁适当部位安装产权牌，如图 4-50(b)所示。其他国家或公司所属的铁道车辆也有各自的标志。参加国际联运的货车虽无国徽，一旦离开产权所有国，可凭路徽标志回送至产权国而不会混淆使用。

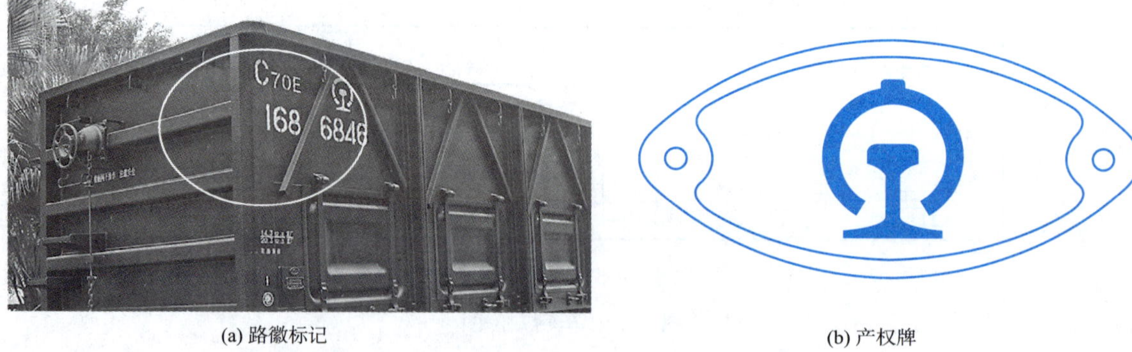

(a) 路徽标记　　(b) 产权牌

图 4-50　产权标记

3. 路外厂矿企业自备车辆的产权标志

路外厂矿企业的自备车因运送货物或委托路内厂、段检修而需要在正线上行驶时，一般在侧墙上或其他相应部位用汉字涂打上“××企业自备车”字样。

4. 配属标记

所有客车以及个别有固定配属的货车，必须涂刷上所属局、段的简称。如配属给中国铁路北京铁路局集团有限公司北京车辆段的客车应涂打“京局京段”字样的配属标记。

对于货车，凡有指定使用区间和要求回送或指定配属的专用货车，在车体两侧中部应涂打配属标记。例如：“某站—某站间专用”“运用后返回某站”“某单位专用车”等。

(四)检修标记

检修标记是便于车辆计划预防修制度执行与管理的标记，即厂修、段修及辅修标记等。它记下本次修程、类型及检修责任单位，货车检修标记提醒下一次同类修程应在何时进行，且车辆一旦发生重大行车事故，可借此追查与车辆检修有关的责任单位及责任者。

1. 货车检修标记

货车厂修、段修期按年、月，辅修期按月、日涂打；下次修程到期日期，均须按段修竣工的翌月或翌日起算。

保留辅修的铁路货车，根据段修周期涂打相应的辅修标记，辅修周期为 6 个月。本级修程下次检修到期时间标记须与上级修程的到期时间标记相对应，即经本级修程的若干个检修周期后，最后到期时间须与上级修程到期时间相同，下次段修周期延长或缩短时，相应调整第一次或最后一次辅修周期使之与上级修程到期时间对应。

按走行公里结合时间检修的铁路货车 A 级修、B 级修标记如图 4-51 所示。

A	A 级修　年　月　日	A 级修单位简称
B	B 级修　年　月　日	B 级修单位简称

图 4-51　A 级修、B 级修标记示意图

2. 客车检修标记

如图4-52所示，客车修程分为A4、A3、A2、A1，其中A1属于辅修，A2、A3属于段修，A4属于厂修。

A1	22-6-15	广广
A2	21-6-18	广广
A3	19-7-20	广广
A4	15-7-30	长客

图4-52 客车定检标记

（五）制造标记

新造客车、货车应安装金属的制造厂铭牌，其内容包括制造厂名和制造年份，式样由制造单位确定，货车安装在侧梁（或中梁）的二位或三位，客车安装在车体二位或三位脚蹬上，如图4-53所示。

图4-53 客车制造标记

二、车辆主要技术参数

车辆的技术参数是指车辆技术规格的某些指标，如图4-54所示，该参数是从总体上表示车辆性能及结构的一些数字。车辆的主要技术参数一般包括性能参数和主要尺寸。

图4-54 车辆的主要技术参数

客车和货车主要技术参数比较见表4-8和表4-9。

表4-8 客车主要技术参数比较示例

参 数	YZ25G	YZ25K	YZ25T
最高运行速度(km/h)	120	160	160
轴重(t)	≤17	≤16.5	≤15.5
自重(t)	48.1	48.8	60.7
车体长度(mm)	25 500	25 500	25 500
车辆长度(mm)	26 576	26 576	26 576
车辆宽度(mm)	3 105	3 105	3 105
车辆高度(mm)	4 433	4 433	4 433

表4-9 货车主要技术参数比较示例

参 数	C70/C70H	P70/P70H	N17G
最高运行速度(km/h)	120	120	100
轴重(t)	23	23	20.4
自重(t)	≤23.8	≤24.6	20.7
载重(t)	70	70	60
容积(m^3)	77	145	—
自重系数	0.34	0.35	0.35
每延米载重(t/m)	6.71	5.5	5.8
车辆长度(mm)	13 976	17 066	13 938
车辆宽度(mm)	3 242	3 300	3 176
车辆高度(mm)	3 143	4 770	1 937

(一)性能参数

1. 自重

空车时,车辆自身具备的质量称为车辆的自重,即车体和转向架本身结构,以及附于其上的所有固定设备和附件质量之和。在保证车辆具有足够的强度、刚度情况下,车辆的自重越小越经济。

2. 载重

车辆标记中所注明的货物、旅客和行李包裹的质量(包括整备品和乘务人员的质量)称为车辆的载重,即车辆所允许的最大装载量,它表明车辆的装载能力。

3. 总重

车辆的自重与载重之和称为车辆的总重。对不装运货物、旅客和行李物品的车辆是指自重与整备品和乘务人员的质量之和。

4. 自重系数

货车的自重系数为货车自重与额定载重之比值,客车的自重系数为客车自重与定员数之比值。

自重系数是表明车辆技术经济合理性的一个重要指标,在保证车辆的强度、刚度和使用寿命的条件下，自重系数越小就越经济，对客车来说，还应在考虑旅客的安全、舒适和车内卫生条件的同时，力求降低自重系数。

例如，C64 型敞车载重 61 t，自重 22.5 t，则自重系数 = 22.5/61 ≈ 0.37。

5. 容积

车辆内部可容纳货物的体积称为车辆的容积。一般以车辆内部的长 × 宽 × 高（长度单位为 m）表示。罐车以 m^3（空气包容积除外）表示。

6. 比容积

货车容积与额定载重的比值称为比容积，也即货车每吨载重量所占有的货车容积。计算公式为

$$比容积 = \frac{容积}{载重}$$

若车体容积过大，在装载比重大的货物时，车体容积不能得到充分利用。反之，若车体容积过小，在装载比重小的货物时，载重量又得不到充分利用。因此，要适应装载不同的货物，合理地设计车体容积是十分重要的。

例如，P61 型棚车载重 60 t，容积为 120 m^3，则其比容积是 2 m^3/t。

7. 比面积

货车地板面积与额定载重的比值称为货车比面积，计算公式为

$$比面积 = \frac{地板面积}{载重}$$

比面积表示货车平均每吨载重量所占的地板面积，这个指标主要用于平车的设计。

8. 最高试验速度

最高试验速度是指车辆设计时，按安全及结构强度等条件所允许的车辆最高行驶速度。

9. 最高运行速度

除满足上述安全及结构条件外，还必须满足连续以该速度运行时车辆有足够良好的运行性能。以往常用“构造速度”作为参数，因其概念不够明确，现多以“最高试验速度”和“最高运行速度”来替代它。

10. 轴重

轴重并不是指车轴本身的质量，而是车辆总重（自重 + 载重）与轴数之比，也就是车辆每一轮对加于轨道的重力。计算公式为

$$轴重 = 车轴允许担负的最大质量 + 轮对自重$$

四轴车辆轴重计算公式为

$$轴重 = \frac{自重 + 载重}{4}$$

轴重值一般不允许超过铁道线路及桥梁所容许的数值。线路容许轴重则与钢轨型号、每千米线路上铺设的枕木数量、线路上部结构的状态，以及列车的运行速度有关。

11. 每延米重

车辆总重（自重 + 载重）与车辆长度的比值称为每延米重（每延米线路载荷），计算公式为

$$每延米重=\frac{车辆总重}{车辆长度}$$

每延米重是表示车辆通过桥梁的可能性。每延米重是根据设计桥梁载荷图来确定的，我国规定每延米重为 8 t/m。线路允许载荷我国规定一般不得超过 6.6 t/m。

（二）主要尺寸

1. 车辆全长

车辆全长指车辆两端的车钩均处在锁闭位置时，钩舌内侧面之间的距离，如图 4-55 中 *A*。

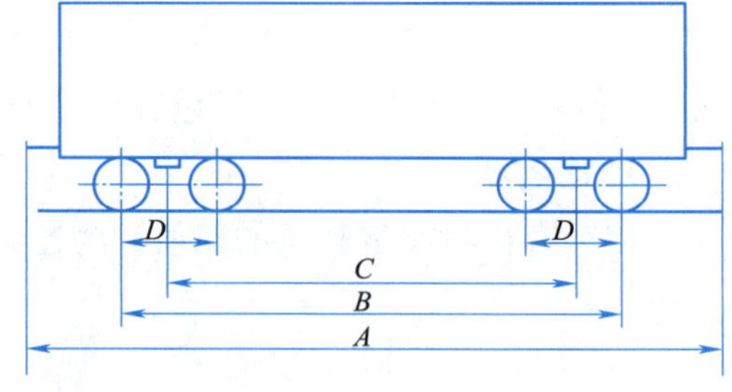

图 4-55　车辆主要尺寸

2. 车辆全轴距

车辆全轴距指任何车辆最前位车轴和最后位车轴中心线间的距离，如图 4-55 中 *B*。

3. 车辆定距

车辆定距又称车辆销距，是车辆底架两心盘中心线之间的水平距离，如图 4-55 中 *C*。

4. 车辆固定轴距

车辆固定轴距指同一转向架最前位车轴和最后位车轴中心线间的距离，如图 4-55 中 *D*。

任务实施

（1）观察任务引入视频，查找车辆标记喷涂所在位置，并对其所代表含义进行说明。

（2）观察任务引入视频，查找车辆配属标记、参数及检修标记所在位置，并对其所代表含义进行说明。

任务评价表见表 4-10。

表 4-10　任务评价表

序号	评价内容	评价标准	分数	评分记录		
				学生自评	组间互评	教师评分
1	车辆标记识别	1. 无法准确找到车辆标记涂装位置，扣 10 分 2. 无法准确地说明车辆标记文（数）字含义，扣 20 分 3. 以 30 s 为基准，每超出 5 s，扣 10 分，本项扣完为止	30			
2	车辆配属及参数识别	1. 无法准确找到车辆配属标记涂装位置，扣 5 分 2. 无法准确找到车辆参数涂装位置，扣 5 分 3. 无法准确地说明车辆配属标记及参数文（数）字含义，扣 30 分 4. 以 30 s 为基准，每超出 5 s，扣 10 分，本项扣完为止	40			
3	检修标记识别	1. 无法准确找到车辆检修标记涂装位置，扣 10 分 2. 无法准确地说明车辆检修标记文（数）字含义，扣 20 分 3. 以 30 s 为基准，每超出 5 s，扣 10 分，本项扣完为止	30			
总分			100			

任务四　走进车辆段

任务引入

货物列车发生车钩分离事故严重干扰铁路运输的正常秩序，特别是长交路、重载、大编组的运输通道上，车钩事故制约着货物列车的运行，各车辆段有效防止车钩分离事故，对于保障铁路正常的运输秩序起着重要作用。

请通过立体书城 App 扫描图 4-56，观看车钩分离事故视频，并分析视频中车钩分离事故原因；通过立体书城 App 扫描图 4-57，观看车钩检修作业视频，说明车辆段哪个工种检修人员对车钩装置进行哪种修程检修任务。

图 4-56　车钩分离事故(AR)

图 4-57　车钩检修作业(AR)

任务描述

本任务要求学生掌握车辆段的类型、任务、生产机构及职能；铁路车辆的检修制度；不同工种承担铁路车辆不同的检修任务。教师采用案例教学法，引入铁路车辆典型故障(车钩分离等)处置流程，从而引出铁路车辆检修单位——车辆段、铁路车辆检修工种及铁路车辆检修制度等相关知识，帮助学生理解车辆段的工作内容。

相关知识

一、车辆段

(一)车辆段的类型

车辆段承担铁路车辆(不包含机头)的运营、整备、检修等工作，为铁路运输提供质量良好的客、货车辆，是铁路运营工作的重要部门，通常是由车辆本段、客车技术整备场所和车辆技术检查作业场所等组成。

1. 车辆本段

车辆段如图 4-58(a)和图 4-58(b)所示，应设在编组站、国境站和枢纽，以及货车大量集散和始发终到旅客列车较多的地区。车辆段按车型还可以分为客车车辆段、货车车辆段，分别负责客车车辆、货车车辆的综合运用、整备、检修、安全管理等工作。

2. 客车技术整备场所

客车技术整备场所如图 4-58(c)所示，须有车辆停留线、整备库、临修库、材料配件库，并有相应的检修地沟、地面电源、污水和污物处理、车顶作业等满足检修要求的设备和设施，根据需要还须有带动力电源的空调检修库、轮对旋修、暖气预热等设备和设施。设置电动脱轨器、微机控制列车制动机试验设备和客车尾部安全防护装置检测设施。

3. 车辆技术检查作业场所

车辆技术检查作业场所如图 4-58(d)所示，须设有值班室、待检室、待班室、材料配件库及站场对讲、广播、地面试风系统、集控联锁安全防护装置，客列检作业场所还须设置列车预确报、现在车管理等信息系统设备终端。有货车技术检查作业的车站或枢纽应设站修场所。

(a) 车辆段段修库外景

(b) 车辆段段修库内景

(c) 客车技术整备场所整备库

(d) 车辆技术检查作业场所

图 4-58　铁路车辆段

(二)车辆段的任务

我国车辆管理与机车管理类似，是国铁集团、铁路局集团公司、站段三级管理模式。车辆段的任务是贯彻落实有关运输生产、安全、车辆检修与运用有关的政策、法规、命令，编制和执行车辆检修计划；落实车辆检修制度，负责进行除厂修外的全部车辆定期检修、乘检和临修等工作；协调、汇总、校准、流通运输生产相关信息，积累留存运输生产相关基础资料等；健全安委会管理制度，发生车辆故障时，车辆段要迅速组织救援，积极抢修，尽快恢复正常行车，减少损失；调查处理车辆故障，认真调查分析，查明真实原因，准确定性定则；车辆段负责本段车辆的配属、转属、借用、代管、报废的相关管理工作等。

(三)车辆段的生产机构及职能

车辆段设有管理部门和生产车间。生产车间有运用(乘务)车间、检修(定检)车间、库检车间、设备车间等。不同铁路局集团公司车辆段设置生产部门可能略有区别。

（四）车辆段的主要工种

车辆段的核心岗位主要有客车检车员、货车检车员、铁路车辆钳工、铁路车辆电工等。

1. 客车检车员

如图4-59（a）所示，客车检车员是对铁路运用客车车辆及其空调设备和电气装置等技术状态进行检查、测试，并对其进行维护及故障处理的人员，确保旅客列车车辆的运行安全，对终到、始发、通过和不入库检修的站折返旅客列车进行技术检查。

2. 货车检车员

如图4-59（b）所示，货车检车员是对铁路运用货车车辆技术状态进行检查、测试，并对其进行维护及故障处理的人员，确保货车车辆的安全，检查部位主要是轮对及轴箱装置、车钩缓冲装置、基础制动装置、弹簧悬挂装置。

货车检车员有着“列车大夫”的称号。昆明北车辆段货车检车员陈向华被评为2021年度最美铁路人，成了铁路车辆检修的技能大师。2004年，工作13年的陈向华就已经完成了28.8万辆铁路货车的安全检修，发现9 000多个安全隐患，解决2 000多个典型故障，成为昆明北车辆段唯一实现连续“十年无漏检”的金牌检车员。

(a) 客车检车员

(b) 货车检车员

(c) 车辆钳工

(d) 车辆电工

图4-59 车辆段主要工种

3. 铁路车辆钳工

如图4-59（c）所示，铁路车辆钳工负责铁路车辆机械装置的检修，主要包括车钩缓冲装置、制动装置、转向架分解、检测修理及组装，如图4-60所示；负责正确使用架车器等车体、钩缓、制动、转向架检修所需专用设备；负责正确使用架车圆销、垫木等车体、钩缓、制动、转向架检修所需各类安全防护用具；负责车钩缓冲装置、制动装置、转向架等部件一般故障的处理。

图 4-60　转向架组装作业(AR)

4. 铁路车辆电工

如图 4-59(d)所示,铁路车辆电工负责铁路车辆电气装置的检修,主要包括铁路车辆客车照明器具、电动循环水泵等用电设施的分解及组装;负责铁路车辆 DC 48 V 荧光灯逆变器、电子整流器等用电设施检测与调试;负责开关、插座等用电设施故障;负责车辆空调装置的检测及调试等。

二、车辆检修制度

车辆是一种数量很多的运输工具,运用条件十分复杂,在运行中不可避免地会发生磨耗、裂纹、折损、变形、松弛及腐蚀等损伤。因损伤的发生和发展,降低了车辆的运用性能,直至不能继续使用。车辆检修工作的中心任务,是及时发现和消除车辆零部件在运用中产生的不良状态,以恢复其正常的运用性能,保证铁路客、货运输工作不间断地、安全地进行。

目前,我国铁道车辆的检修制度是以计划预防修为主、状态修为辅的检修制度,即在计划预防修的前提下,逐步扩大实施状态修、换件修和主要零部件的专业化集中修。计划预防修制度分为定期检修和日常维修两大类。

(一)定期检修任务

定期检修是车辆每运用一定时间(或里程)对车辆的全部和部分零件进行一定程度的检修。在车辆尚未发生故障之前就对车辆进行修理,消除车辆零部件的缺陷和隐患,预防故障的发生。由于检修是定期的,全年的任务量可以计算出来,能提前准备车辆检修需要的材料、零件、检修设备及人力。定期检修的主要任务如下:

1. 厂修

厂修一般在车辆工厂施行。按规定应对车辆的各部装置进行全面分解检查、彻底修理,并进行必要的技术改造工作。对底架、车体钢结构各梁、柱、板的腐蚀及变形按厂修限度进行修理,将各主要配件恢复原有性能,保持其应有的强度,以保证车辆在长期运用中技术状态良好。经过了厂修,车辆各部装置得到全面恢复,使之与新造车基本上接近。修竣后涂打厂修标记。

2. 段修

段修在车辆段施行。段修的主要任务是分解检查车辆的转向架、车钩缓冲装置及制动装置等部件,检查并修理车辆(包括车体及其附属装置)的故障,保证各装置作用良好,防止行车事故发生，以提高车辆的使用效率，修竣后涂打段修标记。

3. 辅修

辅修主要是对制动装置和轴箱油润部分施行检修，并对其他部分做辅助性修理，做到螺栓紧固、配件齐全、作用良好。货车辅修是在修车库或专用修车线（站修线）施行，客车辅修应利用库停时间不摘车修理，但无风管路及不入库的列车可摘车施修。修竣后涂打辅修标记。

（二）定期检修修程

1. 货车定期检修修程

我国货车以时间确定定期检修周期，分为厂修、段修两级修程。以走行公里给合时间确定定期检修周期分为A级修（大修）、B级修（全面检查修）两级修程。部分货车定期检修周期表见表4-11。

表4-11 货车定期检修周期表

车种	车型	厂修（大修）	段修（全面检查修）	辅修	备注
敞车	C70、C70H、C70A、C7AH、C70C、C70E、C70EH、C100A、C100AH	8年	2年		
	C70B、C70BH	12年	2年		
	C80、C80H、C80A、C80AH、C80B、C80BH、C80BF、C80C、C80CA	8年或160万km	2年或40万km		
	C80E、C80EH、C80EF	第一次10年第二次8年	2年		
	C76、C76H、C76A、C76B、C76C	8年或160万km	2年或40万km		
	C64K、C64H、C64T、C64AT、C62BK、C62BT、IC6GK	9年	1.5年		
	C63、C63A	6年	1年	6个月	
	C62B	9年	1.5年	6个月	
	C62AK、C62AT（车号为45字头开始）	6年	1.5年		
	C62AK、C62AT（车号为14、44字头），C16K、C16AK	5年	1年		
	CFK	6年	1年		
	CF	6年	1年	6个月	
棚车	P70、P70H、P70B	8年	2年		
	P80	第一次10年第二次8年	2年		
	P65	6年	1年		
	P62NK、P62NT、P63K、P64AK、P64AT、P64GH、P64GK、P64GT、P64K、P64T、PT	9年	1.5年		

续表

车种	车型	厂修 （大修）	段修 （全面检查修）	辅修	备注
棚车	P62N、P64	9 年	1.5 年	6 个月	
	P62K、P62T、P66K、P66H	6 年	1.5 年		
	P62	6 年	1.5 年	6 个月	
	P61	5 年	1 年	6 个月	
	PB	5 年或 80 万 km	1 年		
平车、平车—集装箱共用车	N30	8 年	2 年		
	NP70	8 年	2 年		
	其他型平车、平车—集装箱共用车	5 年	1 年		提速货车
		5 年	1 年	6 个月	非提速货车
集装箱平车	X70、X2H、X2K、X4K、X6K	8 年	2 年		
	X3K	9 年	1.5 年		
	BX1K、X6BK、X6BT、X6CK、X6CT	6 年	1.5 年		
	GH65K	5 年	1 年		
罐车	GF70、GF70H	8 年	2 年		
	酸碱类罐车、液化气体类罐车、黄磷罐车等	4 年	1 年		提速货车
		4 年	1 年	6 个月	非提速货车
	其他型罐车	5 年	1 年		提速货车
		5 年	1 年	6 个月	非提速货车
矿石车	KM70、KM70A、KZ70、KF60H、KF60NH、KF60AK、KF60QK（车体材质为耐候钢）	8 年	2 年		
	KM70B	12 年	2 年		
	K13AK、K13AT、K13NAK、K13NT、K13NK、K13BK、K14T、K18AK、K18AT、K18BK、K18DFK、K18DK、K18DT 型等车体材质为耐候钢的提速矿石车	8 年	1 年		
	K13N、K13NA、K13B、K13D、K14E、K16、K16A、K18D、K18DA、K18DF、K18DG、K18DJ、KF60N、KF5、KG-2、KG2、KH 型等车体材质为耐候钢的非提速矿石车	8 年	1 年	6 个月	
	K13K、K13T、K18DK、KF60QK 型等车体材质为普碳钢的提速矿石车	5 年	1 年		

续表

车种	车型	厂修 （大修）	段修 （全面检查修）	辅修	备注
矿石车	K13、K18、K18F、KF60型等车体材质为普碳钢的非提速矿石车	5 年	1 年	6 个月	
水泥车	U70	8 年	2 年		
	U61WK、U61WT、U61WZK	9 年	1.5 年		
	U61W、U61WE、U61WZ	9 年	1.5 年	6 个月	
	U60WK	5 年	1 年		
	U60、U60W、U15	5 年	1 年	6 个月	
粮食车	L70、L18	8 年	2 年		
	L17K	5 年	1 年		
	L17	5 年	1 年	6 个月	
毒品车	W5SK、W6S、W5AK	5 年	1 年		
	W5	5 年	1 年	6 个月	
长大货物车	D12	9 年或 90 万 km	3 年或 30 万 km	6 个月	
	D15B、D28	9 年或 90 万 km	3 年或 30 万 km		
	D23G、D25	8 年或 80 万 km	2 年或 20 万 km	6 个月	
	D10A、D26、D26B、D15A、D32、DK29、DK36、DL1、DNX17K、D15、D17A、D26A、D26AK、D30G、D38、D11、D5A	8 年或 80 万 km	2 年或 20 万 km		
	D9A、D22A、D22B、D32A、D45、DA21、DA25、DA26、DA37、DK17A、DK23、DK36A、DQ35、DQ45	10 年或 100 万 km	2 年或 20 万 km		
	D2、D2G、D18A、D25A	8 年或 80 万 km	2 年或 20 万 km	经取消辅修技术改造后取消辅修	
	D70、D12K	9 年或 90 万 km	3 年或 30 万 km	1.5 年	
	D10	9 年或 90 万 km	3 年或 30 万 km	经取消辅修技术改造后，辅修周期由 0.5 年改为 1.5 年	
检衡车	T6、T6D	6 年	1.5 年	6 个月	特种货车
	T6DK	6 年	1.5 年		
	T6FK、T7、T8 、T8P、T8D	8 年	2 年		

2. 客车定期检修修程

我国客车的定期检修修程分为厂修、段修和辅修等修程。部分客车定期检修周期表见表 4-12。

表 4-12 客车定期检修周期表

大厂修	A4 修周期（小厂修）	A3 修周期（大段修）	A2 修周期（小段修）	A1 修周期（辅修）
运行（480 ± 24）万 km 或距上次 A4 修：常用客车 8 年，不常用客车可延长到 10 年	运行（240 ± 24）万 km 或距新造或大厂修：常用客车 8 年，不常用客车可延长到 10 年	运行（120 ± 12）万 km 或距上次 A2 修 2 年，不常用客车为 2.5 年	运行（60 ± 6）万 km 或距上次 A2 修以上修程 2 年，不常用客车为 2.5 年。新造后首次 A2 修走行周期允许为（60 ± 10）万 km	运行（30 ± 3）万 km 或距上次 A1 修以上修程 1 年

注：1. 走行公里和时间周期以先到者为准，A1 修时间周期计算到日，其余计算到月。

2. 不常用客车是指年均走行不足 10 万 km 的客车。

3. 国际联运客车及局管路用车、封存客车的检修周期按有关规定执行。

（三）日常维修

日常维修又称运用维修（日常保养），其基本任务是保证在运用中的车辆具有良好的技术状态，及时发现和处理车辆中发生的一切故障，保证行车安全。

1. 货车的日常维修

货车的日常维修在列检所进行，在列车队修理故障影响解体作业或正点发车时，可摘车送入专用修车线或修车库内施修。施修时必须做到全面检查，施修部分应保证到段修或辅修期，其他部分必须符合编组站列检所的检修质量标准。修竣后应按规定涂打摘车修标记。

2. 客车的日常维修

客车的日常维修主要基地是库列检，要充分运用客车在库内停留的时间，认真检查，彻底修理，消除故障，维护质量，以保证列车往返运行区间不因车辆故障发生晚点和事故。

在旅客列车途经的旅客列车检修所（简称客列检）对客车进行重点检查修理，消除危及行车安全的故障，保证旅客列车的运行安全。在旅客列车上还实行固定人员、固定车组的包乘负责制度，随时随地检修车辆，消除故障。

三、车辆运行安全防范预警系统（5T 系统）

随着铁路车辆的不断改革发展，针对影响铁路车辆行车安全关键部件的检测设备也在不断创新，快速朝着数字化、智能化、智慧化方向发展。如图 4-61 所示，车辆段设有管控中心，应用“5T”系统远程监控铁路车辆关键部件运用状态。“5T”系统即“地对车安全监控体系”，该系统的应用使车辆安全防范预警能力提升到更高水平。

(a) 管控中心外景

(b) 管控中心内景

图 4-61 管控中心

(一)车辆轴温智能探测系统(THDS)

如图4-62所示,THDS依托非接触红外动态测温技术,采集车辆轴承红外辐射能量,实现对通过车辆轴承温度的实时监测,并对温度超限轴承按热轴等级进行报警,有效预防铁路车辆燃轴、切轴事故。

(a) 红外线探头箱

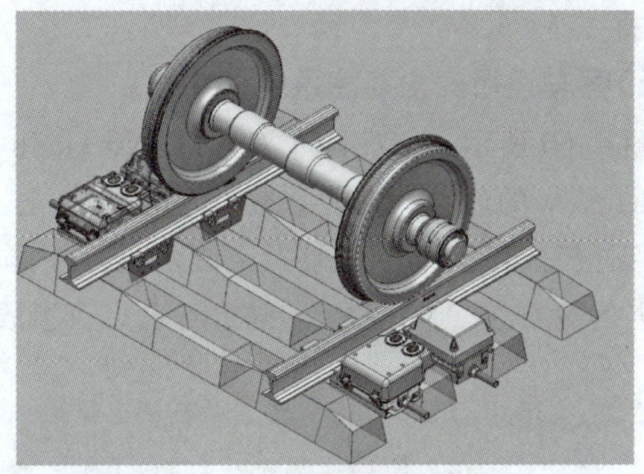
(b) 红外线探头箱模型

图4-62　THDS室外设备

(二)车辆运行品质动态监测系统(TPDS)

如图4-63所示,TPDS对车轮滚动周期内不同方向着地时轮轨动态作用进行有效监测,可识别运行状态不良车辆,有效防范车辆脱轨。

(a) 室外配线箱

(b) 震动传感器

图4-63　TPDS室外设备

(三)车辆滚动轴承故障轨边声学诊断系统(TADS)

如图4-64所示,TADS采用轨边声学探测技术及计算机诊断技术,对运行车辆滚动轴承振动声音信号进行采集分析,并对轴承不同部位故障预先建立数学模型,判断轴承内圈、外圈、滚子等裂纹、剥离、磨损、腐蚀等故障,从而实现了滚动轴承早期故障在线诊断。

(a) 声学传感器阵列

(b) 声学传感器阵列采集过车信息

图4-64　TADS室外设备

(四)货车故障轨边图像监测系统(TFDS)

如图4-65所示,TFDS利用轨边高速摄像头,对运行货车进行动态检测,及时发现货车运行故障,预防摇枕、侧架、车钩缓冲器等部件裂损、折断的故障。

图4-65　TFDS室外设备(侧箱采集模块)(AR)

(五)客车运行安全监控系统(TCDS)

如图4-66所示,TCDS随车对速度160 km/h及以上的客车的轴温、制动系统、转向架安全指标、火灾报警、客车供电、电器及空调系统运行安全状况进行检测,重点防范客车热轴事故、火灾事故,转向架、制动系统、供电、电器及空调故障。

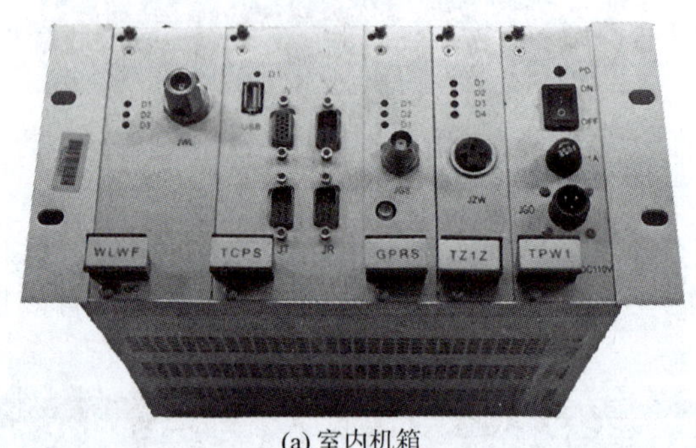

(a)室内机箱

TC-CZ3型车载信息无线传输装置
中国铁道科学研究院

(b)室外机箱

图4-66　TCDS机箱

任务实施

(1)观察任务引入视频中车钩分离过程,判断可能造成车钩分离事故的原因。

(2)根据正文车辆检修相关工种,判断哪个工种处理该事故中发生的车钩故障。

(3)根据正文检修修程内容,判断车辆段在哪个检修修程承担车钩检修作业任务。

任务评价

任务评价表见表4-13。

表4-13　任务评价表

序号	评价内容	评价标准	分数	评分记录		
				学生自评	组间互评	教师评分
1	判断车钩分离原因	无法准确说明车钩分离事故原因,扣20分	20			
2	判断承担车钩故障检修作业任务工种	1. 无法准确说明处理车钩故障工种,扣20分 2. 无法说明该工种工作任务,扣20分	40			
3	判断车辆段对车钩装置承担哪些检修任务	1. 无法说明车钩检修相关铁路车辆的检修修程,扣20分 2. 无法说明该修程主要检修任务,扣20分	40			
总分			100			

巩固练习

一、填空题

试题
项目四
铁路车辆

1. ________是铁路运输的重要设备，是用来运送旅客、装运货物或做其他特殊用途的运载工具。除动车组外，它一般没有动力装置，必须把车辆连挂成列，由机车牵引才能沿线路运行。

2. 铁路客车主要型号有21型、________型、24型、25型等。

3. 铁路车辆按照用途分类，可以分为________、________、________三大类型。

4. 常见的通用货车有________、________、________、________。

5. ________股份有限公司是全球规模最大、品种最全、技术领先的轨道交通装备供应商。

6. 代码RW代表________，代码C代表________，餐车的代码为________，集装箱车代码为________。

7. 标志为________。

8. 图中 C 距离代表________。

9. 铁路车辆一般由车体、________、________、制动装置、车辆内部设备组成。

10. 转向架由两组轮对、________、侧架、摇枕、弹簧减振装置等组成一个整体结构，并通过摇枕上的________、中心销和车体底架枕梁上的上心盘对接后与车体连接为一体。

11. 车钩的钩舌被钩锁铁挡住不能向外转开的位置，称之为________。

12. 我国车辆上的制动装置一般由________、基础制动装置和手制动机及紧急制动装置等部分组成。

13. 在铁路客车车厢的端部，有标明"危险！请勿动！"的红色手把，这就是________。

14. 摇枕两端各设一个________，与车体架枕梁两端的上旁承相对。

15. 车轮与钢轨头部直接接触的表面，称为________，车轮内侧外缘凸起的部分叫________，车轴两端伸进轴箱的部分叫________，用以安装轴承。

二、选择题

1. 铁路车辆运用管理的基层单位是(　　)。

A. 车辆段　　B. 技术整备所　　C. 列车检修所　　D. 站修所

2. 车辆标记一般分为(　　)、运用标记、产权标记、检修标记、制造标记五类。

A. 车型标记　　B. 车型车号标记
C. 车号标记　　D. 基本型号标记

3. 我国货车以走行公里结合时间确定定期检修周期分为 A 级修(大修)、(　　)级修(全面检查修)两级修程。

A. B　　B. C　　C. D　　D. E

4. 空车时,车辆自身具备的质量称为车辆的(　　),即车体和转向架本身结构,以及附于其上的所有固定设备和附件质量之和。

A. 载重　　B. 总重　　C. 自重系数　　D. 自重

5. (　　)既是容纳旅客、装载货物及整备品等的部分,又是安装与连接其他四个组成部分的基础。车体和底架一起承受着作用于车辆上的各种载荷。

A. 车厢　　B. 车体　　C. 转向架　　D. 车内

6. 铁路车辆上有两种类型的轴箱装置,即(　　)轴承轴箱和滑动轴承轴箱装置。

A. 摇动　　B. 摆动　　C. 滚动　　D. 摆式

7. (　　)是将机车与车辆或车辆与车辆之间进行互相连接的装置。

A. 车钩缓冲装置　　B. 车端连接装置　　C. 车钩　　D. 缓冲装置

8. 在每辆车辆的一端,都装有一套(　　),可以用人力来使单节车辆或车组减速或停车。

A. 空气制动机　　B. 手制动机　　C. 紧急制动阀　　D. 基础制动装置

9. 现在我国采用的是定期检修和日常维修相结合的车辆检修制度,属于(　　)的检修制度。

A. 计划修　　B. 预防修　　C. 状态修　　D. 计划预防修

10. 货车的日常维修在铁路沿线的(　　)进行。

A. 装卸检修所　　B. 技术整备所　　C. 列车检修所　　D. 车辆段

三、简答题

1. 简述铁路车辆的分类。
2. 简述常见的铁路客车、货车代码。
3. 描述铁路车辆主要尺寸参数。
4. 铁路车辆的基本构造分为哪几部分?
5. 车辆走行部主要由哪些部分组成?
6. 车辆空气制动机主要由哪些部件组成?
7. 试述车钩的各种工作状态。
8. 铁路车辆货车车钩缓冲装置常见型号有哪些?
9. 我国现行的车辆检修制度是什么?
10. 车辆运行安全防范预警系统(5T 系统)具体指哪五种系统?

项目五 动车组

项目描述

我国动车组从“和谐号”到“复兴号”的辉煌历程,已经使我国成为名副其实的世界高速铁路大国。高速铁路不只是一种现代化的交通工具,它对整个国家经济的促进、相关技术发展的推动以及国家形象的提升都具有非同寻常的意义。我国高铁正处于建设高潮和快速发展时期。高铁建设的大趋势将持续为动车组市场带来良好的需求前景,那么大家对高速铁路技术中的动车组了解吗?在2010年12月3日,京沪高铁枣庄至蚌埠段综合试验最高运行时速达到486.1 km(如图5-1所示)再次刷新世界铁路运营试验最高速度。它为什么能跑这么快呢?高速动车组、动车组、一般的列车又有哪些区别呢?中国高铁的发展又是从何时开始的呢?动车组又是怎样进行运用检修的呢?

图5-1　和谐号CRH380A上线仪式

下面主要从动车组的类型及编号,我国动车组的发展动车组基本构造和工作原理,动车段和动车组运用所的组成及工作职能和动车组的运用检修等内容加以介绍。

学习目标

知识目标

(1)了解动车组的定义、特点及优越性。
(2)掌握和谐号动车组的车型和特点。
(3)了解动车组的发展历程。
(4)了解动车组的基本构造及原理。
(5)掌握动车组各主要部件的功能。
(6)掌握动车段、动车组检修基地的组成。
(7)掌握动车组运用所各组成部分的职能。
(8)了解动车组的检修周期。
(9)掌握动车组各修程的检修范围。

能力目标

(1)能够根据动车组实物(或动车组虚拟资源)和分类方式,区分动车组的类型。

(2)能够根据动车组实物(或动车组虚拟资源),辨识动车组基本构造。
(3)能够根据动车组实物(或动车组虚拟资源),准确说出动车组主要部件的功能。
(4)能够根据动车组的编号规则,准确说出动车组基本技术参数。

素养目标

(1)培养学生良好的工作作风和拼搏争先、爱岗敬业的精神。
(2)培养学生团队合作精神,具有良好的职业道德和高度的社会责任感。
(3)引导学生养成善于观察、全面思考的习惯,树立工匠意识和工匠理念。
(4)引导学生建立职业安全意识,养成规范、标准、安全、效率的专业意识。

学习导航

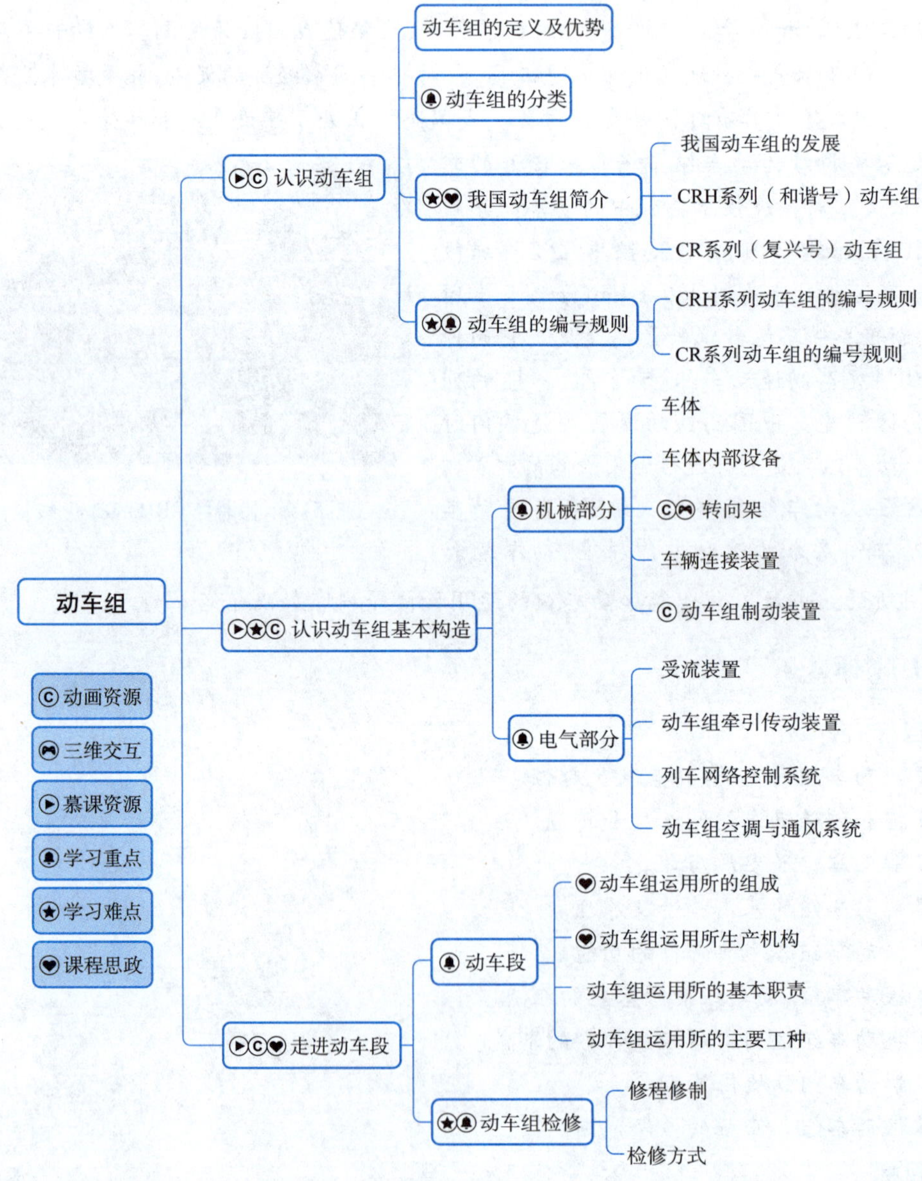

任务一 认识动车组

任务引入

请通过立体书城 App 扫描图 5-2，仔细观察视频中的动车组，结合动车组的编号规则，分析该动车组的类型、型号、编号及车号的含义。

图 5-2 CRH5A 型动车组（AR）

任务描述

动车组是铁路客运服务的重要交通工具，不仅拉动和促进经济的发展，其在社会价值和社会效益更为突出。我国动车组种类繁多，截至 2021 年，国家铁路动车组拥有量为 4 153 标准组。能够快速、准确识别动车组的类型、型号、编号及车号是铁路系统从业人员应具备的基本能力之一。

相关知识

一、动车组的定义及优势

动车组是由动车（有动力）和拖车（无动力）组成的自带动力、固定编组、两端均可操纵驾驶，整列一体化设计的一组列车。动车组通常由一个或多个牵引动力单元组成。如图 5-3 所示，CRH380BG 型动车组为对称结构，由两个牵引动力单元组成。

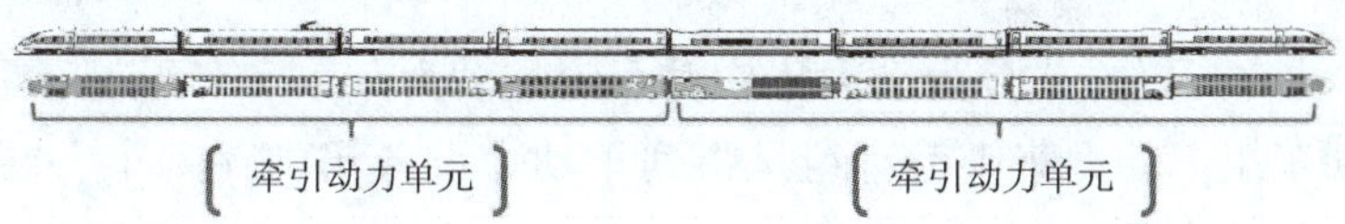

图 5-3 CRH380BG 型动车组的牵引动力单元配置

除了高速铁路、城际客运、市郊客运运用动车组外，城市中的地铁列车和轻轨电车也属于动车组范畴。动车组具有安全可靠、运行快捷、乘坐舒适、编组灵活等特点，是高效率、大密度的旅客运载工具。

动车组的优势体现在以下几个方面：

（1）动车组在运行中是固定编组，在车站折返或者换向运行时无须摘挂机车，节约站停时间，提高车组使用效率，减少车站咽喉作业能力的压力。

（2）动车组采用轻量化设计、轴重低、加速度设置大，显著提高列车运行速度、提高运输效率。

（3）采用密接式、半永久式车钩，减少了车组运行时的纵向冲动，同时也降低了噪声和振动的影响，提高了旅客的舒适度。

(4)动车组多采用电空联合制动,制动空走时间短,制动减速度大,制动距离短,制动方式灵活,可以在短时间内反复缓解制动,也可以阶段制动阶段缓解,在保证安全的前提下,可明显提高行车密度,提高整个铁路网的运输能力。

二、动车组的分类

(1)动车组按最高运行速度等级可分为 160 ~ 200 km/h、200 ~ 400 km/h 以及 400 km/h 以上三个速度等级,每个速度等级对应的动车组被称为准高速动车组、高速动车组和超高速动车组。

(2)动车组按牵引动力类型可分为内燃动车组、电动车组和混合动力动车组。

(3)动车组按车辆转向架布置和车辆之间的连接方式可分为独立(转向架)式和铰接(转向架)式。如图 5-4 所示,独立式转向架为传统的车辆与转向架的连接方式,每节车辆的车体都置于两台转向架上,车辆与车辆之间用密封式车钩相连接。铰接式转向架是将车辆的车体之间用弹性铰相连接,在两个车体连接处共用一台转向架,因此每节车辆不能从列车上分解下来独立行走,如图 5-5 所示。

图 5-4　独立式转向架

图 5-5　铰接式转向架

(4)动车组按动力配置方式分为动力集中动车组和动力分散动车组。

①动力集中动车组。动力集中动车组是指列车动力设备集中在列车一端或两端的车辆上且动力车辆不载客的动车组,如德国 ICE1、法国 TGV-A 以及我国生产的复兴号 CR200J 动车组,如图 5-6 所示。

②动力分散动车组。动力分散动车组是指动力设备分散布置在若干车辆上,并且每辆车均能载客的动车组。例如,德国 ICE3、法国 AGV 以及我国生产的 CRH1、CRH2、CRH3、CRH5、CR400、CR300 等动车组均属于动力分散动车组。图 5-7 所示中原之星动车组,为动力分散动车组。

大多数动车组都采用动力分散的动力设备配置方式,因为动力分散动车组轴重轻,对轨道冲击小,车外噪声较小,牵引力大,黏着性能好,起动、加速、制动性能好,容易达到高速,相同编组长度下载员多,部分动力单元故障时仍可运行。因此,动力分散动车组是当今世界铁路动车组,特别是高速动车组技术发展的方向。

图 5-6 复兴号 CR200J 动车组

图 5-7 中原之星动车组(AR)

三、我国动车组简介

(一)我国动车组的发展

1998 年 6 月至 2000 年 10 月,我国先后投入运营的动车组有“春城号”“新曙光号”“大白鲨”等。DJJ1 型“蓝箭”电力动车组是中国铁路自主研发的高速列车之一,由当时株洲电力机车厂、长春客车厂及株洲电力机车研究所于 2000 年联合研制成功。从 2004 年开始,我国通过技术引进、消化吸收再创新形成了“和谐号”CRH 系列动车组,主要包括 CRH1、CRH2、CRH3 和 CRH5 四大技术平台,如图 5-8 所示。

(a) CRH1技术平台典型动车组

(b) CRH2技术平台典型动车组

(c) CRH3技术平台典型动车组

(d) CRH5技术平台典型动车组

图 5-8 “和谐号”CRH 系列动车组

我国高速列车现有 CRH1、CRH2、CRH3、CRH5、CRH6 及 CRH380、CR200、CR300、CR400 系列产品平台,40 多种列车产品,运营速度涵盖时速 160 ~ 400 km 多个速度等级,见表 5-1。只有最高运营速度达到 200 km 及以上的动车组才可以称为高速列车,可以说动车组不等于高速列车。

表 5-1 高速列车产品车型

车型	时速 160 ~ 250 km	车型	时速 300 ~ 350 km	车型	高速检测列车
CRH1A CRH1B CRH1E/改		CRH2C-1 CRH2C-2		CRH2J (250 km/h)	
CRH2A/统 CRH2B CRH2E		CRH3C		CRH5J (250 km/h)	
CRH2G CRH2E 改		CRH380A/统 CRH380AL CRH380A 永磁		CRH380AJ (400 km/h)	
CRH5A CRH5G CRH5E		CRH380A -广深港		CRH380BJ (400 km/h)	
CRH6A CRH6F		CRH380B/统 CRH380BL CRH380BG		CRH380AM (更高速度)	
CR200J		CRH380CL			
CJ-1		CRH380D			
CJ-2		CR400AF CR400BF			

(二)CRH 系列(和谐号)动车组

1. CRH1 动车组技术平台

CRH1 动车组技术平台是由中车集团青岛四方机车车辆股份有限公司(简称“中车四方股份公司”)与加拿大庞巴迪的合资公司青岛四方阿尔斯通铁路运输设备有限公司(原名:青岛四方庞巴迪铁路运输设备有限公司)研制生产的。目前有 CRH1A、CRH2B、CRH1E、CRH380D、CRH1A-A 等车型。由于其定员多,车门设在车体中间,车门大,方便乘降,较适合城际铁路短途运输,主要是在广深铁路、广珠城铁、福厦铁路、沪杭高铁等线路上开行。

2. CRH2 动车组技术平台

CRH2 动车组技术平台是由中车四方股份公司消化吸收日本川崎重工E2-1000 系列动车组技术研制生产的,目前有 CRH2A、CRH2B、CRH2E、CRH2C、CRH380A、CRH380AL、CRH6A、CRH6F、CRH2G 等型号。此型动车组在国内应用广泛,构造时速在 200 ~ 350 km,几乎所有铁路区域都有,主要为国家干线铁路、区际干线铁路和城际市郊铁路服务。

3. CRH3 动车组技术平台

CRH3 动车组技术平台是由中车唐山机车车辆有限公司(简称"中车唐山公司")和中车长春轨道客车股份有限公司(简称"中车长客股份公司")消化吸收德国西门子 Velaro-E 动车组技术研制生产的,目前有 CRH3C、CRH380B、CRH380BG、CRH380BL、CRH380CL、CRH3A 等型号,构造时速在 160~350 km,主要为国家干线铁路、区际干线铁路服务,多在京津城际、京广高铁、广深港高铁、杭福深铁、贵广客运专线、杭长客运专线等高铁线路上开行。

4. CRH5 动车组技术平台

CRH5 动车组技术平台是由中车长春轨道客车股份有限公司(简称"中车长客股份公司")消化吸收法国阿尔斯通 SM3 型动车组技术研制生产的,目前有 CRH5A、CRH5G、CRH5E 等型号。CRH5 型动车组运行在北京至沈阳、长春、哈尔滨的线路上,虽然东北的严寒、多雪、大风天气,但 CRH5 型动车组仍可在该线路上高速穿梭,如图 5-9 所示。

图 5-9 冬季运行在线路上的 CRH5 型动车组

5. CRH6 动车组技术平台

CRH6 动车组技术平台是由中车四方股份公司和中车南京浦镇车辆有限公司共同研制的 CRH6 系列电力动车组,构造时速 140~200 km。它能够满足载客量大、快速乘降、快速启停的运营要求,主要在广深铁路、珠三角城际铁路、长株潭城际铁路、金山铁路、北京城市副中心线以及郑焦、郑开城际铁路等线路上开行。

(三)CR 系列(复兴号)动车组

1. CR200J 型动车组

CR200J 型动车组是以 HXD1G 型、HXD3G 型电力机车与 25T 型客车为原型,由中车唐山、浦镇、大连、四方、株洲、大同等六家公司联合研制,最高运行速度为 160 km/h,能在既有电气化铁路上开行。作为中国标准动车组的一种,实现了关键系统标准化、模块化、系列化,不同供应商配件可实现对等替换,不同厂商生产的动力车、拖车,通信标准和接口相同,可互联互通。2017 年 4 月首列样车下线,2018 年 11 月,获得国家铁路局颁发的型号合格证和制造许可证。2019 年1 月 5 日正式载客运营。

2. CR300AF 型动车组

CR300AF 型动车组在中车四方股份公司、青岛四方阿尔斯通铁路运输设备有限公司以及中车南京浦镇车辆有限公司均有生产，于 2018 年 9 月 30 日下线，如图 5-10 所示。

3. CR300BF 型动车组

CR300BF 型动车组在中车长客股份公司和中车唐山公司均有生产，于 12 月 23 日正式投入运营，如图 5-11 所示。

图 5-10　CR300AF 型动车组

图 5-11　CR300BF 型动车组

4. CR400AF 型动车组

CR400AF 型高速动车组列车是由中车四方股份公司研制的动车组，为中国标准动车组 CR400 级别里的一款。2017 年 3 月，中国动车组采用全新命名，中车四方股份公司生产的"蓝海豚"动车组被命名为 CR400AF，如图 5-12 所示。

5. CR400BF 型动车组

CR400BF 型高速动车组列车是由中车长客股份公司和中车唐山公司研制的动车组，为中国标准动车组 CR400 系列动车组里的一款。2017 年 3 月，中国动车组采用全新命名，"金凤凰"动车组被命名为 CR400BF，如图 5-13 所示。

图 5-12　CR400AF 型动车组

图 5-13　CR400BF 型动车组

四、动车组的编号规则

目前，我国动车组的编号规则主要应用于 CRH 系列动车组和 CR 系列动车组（又称复兴号动车组，为中国标准动车组），两者略有区别。

1. CRH 系列动车组的编号规则

CRH 系列动车组型号有两种命名方式，为技术序列代码式和速度目标值式，如图 5-14 所示。

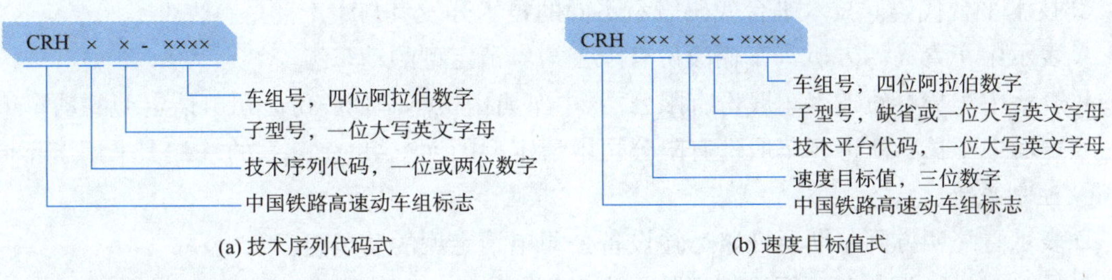

图 5-14 CRH 系列动车组型号命名方式

(1)技术序列代码式。

①技术序列代码。技术序列代码以一位或两位数字代表不同技术平台来源以及它们的生产单位。

1 表示青岛四方阿尔斯通铁路运输设备公司申请定型的动车组。

2 表示中车青岛四方机车车辆股份有限公司申请定型的动车组。

3 表示中车长春轨道客车股份有限公司/中车唐山机车车辆有限公司申请定型的动车组。

5 表示中车长春轨道客车股份有限公司申请定型的动车组。

6 表示中车青岛四方机车车辆股份有限公司申请定型的城际动车组。

7 及后续数字表示预留的动车组技术平台标识代码。

②子型号。

A 表示 200 ~ 250 km/h、8 辆编组、座车。

B 表示 200 ~ 250 km/h、16 辆编组、座车。

C 表示 300 ~ 350 km/h、8 辆编组、座车。

D 表示 300 ~ 350 km/h、16 辆编组、座车。

E 表示 200 ~ 250 km/h、16 辆编组、卧铺车(俗称"动卧")。

F 表示 160 km/h、8 辆编组、城际动车组。

G 表示 200 ~ 250 km/h、8 辆编组、耐高寒座车动车组。

H 表示预留。

I 表示预留。

J 表示综合检测动车组(由于综合检测动车组的车身主流涂装是黄色,通常被称作"黄医生")。

K 及后续字母表示预留的动车组子型号。

③车组号。车组号为四位阿拉伯数字,按照动车组制造工厂分配号段。

④技术序列代码式举例。如图 5-15 所示,CRH5G-5188,其中第一个 5 为技术序列代码表示为中车长客股份公司生产;G 为子型号表示为速度为 200 ~ 250 km/h,8 辆编组,耐高寒座车;5188 为车组号。

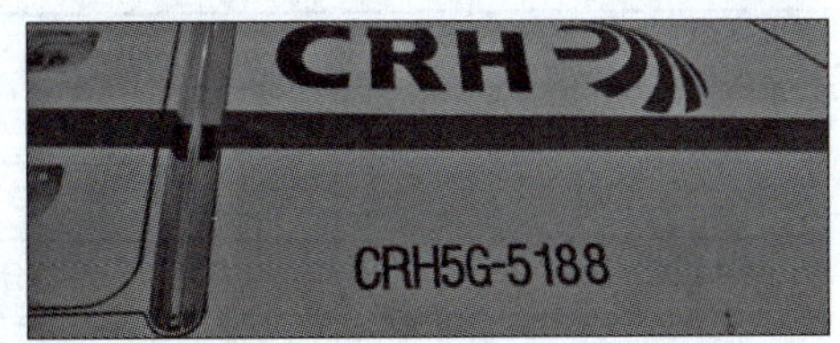

图 5-15 技术序列代码式举例

(2)速度目标值式。

①速度目标值。速度目标值表示动车组设计的最高运行速度,采用这种命名方式的只有 380 系列,标准编组全部为 8 辆编组、座车。

②技术平台代码。技术平台代码表示不同的技术开发者与生产商。

A 表示中车青岛四方机车车辆股份有限公司申请定型的动车组。

B 表示中车长春轨道客车股份有限公司/中车唐山机车车辆股份公司申请定型的动车组。

C 表示中车长春轨道客车股份有限公司申请定型的动车组,在 B 系的基础上采用了不同的牵引及控制系统。

D 表示青岛四方阿尔斯通铁路运输设备公司申请定型的动车组。

③子型号。子型号基于标准编组的派生车型。

G 表示耐高寒动车组。

J 表示综合检测动车组(或称黄医生)。

L 表示基本型的 16 辆编组动车组。

M 表示更高速度等级试验列车,现已改为综合检测动车组。

N 表示永磁电机动车组。

④车组号。车组号为四位阿拉伯数字,按照动车组制造工厂分配号段。

⑤速度目标值式举例。如图 5-16 所示,CRH380BG-5716,其中 380 为速度目标值,B 为技术平台代码表示中车长客/中车唐山生产;G 为子型号表示耐高寒;5716 为车组号。

图 5-16　速度目标值式举例

(3)列车编号。列车编号由车种代码、动车组车组号以及编组顺位代码组成,如图 5-17 所示。

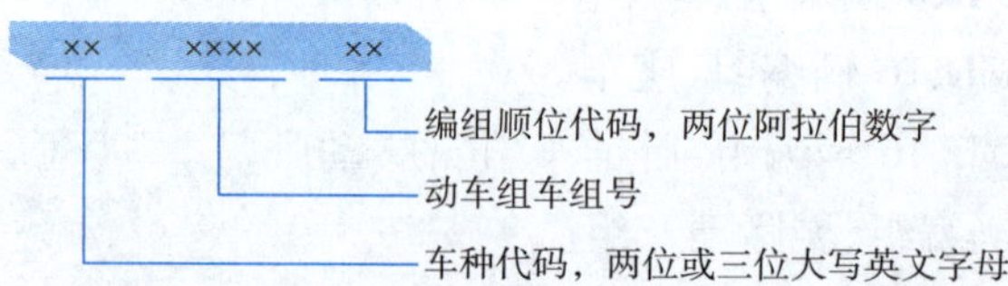

图 5-17　列车编号规则

①车种代码。车种代码以两位或三位大写英文字母表示,是车种名称的汉语拼音缩写,见表 5-2。

表 5-2　动车组车种代码

车种代码	车种名称	车种代码	车种名称
ZY	一等座车	ZEC	二等座车/餐车
ZE	二等座车	ZYS	一等/商务座车
WR	软卧车(动力分散)	ZES	二等/商务座车
WY	硬卧车(动力分散) 一等卧车(动力集中)	ZYT	一等/特等座车
CA	餐车	ZET	二等/特等座车
SW	商务座车	JC	检测车

②车组号和车辆编号。车组号与列车编号相同,车辆编号为编组顺位代码,以两位数字表示,一位头车至二位头车的代码为01、02、…00(注意:尾车用00表示)。

③列车编号举例。如图5-18所示,ZES 581400表示,ZES表示为二等商务座车,车组号为5814,00表示二位的头车。

图5-18 列车编号举例

(二)CR系列动车组的编号规则

我国现有的标准动车组有CR200、CR300、CR400三个子系列,分别对应100~200 km、200~300 km、300~400 km的时速等级,原有的CRH系列名称将不再用于中国标准动车组。按照国铁集团新的动车组编制规则,新型自主化动车组均采用"CR"开头的型号,CR是China Railway的缩写,即中国铁路。以CR400AF和CR400BF为例,型号中"400"为速度等级代码,代表该型动车组最高试验速度为350 km/h < v ≤ 400 km/h。"A"和"B"表示生产厂家,A为中车四方股份公司研制的型号蓝海豚,B代表中车长客股份公司研制的型号金凤凰,F为技术类型代码,代表动力分散电动车组,其他还有J代表动力集中电动车组,N代表动力集中内燃动车组。

任务实施

(1)观察任务引入动车组外观,判断动车组的类型。

(2)查找动车组编号喷涂所在位置,并对其所代表含义进行说明。

(3)通过动车组发展历程的学习,总结一下CH1动车组技术平台、CH2动车组技术平台、CH3动车组技术平台的动车组都有哪些。

任务评价

任务评价表见表5-3。

表5-3 任务评价表

序号	评价内容	评价标准	分数	评分记录		
				学生自评	组间互评	教师评分
1	动车组类型判断	1. 无法准确地说出动车组的分类方式特征,扣10分 2. 无法准确地判断动车组的类型,扣20分 3. 以30 s为基准,每超出5 s,扣5分,本项扣完为止	30			

续表

序号	评价内容	评价标准	分数	评分记录		
				学生自评	组间互评	教师评分
2	动车组的编号规则	1. 无法准确地找到动车组编号标识涂装位置,扣 10 分 2. 无法准确地说明动车组编号的含义,扣 30 分 3. 以 30 s 为基准,每超出 5 s,扣 10 分,本项扣完为止	40			
3	动车组的发展历程	1. 无法准确地说出“和谐号”动车组英文缩写的,扣 5 分 2. 无法准确地说出“和谐号”动车组主要型号的,扣 10 分 3. 无法准确地说出“复兴号”动车组英文缩写的,扣 5 分 4. 无法准确地说出“复兴号”动车组主要型号的,扣 10 分,每错误一次扣 2 分,本项扣完为止	30			
总分			100			

任务二　认识动车组基本构造

任务引入

2012 年 12 月 1 日,世界上第一条新建高寒铁路哈大高铁正式通车运营。哈大高铁全长 921 km,将东北三省主要城市连为一体。高寒动车组 CRH380B 也同时开通运营,它是借鉴 CRH5 型动车组在高寒地区的运用经验,结合高寒地区的气候特征,完全自主创新的产品。该动车组属于动力分散,牵引总功率 9 376 kW,设计时速 380 km,持续运营速度 350 km/h,最大实验速度 457 km/h。

转向架部分是保证动车组运行品质和安全的关键部件。请通过立体书城 App 扫描图 5-19,仔细观察动车组转向架,准确说出各组成部件名称。

图 5-19　CRH380B 型动车组转向架(AR)

任务描述

在动车组日常运用维护中，转向架的检查是最重要的任务之一。熟练掌握动车组基本构造，准确辨识转向架各组成部件，说出其各部结构名称，是铁路系统中相应工种应具备的基本能力之一，特别是机务岗位和车辆岗位的从业人员。另外，车务系统和电务系统的铁路从业人员也应该有所了解。

相关知识

动车组的基本组成可以概括为两大部分：机械部分和电气部分。机械部分由车体与车体内部设备、转向架、车辆连接装置、制动装置等组成；电气部分由受流系统、牵引传动系统、列车网络控制系统、动车组空调与通风系统等组成。本节均以 CRH380B 型动车组为例进行讲解。

一、机械部分

(一)车体

车体是用于旅客乘坐和司机驾驶的部分，也是安装和连接其他设备与部件的基础。车体主要分为头车和中间车，中间车为基础车型，头车以中间车为基础增加流线型车头。它的基本结构主要包括底架、侧墙、车顶、端墙及车下设备舱，铝合金车体侧墙与车顶一般用与车体等长铝型材组焊而成，如图 5-20 所示。

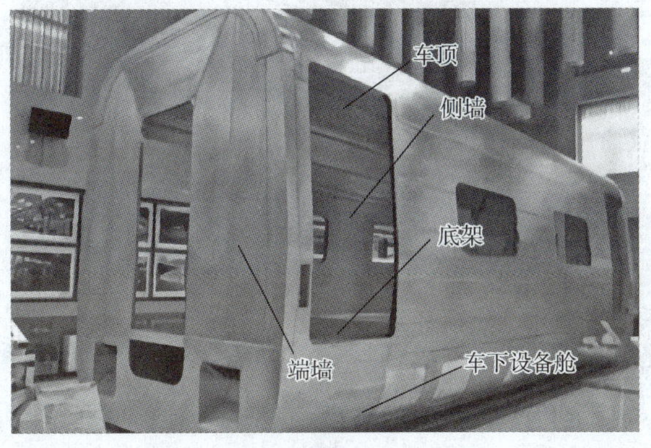

图 5-20 车体

(二)车体内部设备

车体内部设备是指服务于乘客的车内固定附属装置，包括车内电气、供水、通风、供暖、空调、座椅、车窗、车门、行李架等以及其他的辅助设施，如餐车、车载电话、饮水机、自动售货机等，如图 5-21 所示。

(a) 座椅

(b) 餐车

图 5-21 车体内部设备

(三)转向架

转向架是动车组车辆系统中最重要的组成部件之一,它具有承载、导向、缓冲、牵引和制动等功能,其结构的合理性直接影响车辆的运行品质、性能和行车安全。

转向架分动力转向架(动车转向架)和非动力转向架(拖车转向架),如图 5-22 所示。动车转向架带有牵引电动机及其驱动装置(齿轮减速装置和联轴节),拖车不带牵引电动机,其余部分基本一致,如均为无摇枕转向架、轮对为空心车轴、牵引装置主要采用拉杆式,以及均采用空气弹簧和抗蛇行运动装置。由于动力转向架空间位置紧张采用轮盘式闸片,而非动力转向架采用轴盘式闸片。

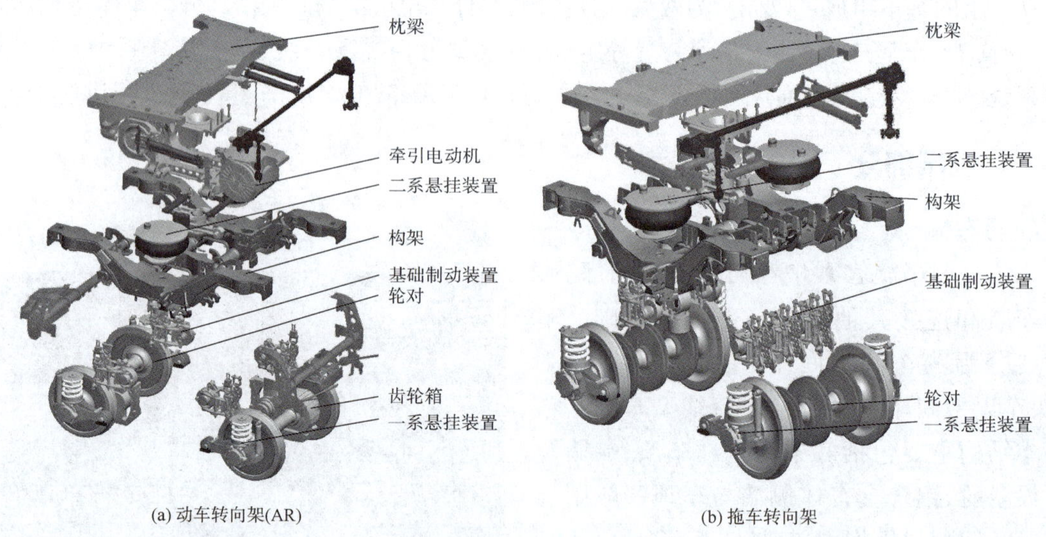

(a) 动车转向架(AR)　(b) 拖车转向架

图 5-22　动车组转向架

(四)车辆连接装置

车辆连接装置即为车钩缓冲装置及前端模块,用以实现车辆间的机械、电气和气路连接等。动车组车钩缓冲装置主要分为三种,即前端自动车钩、中间车钩和过渡车钩。

前端自动车钩主要由钩头及钩体、缓冲器及压溃管、对中装置、连挂组成及电气连接器等组成,如图 5-23 所示。

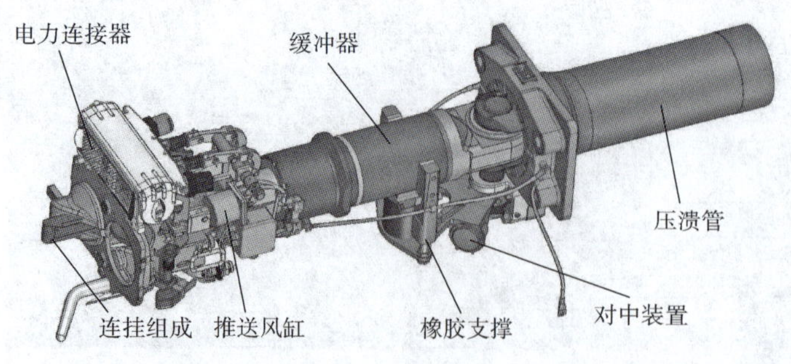

(a) 自动车钩三维立体图

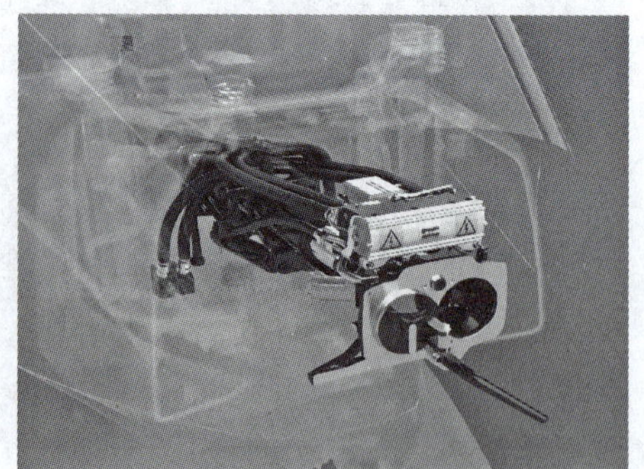

(b) 自动车钩透视图(AR)

图 5-23　前端自动车钩

中间车钩有半自动车钩与半永久车钩两种形式,其中半自动车钩除无电气连接器外与前端自动车钩基本相同。半永久式车钩主要由钩头、钩体、缓冲器及压溃管等组成。中间车钩如图 5-24 所示。

过渡车钩为两体结构一种是 15 号小间隙法兰盘车钩,又称作 15 号托梁过渡车钩;另一种是统型过渡车钩。15 号托梁过渡车钩一般用于 25T 型客车,统型过渡车钩一般用于带有 10 型车钩的车辆救援及回送,如图 5-25 所示。

图 5-24 中间车钩(AR)

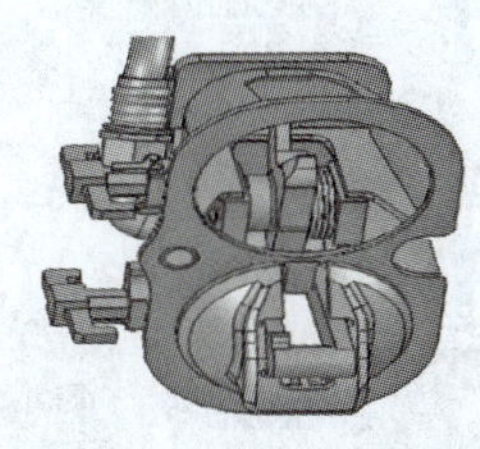

10号模块

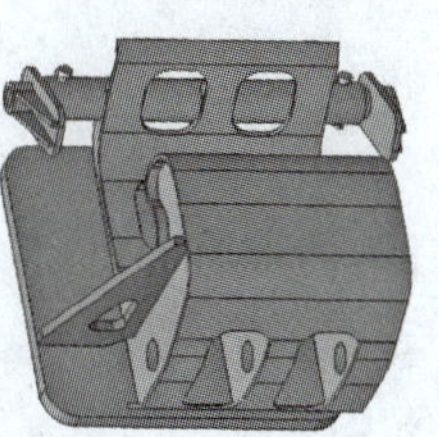

15号模块

图 5-25 过渡车钩

前端模块有自动与手动两种结构,自动式前端模块采用电控气动模式。前端开闭机构可减小气动阻力、保护前端自动连接设备免受雨雪侵蚀及异物击打,主要由上部导流罩、头灯、开闭机构和排水管等部件组成,如图 5-26 所示。

(a) 前开闭闭合

(b) 前开闭打开

图 5-26 前端开闭机构

(五)动车组制动装置

由于列车的制动能量和速度的平方成正比,传统的纯空气制动能力不能满足高速列车的需要,CRH 动车组制动系统采用微机控制的直通式电空制动系统,主要由供风系统、制动控制系统、基础制动装置、防滑系统、辅助系统等组成,如图 5-27 所示。

为满足制动能力强、响应速度快的要求,动车组常采用电制动与空气制动联合作用的方式,且优先采用电制动,可保证列车在整个速度范围内都有充足的制动力。另外防滑系统中的各装置可以得到充分利用,有效缩短制动距离。

二、电气部分

(一)受流装置

电力牵引的高速列车需通过受电弓受流系统不间断地从接触网上获取电能，弓网受流系统要满足的基本条件：良好的受流质量和安全性能，足够的使用寿命，尽可能减少对周围环境产生噪声。因此，必须对接触网的结构形式、参数及性能进行合理的设计和选择。

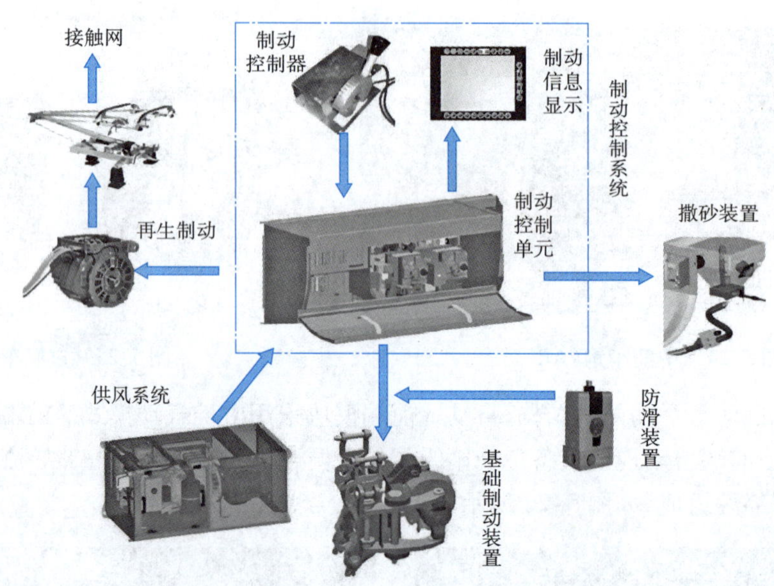

图 5-27　CRH 动车组制动系统(AR)

(二)动车组牵引传动装置

动车组牵引传动装置是将电能转换成机械能牵引列车，同时列车制动时将机械能转换成电能回馈电网，可见它起到了能量传递和转换的作用。

当列车牵引运行时，受电弓将接触网上 25 kV(50 Hz)单相工频交流电经过高压电器设备传输给牵引变压器，牵引变压器降压输出单相交流电供给牵引变流器，脉冲整流器将单相交流电变换成直流电，经中间直流电路将直流输出给牵引逆变器，牵引逆变器输出电压、频率可调的三相交流电供给牵引电动机，根据电动机的矩速特性，实现电能到机械能的转换。

当列车制动时，首先实行动力制动，此时牵引电动机做发电机运行，将牵引电动机输出的三相交流电转换成单相交流电反馈给电网，实现再生制动，从而实现机械能到电能的转换。

目前动车组大都采用交流传动装置，其牵引电动机采用的是三相交流异步电动机。

动车组牵引传动装置的主要设备：

1. 高压电器设备

高压电器设备用来完成从接触网到牵引变压器的接通与断开，主要有受电弓、主断路器、避雷器、电压互感器、电流互感器等。

2. 牵引变压器

牵引变压器分为芯式和壳式两种，其结构差异如图 5-28 所示。

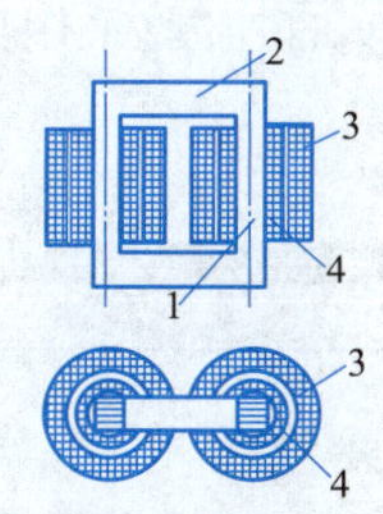

(a) 芯式变压器（单相芯式变压器铁芯）内部构造

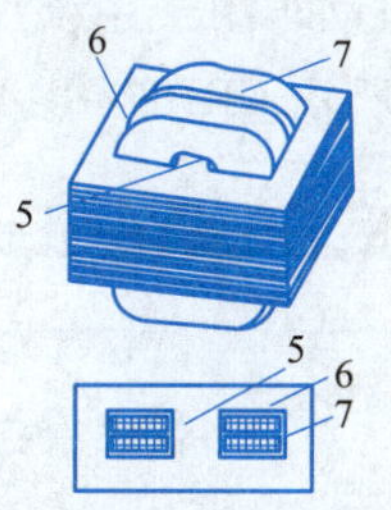

(b) 壳式变压器（单壳式变压器）内部构造

(c) 芯式变压器

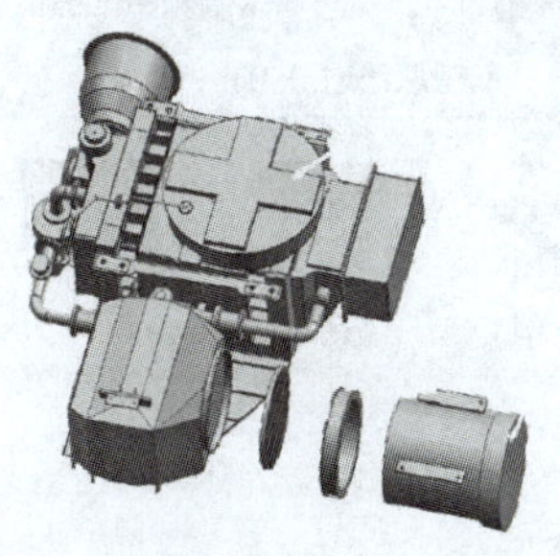

(d) 壳式变压器

图 5-28 牵引变压器

1—铁芯柱；2、6—铁轭；3—高压绕组；4—低压绕组；5—铁柱；7—绕组

牵引变压器将接触网电压变换为供给牵引变流器及其他设备所适合的电压，提供滤波、保护等手段，为列车提供安全可靠的高质量电力。

3. 牵引变流器

牵引变流器由单相脉冲整流器、中间直流电路、逆变器、真空交流接触器等主电路设备组成，主要功能是将牵引变压器牵引绕组的输出单相交流电转换成电压、频率可调的三相交流电，驱动牵引电动机，如图 5-29 所示。

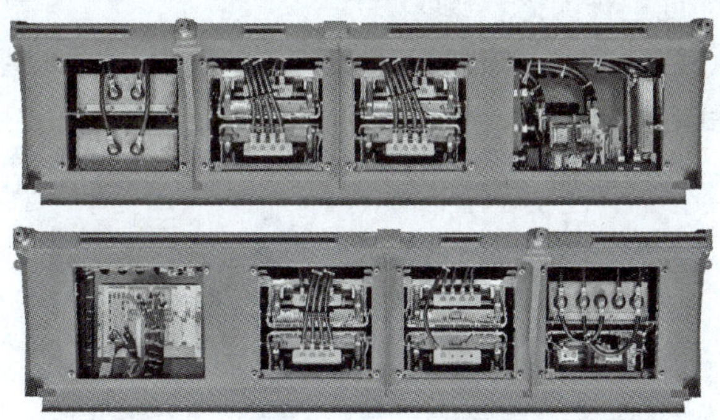

图 5-29 牵引变流器

4. 牵引电动机

牵引电动机为列车提供动力，通过齿轮联轴器和齿轮箱，把电动机转轴与转向架轮轴相连接，从而实现机械能与电能之间的相互转换。

（三）列车网络控制系统

列车网络控制系统为分布式计算机系统，具有列车通信、控制、监测与诊断四大主要功能，通过列车控制单元对动车组子系统及各车辆单元设备实现实时控制;采用列车级、车辆级两级体系结构。图5-30所示CRH380B型动车组的网络控制系统。

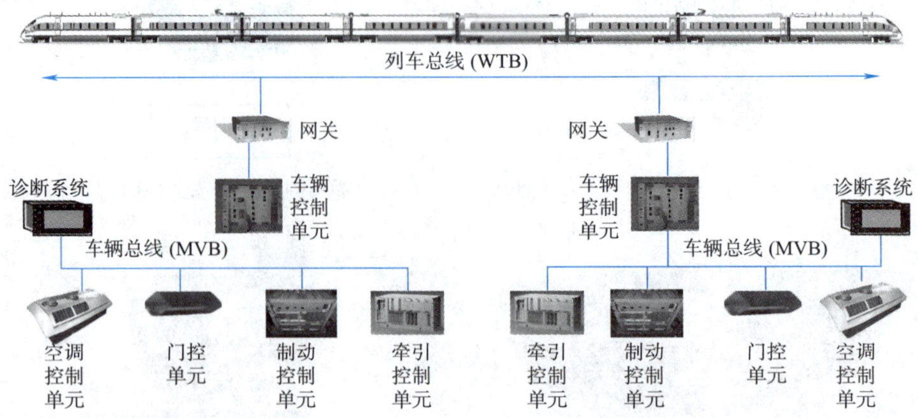

图5-30　CRH380B型动车组网络控制系统

每节车辆通过车厢总线将分布在同一车厢内的各计算机控制装置联网,通过列车总线把分布在不同车厢的主控单元(节点)联网,直至安装在列车的前、后端列车控制、诊断中心,在司机室的显示屏上显示各设备的工作状态,从而实现对车组的综合监控、优化运营管理、提高运营的安全性。

(四)动车组空调与通风系统

由于车体结构不能做到完全密封,车内空气压力会随着车外空气压力的变化而上下波动,当车内压力在-0.2 kPa以下和+0.2 kPa以上时,开启车门时会有“耳朵不适”现象,超过+0.5 kPa时,车门一打开,旅客将感到“极度不适”。为了克服高速运行下,特别是会车和进入隧道时造成的压力差,在车底安装换气装置。另外,要保证旅客的舒适度,还对客室的空气湿度和温度以及风速的均匀度进行优化。

空调系统具备制冷、采暖、通风、车内压力波保护等功能,其工作原理如图5-31所示。其中压力波保护装置分主动式和被动式两种形式。

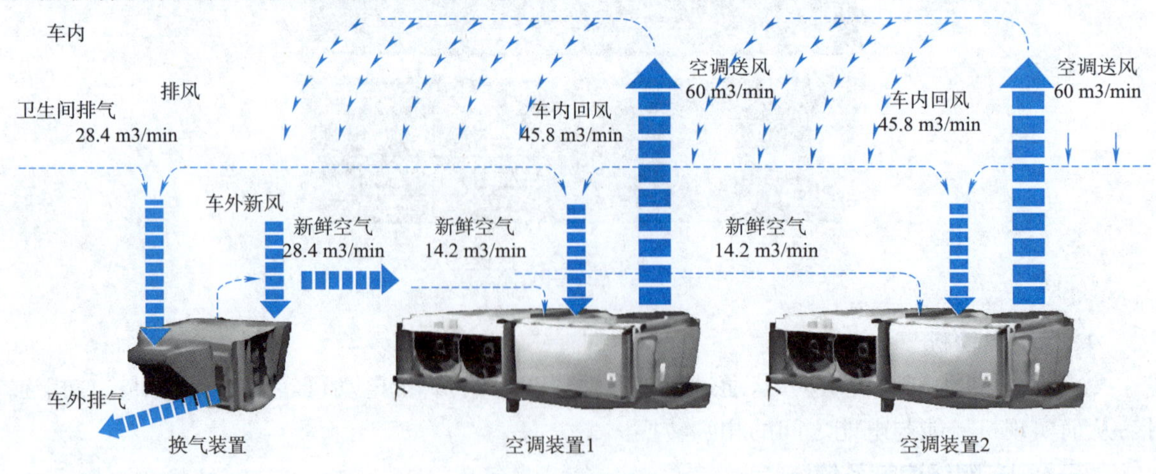

图5-31　空调系统工作原理

任务实施

(1)在虚拟平台上对 CRH380B 型动车组转向架进行观察，判断其转向架的类型并说明理由。

(2)在虚拟平台上对 CRH380B 型动车组转向架进行观察，判断制动方式采用那种闸片并说明理由。

(3)在虚拟平台上对 CRH380B 型动车组转向架进行观察，并对其组成部分进行识别。

任务评价

任务评价表见表 5-4。

表 5-4 任务评价表

序号	评价内容	评价标准	分数	评分记录		
				学生自评	组间互评	教师评分
1	转向架的类型	1. 无法准确地判断转向架的类型，扣 10 分 2. 无法说明判断的理由，扣 10 分 3. 以 5 s 为基准，每超出 5 s，扣 10 分，本项扣完为止	20			
2	转向架制动方式	1. 无法准确地说明转向架的制动方式，扣 10 分 2. 无法说明判断的理由，扣 10 分 3. 以 5 s 为基准，每超出 5 s，扣 10 分，本项扣完为止	20			
3	转向架部件的识别	无法准确找到转向架组成部件或正确说出部件的名称，错误一次扣 5 分，扣满 60 分为止	60			
总分			100			

任务三　走进动车段

任务引入

中国铁路哈尔滨局集团有限公司哈尔滨动车段是我国最北的高寒高铁动车检修基地，主要负责黑龙江省和内蒙古自治区东部内的高铁线路，包括哈大高铁、沈佳高铁、哈齐高铁、哈牡高铁、哈佳快铁、哈伊高铁、佳鹤高铁、通齐高铁、齐海满高铁等。由于动车运行的速度等级不同、运行环境不同以及在基础构造不同的线路上多组次跨线运行的变化，因此对动车组运用检修质量的要求较高。动车组在检修基地停放或进行相应的检查和维护。图 5-32 所示为动车组在检修基地停留线停留。

请结合哈尔滨动车段的实际情况，绘制动车组运用所的组织框架图，同时说明动车组日常检修的检修范围。

图 5-32　动车组检修基地停留线

动车组的安全、高效、稳定运行离不开动车段的组织和管理。动车段是动车组的“家”，动车组的运用检修管理工作是铁路客运组织工作的重要组成部分，是完成铁路运输任务的关键环节。动车组运用所(简称动车所)是动车段的主要生产部门之一。厘清动车组运用所的组织框架、日常检修的检修范围以及检修周期等具体情况，是动车(车辆)岗位从业人员应具备的基本能力或铁路其他岗位从业人员的拓展能力之一。

一、动车段

根据铁路路网布局及发展规划，结合我国动车组投放、配属和开行方案，国家在北京、上海、武汉、广州、沈阳、成都、西安建立七大动车检修基地。检修基地是路网性检修中心，专业化程度高，负责厂修性质的检修任务即高级修任务，与检修基地相配套还应在各客运专线设置动车段(少数划分到车辆段代为管理)，在各线主要客运站设置动车所。

目前，我国动车组的管理采用国铁集团、铁路局集团公司、动车(客车)段三级专业管理模式，动车组的运用主要原则是“统一指挥、分级管理”，以充分发挥各级动车组运用管理组织的职能作用。动车段、动车所布局按照“集中检修、分散存放”的原则，满足动车组快速检修、安全可靠、高效运营的检修运营要求。按动车组运用维修设施的功能和作业范围，可分为动车段、动车所和动车组存车场三大类。动车所是动车段的主要核心生产部门。

素养教育

最北高寒高铁动车检修基地

(一)动车组运用所的组成

动车所主要由房屋建筑，股道线路，室外压缩机、给排水工程、消防工程、以及其他附属工程组成。

1. 房屋建筑。

动车所房屋建筑主要由动车检查库、临修库及不落轮旋修库、空压机间、受电弓及轮对踏面诊断棚、动车组外皮洗刷库、乘务员候班楼、职工宿舍楼等组成，如图 5-33 所示。

(a) 动车组检查库

(b) 轮对踏面诊断棚

(c) 洗刷库

(d) 融冰除雪库

图 5-33　动车组运用所房屋建筑

2. 股道线路

动车组运用所总股道线路包含检查库线、存车线、临修线、洗刷库线、受电弓及轮对踏面诊断棚线(含预留线)、不落轮旋线以及动车组的走行线(预留走行线)、牵出线等。

3. 室外压缩机、给排水工程、消防工程等

(1) 室外压缩机由空压机间直埋无缝钢管进入动车检查库和临修库及不落轮旋修库,为各用气设备提供具有一定压力的压缩空气。图 5-34 所示为动车运用所的螺杆式空气压缩机。

(2) 室外给水、消防管道。配备地下式消火栓及井,存车线要配备所需的消防井;还有吸污上水井、雨水检查井、化粪池、隔油池、降温池、污(雨)水泵站以及排水沟。图 5-35 所示为动车所的真空吸污设备。

图 5-34　螺杆式空气压缩机

图 5-35　真空吸污设备

4. 其他附属工程

站场占地面积较大，要配备道路混凝土路面，同时采用站场围墙进行防护，便于区域封闭管理。

（二）动车组运用所生产机构

动车所实行所长负责制。根据需要设置技术室、调度室等管理股室，设置一级检修组、二级检修组、临修组等直接生产班组及乘务队，设置设备组、材料组等辅助生产班组。

动车所各班组职能如下。

1. 技术室

技术室负责动车组检修、机械、电气、轮轴、网络、牵引、制动、空调、安全管理、设备管理、规章管理、指导现场、工艺改造、培训、故障分析及技术标准等。图5-36所示为技术室专职人员对电气柜进行故障分析检查。

2. 调度组

调度组负责行车调度、生产调度和信息传递等工作。调度组一般分为检修调度、安全调度、计划调度、运用调度组成。图5-37所示为调度中心调度台。

图5-36　技术室专职人员分析故障

图5-37　调度中心调度台

3. 一级检修组

一级检修组负责动车组的一级检修任务兼停留车检修整备作业。检修作业分为车底、车顶、车侧、车内以及司机室作业，如图5-38所示。

4. 二级检修组

二级检修组负责动车组二级检修工作，针对各个主系统进行维护保养，一般分为上部组、下部组、车内组等，如图5-39所示。

(a) 一级修车底作业

(b) 一级修车顶作业

图5-38　动车组机械师一级修作业

(c) 一级修车内作业

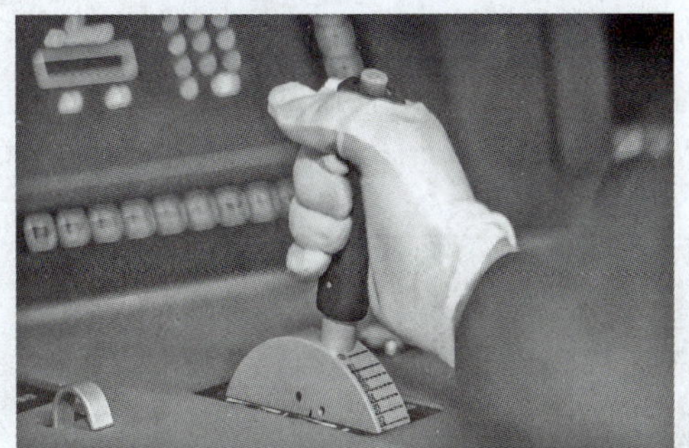

(d) 一级修司机室作业

图 5-38　动车组机械师一级修作业(续)

(a) 作业人员检查车底管路气密性

(b) 作业人员检查闸片

(c) 齿轮箱注油作业

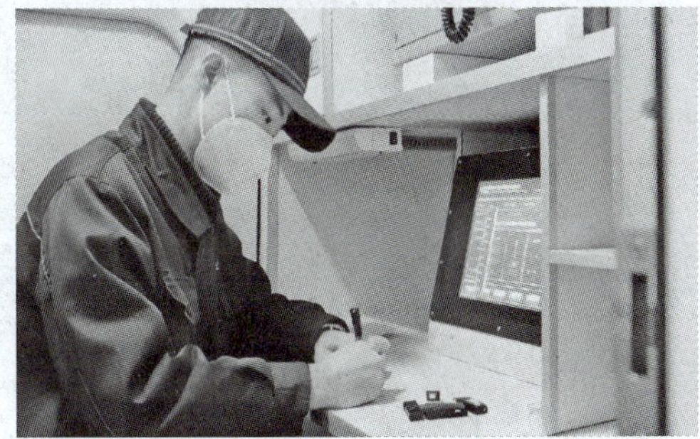

(d) 作业人员检查PIS更新情况

图 5-39　二级检修组作业

车轮、车轴探伤作业属于二级检修作业项目,但因探伤作业非常重要,部分动车所单独成立“探伤”班组,对探伤作业项目进行检修,如图 5-40 所示。

(a) 利用移动式空心轴超声波探伤作业

(b) 轮辋探伤作业前测试

图 5-40　探伤组探伤作业

5. 临修组

临修组负责动车组临修故障处理及更正性维修作业。常见的故障处理有更换前开闭、导流罩、塞拉门、“三板”(顶板、底板、裙板)等,如图 5-41 所示。

(a) 处理前开闭故障

(b) 更换导流罩

图 5-41 临修组处理故障

6. 乘务队

乘务队负责动车组运用途中运行技术状态监控工作。在始发和折返站进行技术检查作业等,如图 5-42 所示。

素养教育

高寒高铁的“保健医”

(a) 随车机械师检查设备设施运行情况

(b) 随车机械师乘务作业

图 5-42 随车机械师组

7. 设备组

设备组负责动车所所有设备的巡检、临修库、融冰除雪库、洗刷库等设备的操作工作。

8. 材料组

材料组负责车间工具发放、物料发放及管理。材料组一般由材料员和库管员组成。图 5-43 所示为地勤机械师申领力矩扳手,材料员校验力矩扳手。

一般还设置数据分析室、TEDS 监控中心、质检组及物流组、供电组等班组。如图 5-44 ~ 图 5-48 所示,为质检组质检员、数据分析室诊断师、物流组配送员、TEDS 分析员、供电组作业人员作业。

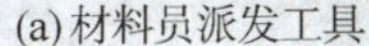
(a) 材料员派发工具

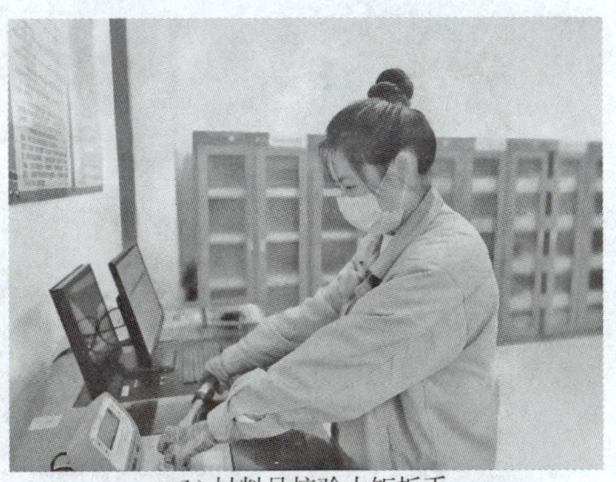
(b) 材料员校验力矩扳手

图 5-43 地勤机械师申领力矩扳手

图 5-44 质检员验收机械师更换闸片

图 5-45 诊断师下载行车数据

图 5-46 配送员配送物料

(a) TEDS监控中心

(b) 分析员检查运行中的动车组

图 5-47　TEDS 分析员

(a) 接送车作业

(b) 接触网供断电作业

图 5-48　供电组作业人员

各铁路局集团公司由于配属动车组数量不同；动车组机械师、检修设备配置情况不同，修程修制改革工作持续进行等原因，结合各铁路局集团公司动车段动车所生产实际，动车所组织机构设置情况会有所差别。

（三）动车组运用所基本职责

动车所承担动车组运用检修、整备等工作，涉及车辆、机务、供电、电务、客运、运输、公安及造修企业的售后服务等多部门（单位），需要实现动车所内车辆、运输、机务、电务、供电、客运等专业调度人员合署办公，工作场所合并设置。

动车所内运用维修班组承担动车组一级、二级检修和车辆整备，负责动车组检查、维护、试验、故障处理；负责检修设备的操作及日常保养；处理外属动车组随车机械师填报的影响运行安全的重点故障和委托检修的项目。对检修范围内的质量安全负责。

动车所内动车组乘务组负责管理和操作动车组设备、监控列车运行和设备技术状态。动车组随车机械师须按作业标准值乘，正确判断、妥善处置动车组设备故障，办理相关交接，并承担部分行车职能。

(四)动车组运用所的主要工种

动车所中负责动车组运用维修工作的主要工种有地勤机械师和随车机械师,统称为动车组机械师。按所在工作岗位可具体细分为:地勤机械师、随车机械师、调度员、质检员等。另外,各班组配备工长、副工长等班组管理人员。

1. 地勤机械师

地勤机械师负责完成动车组的一级检修作业、二级检修作业及临修作业生产任务。按工艺规定和要求进行动车组故障的处理作业,做到无漏检、不漏修,检修质量符合质量标准和技术要求。能够正确使用工具、量具及工装,按操作规程正确使用机械动力设备,工装、设备的保养维护达到规定要求。

地勤机械师需要进行资格培训,系统学习理论知识,包括《铁路技术管理规程》《铁路动车组运用维修规则》《铁路交通事故调查处理规则》《普速铁路行车组织规则》《高速铁路行车组织细则》等规程、规则。并通过师徒传帮带方式进行实训操作。经过理论、实操考试合格后发放职业资格证书。

如图5-49所示,分别为一级检修班组及二级检修班组地勤机械师作业现场。

(a) 地勤机械师(一级修)录制车组号

(b) 地勤机械师(二级修)拆卸动车组底板

图5-49 地勤机械师作业现场

2. 随车机械师

随车机械师负责动车组运用途中运行技术状态监控工作。在运行途中,实时监控动车组的空调、照明、车显等设备工作状态。及时发现动车组运行途中故障,并及时将有关信息通知司机,采取措施,妥善处理;在运行中巡视检查和指导使用车辆设备,发现问题及时处理;在始发和折返站进行技术检查作业。

随车机械师也需要进行资格培训,系统学习理论知识,包括《铁路技术管理规程》《铁路动车组运用维修规则》《铁路交通事故调查处理规则》《普速铁路行车组织规则》《高速铁路行车组织细则》等规程、规则。并通过师徒传帮带方式进行实训操作。部分铁路局集团公司动车段随车机械师必须有地勤机械师经验,经过选拔才会转为随车机械师。

二、动车组检修

(一)修程修制

1. 检修修程

修程是指动车组修理的级别。动车组实行以走行公里周期为主、时间周期为辅(先到为准)的计划预防修。动车组计划预防修修程分为5级。一、二级检修为运用检修,在动车组运用所内进行;三、四、五级检修为高级检修,在具备相应车型检修资质的检修单位进行。

(1)一级修(例行检查):一级修是对运用动车组的车顶、车下、车体两侧、车内和司机室等部位实施快速例行检查、试验和故障处理的检修作业,可称为库检。一级修利用库内三层工作平台进行,重点为走行、车顶高压,制动等,图5-50为一级修人员检查动车组闸片安装情况。此外还同时进行吸污上水、车内外保洁等整备作业。检修股道接触网的供断电对一级修作业流程影响较大,一般据此为主线安排一级修生产节拍。

(2)二级修(专项维修):二级修是对动车组各系统、零部件实施的周期性维护保养、检测、试验。在动车所作业条件下,开展相对深人的专项维护工作。二级修一般要打开各裙板等各类外部盖板。进行清洁、润滑及测试作业,检修范围主要针对车辆运营安全至关重要的部位,如走行部分的转向架构架、轮对、齿轮箱、联轴器、制动系统的空气压缩机组、车门控制系统等,图5-51为二级修人员测量检查动车组的轮对。二级修可采用集中扣车检修或分散至一级修中进行均衡修的模式进行。在运行初期一般采用集中修的方式确保作业质量。

图5-50　检查动车组闸片安装情况

图5-51　测量检查动车组的轮对

三级、四级、五级修为高级修,扣车时间较长,各部件分解较深人,并可实施在动车所缺乏作业条件或者耗时较长的改造。

(3)三级修(重要部件分解检修):对重要的大部件进行细致地分解检修,对检查后发现故障的部件进行修理,对易损零件进行更换,因此需要分解列车,然后架车检查和修理。转向架是动车组安全的核心,动车组三级修以转向架检修为中心展开,对转向架进行分解检修,如图5-53所示。此外结合扣车时间对制动系统等进行状态检查和功能测试。

(4)四级修(系统分解检修):四级修实现对关键系统的分解检修,相对三级修,进一步扩大分解检修系统的范围,包含制动系统、电机的分解检修等,如图5-54所示。

图 5-52　分解检修动车组转向架

图 5-53　分解检修动车组主系统

(5)五级修(整车全面分解检修):五级修对整车进行全面分解检修,包括动车组分解、清洗、检查、修复,较大范围地更新零部件,如图 5-54 所示,并且进行车体的涂漆,是恢复性的检修。最终全面恢复动车组基本性能,使其检修后的技术状态接近于新造车的水平。

图 5-54　分解检修动车组全车

除了上述五级检修,还有动车组在运行过程中的检查,其目的是保证在运行中的动车组具有良好的技术状态,防止事故发生,以保证行车安全。

2. 检修周期

检修周期是指相同修程之间的间隔时间或使用期限,修程级别越高,检修周期越长。各级修程的周期,应由该修程不足以恢复其基本技术状态的动车组零部件,在两次修程间保证安全运行的最短期限确定。图 5-55 为高级检修周期循环图。

如 CRH2 型动车组:

一级检修周期:运行里程 4 000 km 或 48 h。

二级检修周期:运行里程 3 万 km 或 30 天。

三级检修周期:运行里程 60 万 km 或 1.5 年。

四级检修周期:运行里程 120 万 km 或 3 年。

五级检修周期:运行里程 240 万 km 或 6 年。

图 5-55　高级检修周期循环图

3. 检修范围

动车组各级修程必须确定合理的检修范围，即检修涉及的零部件都有哪些。检修范围编制的依据有检修周期；各机组、部件的技术要求；质量变化规律、可靠性及使用运行区段的自然条件和水质情况。一般情况下，修程越大，范围越广。制定检修范围时还应做到：动车组在一个修程内不发生因范围不当而造成的机破、临修和超范围修；在完成规定的检修周期和保证动车组运用安全可靠的基础上，尽量减少"过剩"修理。

动车组检修工作主要依托动车组管理信息系统（Emis）进行数据录入、传输、统计、汇总及分析，在动车所检查库内可将 Emis 安装于检修股道旁的工位机终端，方便检修人员使用，如图 5-56 所示。该系统由八大核心模块组成，如图 5-57 所示。

图 5-56　工位机

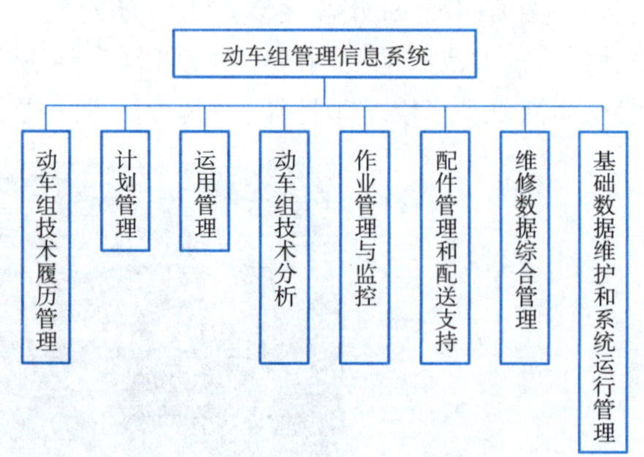

图 5-57　动车组管理信息系统构成

（二）检修方式

1. 定期维修

定期维修是以使用时间或运行里程作为维修期限。只要设备使用到预先规定的时间，不管其技术状态如何，都要进行规定的维修工作，这是一种带强制性的预防维修方式。

定期维修的依据是机件的磨损规律，长期以来的实践使我们认识到机件只要工作就必然磨损，磨损严重就会形成故障，进而会影响使用和安全。定期维修的关键问题是如何确定维修周期或维修的时机。

定期维修的实施是由计划修理周期、修理级别和检修范围以及有关的检修工作条例来保证的。动车组的修程和检修周期应根据其构造特点、运用条件、实际技术状态和一定时期的生产技术水平来确定，以保证动车组安全可靠地运用。

2. 视情维修

视情维修又称为状态维修方式，这种维修方式是根据设备实际情况（技术状态）来确定维修时机。它不对机件规定固定的拆卸分解范围和维修期限，而是在检查、测试其技术状况的基础上确定各机件的最佳维修时机。

这种维修方式是靠不断定量分析监测机件的某些参数或性能的视情资料，决定维修时间和项目。视情资料指的是通过诊断或监测表征机件技术状态参数的资料。

视情维修适用于以下情况：

(1)属于耗损故障的机件,而且有缓慢发展的特点(如磨损),能估计出量变到质变的时间。

(2)能定出评价机件技术状态的标准,如极限状态的参数标准等。

(3)视情维修对于那些机件故障会直接危及安全,而且有极限参数可以监测的机件才是有效的。

(4)除了眼睛观察及设备本身的测试装置外,还要有适当的监控或诊断手段。

显然,视情维修方式可以充分发挥机件的潜力,提高机件预防维修的有效性,减少维修工作量和人为差错。不过这种维修方式费用高,要求具备一定的诊断条件,哪些机件采用,哪些项目采用,都要根据实际需要和可能来决定。

3. 事后维修

事后维修方式也称故障维修,它不控制维修时期,是在机件发生故障之后。才进行修理。实践证明,有些机件即便产生了故障,也不会造成严重后果或影响安全,对这类机件和一些偶然故障,没有必要进行预防维修,可以在故障发生之后再加以修理或更换。这样,这些机件就可以得到充分利用,可以减少预防维修的范围和项目,避免这类机件因不必要的拆卸、检查、保养而不能继续使用,造成损失浪费。

事后维修适合以下情况:

(1)机件发生故障,但不影响总体和系统的安全性。

(2)故障属于偶然性的,故障规律不清楚,或者虽属耗损型故障但用事后维修方式更经济。另一方面,随着新技术在机械设备上的广泛应用,使维修对象的固有可靠性达到一定的程度,可靠性技术冗余度很大,故障密度很疏,出现故障的可能性很小,即使出现了故障也不致影响任务和安全,这时也可以采用事后维修。维修方式的选择应该从发生故障后机械设备的安全性、经济性和有关技术政策法令来综合考虑进行选择。

由上述三种维修方式的特点可以看出,定期维修和视情维修均属于预防性的,可以预防渐进性故障的发生。事后维修则是非预防性的维修,多用在偶然故障或用预防维修不经济,不影响安全运用或具有可靠性冗余度的机件。定期维修的判据是按时间标准送修,视情维修是按实际状况标准,而事后维修则不控制维修时间。从这个意义上分析,上述三种维修方式本身并没有先进落后之分,各有一定的运用范围。然而应用是否恰当,则有优劣之分,不过维修方式的发展趋势,是从事后维修逐步走向定期的预防维修,再从定期的预防维修走向有计划的定期检查,并按检查的结果,安排近期的计划维修。对于动车组等重要的铁路技术装备,则随状态监测技术和故障诊断技术的发展,逐步走向视情维修。不过,在同一系统或设备上往往这三种维修方式可以根据具体情况综合选用。

任务实施

(1)查阅动车段的相关文字资料和影像资料,做好基础材料调研工作。

(2)参照正文中动车运用所的框架结构和调研情况,绘制动车组运用所的组织框架图。

(3)结合调研情况,概括性说明动车组日常检修的检修范围。

任务评价表见表5-6。

表 5-6 任务评价表

<table>
<tr><th rowspan="2">序号</th><th rowspan="2">评价内容</th><th rowspan="2">评价标准</th><th rowspan="2">分数</th><th colspan="3">评分记录</th></tr>
<tr><th>学生自评</th><th>组间互评</th><th>教师评分</th></tr>
<tr><td>1</td><td>系统查阅相关资料</td><td>1. 汇报时,无法清晰地说明查阅资料过程,扣 5 分
2. 汇报时,无法对已查阅资料进行展示,扣 5 分</td><td>10</td><td></td><td></td><td></td></tr>
<tr><td>2</td><td>绘制动车组运用所的组织框架图</td><td>1. 无法绘制动车运用所组织框架图,扣 25 分
2. 无法说出绘制动车运用所组织框架图的内在依据,扣 10 分
3. 绘制动车运用所组织框架图不美观,扣 5 分</td><td>40</td><td></td><td></td><td></td></tr>
<tr><td>3</td><td>动车组检修修程中各修程的检修范围</td><td>无法准确地概括动车组检修各修程的检修范围,遗漏或错误一次扣 10 分,扣满 50 分为止</td><td>50</td><td></td><td></td><td></td></tr>
<tr><td colspan="3">总分</td><td>100</td><td></td><td></td><td></td></tr>
</table>

试题

项目五
动车组

巩固练习

一、填空题:

1. 动车组是由动车(有动力)和拖车(无动力)组成的________、________、两端均可操纵驾驶,整列一体化设计的一组列车。

2. 动车组按牵引动力类型可分为________、________和________。

3. 动车组按动力配置方式可分为________和________。

4. 动车组按车辆转向架布置和车辆之间的车接方式可分为________(转向架)式和________(转向架)式。

5. 动车组车体的基本结构主要包括________、________、________、________以及车下设备舱。

6. 转向架主要具有________、________、________、________和________功能。

7. 动车组车钩缓冲装置主要分为三种,即________、________和________。

8. 动车组检修采用以________为主(走行公里以动车组管理信息系统为准)、________为辅的检修模式。

9. 动车组实行________的检修体制,检修标准分为________个等级,等级越高,检修要求和标准越高。

二、判断题

1. 列车的速度大小对其受到的阻力无影响。 ( )

2. 动车组三级修是对各主系统进行分解检修,必要时进行车体的涂漆。 ( )

3. 二级检修可采用集中修或均衡修相结合的方式进行。 ( )

4. 临修主要是处理动车组临修故障,对动车组主要零件部件进行扣车维修及动车组不落轮旋轮和各级修程以外的主要设备、零件的更换。 ( )

5. 中间车钩有半自动车钩与永久车钩两种型式。 ( )

6. 列车的制动能量和速度的平方成正比,纯空气制动就能满足高速列车的需要。 ( )
7. 动车组的压力波保护装置分主动式和被动式两种型式。 ( )
8. 高速列车上应用最广泛的橡胶元件就具有防振、缓冲、隔音、密封、绝缘等功能。( )
9. 我国生产的 CRH 系列动车组均属于动力集中动车组。 ( )
10. 动车组按速度等级可分为准高速动车组、高速动车组、超高速动车组。 ( )

三、简答题

1. 简述动车组的优点。
2. 简述动力分散动车组的优点?
3. 我国“和谐号”CRH 系列典型动车组有哪些?
4. 简述高速动车组的主要技术特点。
5. 简述动车组一、二级修程的检修范围。
6. 阐述动车组运用所的主要工作任务。
7. 阐述动车段各车间有哪些职能组和生产班组。

项目六
铁路车站

项目描述

铁路车站是铁路办理客运与货运的基地，也是铁路系统的基层生产单位。在车站上，除办理旅客运输和货物运输的各项作业外，还办理和列车运行有关的各项工作，如列车接发、会让、越行，列车的解体与编组，机车的换挂与车辆的检修等。在铁路线路上修建车站，首先要确定该车站在线网中的作用和地位，对车站进行分类设置，使其既能满足生产生活需求，又不会造成运力资源的浪费。铁路相关岗位人员要掌握车站分类、车站的设备和作业以及车站的布置图形设置等。不同类型的车站，为了完成相关的作业任务，还要对车站线路、道岔进行编号，对不同类型车站布置图形、作业流程及作业设备进行分析。

下面主要对铁路中间站、区段站、编组站、客运站、货运站、物流中心、铁路枢纽、车务段的组成及工作职能加以介绍。

学习目标

知识目标

(1)理解铁路车站的作用。

(2)理解铁路车站的分类标准及类型。

(3)掌握铁路线路有关知识。

(4)掌握股道和道岔编号方法。

(5)掌握中间站与区段站的业务、设备、布置图。

(6)掌握编组站的业务、设备、布置图。

(7)理解驼峰的分类、断面及驼峰调速设备。

(8)了解编组站综合自动化相关知识。

(9)了解客运站、货运站、铁路枢纽相关知识。

能力目标

(1)能够根据车站的规模、业务等分辨铁路车站的类型。

(2)能够对铁路车站中的线路进行分类。

(3)能够对较为简单的铁路车站中的股道和道岔进行编号。

(4)能够认识铁路车站内部设备。

(5)能够对驼峰的各部分组成快速识别。

素养目标

(1)让学生感受我国铁路装备的巨大变化，增强学生的民族自豪感。

(2)在事故案例中让学生切实吸取事故教训，提升学生安全风险意识。

(3)通过铁路故事、老物件，为学生讲解铁路精神，帮助学生树立社会主义核心价值观。

(4)强化铁路职业认同感,培育学生"攻坚克难,挑战极限"的精神。

学习导航

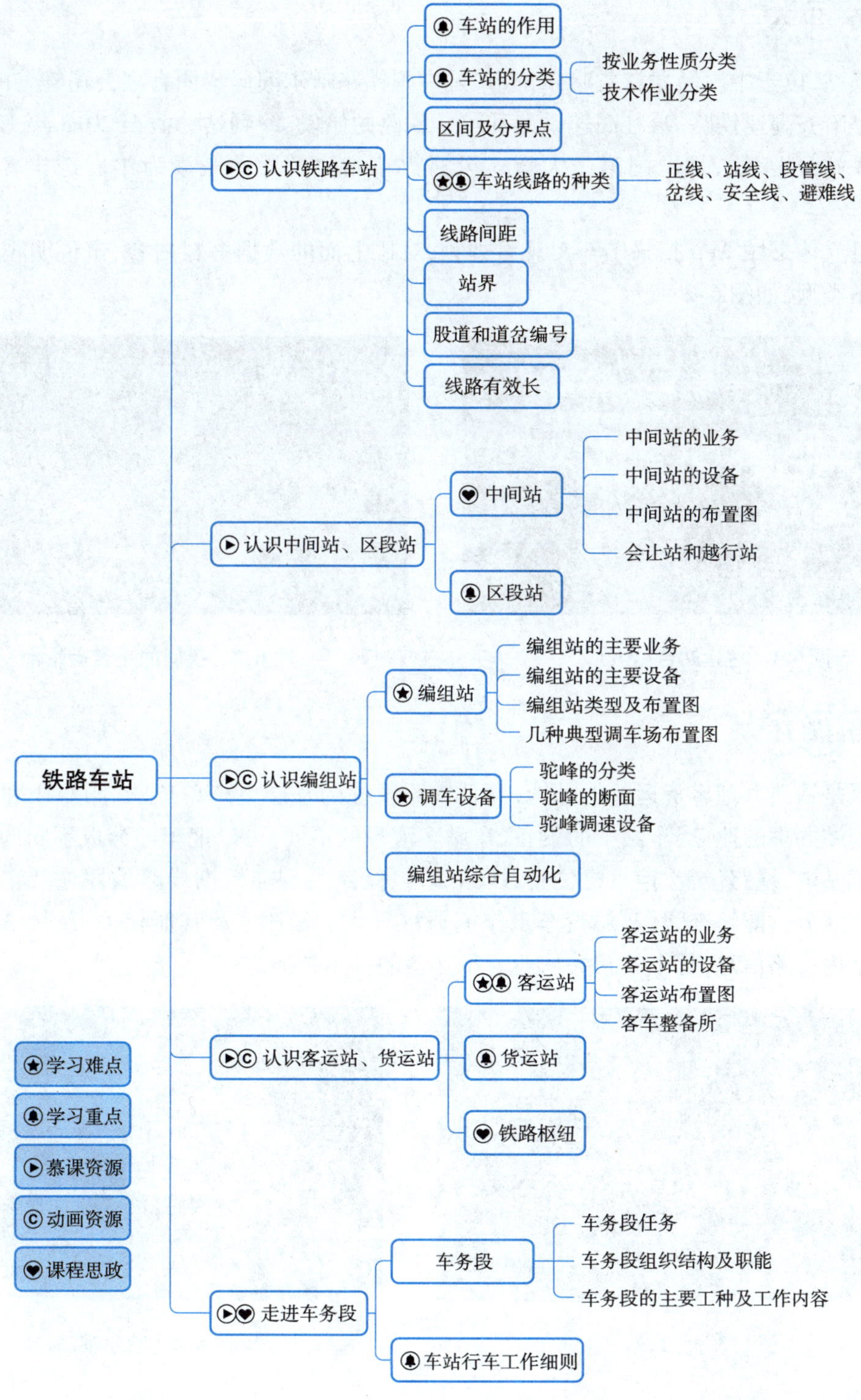

任务一　认识铁路车站

任务引入

哈尔滨站，位于中国黑龙江省哈尔滨市，是中国铁路哈尔滨局集团有限公司管辖的特等站。哈尔滨站是哈齐高速铁路、哈牡高速铁路和哈佳铁路的始发、终到站。截至 2018 年 12 月，哈尔滨站设有 8 站台 14 线，是全国第二大欧式风格火车站。设计承载量为年发送旅客 2 800 万人次。

请通过立体书城 App 扫描图 6-1 观看视频，对比上面的数据资料内容，试说明视频中的不同点及车站类型，如图 6-2 所示。

图 6-1　客运站台(AR)

图 6-2　夜间的小客运站台

任务描述

车站既是铁路办理客货运输的基地，又是铁路系统的基层生产单位，如图 6-3 和图 6-4 所示。根据车站办理的业务、车站中的设备、车站客流量的不同，可以把车站分成不同的种类。不同种类的车站内，线路位置、信号机位置、线路编号、线路类型会根据线路的用途及车站的用途不同而有所区分。能够查阅《车站行车工作细则》(简称《站细》)及其他相关资料，掌握车站的分类及车站内线路信息，是车站相关从业人员必备的基本技能之一。

图 6-3　北京站

图 6-4　哈尔滨站

一、车站的作用

车站是办理客货运输的基地。旅客候车、乘降和货物的承运、保管、装卸、交付,以及相关的作业都是在车站进行的,可以说车站是铁路与旅客、货物联系的枢纽。

车站是铁路运输的基本生产单位。在车站可以办理客货运输、机车整备、车辆的检查、列车的接发、车列的解编等作业。车站不仅是铁路内部各项作业的汇合点,也是提高铁路运输效率和运输安全的保证。

车站是铁路运输的窗口,服务水平和效率也在此体现。据统计,我国铁路货车一次全周转时间中车辆在站作业和停留时间占60%~70%。机车的大部分周转时间也在车站。因此,合理地布置和有效地运用车站和枢纽的各项设备,是保证列车快速、安全、正点,加速车辆周转,降低运输成本的关键。

二、车站的分类

1. 按业务性质分类

车站按业务性质分为营业站、非营业站,营业站分为客运站、货运站和客货运站。

(1)客运站是专门办理旅客运输业务的车站,通常设置在政治、经济、文化中心城市和旅游胜地等有大量旅客集散的地点。客运站的主要任务是组织旅客上、下车;办理行包、邮件的装卸搬运;组织旅客列车到发和客车车底取送。

(2)货运站是专门办理货物运输业务的车站,通常设置在有大量货物到发、装卸的地点,主要担当货物列车的始发、终到和有关调车作业、货车装卸、取送作业以及与货运有关的业务,如图6-5所示。

(3)客货运站是既办理旅客运输业务又办理货物运输业务的车站。铁路网上绝大多数的车站都属于客货运站。

2. 按技术作业分类

车站按技术作业分为中间站、区段站和编组站。区段站和编组站统称为技术站。

(1)中间站设置在技术站之间的区段内。中间站是办理列车的接发、会让和通过作业,以及调车作业和客货运业务的车站。有些中间站还办理机车整备作业、补机摘挂、列车技术检查和凉闸作业、列车的始发和终到作业。仅办理接发列车作业的车站,单线区段称为会让站,双线区段称为越行站。

(2)区段站设于货物列车牵引区段两端,一般为机务段(折返点)所在站,担负更换货运机车和乘务员,主要解编区段列车和摘挂列车的车站。

(3)编组站设置在大量车流集散,港矿附近或若干铁路线路衔接的地点,担当大量货物列车的解体和编组作业,编组直达、直通、区段、摘挂小运转等各种货物列车的车站,如图6-6所示。

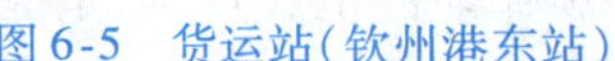

图 6-5 货运站(钦州港东站)

图 6-6 编组站

此外,车站还可以按其他一些特征加以区分。例如,位于海、河港湾地区的车站称为港湾站,位于工业企业专用铁道的接轨点或铁路枢纽内工业区附近的车站称为工业站。在规模较大的车站,根据线群的配置及用途划分成数个车场。按照站内各个车场相互位置配列的不同,车站又可分为横列式、纵列式和混合式等类型。

三、区间及分界点

为了保证行车安全和必要的线路通过能力,铁路上每隔一定距离需要设置一个车站。两相邻车站间的线路称为区间。而车站则成为相邻区间之间的分界点,因此,区间和分界点是组成铁路线路的两个基本环节。

(一)分界点

车站上除了正线以外,还配有其他线路(到发线、调车线、牵出线、货物线及站内指定用途的其他线路等),所以把各种车站称为有配线的分界点。此外,还有一种无配线的分界点,它包括非自动闭塞区段上的线路所和自动闭塞区段两车站间划分为若干个闭塞分区处所设置的通过色灯信号机。

(二)区间

根据分界点的不同,区间分为站间区间、所间区间和闭塞分区。

1. 站间区间

(1)在单线上,车站与车站间以进站信号机柱的中心线为车站与区间的分界线,如图 6-7 所示。

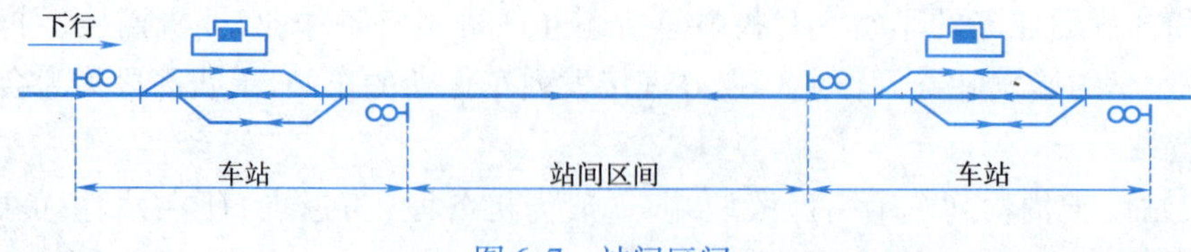

图 6-7 站间区间

(2)在双线或多线上,车站与车站间分别以各该线的进站信号机柱或站界标的中心线为车站与区间的分界线。

2. 所间区间

两线路所间或线路所与车站间,以该线上的通过信号机柱的中心线为所间区间的分界线。

设有进站信号机的线路所，所间区间的分界方法与站间区间相同，如图 6-8 所示。

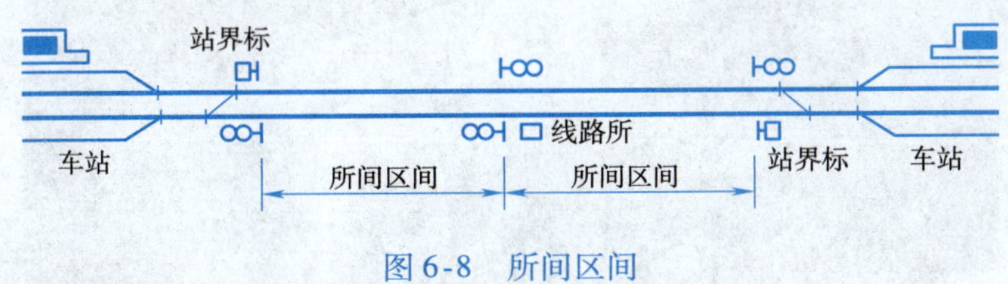

图 6-8 所间区间

3. 闭塞分区

自动闭塞区间同方向相邻的两架色灯信号机间以该线上的通过信号机柱的中心线为闭塞分区的分界线，如图 6-9 所示。

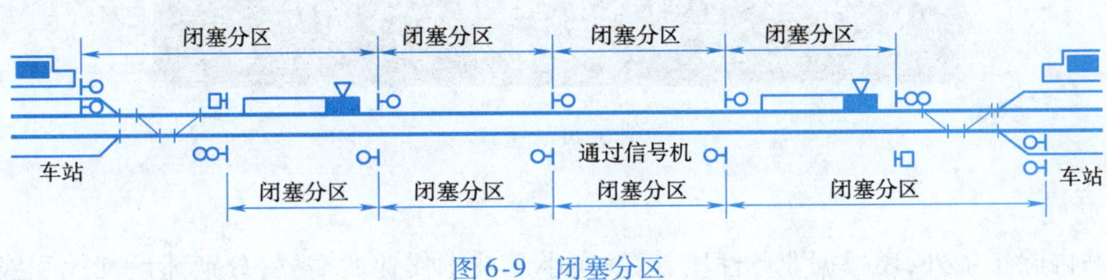

图 6-9 闭塞分区

四、车站线路的种类

铁路线路按用途分为正线、站线、段管线、岔线、安全线及避难线。

1. 正线

正线是连接车站并贯穿或直股伸入车站的线路（或者说直接与区间连通的线路），如图 6-10 所示。

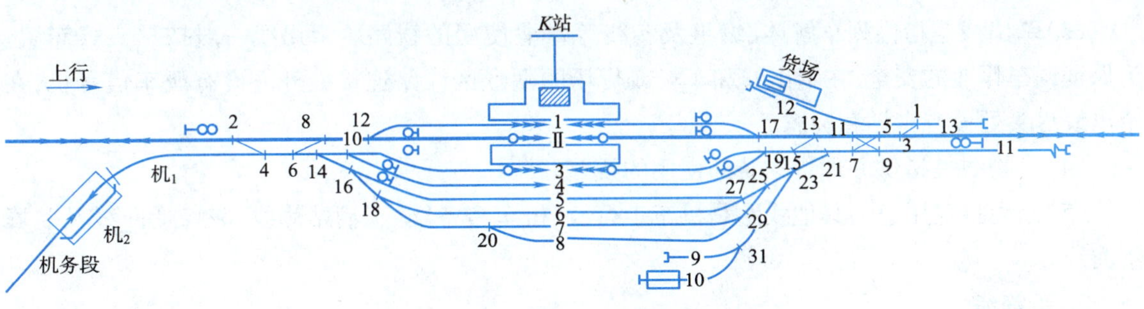

图 6-10 车站线路图

Ⅱ—正线；1、3、4—到发线；5、6、7、8—调车线；9、10—站修线；11、13—牵出线；
12—货物线；机$_1$—机车走行线；机$_2$—机车整备线

正线的主要作用是通行列车。目前既有线中主要是供货物列车、客运列车通过使用的，客专正线仅供客运列车使用。正线在通过型车站比较好辨认，由于它贯穿车站，通过列车多，所以通常很光亮，磨损也很大。另外，它直接与站外区间线路连接，一般不用道岔，如图 6-11 所示。图中中间两条线为正线，左右靠站台两条线为到发线。

图 6-11　正线

2. 站线

车站内除正线外，还根据业务性质、运量大小及技术作业的需要，分别铺设其他配线，这些配线统称为站线，站线包括到发线、调车线、牵出线、货物线及站内指定用途的其他线路等，如图 6-10 所示。

(1)到发线是指供列车到达、出发使用的线路。区间的列车只有接到站内到发线才能接到其他线，同样，在站内的列车，只有先牵到到发线才能发往区间；当列车进入车站到达到发线后，都要在该线停留，才能进行其他技术作业。旅客列车到发线设有站台，供旅客上、下列车，如图 6-11 所示。

(2)调车线是指供列车解体与编组并存放车辆的线路。

(3)牵出线是指供列车解体、编组及转线等作业使用的线路。牵出线一般按尽头式布置。为保证调车作业的安全，在牵出线和车场或货场的咽喉区线路连接处外方设有调车信号机，在牵出线尽头处设有车挡和标志。

(4)货物线是指供办理货物装卸使用的线路。

(5)站内指定用途的其他线路是机车走行线、机车整备线、车辆站修线、驼峰迂回线及驼峰禁溜线等。

3. 段管线

段管线是指机务、车辆、工务、电务、供电等段专用并由其管理的线路，如机车转头用的三角线、转盘线等，如图 6-10 所示。

4. 岔线

岔线是指在区间或站内接轨，通向路内外单位的专用线路，如专用线、工业企业线等。

5. 安全线

安全线是为防止列车或机车车辆从一进路进入另一列车或机车车辆占用的进路而发生冲突的一种安全隔开设备，如图 6-12 所示。

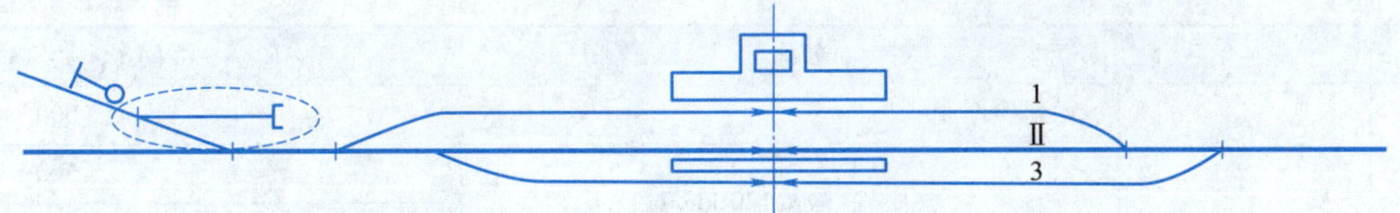

图 6-12 安全线示意图(图中虚线圈出)

6. 避难线

避难线是在长大下坡道上能使失控列车安全进入的线路。避难线是为防止长大下坡道上失去控制的列车发生冲突或颠覆而设置的。避难线主要设在山岳或丘陵陡峻地区,如图 6-13 所示。

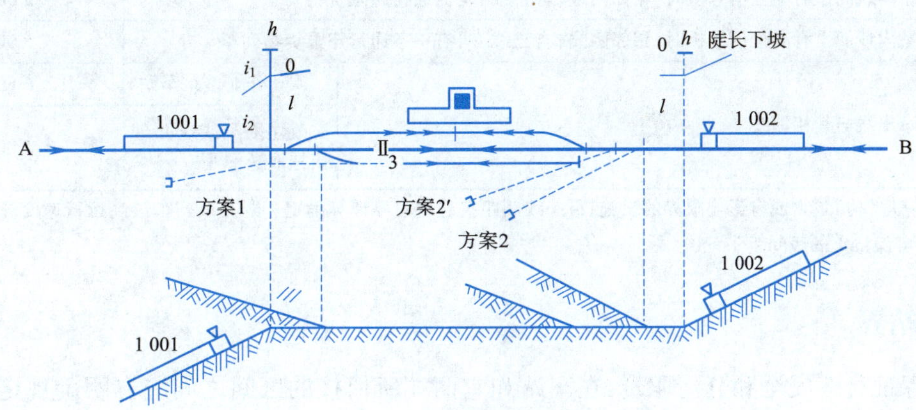

图 6-13 避难线的设置

五、线路间距

线路间距是两相邻线路中心线之间的距离。线路间距应能保证行车和车站工作人员的安全,满足设置项设备的需要。主要根据机车车辆限界、建筑限界、线间设备计算宽度和线间办理作业性质需要的安全余量等因素确定。普速铁路直线部分铁路线路间距的大小应根据《铁路技术管理规程(普速铁路部分)》的有关规定确定,具体内容见表 6-1。曲线部分的线间距按曲线半径大小,根据计算适当加宽。

表 6-1 普速铁路直线地段线间距

序号	名称		线间最小距离(mm)
1	区间双线	$v \leq 120$ km/h	4 000
		120 km/h $< v \leq 160$ km/h	4 200
		160 km/h $< v \leq 200$ km/h	4 400
2	三线及四线区间的第二线与第三线		5 300
3	站内正线		5 000

续表

序号	名称				线间最小距离(mm)
4	站内正线与相邻到发线	无列检作业			5 000
		有列检作业或上水作业	$v \leqslant 120$ km/h	一般	5 500
				改建特别困难	5 000
			120 km/h $< v \leqslant 160$ km/h	一般	6 000
				改建特别困难	5 500
			160 km/h $< v \leqslant 200$ km/h	一般	6 500
				改建特别困难	5 500
5	到发线间或到发线与其他线				5 000
6	站内线间设有高柱信号机时,相邻两线(含正线)均需通行超限货物列车				5 300
7	站内线间设有高柱信号机时,相邻两线(含正线)只有一条通行超限货物列车				5 000
8	牵出线与其相邻线			调车作业繁忙车站	6 500
				改建困难或仅办理摘挂取送作业	5 000

注:线间有建(构)筑物或有影响限界的设施,最小线间距按建筑限界计算确定。既有线列车最高运行速度提速到 140 ~ 160 km/h 时,可保持 4 m 线间距。

六、站界

为了保证行车安全和分清职责,在车站和它两端所衔接的区间之间应有明确规定的界限。在单线铁路上,车站的范围是以两端进站信号机柱的中心线为界,外方是区间,内方则属于车站范围,如图 6-14 所示。在双线铁路上,站界是按上、下行正线分别确定,进站一端以进站信号机柱的中心线为界,出站一端以反向进站信号机机柱中心线为界,无反向进站信号机的以站界标中心线为界,如图 6-15 所示。

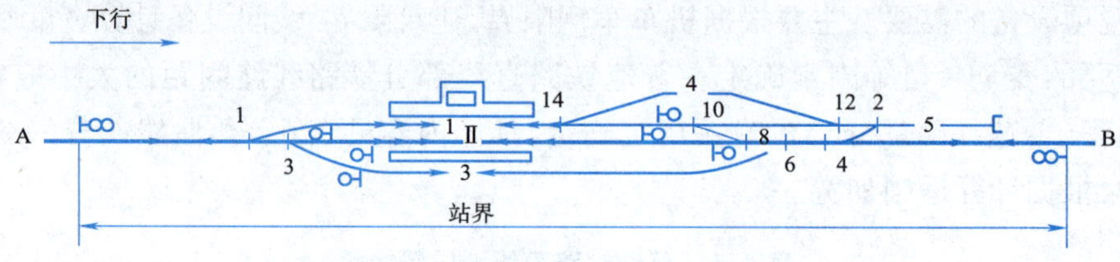

图 6-14　单线铁路横列式中间站

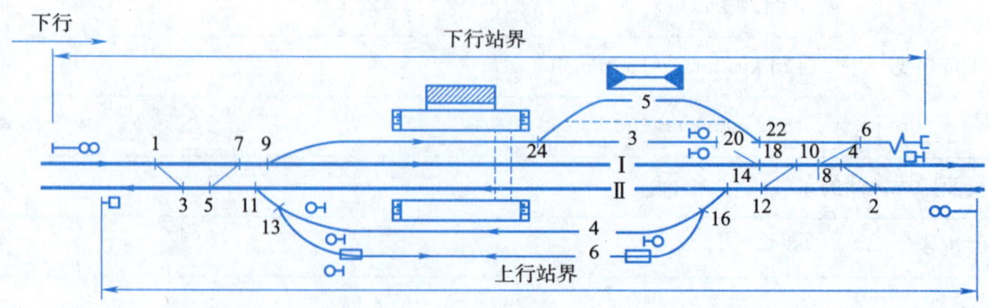

图 6-15　双线铁路横列式中间站

七、股道和道岔编号

我国铁路采用左侧行车制，并且原则上规定以开往北京的方向为上行方向，背离北京的方向为下行方向。为便于车站作业和对设备的维修管理，站内的线路（或股道）和道岔均应统一编号，且同一车站或同一车场内的线路和道岔均不得有相同的编号。

1. 股道编号

为了作业和维修管理上的方便，站内线路应有统一的编号。站内正线规定用罗马数字编号（Ⅰ、Ⅱ、Ⅲ……），站线等其他线路一般用阿拉伯数字编号（1、2、3……）。

（1）单线铁路车站内的线路，由靠近站舍的线路起向远离站舍方向顺序编号；位于站舍左、右或后方的线路，在站舍前的线路编完后，再由正线方向起，向远离正线的方向顺序编号，如图 6-16 所示。

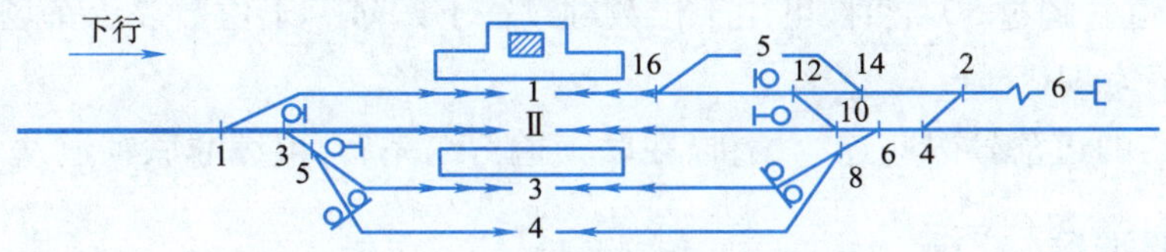

图 6-16　单线铁路车站线路、道岔编号

（2）双线铁路车站内的线路，从正线起按列车运行方向分别向外顺序编号，上行编双数，下行编单数，如图 6-17 所示。

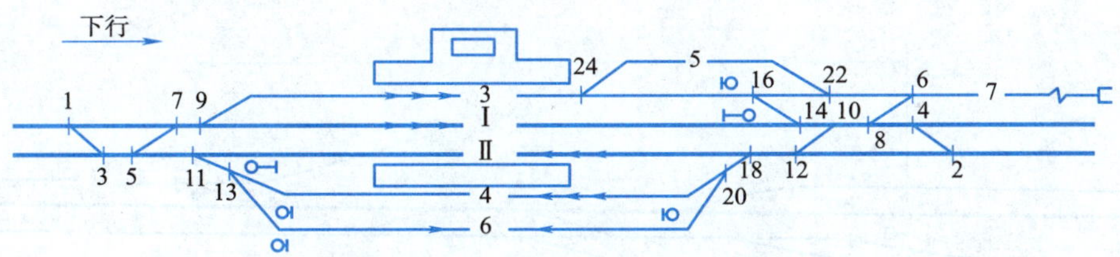

图 6-17　双线铁路车站线路、道岔编号

（3）尽头式车站，站舍位于线路一侧时，从靠近站舍的线路起，向远离站舍的方向顺序编号，如图 6-18（a）所示。站舍位于线路终端时，面向终点方向由左侧线路起顺序向右编号，如图 6-18（b）所示。

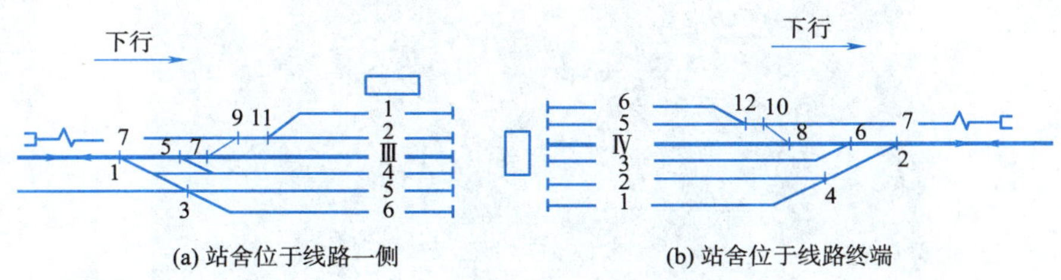

(a) 站舍位于线路一侧　　(b) 站舍位于线路终端

图 6-18　尽头式车站线路、道岔编号

（4）大型车站当有数个车场时，应分车场编号。车场靠近站舍时，从靠近站舍线路起，向站舍对侧顺序编号。车场远离站舍时，顺公里标前进方向从左向右顺序编号，且在线路编号前冠

以罗马数字表示车场，如二场3道，应为Ⅱ-3股道。

2. 道岔编号

(1)从车站两端用阿拉伯数字，由外向内、先主要进路，后次要进路依次编号。上行列车到达端编为双数，下行列车到达端编为单数。渡线道岔，交叉渡线道岔、交分道岔及梯线上的道岔应连续编号。

(2)站内道岔一般以车站值班员室(信号楼)中心线划分上、下行区域，若车站值班员室(信号楼)远离车站中心时，以车站或车场中心线划分。

(3)车站一端衔接两个及其以上方向，有上行亦有下行时，应按主要方向编号。

(4)尽头式车站，向线路终点方向顺序编号。

(5)大型车站有数个车场时，每一车场的道岔应单独编号，道岔号码使用三位数字，百位数表示车场号码，十位和个位数表示道岔编号，如Ⅱ场道岔编为201～299。

车场一端的道岔超过50组时，可用千位数继续往下编号。千位数表示车场号码，如Ⅲ场的第100号道岔，编为3100号。

(6)联锁区内的道岔号码应连续编排，在联锁道岔编完后，再编非联锁道岔。

八、车站咽喉区

车场或车站两端道岔汇聚的地方，是各种作业(列车到发、机车走行、调车和车辆取送作业等)必经之地，故可称为车场或车站的咽喉区，简称咽喉区，如图6-19和图6-20所示。

图6-19表示的是两个车场连接的部分，图中标注出的 $l_{咽}$ 的位置即是咽喉区。

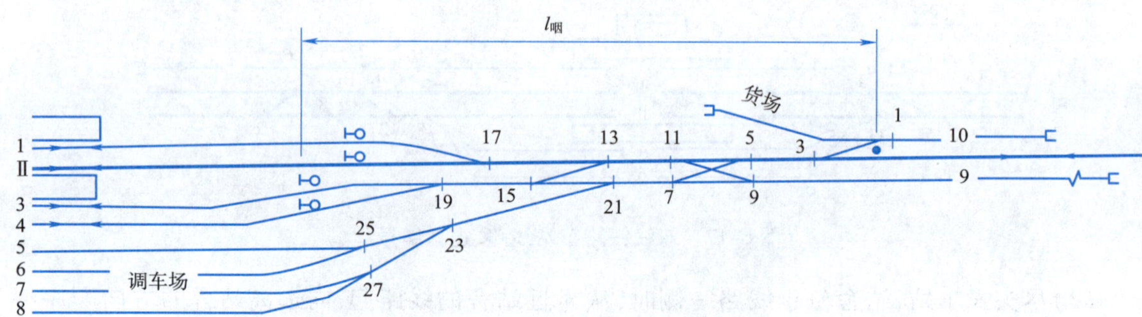

图6-19 车站咽喉区(图中 $l_{咽}$ 即为咽喉区长度)

图6-20 银川车站北咽喉

自进站最外方道岔基本轨始端（或警冲标）至最内方出站信号机（或警冲标）的距离为车站咽喉长度 $l_{咽}$。车站或车场咽喉区是行车和调车作业繁忙的地方。它的布置是否合理，对作业安全和效率影响很大，对工程费及运营费也有影响。

九、线路有效长

线路有效长是指在线路全长中，可以停留机车车辆而不影响信号显示、道岔转换（压中间道岔除外）或邻线行车可利用线路全长中的部分长度。线路有效长度的起止范围由下列因素确定：

（1）警冲标是信号标志的一种，设在两会合线线间距为 4 m 的中间，用来指示机车车辆的停留位置，防止机车车辆的侧面冲撞，如图 6-21 所示。

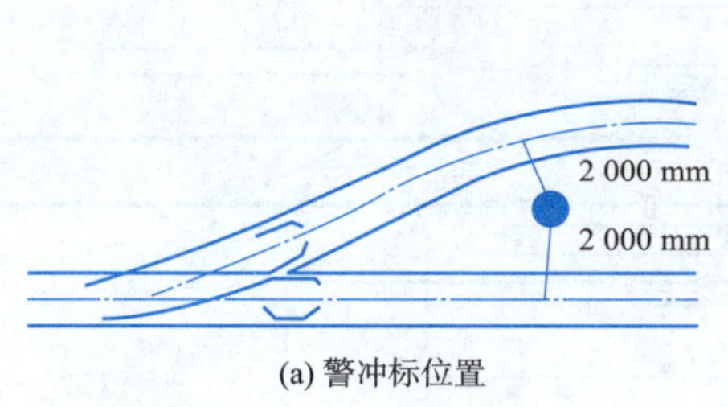

(a) 警冲标位置

(b) 线路中的警冲标

图 6-21　警冲标

（2）道岔的尖轨尖端（无轨道电路时）或道岔基本轨接头处的钢轨绝缘（有轨道电路时）。

（3）出站信号机（或调车信号机）。

（4）车挡（为尽头式线路时，如图 6-22 所示）。

图 6-22　车挡

如何确定线路有效长，应视线路的用途及连接形式而定，其基本原则是保证本道及相邻线路的停留与作业安全。对于双方向使用的线路，应分上、下行，分别确定其有效长。图 6-23（a）所示为线路下行方向有效长的确定，图 6-23（b）所示为线路上行方向有效长的确定。

货物列车到发线的有效长度，应根据规定的列车长度及列车停车时的附加距离（规定为 30 m）等因素确定。

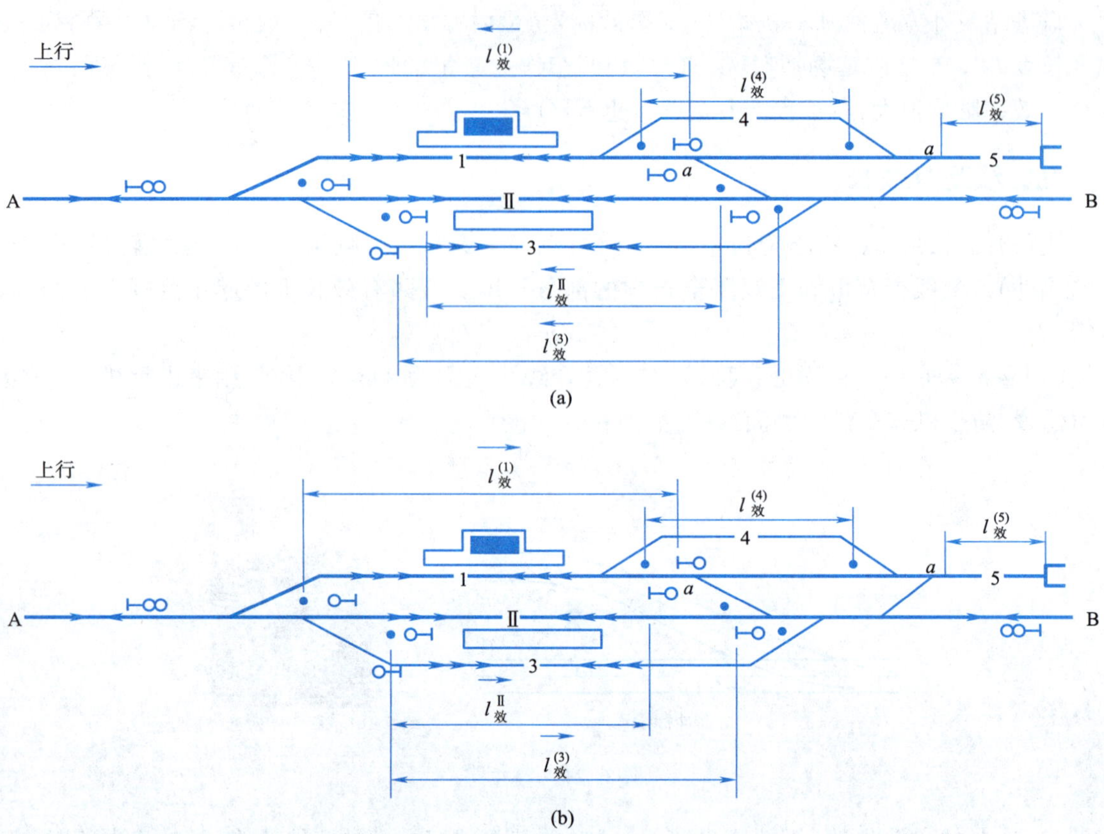

(a)

(b)

图 6-23 线路有效长确定

我国铁路采用的货物列车到发线有效长度在Ⅰ、Ⅱ级铁路上为 1 050 m、850 m、750 m、650 m，在Ⅲ级铁路上为 850 m、750 m、650 m、550 m。开行重载列车为主的铁路可采用大于 1 050 m 的到发线有效长度。

任务实施

(1)观察任务引入的视频内车站的客货运类型、客流量、货运量、车站的大小确定车站相关信息并寻找不同点。

(2)参照正文内容，判断车站的类型。

任务评价

任务评价表见表 6-2。

表 6-2 任务评价表

序号	评价内容	评价标准	分数	评分记录		
				学生自评	组间互评	教师评分
1	收集信息 寻找不同点	1. 不能正确分析车站信息的，扣 20 分 2. 不能准确找出不同点的，扣 20 分	40			

续表

序号	评价内容	评价标准	分数	评分记录		
				学生自评	组间互评	教师评分
2	对车站进行分类	1. 无法对车站的类型进行正确分类的，扣 20 分 2. 无法对车站的类别按正文类别进行完整叙述的，扣 20 分	40			
3	对任务完成内容进行介绍并交流讨论	汇报 PPT 制作不美观，信息不完整的，扣 20 分	20			
总分			100			

任务二　认识中间站、区段站

任务引入

请通过立体书城 App 扫描图 6-24 观看视频，试说明视频中作业地点、出现的机车及车辆的型号和正在进行的作业类型。

图 6-24　铁路车站作业（AR）

任务描述

中间站的设备规模虽然较小，但是数量很多，在发展地方工农业生产、沟通城乡物资交流中起着重要作用。区段站多设在中等城市和铁路网上牵引区段（机车交路）的起点或终点，主要是为了邻接的铁路区段供应及整备机车或更换机车乘务组，并为无改编中转货物列车办理规定的技术作业而设置。掌握中间站、区段站的主要业务、设备是车务岗位从业人员的必备技能。

相关知识

一、中间站

中间站是为沿线城乡居民及工农业生产服务、提高铁路区段通过能力、保证行车安全而设的车站，主要办理列车的到发、会让和越行以及客货运业务，如图 6-25 所示。

图 6-25　中间站

我国铁路中间站可分为无货场的中间站和有货场的中间站。无货场的中间站一般只办理列车的通过、会让和越行以及少量的客货运作业，不设货场，不办理摘挂列车甩挂车组的作业；有货场的中间站除办理与无货场的中间站同样的作业外，另设有货场，办理摘挂列车甩挂车组的作业。

1. 中间站的业务

(1)行车作业，包括列车的到发、通过、会让和越行，在双线铁路上还办理调整反方向运行列车的转线作业。

(2)客运作业，包括旅客乘降和行李、包裹的承运、保管、装卸与交付。

(3)货运作业，包括货物的承运、装卸、保管与交付。

(4)调车作业，包括车辆摘挂和到货场或专用线取送车辆的调车作业。

(5)其他作业。有的中间站如有工业企业线接轨或者加力牵引起终点以及机车折返时，还需办理工业企业线的取送车、补机的摘挂和机车整备作业。

2. 中间站设备

为了完成以上作业，中间站应根据作业性质和工作量大小设置以下设备：

(1)客运设备，包括旅客站舍(售票房、候车室、行包房)、旅客站台、雨棚和跨越设备(天桥、地道、平过道)等。

(2)货运设备，包括货物仓库、货物站台和货运室、装卸机械等。

(3)站内线路，包括到发线、牵出线和货物线等。

(4)信号及通信设备，包括信号机、信号表示器、站内电话、对讲机、广播及扩音设施等。此外，某些中间站还设有机车整备设备和列车检查设备等。

3. 中间站的布置图

中间站的布置图按到发线的相互位置，主要分为横列式和纵列式两种。

(1)横列式中间站。横列式中间站布置的特点是到发线沿正线横行排列。这种布置图具有站坪长度短，工程投资省；设备布置紧凑，便于管理；到发线使用灵活等优点。因此，在中间站上广泛采用此种布置图，如图 6-26 和图 6-27 所示。

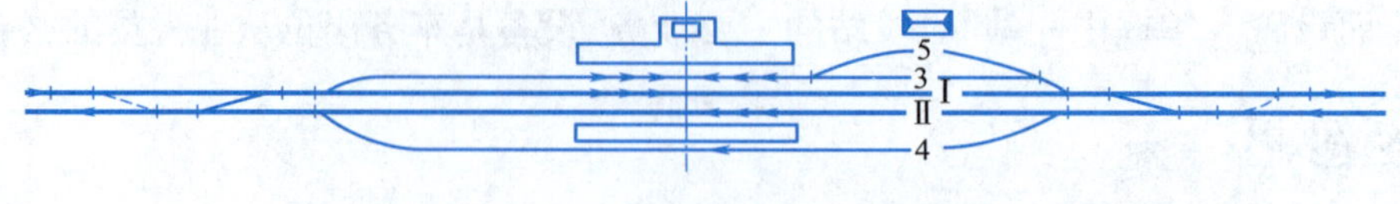

图 6-26　双线横列式中间站布置图

(2)纵列式中间站。纵列式中间站布置图的特点是到发线沿正线纵向排列。纵列式中间站

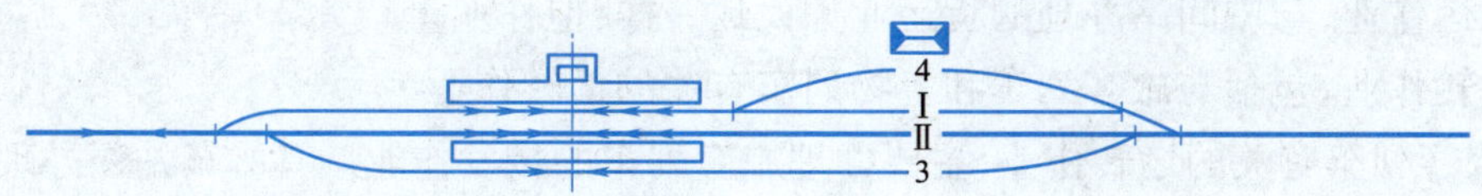

图 6-27　单线横列式中间站布置图

布置图有利提高区间通过能力；方便车站值班员与司机交接行车凭证。但是这种布置图站坪长度长、工程投资大；车站值班员瞭望信号确认进路不方便，车长与值班员联系工作走行距离长。因此一般只在山区或需组织不停车会让才采用，现阶段大部分采用横列式中间站。

4. 会让站和越行站

在我国铁路上，主要为提高铁路线路通过能力而设置的车站，称为会让站和越行站。根据《铁路车站及枢纽设计规范》规定，会让站和越行站包括在中间站之内。

(1)会让站。会让站设置在单线铁路上，主要办理列车的到发和会让，也办理少量的客货运业务。

会让站应铺设到发线并设置通信、信号设备及旅客乘降、技术办公用房等设备，但没有专门的货运设备。在会让站上，既可以实现会车，也可以实现越行，如图 6-28 所示。

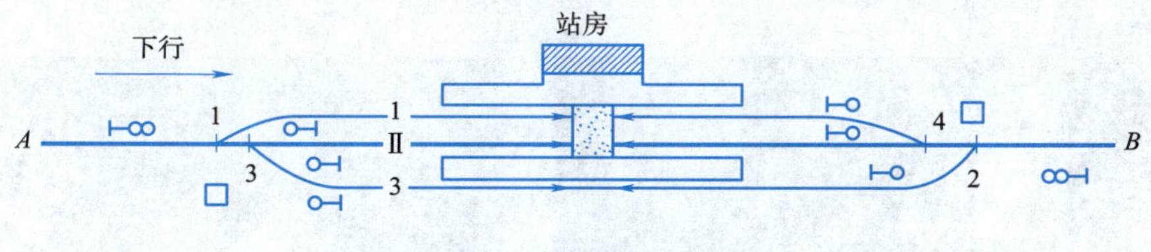

图 6-28　会让站布置图(AR)

(2)越行站。越行站设在双线铁路上，主要办理同方向列车的越行业务，必要时办理反方向列车的转线，也办理少量的客、货运业务。因此，越行站应有到发线、旅客乘降设备、信号及通信设备、技术办公房屋等，如图 6-29 所示。

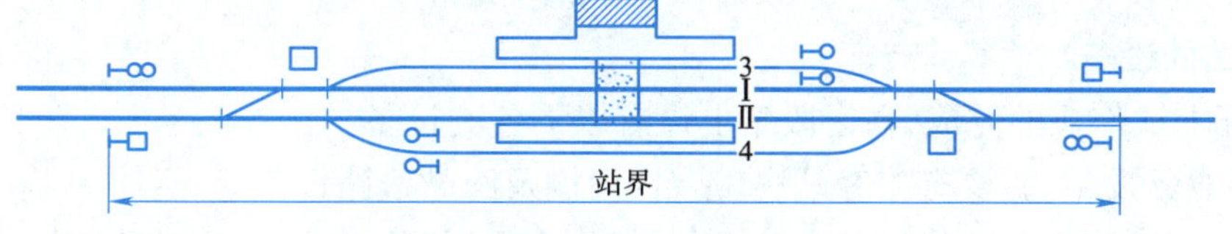

图 6-29　越行站布置图(AR)

二、区段站

区段站设置于机车牵引区段两端，一般为机务段(折返点)所在站，主要办理无调车作业中转列车的技术作业，机车的更换或整备，乘务组的换班，区段列车和摘挂列车的编、解作业，以及直达、直通列车的补减轴作业，也担当部分列车的编、解作业。始发、终到旅客列车较多的客运站、客货运站，进行大量机车换挂等技术作业，也属于区段站。

1. 区段站的业务

(1)客运作业，与中间站办理的客运业务基本相同，只是数量较大。

(2)货运作业,与中间站办理的货运业务大致一样,但作业量较大。

(3)运转作业,包括与旅客列车和货物列车有关的运转作业。

①与旅客列车有关的运转作业,主要办理旅客列车的接发作业。有的车站还办理铁路局集团公司管内或市郊旅客列车的始发、终到作业及个别车辆的甩挂作业。

②与货物列车有关的运转作业,主要办理无改编中转列车的接发和有关作业。对区段列车和摘挂列车要进行解体和编组作业。同时,还办理向货物线、工业企业线取送作业车等。有些区段站还担当少量的始发直达列车的编组任务。

(4)机车作业,主要是换挂机车和乘务组,对机车进行整备、修理和检查等。

(5)车辆作业,主要办理列车的技术检查和车辆的检修任务。在少数设有车辆段的区段站,还办理车辆的段修业务。

所有到达区段站的货物列车,按其在该站所进行的作业性质,可以分为两类:一类是到达本站不解体,只做技术检查和机车换挂等作业,然后继续运行的列车,这种列车叫作无改编中转列车;另一类是列车到达本站后,要将列车解体,这种列车叫作改编列车或解体列车。

解体,就是把列车中不同去向的车辆分别送入调车场的指定线路上;编组,就是把停留在调车线上同一去向的车辆,按列车编组计划的规定连挂起来,编成一个新的车列,如图 6-30 所示。

(a)列车解体

(b)列车编组

图 6-30 列车解体、编组

2. 区段站的设备

为了保证上述作业的完成,在区段站上设有以下各类设备:

(1)客运业务设备,主要有旅客站房、站台、雨棚及跨越线路设备等。

(2)货运业务设备,包括货场及有关设备,如卸车线、货物站台、仓库及装卸机械等。

(3)运转设备,包括旅客列车到发线,货物列车到发线、调车线、牵出线(有时设简易驼峰)、机车走行线等。

(4)机务设备,包括机务段或机务折返段。在机务段所在的区段站上,如采用循环运转制时,在到发场应设有机车整备设备。采用长交路轮乘制时可设置机车运用段或换乘点。

(5)车辆设备,包括车辆段、列车检修所和站修所等。

除上述设备外,还有信号、通信、照明、办公房舍等设备。

3. 区段站布置图

由于地形、城市规划、运量及运输性质、正线数目等因素的影响,可以形成多种多样的区段站布置图形。区段站图形的选择应讲求经济效益,满足运输需要,节省工程投资,便于管理,有

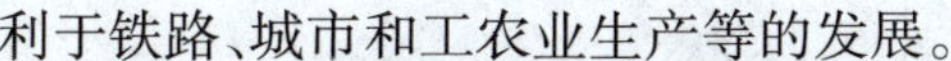

利于铁路、城市和工农业生产等的发展。

区段站常见的布置图有横列式、纵列式及客货纵列式三类。

(1)横列式区段站布置图。当上、下行到发线(场)平行布置在正线一侧,调车场在到发场的一侧时称为横列式区段站布置图,如图 6-31 所示。

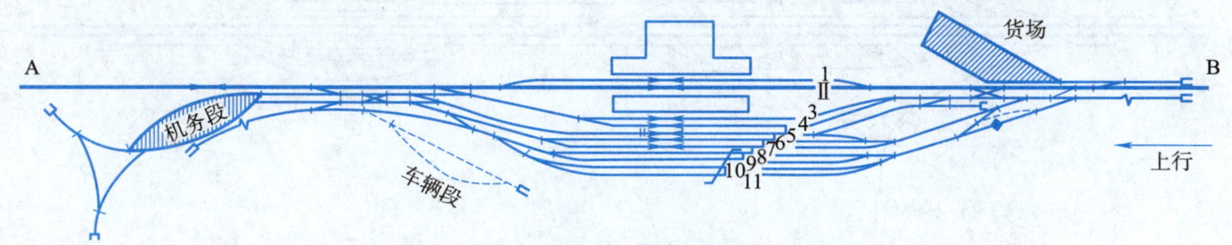

图 6-31　单线铁路,横列式区段站布置图

横列式区段站布置图的主要优点是布置紧凑,站坪长度短;占地少,设备集中,管理方便;作业灵活性大;对地形适应性强,并便于进一步发展。其缺点是,一个方向的列车机车出入段走行距离长,对于站舍同侧的货物取送车作业与正线有交叉干扰。

(2)纵列式区段站布置图。在双线铁路上,当运量较大时,为了减少站内两端咽喉区上、下行客、货列车进路的交叉干扰,区段站可采用纵列式布置图。在区段站上,当上、下行到发场分设在正线两侧,并逆运行方向全部错移,在其中一个到发场一侧,设一个双方向共用的调车场时,称为纵列式区段站布置图,如图 6-32 所示。

纵列式区段站布置图的优点是作业的交叉干扰较横列式少;机车出入段走行距离短;如机车采用循环运转制时,设于到发线上的整备设备布置比较集中;与站舍同侧的支线或工业企业线的接轨也比较方便。其缺点是站坪长度长,占地面积大;设备分散,投资大,定员较多,管理不便;一个方向的货物列车机车出入段要横切正线等。因此,这种布置图多采用循环运转制交路或机车无须进段整备,以便充分发挥其优越性。

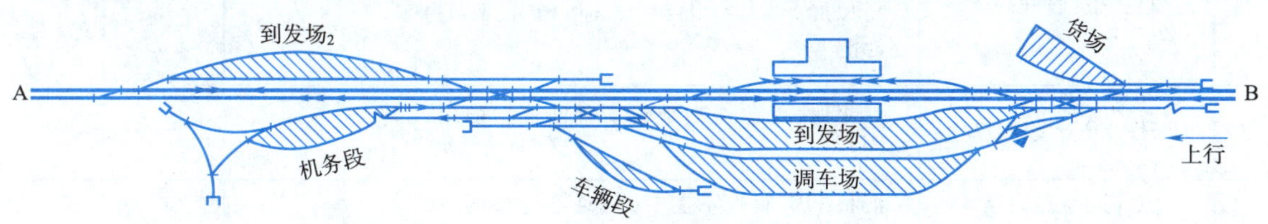

图 6-32　双线铁路纵列式区段站布置图

(3)客货纵列式区段站布置图。客货纵列式区段站布置图是客运运转设备(主要指旅客列车到发场)与货运运转设备(主要指货物列车到发场)纵向配列,如图 6-33 所示。此种图形多是既有的横列式区段改建时逐步形成的,故客、货运转设备和机务设备相互位置的配置形式很多,最大优点是客货作业相互干扰小。

任务实施

(1)参照正文中内容,判断任务引入图片中设备的名称及用途。

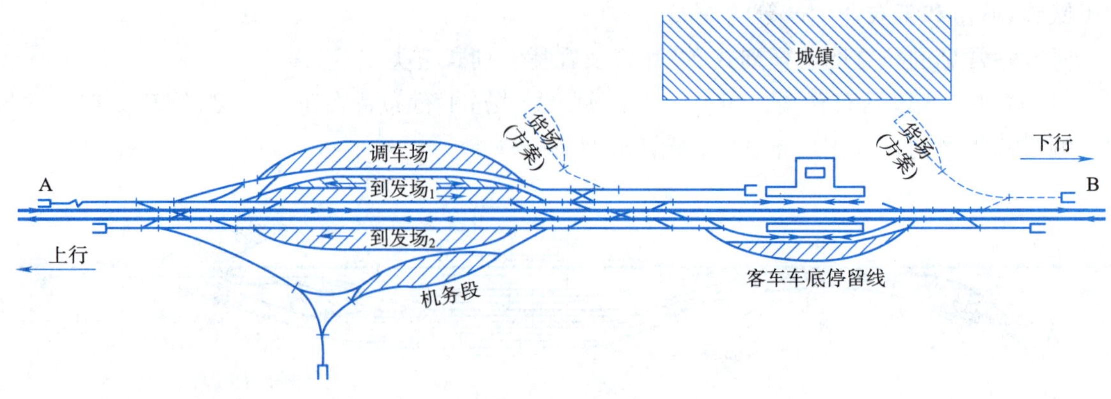

图 6-33　客货纵列式区段站布置图

(2)观看任务引入视频,在车体上找到机车和车辆的型号或根据车体结构特点判断机车车辆型号。

(3)参照正文内容,判断视频中机车与车辆正在进行的作业地点及作业类型。

任务评价

任务评价表见表 6-3。

表 6-3　任务评价表

序号	评价内容	评价标准	分数	评分记录		
				学生自评	组间互评	教师评分
1	判断设备名称及用途	汇报时,无法清晰地说明判断依据的,扣20分	20			
2	判断机车车辆的型号	1. 无法准确地说出机车车辆特征及型号的,扣50分 2. 以30 s为基准,每超出5 s扣10分,本项扣完为止	50			
3	判断作业位置及作业类型	汇报时,无法清晰地说明判断依据的,扣20分	20			
4	对任务完成内容进行介绍并交流讨论	汇报 PPT 制作不美观,信息不完整的,扣10分	10			
总分			100			

任务三　认识编组站

任务引入

请通过立体书城 App 扫描图 6-34 观看视频,找出图中所出现的设备,试分析视频中的车辆为何不需要机车牵引就可以自动行进,并判断站场类型。

图 6-34　郑州站(AR)

任务描述

编组站是列车解编的工厂,如图 6-35 所示。一列列车由装载各个到站的货运车辆组成,到达编组站后,按方向将列车解体到不同的调车线上,等集结好后,再编组成新的列车。这就需要一系列的如到(发)场、解编、调车场等设备。因此编组站内的设备相比与其他类型的车站更加特殊复杂。另外,对于编组站的平面布置根据设备数量、车站建造要求的不同有很多分类。掌握编组站原理、设备工作方式是货运人员、调度人员的基本技能。

相关知识

一、编组站

编组站是铁路网上办理货物列车解体和编组作业,并为此设有比较完善的调车设备的车站。它是铁路运输的主要基本生产单位,在完成铁路货物运输任务中,起着十分重要的作用。编组站通常设在几条主要干线的汇合处,也可以设在有大量装卸作业地点的大城市、港口或大工矿企业附近。

素养教育

亚洲一流的“货物列车制造工厂”

根据编组站在路网中的位置、作用和所承担的作业量,可分为路网性编组站、区域性编组站和地方性编组站。2015 年底,阜阳北站扩能工程启动,2019 年 9 月 25 日,工程主体施工全部完工,标志着阜阳北站“三级八场”亚洲一流的编组站站型投入使用,其自动化水平为亚洲之冠,如图 6-36 所示。

图 6-35　编组站(AR)

图 6-36　阜阳北站

(一)编组站的主要业务

按照列车编组计划的要求,在编组站编解各种类型的列车,从而为合理的车流组织服务。归纳起来,编组站在路网上和枢纽中的主要办理以下几项作业:

(1)改编货物列车作业。这是编组站最主要的作业,包括解体列车的到达和解体作业,始发列车的集结、编组出发作业。这几项作业的数量既多而又复杂,是分别在相应的不同地点和车场办理的。

(2)无调中转列车作业。这种列车作业比较简单,其主要作业是换挂机车和列车的技术检查,时间短,办理地点只限于到发场(或专门的通过车场)。

(3)部分改编中转货物列车作业。部分改编中转货物列车除进行无改编中转货物列车的作业外,还要变更列车重量、运行方向或进行成组甩挂等少量调车作业,一般在到发场或通过车场进行。

(4)本站作业车的作业。本站作业车是指到达本站及工业企业线或段管线内进行货物装卸或倒装的车辆。作业过程比改编中转列车增加了送车、装卸及取车三项作业,其中重点是取送车作业。

(5)机务作业。这项作业与区段站相同,包括机车出段、入段、段内整备及检修作业。

(6)车辆检修作业。编组站上的车辆作业包括在到发线上进行的车列技术检查及不摘车维修;列检或调车过程中发现车辆损坏送往车辆段或站修所进行修理(即站修);根据任务扣车送车辆段维修(即段修)。

(7)其他作业。

①客运作业,主要是旅客乘降作业。

②货运作业,主要包括货物装卸、换装等作业。

③军运列车供应作业。

为了减少对编组站解编作业的干扰,确保主要任务的完成,应尽量不在编组站上办理或少办理客、货运业务。

(二)编组站的主要设备

1. 调车设备

调车设备是编组站的核心设备,包括调车驼峰、调车场(线)、牵出线、辅助调车场等几部分,用以办理列车的解体和编组作业。清水塘余家坪调车场如图6-37所示。

图6-37　清水塘余家坪调车场(AR)

2. 行车设备

行车设备是指办理接发货物列车作业的到发线,用以办理货物列车的到达和出发作业。根据其作业量的大小和不同的作业性质,可设置到发场或到达场、出发场(包括通过车场)。

3. 机务设备

机务设备是指用以对机车进行各项整备和修理作业的线路和设备。编组站一般均设机务段,而且规模较大。路网性的双向编组站,为减少机车出入段的走行距离及与其他作业的交叉干扰,可考虑增设第二套整备设备。

另外,编组站还有一些如车辆设备、货运设备、客运设备(编组站客运业务较少)等。

从种类上看,编组站的设备与区段站基本一样,也有旅客和货物运转设备、客货运业务及机车、车辆等设备。但位于大城市郊区的编组站,可能不设客货运设备;在货物运转设备方面,调车设备是编组站的核心设备,因此,调车场和调车设备的规模和能力比区段站要大得多。

(三)编组站类型及布置图

1. 按调车设备的套数及调车驼峰方向分类

(1)单向编组站。只有一个调车场,上、下行合用一套调车设备(包括驼峰、调车场、牵出线),其驼峰溜车方向一般顺主要改编车辆运行方向(也称顺向)。

(2)双向编组站。有两个调车场,上、下行各有套调车设备。一般情况下,两系统的调车驼峰应朝向各自上行和下行调车方向。

2. 按每一套系统内车场的相互位置和数目分类

(1)横列式编组站:上、下行到发场与调车场并列布置。

(2)纵列式编组站:到达场、调车场、出发场等主要车场顺序纵向排列。

(3)混合式编组站:到达场与调车场纵列,出发场与调车场并(横)列。

我国编组站布置图的基本类型,归纳起来主要有6种,即单向横列式、单向纵列式、单向混合式、双向横列式、双向纵列式、双向混合式。此外,我国铁路现场习惯上对编组站有“几级几场”的称呼。“级”是指同一调车系统中到达场、调车场、发车场纵向排列(纵向数)。如一级式就是车场横列,二级式就是到达场、调车场纵列,而三级式即到达场、调车场、出发场依次纵向排列。“场”是指车场,车站内有几个车场,就叫作几场,编组站布置图分类见表6-4。

表6-4 编组站布置图分类

	类型	单向横列式	单向混合式	单向纵列式
单向	典型布置形式	单向横列式一级三场	单向混合式二级四场 单向混合式二级五场	单向纵列式三级三场
双向	类型	双向横列式	双向混合式	双向纵列式
	典型布置形式	—	双向混合式二级四场 双向混合式二级五场	双向纵列式三级六场 双向纵列式三级八场

(四)几种典型调车场布置图

1. 单向横列式(一级三场)编组站

单向一级三场横列式编组站布置图的基本特征是上、下行到发场并列在共用调车场的两侧,如图6-38所示。

单向一级三场横列式编组站具有站坪长度短、工程费用少、车场较少、管理方便和作业灵活

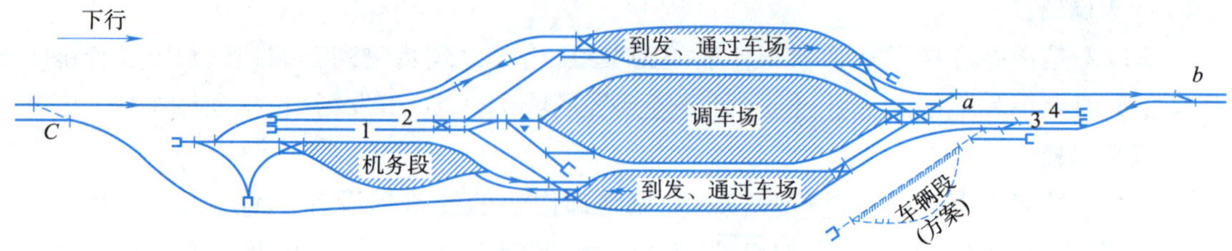

图 6-38　单向横列式(一级三场)编组站布置图

等优点。但该布置图也存在较多缺点,如解体牵出困难、改变能力不能充分发挥、顺驼峰方向的本务机走行距离长等。

2. 单向混合式(二级四场)编组站

单向二级四场混合式编组站布置图的基本特征是各衔接方向的共用到达场和调车场纵列配置,而上、下行出发场并列设在调车场的两侧,如图 6-39 所示,三间房、太原北、大同西、宝鸡东、西安东、武昌南、淮南西、怀化南、武威南站属此类型。

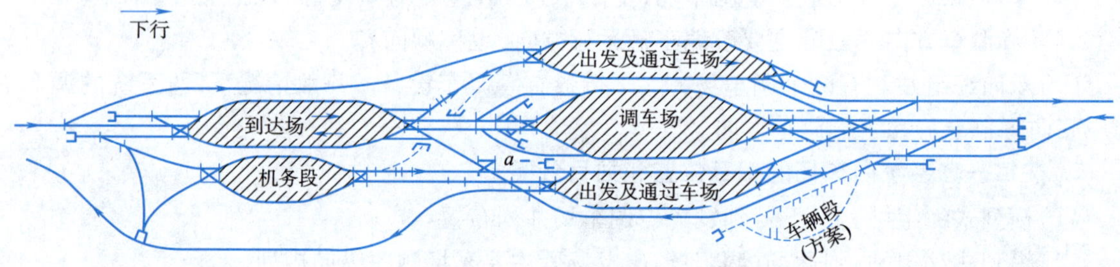

图 6-39　单向混合式(二级四场)编组站布置图

3. 单向纵列式(三级三场)编组站

单向三级三场纵列式编组站布置图的基本特征是各衔接方向共用的到达场、调车场、出发场依次纵列配置,如图 6-40 所示,鹰潭、衡阳北、柳州南、兰州西站属此类型。

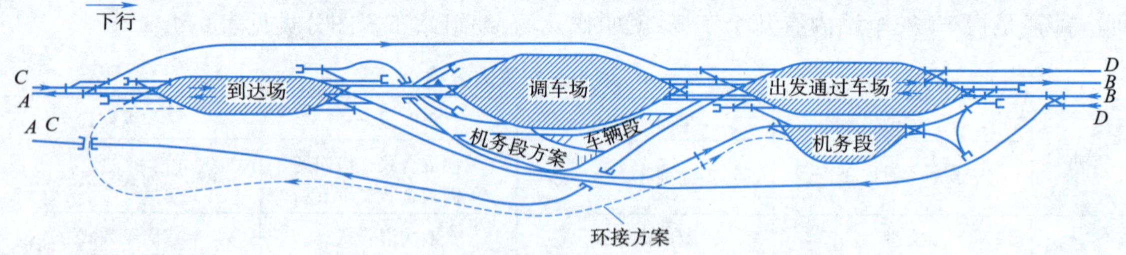

图 6-40　单向纵列式(三级三场)编组站布置图

单向三级三场编组站主要优点有:为各方向到达改编的列车创造了良好的作业条件;车站的通过能力较大;站内线路运用机动灵活,线路数量、用地面积和车站定员均较双向布置图有较大节省,有利于实现编组站现代化。但也存在如反向改编列车走行距离较长、车站站坪长度较长站、内采用跨线桥立体疏解布置,不利于向双向编组站布置图的发展等缺点。

4. 双向纵列式(三级六场)编组站

双向三级六场纵列式编组站布置图的基本特征是上、下行各有一套独立的调车作业系统，驼峰方向相对，车场配置均按到达场、调车场、出发场顺序排列，如图 6-41 所示，哈尔滨南、沈阳南、丰台西、石家庄、郑州北、株洲北、南仓、徐州北站属此类型。

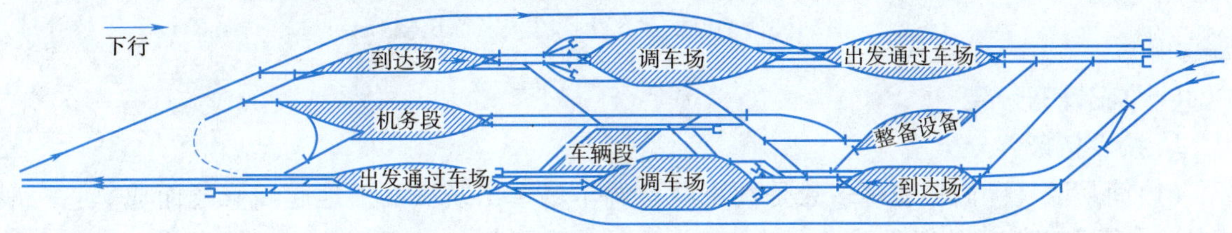

图 6-41 双向纵列式(三级六场)编组站

与单向编组站相比，双向三级六场编组站布置图的优点有：反向改编车流无多余折返走行、能力较大等优点。但也存在占地面积大、走行距离长重复作业较多等缺点。

(五)编组站和区段站的区别

编组站和区段站同属技术站，从技术作业上看，编组站和区段站都要办理列车的接发、解编，机车的供应或换挂，列车的技术检查及车辆的检修等。但是区段站主要办理无改编中转货物列车的作业，解体和编组的列车数量少，而且大多数是区段列车或摘挂列车；而编组站以办理改编中转货物列车为主，大量编解包括小运转列车在内的各种货物列车，且改编的列车多数是直通和直达列车。在客货运方面，区段站具有一定规模的作业量；而对位于大城市郊区的编组站，由于其所在城市一般都设有配套的客货运车站，故客货运业务很少或没有。在机车及车辆作业方面，区段站与编组站基本一样，但编组站的作业量要比区段站大得多。

二、调车设备

调车工作是铁路运输生产过程的重要组成部分，对技术站(尤其是编组站)来说则是非常重要的生产活动。为提高调车作业效率、保证调车作业的安全，车站需要设置较为完善的调车设备，牵出线和驼峰是车站的主要调车设备。

平面牵出线是车站的基本调车设备，基本上是设于平道上。调车时，车辆溜放的动力是调车机车的推力。牵出线一般设于调车场尾部，适合于车列的编组、转线、车辆的摘挂、取送等调车作业。

驼峰是专门用来解体溜放车辆的一种调车设备。调车时，车辆溜放的动力是以其本身的重力为主，调车机车的推力为辅。驼峰一般设于调车场头部，适合于车列的解体作业，重庆兴隆场编组站驼峰如图 6-42 所示。

图 6-42 重庆兴隆场编组站驼峰(AR)

驼峰和平面牵出线纵断面比较如图 6-43 所示。

图 6-43　驼峰与平面牵出线纵断面比较

(一)驼峰的分类

1. 按设备条件分类

(1)简易驼峰。简易驼峰多数是利用原有调车场牵出线头部平地起峰修建而成。它一般设在调车线大于 5 股的区段站或小型编组站上。道岔控制一般采用非集中操纵或电气集中操纵,制动工具采用铁鞋。

(2)非机械化驼峰。非机械化驼峰一般设在调车线少于 15 股的中小型编组站上。

(3)机械化驼峰。机械化驼峰一般应设在调车线多于 15 股的大中型编组站上。道岔控制采用自动集中, 制动设备主要用人工控制车辆减速器。

(4)半自动化驼峰。道岔控制采用自动集中,制动设备再人工控制减速器出口速度,采用自动化设备,如测长、测重等。

(5)自动化驼峰。是在半自动化驼峰的基础上,采用一系列自动化设备,自动控制车辆减速器、雷达测速、自动控制车组间隔、车辆溜放进路,目的制动,采用计算机处理。

2. 按日均解体作业量分类

按驼峰按日均解体作业量分为大能力驼峰、中能力驼峰和小能力驼峰。

(1)大能力驼峰,日均解体车数 4 000 辆以上。

(2)中能力驼峰,日均解体车数 2 000 ~ 4 000 辆。

(3)小能力驼峰,日均解体车数 2 000 辆以下。

(二)驼峰的断面

驼峰的范围是指峰前到达场(不设峰前到达场时为牵出线)与调车场之间的一部分线段。驼峰包括推送部分、溜放部分和峰顶平台,如图 6-44 和图 6-45 所示。

1. 推送部分

推送部分是指经由驼峰解体的车列,其第一钩车位于峰顶平台始端时,车列全长所在的线路范围。设置推送部分的目的是使车辆得到必要的势能,并使车钩压紧,以便于摘钩。

2. 溜放部分

溜放部分是指由峰顶至编组场头部各股道警冲标后 100 m(对机械化驼峰)或 50 m(对非机械化驼峰或简易驼峰)处的线路范围。这个长度叫作驼峰计算长度,计算长度的末端叫作驼峰的计算停车点。因为各调车线的警冲标不在同一横向位置上,所以每一调车线各有一个计算停车点(该点只是计算的根据,在现场并无任何标志)。

3. 峰顶平台

推送部分和溜放部分的连接部分,设有一段便于调车人员进行摘钩作业的平坦地段,叫作峰顶平台。

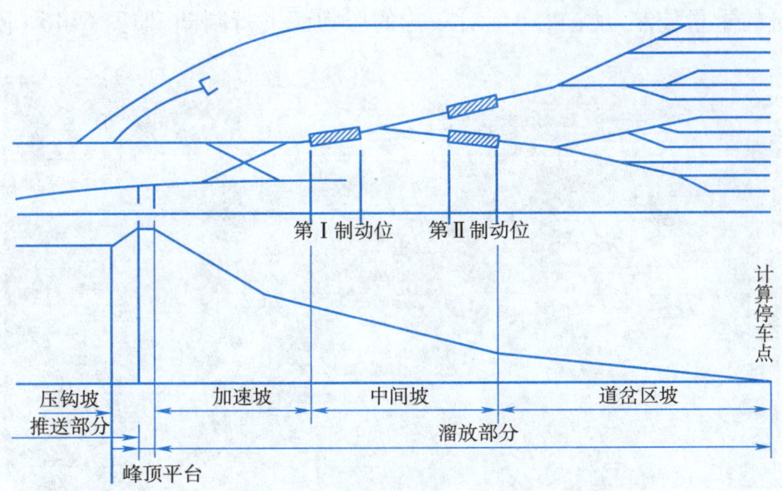

图6-44　驼峰组成图(AR)

图6-45　驼峰(推送部分)(AR)

(三)驼峰调速设备

1. 驼峰调速设备作用

驼峰调车场调速工具是为了提高驼峰的改编能力,保证作业安全效率所必需的设备,用以调控溜放车辆速度。按其在驼峰调车中的作用可分为间隔制动和目的制动。

(1)间隔制动,保证前后溜放钩车之间有必要的间隔距离。

(2)目的制动,保证各钩车溜放到调车场指定地点,不与停留车辆发生冲撞或相距太远而造成过大的"天窗"。

2. 驼峰调速设备的种类及工作原理

目前,我国铁路上常用的主要调速工具有车辆减速器、减速顶、铁鞋等。

(1)车辆减速器。减速器主要有非重力式减速器和重力式减速器两种形式。非重力式减速器是利用压缩空气作为动力,由钢轨两侧的制动夹板挤压车轮进行制动。重力式减速器主要借助于车辆自身的重量使制动夹板产生对车轮的压力而进行制动,如图 6-46 所示。

图 6-46 减速器(AR)

(2)减速顶。减速顶是一种不需要外部能源,可以自动控制车辆溜放速度的小型目的调速工具,其灵敏度高、性能良好、维修简便,在各编组场普遍使用。减速顶一般安设在钢轨内侧或外侧,由外壳、吸能帽、活塞组合件和止冲装置等组成。车轮经过减速顶时,吸能帽斜对轮缘部分,对高于临界速度的车辆可起减速作用,对低于临界速度的车辆不起减速作用,在线路上安装许多这种装置,就能对车辆进行连续的速度控制,如图 6-47 所示。

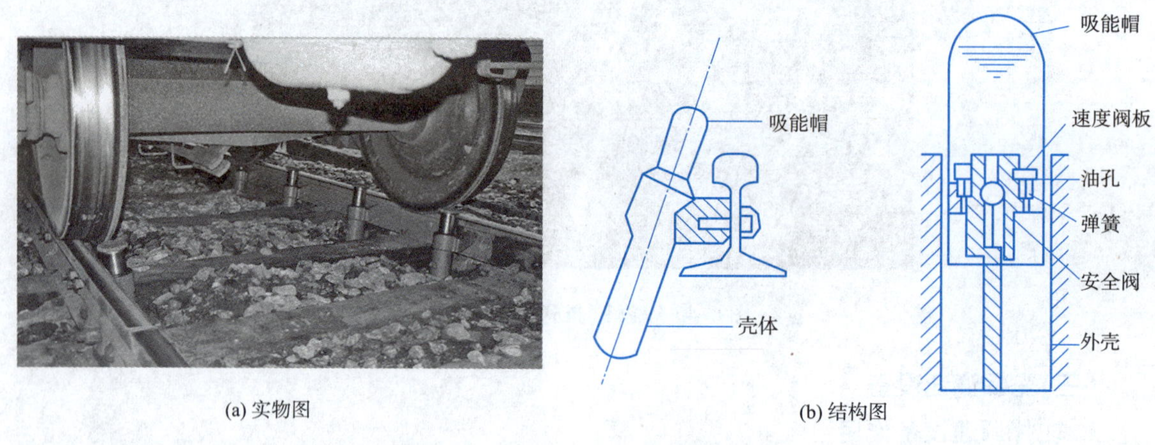

(a) 实物图

(b) 结构图

图 6-47 减速顶

(3)铁鞋。铁鞋制动的实质就是在一根或两根钢轨上车轮被铁鞋制动后,沿钢轨面作滑动摩擦来代替原来车轮滚动摩擦的原理。由于车轮压上铁鞋之后所产生的强烈摩擦给车辆以阻力,使车辆迅速失去原来的速度,并经过一定的滑动距离后达到止动的目的。

用铁鞋制动车辆,不仅减轻了制动人员的劳动强度、提高了调车效率,更重要的是增强了人身安全。所以,一般在编组站、区段站利用牵出线进行溜放调车作业时都推广了人工铁鞋制动方法。特别是设有机械化,小能力及简易驼峰的车站还以铁鞋制动为主要控制车辆的制动工工具。

人工铁鞋的操纵方法基本可分为徒手安放铁鞋、铁鞋叉安放铁鞋和以机械安放铁鞋(上鞋机或上鞋器)三种方式,如图 6-48 所示。

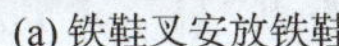

(a) 铁鞋叉安放铁鞋

(b) 徒手安放铁鞋

图 6-48 调车工正在安放铁鞋

三、编组站综合自动化

编组站在铁路运输过程中担负着大量货物列车的解编作业。随着国民经济的迅速发展,铁路网的不断扩大,编组站的任务也日趋复杂,在技术设备和作业组织上都迫切需要不断地提高和更新,实现编组站作业综合自动化就成了各国不断努力与完善的目标。

编组站综合自动化系统,包括从列车到达至列车出发的全部站内作业过程的自动化以及货车信息的收集、作业计划的编制和传递的自动化等。整个系统可分为两大部分:作业控制系统和信息处理系统。作业控制系统是利用计算机通过基础设备(如站场、信号、机车设备、测重、测长、测速、测阻及调速工具等)对列车到达、出发和调车作业的进路以及推峰解体的调机速度和车辆溜放速度等进行实时控制的系统。信息处理系统的任务就是利用计算机编制车站的各种计划,并将这些计划进行传递和下达。同时,要对站内货车进行实时跟踪记录,随时将站内各股道上的现在车信息及作业结果储存到计算机的相应文件内,以供随时取用。另外,还要通过电传设备与相邻技术站进行列车到达和出发的预确报资料交换以及填制货车的有关报表并进行整理和统计分析等。

从国内外铁路运营的实践来看,编组站作业的综合自动化,能使编组站的工作条件得到大大的改善,作业效率、作业安全和工作质量得以大幅度提高,这对于加强编组站的生产能力,全面提高编组站的运营管理水平均有显著效果。

任务实施

(1)参照正文中设备样例,比对找出任务引入视频中的设备。

(2)参照正文中内容,找出有让车辆自动溜放功能的设备。

(3)参照正文中站场样例,比对并判断任务引入视频中编组站布置方式。

任务评价表见表6-5。

表6-5 任务评价表

序号	评价内容	评价标准	分数	评分记录		
				学生自评	组间互评	教师评分
1	找出设备	1. 对视频中的设备查找不完全的,扣20分 2. 比对正文样例,设备名称判断错误的,扣20分	40			
2	找出自动溜放设备	对自动溜放设备查找错误的,扣20分	20			
3	参照样例分析站场类型	对于视频中站场类型分析错误的,扣20分	20			
4	对任务完成内容进行介绍并交流讨论	汇报PPT制作不美观,信息不完整的,扣20分	20			
总分			100			

任务四 认识客运站、货运站

任务引入

请通过立体书城App扫描图6-49观看视频,分析视频从进站到上车都经过了哪些车站设施。请通过立体书城App扫描图6-50观看视频,分析图中在进行什么作业,属于什么作业类型。

图6-49 客运站进站(AR)

图6-50 铁路货运站正在进行作业(AR)

客运站是为旅客办理客运业务设有旅客候车和乘降设施,并由站前广场、站房等组成整体的车站,如图6-51所示。对于客运站,不仅要为旅客提供舒适的服务条件,还要有方便旅客的设备,比如残疾人扶手、绿色通道电梯等,如图6-52所示。货运站是为办理货物运输而设的车站,主要担当货物列车的始发、终到作业及与货运有关的业务。掌握客、货运站的设备和作业内容是车务岗位从业人员的基本技能,同时也是铁路相关其他行业人员的应会知识。

(a) 客运站内部

(b) 旅客在候车厅等待列车到达

图 6-51 客运站

图 6-52 车站天桥上的无障碍电梯

相关知识

一、客运站

(一)客运站的业务

1. 客运服务作业

客运服务作业包括旅客上下车、候车、问询、小件寄存以及对旅客文化、饮食、住宿、购物和卫生方面的服务等。

2. 客运业务

客运业务包括客票发售,行包承运、装卸、保管和交付,邮件装卸和搬运等。

3. 技术作业

技术作业,包括列车接发、机车摘挂、车列技术检查、车底取送、客车上水、餐料供应等。

(二)客运站的设备

客运站房,应根据客运量设有便于购买车票、办理行李包裹、候车、问询、引导、广播、时钟、携带品寄存,以及为旅客服务的文化、卫生及生活上的必要设备。根据规定还应设置实名制验证和制证设备、安全检查设备、客运信息查询设备、视频监控设备、行李包裹到达查询设备、垃圾存放设备、消防设备等,根据需要设置电梯、自动扶梯、无障碍通道和相应的助残设施、污物处理、自动售检票和取票设备等。

办理客运业务的车站应设旅客站台,并应有照明、引导、广播、时钟和视频监控设备。车站应设置围墙或栅栏。办理行李包裹业务的车站应设行包通道,站台长度应满足行包装卸作业需要。

大、中型客运站站前应有广场,站台应有雨棚,跨越线路应采用天桥或地道。

(三)客运站布置图

客运站的布置图按线路配置的不同分为通过式、尽头式和混合式三种。

1. 通过式客运站布置图

通过式客运站到发线为贯通式,设有两个咽喉区,站房在正线一侧,如图 6-53 所示。通过式客运站的优点是车站有两个咽喉区,能分别办理接、发车作业,到发线使用机动灵活,通过能力大,运营条件好。其缺点是对城市干扰较大,占用城市用地较多。

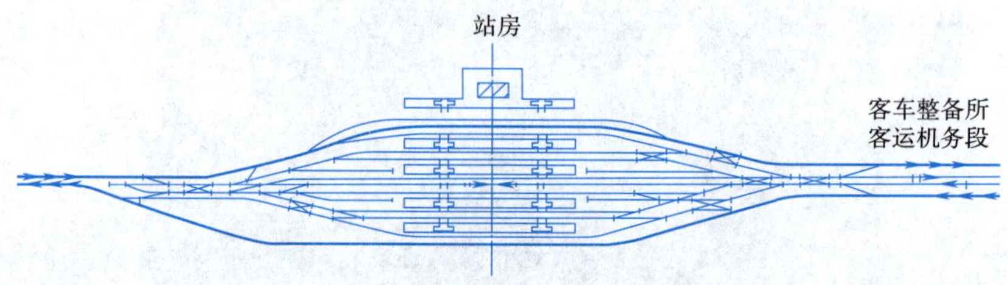

图 6-53　通过式客运站布置图

2. 尽头式客运站布置图

尽头式客运站到发线为尽头式,站房设在到发线一端或一侧,如图 6-54 所示。

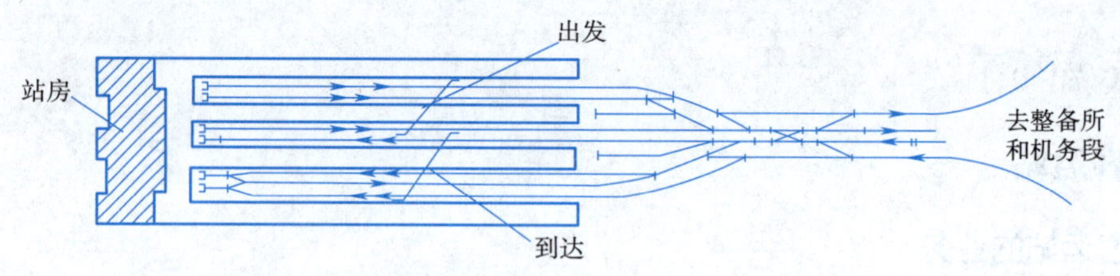

图 6-54　尽头式客运站布置图

尽头式客运站优点是车站容易深入市区中心,旅客出行乘车方便,可缩短出行时间;与城市道路交叉干扰少、占用城市用地少。其缺点是车站作业集中在一端咽喉区进行,进路交叉干扰大,车站通过能力小;旅客进、出站走行距离长且与行包搬运流线有交叉。

3. 混合式客运站布置图

混合式客运站布置图的特点是一部分线路为贯通式,另一部分线路为尽头式。

(四)客车整备所

在始发、终到旅客列车的客运站上,一般都在客运站的一端设有客车整备所,以便对客车进行技术整备和客运整备作业,如图 6-55 和图 6-56 所示。

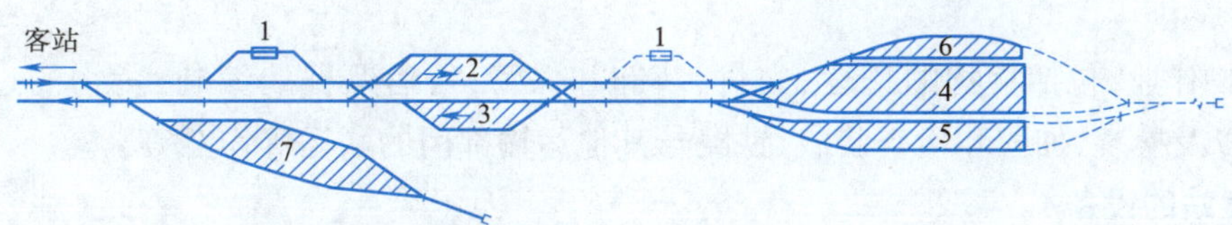

图 6-55 客车整备所布置图

1—洗车机;2—客运整备场;3—出发场;4—车辆技术整备场;
5—车辆段;6—备用车停留线;7—机务段

图 6-56 郑州车辆段客车整备所

客车整备所是一个综合作业场所,在客车整备所内除库列检实施运用检修作业外,客运人员还要对客车底进行客运整备(保洁、上餐料、更换卧具等),车站运转人员在库内实施调车作业。有的车辆段在客整所内设置运用车间(包括库检班组和乘务班组),有的车辆段在客车整备所内分设库检车间、乘务车间。

客车整备所是客车运用维修保养的重要基地,应设置相应的整备线(库)、存车线、临修线(库)、站场照明、列车供电、车辆排污、污水处理、风水电路、配件材料存放、消防设施及运输通道等生产设施。整备线(库)、存车线及相应的检修地沟、外接(地面)电源、上水、吸污设施等需满足本、外属客车检修整备需要。因客车整备所能力不足,需将客车底送外站停留时,停留场所应设置外接(地面)电源,并根据需要设置吸污设施。

二、货运站

1. 货运站的分类

(1)货运站按其工作性质分为装车站、卸车站和装卸站。

(2)货运站按其办理货物的种类分为综合性货运站(办理多种不同品类货物作业)和专业性货运站(办理单一品类、大宗货物及危险货物作业)。

(3)货运站按其服务对象分为公共货运站、换装站(为不同铁路轨距之间货物换装服务)、工业站和港湾站。

2. 货运站的业务

综合性货运站(简称货运站)是铁路枢纽内为城市居民和企业服务并办理多种货物作业的车站。其主要作业有以下两项:

(1)运转作业,主要办理列车的接发、解编、按装卸点选编车组、调送车组、按货位配置车辆等作业。

(2)货物作业,包括货物的托运、交付、装卸和保管,货运票据的编制,货物的过磅、分类、搬运、堆码以及换装、加固和检查装载,铁路与其他运输部门的联运等作业等。

3. 货运站的设备

办理货运的车站,应设有办理托运、检斤、制票、收款、问询、交付等必要设备,并应根据需要设有货物站台、仓库及货位、堆场、集装箱装卸场地、雨棚、排水、消防、照明、通路及围墙、货运安全检测及防护、视频集中监控、信息化系统等设备。

货物装卸作业量较大的车站,应分设综合性货场和专业性货场;根据需要设爆炸品、剧毒品的专用货场和仓库,轨道衡、货车洗刷、散堆装货物抑尘等设备。办理集装箱的车站,根据需要配备集装箱专用装卸设备和超偏载检测设备。

货车洗刷除污地点,应设有处理污染及排泄设备。

在尽头站台处应设有车钩缓冲装置。

货物装卸作业应采用机械化设备。

4. 货运站布置图

货运站按其与枢纽内铁路线衔接方式的不同,可分为尽头式货运站和通过式货运站。

尽头式货运站布置图如6-57所示。该布置图站坪长度短、用地经济。

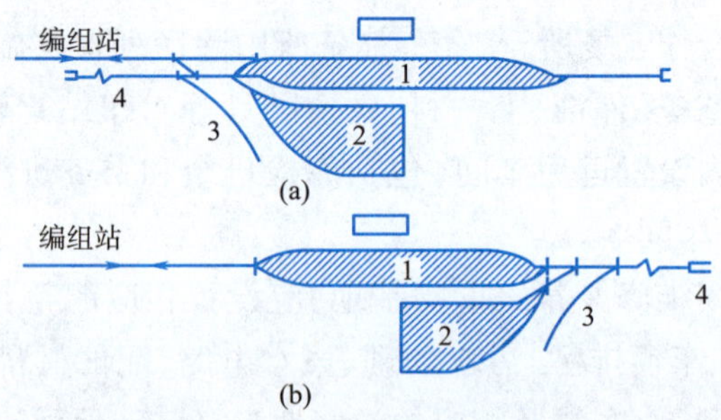

图6-57　尽头式货运站布置图

1—到发及调车场;2—货场;3—专用线;4—牵出线

作业量较大的通过式货运站布置图如图6-58所示,其正线是贯通的,货场和车场均设在正线的一侧,可减少站内作业对正线的干扰,保证通过货物列车的顺利通行。

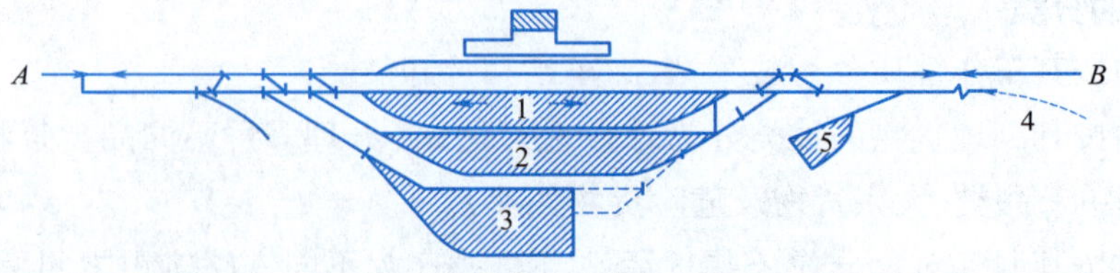

图6-58　通过式货运站布置图

1—到发场;2—调车场;3—货场;4—专用线;5—车辆检修设备

5. 货场

货场是铁路车站的组成部分。是铁路组织货物运输的基层单位。其主要任务是办理货物的承运,保管。装车,卸车和交付等作业。也是铁路货物运输生产过程中的起点和终点。是铁路与其他运营工具衔接的场所。也是铁路货物运输营业的窗口。在货运量较大的车站均设有货场。货场应按照要求设置相关行业标识。

(1)货场的分类。

①按办理的货物品类划分为:综合性货场、专业性货场。

②按办理货物运输的种类划分为:整车货场、集装箱货场、混合货场。

③按货运量的大小划分为:大型货场、中型货场、小型货场。

④按货场的配置方式划分为:尽端式货场、通过式货场、混合式货场。

(2)货场的主要设备。

货场应根据货运作业量、作业性质和货物品类并结合生产需要和当地条件,设置以下货运设备。

①货场用地,包括道路、硬面道口、货场围墙等。

②货场配线,包括货物线、存车线、牵出线、轨道衡线等。

③场库设备,包括堆放场、货物站台、仓库、货棚等。

④装卸机械,包括栈桥线、滑坡仓、漏斗仓及各类装卸、搬运机械及其检修设备。

⑤检斤设备和量载设备,包括磅秤、汽车衡(地磅)、轨道衡、电子秤等。

⑥货运安全检测设备,包括超偏载检测装置、轮重测定仪等。

⑦生产用房,包括营业室、货运室、工具室、维修室等。

⑧货场用具,包括装卸作业和保管货物所需的各种用具,如跳板、防湿枕木、防湿篷布等。

⑨消防设备。

⑩维修保养设备,包括集装箱及托盘的维修保养设备、篷布修理设备等。

⑪货车洗刷除污、污水处理设备。

⑫危险货物专用设备。

⑬其他设备,在货场内还应设置给排水设备、照明设备、通信设备,使用货运管理信息系统的计算机及监控视频等现代化设备等。

三、铁路枢纽

在铁路网上,几条铁路干线相互交叉或接轨的地点,需要修建一个联合车站或几个专业车站,以及连接这些车站的联络线、进站线路、跨线桥等设备,由这些车站和设备组成的整体称为铁路枢纽。

一般来说,铁路枢纽选择在大、中工业城市所在的地区。同时,建成枢纽的地区又会促进所在地区的经济发展,形成新的工业城市。目前,我国铁路已经新建和扩建的大、中型铁路枢纽有哈尔滨、沈阳、锦州、北京、天津、上海、徐州、郑州、武汉、西安、兰州、石家庄、包头、太原、成都、南京、蚌埠、柳州等。

哈尔滨铁路枢纽是我国东北北部的铁路枢纽中心,是我国东北北部地区与东北亚、欧洲各国经济贸易往来的窗口和桥梁,其总布置如图 6-59 所示。

1. 铁路枢纽的分类

铁路枢纽按其在铁路网上的地位和作用分为以下几类。

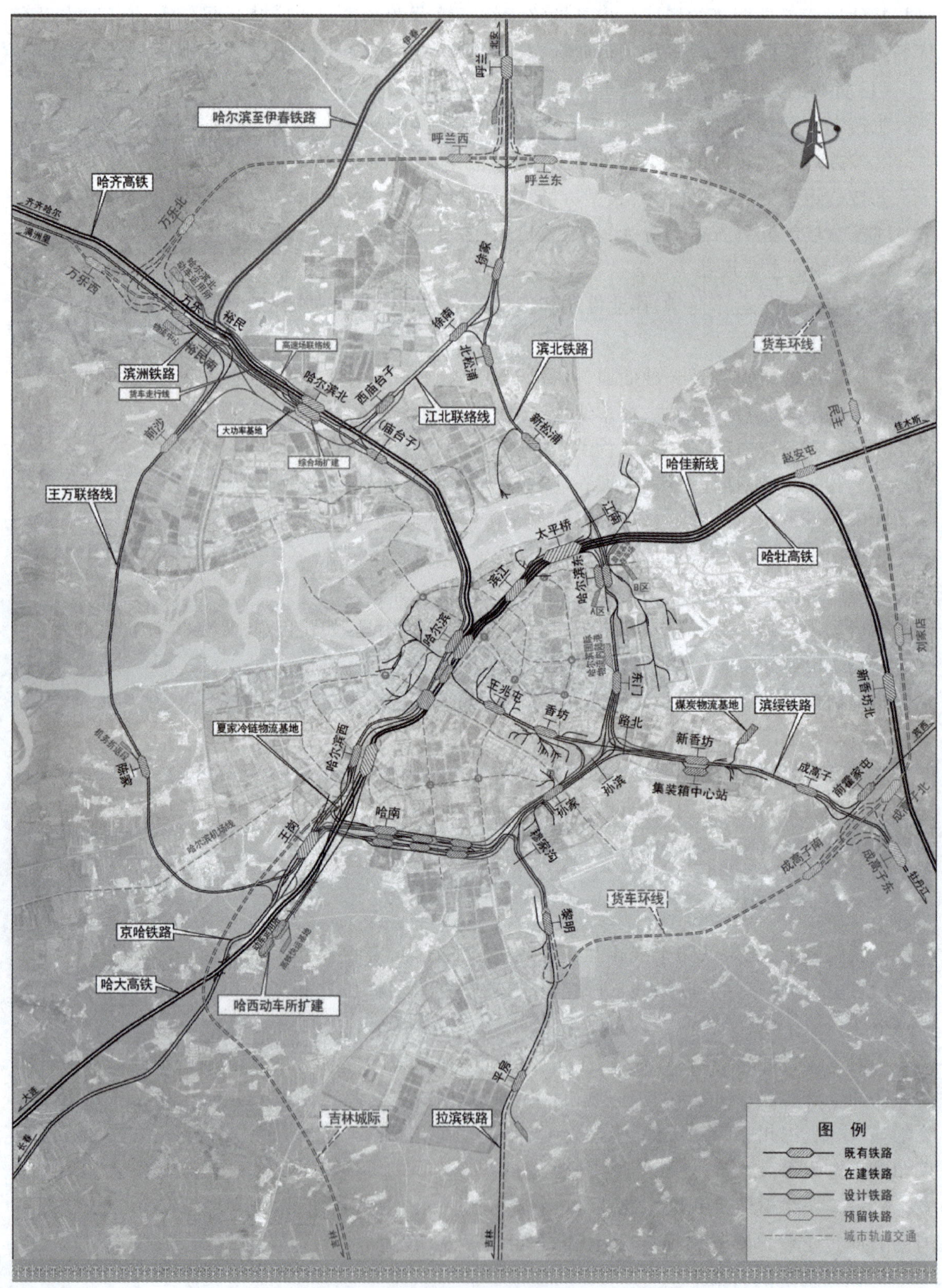

图 6-59　哈尔滨铁路枢纽布置图

(1)路网性铁路枢纽。路网性铁路枢纽承担的客、货运量和车流组织任务涉及整个铁路网的枢纽,一般位于几条铁路干线交叉或衔接的大城市,办理大量的跨铁路局集团公司通过车流和地方车流,设有较多的专业车站,其设备规模和能力都很大,如沈阳、北京、郑州、武汉、上海等铁路枢纽。

(2)区域性铁路枢纽。区域性铁路枢纽承担的客、货运量和车流组织主要为一定的区域范围服务,一般位于干线和支线的交叉或衔接的大、中型城市,办理管内的通过车流和地方车流,设备规模不大,如长春、柳州等铁路枢纽。

(3)地方性铁路枢纽。地方性铁路枢纽承担的运量和车流组织主要为某一工业区或港湾等地方作业服务,一般位于大工业企业和水陆联运地区,办理大量的货物装卸和小运转作业,如大连、秦皇岛、大同等铁路枢纽。

2. 铁路枢纽的设备

(1)铁路线路,包括引入正线、联络线、迂回线、环线、专用线等。

(2)铁路车站,包括客运站、货运站、中间站、区段站、编组站、工业站、港湾站等。

(3)疏解设备,包括铁路线路与铁路线路的平面和立体疏解设备、铁路线路与城市道路的交叉设备(如道口和立交桥)及线路所等。

(4)其他设备,包括机务段、车辆段、客车整备所等。

3. 铁路枢纽的布置图

根据枢纽范围内专业车站、联络线、进站线路等设备的相互位置不同,并结合一定的车流条件,可形成各种不同形式的铁路枢纽,一般分为一站枢纽、三角形枢纽、十字形枢纽、顺列式枢纽、并列式枢纽、环形枢纽、尽端式枢纽和混合式枢纽等。

任务实施

(1)观看任务引入视频,参照正文中客运站样例,分析视频中出现的客运站设施。

(2)观看任务引入视频,观察图中车辆货物的类型,判断作业内容。

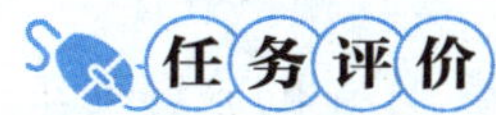

任务评价

任务评价表见表6-6。

表6-6　任务评价表

序号	评价内容	评价标准	分数	评分记录		
				学生自评	组间互评	教师评分
1	视频中出现的客运站设施	无法对视频中出现的设施进行正确认知的,扣30分	30			
2	判断作业内容	1. 对车辆的货物类型判断错误的,扣20分 2. 对作业内容及类别判断不正确的,扣30分	50			
3	对任务完成内容进行介绍并交流讨论	汇报PPT制作不美观,信息不完整的,扣20分	20			
总分			100			

文件

《站细》中车站的位置、性质和等级的编写模板

任务五　走进车务段

任务引入

《车站行车工作细则》(简称《站细》)是根据《铁路技术管理规程》(简称《技规》)、《行车组织规则》(简称《行规》)、《行车组织细则》(简称《行细》)、《铁路运输调度规则》、列车运行图、列车编组计划,以及其他有关规章要求,结合车站运输条件及设备情况所制定的车站技术管理和技术作业组织的基本技术文件。请通过立体书城 App 扫描二维码打开《站细》中车站的位置、性质和等级的编写模板,根据之前任务的内容尝试编制《站细》中车站的位置、性质、等级。

任务描述

全国 18 个铁路局集团公司实施生产力布局调整的改革后,其下设的车务系统中的管辖车站较少的车务段被撤销,整合到管辖车站较多的车务段。铁路局集团公司直属站与车务段为同等级别。车务段工作内容相对于其他站段细致且复杂,涉及很多不同的工作内容。能够从《站细》中掌握自身岗位工作内容是车务岗位从业人员应具备的基本能力之一。

相关知识

一、车务段

车务段是铁路行车系统的重要单位之一,负责列车运营。车务段管理车站货运等业务、管辖辖区内的各大小车站货运和客运的计划和收入、列车的运行监控,保证客运、货运的正常运营,保证运营收入的正常回收。

1. 车务段任务

车务段主要负责列车的运行组织、车站的货运组织、车站的旅客运输组织、车站的旅客列车行包运输组织等工作。

2. 车务段组织结构及职能

车务段组织结构与铁路其他站段相类似,需要注意的是铁路货运与客运计划与收人都由车务段负责。车站还会根据业务性质来设置客运车间、货运车间、货检车间行包车间等其他进行相应工作的车间。

(1)客运车间,主要进行客运有关作业,如售票、站内服务、组织乘客乘降、站内安检、站内广播、检票业务等。

(2)货运车间,主要进行货运有关作业,如货物装卸、调车作业等。

(3)货检车间,主要进行货车车皮及货物检查等有关作业。

(4)行包车间,主要进行行李包裹装卸等有关作业。

3. 车务段的主要工种及工作内容介绍

车务段主要工种有车站值班员、助理值班员、连结员、调车长、扳道员等,如图 6-60 ~ 图 6-63 所示。下面介绍几个主要工种工作内容。

(1)车站值班员。车站值班员根据列车调度员的指示,组织并领导接发列车作业,严格按照列车运行图行车并保证接发列车的安全、正点;严格执行统一指挥,认真执行作业标准、按章办事,负责接发列车的办理和组织指挥工作,及时办理闭塞、预告,亲自布置和下达准备接发车进路的命令。认真执行《技规》《行规》《铁路接发列车作业》并落实有关作业程序和用语;了解掌握到发线运用情况,保证不间断的接发列车,正确及时填写"行车日志"(电子)、按照规定向邻站报点。

(2)助理值班员。助理值班员在接发列车工作中在车站值班员的领导下,认真做好接发列车工作;熟悉线路、信号等设备的配置、用途、性能和使用方法,并能正确使用;认真执行接发列车作业程序,坚持标准化作业。接发列车时,认真听取车站值班员下达的有关命令并复诵,携带规定的备品,及时出场作业,严格执行立岗制度,监视列车安全运行并及时擦划"占线板",作业完了及时汇报;发车时认真核对发车凭证,确认发车条件具备,正确显示信号;非正常作业时,根据车站值班员的命令,现场检查接车线是否空闲。

图 6-60 车站值班员

图 6-61 助理值班员

(3)连结员。连结员调车工作中负责车辆的摘挂、排风、摘结软管,根据调车长的分工,检查线路、道岔、停留车情况,车辆的连挂状态及防溜措施;推进运行时,负责在车列前部瞭望;牵引运行时,负责在车列尾部值乘;负责机车、车辆的摘解与连挂,对停留车按规定采取(撤除)止轮措施并汇报,按规定进行简略试验,确认通风状态;负责智能铁鞋的开关操作;作业完了检查关门车是否符合规定、防溜措施是否撤除;负责调车进路轨道电路分路不良现场确认报告。

(4)调车长。调车长负责协调、组织、指挥调车工作;负责接受和传达调车作业计划,组织作业人员按调车作业计划,正确及时完成调车任务,作业前检查全组人员的精神状态和作业准备情况;作业中正确及时地显示调车信号,督促检查全组人员认真落实作业标准,安全迅速完成调车工作。

图 6-62　连结员

图 6-63　扳道员

二、车站行车工作细则

车务段的工作内容较为分散，涉及不同工作人员共同协作，而对于每个车站其任务也不尽相同。因此各个车站的《车站行车工作细则》也都不同。

《站细》主要包括以下方面：车站概况和技术设备（车站的位置、性质、等级和任务；线路、道岔、调车设备；信号、联锁、闭塞、通信；车站信息系统；客运、货运设备）；日常作业计划及生产管理制度；接发列车工作；调车工作；客货运工作；军事运输工作；车站行车量及车场分工；列车技术作业程序及机车出入段、整备时间标准；列车解体、编组时间标准；集结及各种等待时间标准；各种车辆停留时间标准；咽喉通过能力；到发线通过能力；改编能力；车站最终能力。

任务实施

（1）参照正文内容，确定车站各岗位职责。

（2）根据具体情况找到可以解决问题的工作人员。

任务评价

任务评价表见表 6-7。

表 6-7　任务评价表

序号	评价内容	评价标准	分数	评分记录		
				学生自评	组间互评	教师评分
1	确定车站的位置、性质、等级和任务	结合之前正文的内容，对车站位置、性质、等级和任务不够明确的，少一项扣 20 分，扣满 80 分为止	80			
2	编制车站行车工作细则	《站细》编制不符合标准的，扣 20 分	20			
总分			100			

巩固练习

一、单选题

1. 办理大量的货物列车解体和编组作业的车站是(　　)。

A. 中间站　　B. 区段站　　C. 编组站　　D. 客运站

2. 大能力驼峰日均解体车数为(　　)。

A. 2 000 辆以下　　B. 2 000 ~4 000 辆

C. 4 000 辆以上　　D. 1 000 ~2 000 辆

3. 把车列中不同去向的车辆分别送入调车场的指定线路上的作业叫做(　　)。

A. 解体　　B. 编组

C. 检修　　D. 连挂

4. 供列车到达、出发使用的线路叫做(　　)。

A. 牵出线　　B. 到发线

C. 货物线　　D. 调车线

二、填空题

1. 车站是办理__________的基地。

2. 中间站是为沿线城乡居民及工农业生产服务,提高铁路区段通过能力,保证行车安全而设的车站,主要办理列车的__________、__________和__________,以及__________业务。

3. 区间有__________、__________和__________之分。

4. 自动闭塞区间同方向相邻的两架色灯信号机间以该线上的通过信号机柱的中心线为__________的分界线。

5. 单线铁路上车站的范围是以__________为界,外方是__________,内方是__________。

6. 双线铁路上,车站的范围是__________分别确定的,进站的一端以__________为界,出站一端以__________为界。

7. 车站线路分为正线、__________、__________、__________、__________及__________。

8. 我国铁路采用__________侧行车,并原则上规定开往北京方向为__________行。

三、判断题

1. 牵出线是站线。(　　)

2. 双线铁路车站内的线路下行编双号。(　　)

3. 区段站不能办理解编作业。(　　)

4. 调车场、到达场、出发场纵向排列称为一级三场。(　　)

四、简答题

1. 什么是铁路车站？铁路车站的作用是什么？
2. 什么是铁路区间？
3. 车站线路有哪些种类？
4. 编组站布置图的基本类型有哪些？
5. 铁路枢纽的类型有哪些？

项目七
铁路信号与通信

项目描述

铁路信号设备与铁路通信设备是用于组织指挥列车运行、保证行车安全、提升运输效率、传递行车信息的关键设备，也是铁路主要技术装备。铁路逐渐向高速、重载、电气化方向发展，对于铁路信号与通信提出了越来越高的要求，特别是安全性和可靠性。因此，掌握各类设备也是保证列车安全高效运行的基础。

下面主要对铁路信号设备、联锁系统、闭塞系统、铁路通信系统及电务段、通信段的组成及工作职能加以介绍。

学习目标

知识目标

(1)理解铁路信号的作用及分类。

(2)掌握铁路信号设备的类型及作用。

(3)掌握铁路常见信号的名称、功能。

(4)掌握联锁的基本概念、系统分类。

(5)理解继电联锁机计算机联锁设备、操作方法和各自特点。

(6)掌握半自动、自动站间、自动闭塞的设备、原理及特点。

(7)了解移动闭塞的特点及未来应用的方向。

(8)了解列车调度相关内容和知识。

(9)理解列车运行控制系统相关概念。

(10)了解铁路通信主要业务内容。

能力目标

(1)能够识别常见的信号的名称、符号。

(2)会描述固定信号机功能及应用。

(3)能够识别出不同类型的信号。

(4)能够简单进行手信号进行指挥。

素养目标

(1)让学生感受我国铁路装备的伟大变革，增强学生的民族自豪感。

(2)在事故案例中让学生切实吸取事故教训，提升学生安全风险意识。

(3)通过铁路故事、老物件，为学生讲解铁路精神，帮助学生树立社会主义核心价值观。

(4)强化铁路职业认同感，培育学生“攻坚克难、挑战极限”的精神。

学习导航

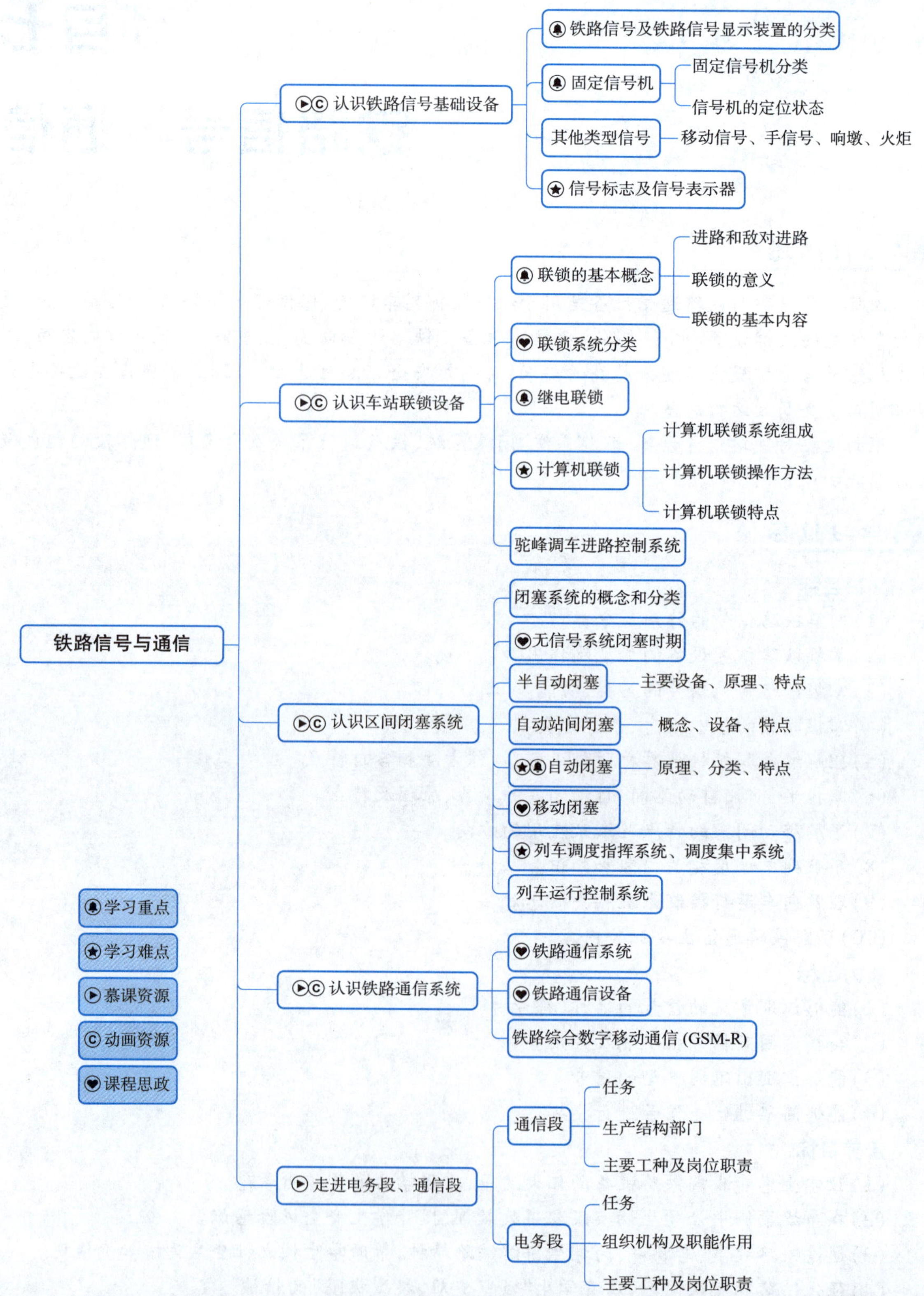
铁路信号与通信
认识铁路信号基础设备
铁路信号及铁路信号显示装置的分类
固定信号机
固定信号机分类
信号机的定位状态
其他类型信号
移动信号、手信号、响墩、火炬
信号标志及信号表示器
认识车站联锁设备
联锁的基本概念
进路和敌对进路
联锁的意义
联锁的基本内容
联锁系统分类
继电联锁
计算机联锁
计算机联锁系统组成
计算机联锁操作方法
计算机联锁特点
驼峰调车进路控制系统
认识区间闭塞系统
闭塞系统的概念和分类
无信号系统闭塞时期
半自动闭塞
主要设备、原理、特点
自动站间闭塞
概念、设备、特点
自动闭塞
原理、分类、特点
移动闭塞
列车调度指挥系统、调度集中系统
列车运行控制系统
认识铁路通信系统
铁路通信系统
铁路通信设备
铁路综合数字移动通信 (GSM-R)
走进电务段、通信段
通信段
任务
生产结构部门
主要工种及岗位职责
电务段
任务
组织机构及职能作用
主要工种及岗位职责
学习重点
学习难点
慕课资源
动画资源
课程思政

任务一 认识铁路信号基础设备

请通过立体书城 App 扫描二维码观看视频，试说明视频中信号机的种类及显示含义。

任务描述

自有铁路以来，就需要用信号向驾驶列车的司机传递信息，其中最重要的就是安全信息。铁路系统采用信号机来进行列车行进的控制。而起到相同作用的还有信号表示器等，它们和信号机共同组成了我们铁路信号基础设备。能够正确识别铁路信号是所有铁路工作相关人员必不可少的技能。

相关知识

一、铁路信号及铁路信号显示装置的分类

（一）铁路信号的分类

按人接收信号的感官可将铁路信号分为两大类：听觉信号、视觉信号。

1. 听觉信号

听觉信号是通过不同声响设备发出不同强度、频率和时间长短等特征音响来表达信号的含义，如机车、轨道车鸣笛发出的信号，以及号角、口笛、响墩等发出的音响，如图 7-1 所示。

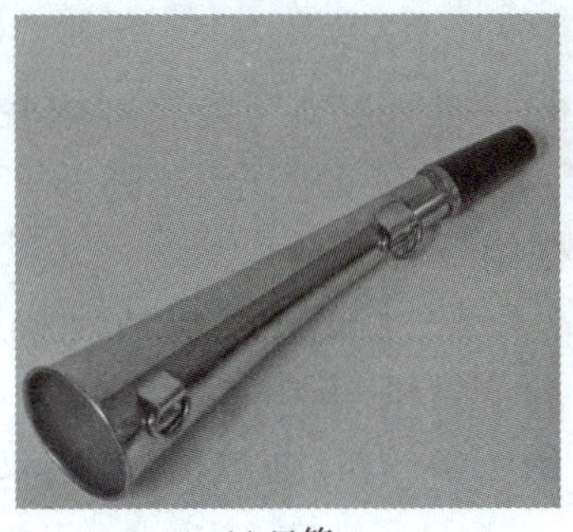

(a) 口笛

(b) 响墩

图 7-1 听觉信号

2. 视觉信号

视觉信号是以物体或灯光的颜色、形状、位置、闪光、数目或数码显示等特征表示的信号，如固定信号机、信号牌、机车信号、信号旗、灯光、火炬（一种在风雨天都能点燃并发出火光的视觉信号，司机发现火炬信号的火光时应立即停车）等所表示的信号。

视觉信号可分为三大类：固定信号、移动信号和手信号。

（1）固定信号。固定信号是指在固定地点安装显示的信号。它是铁路的主要信号，是用不同颜色的灯光或臂板位置等显示的信号，其设备有信号机、信号表示器等。需要注意的是，机车

信号机也属于固定信号。

(2)移动信号。移动信号是在地面临时显示的信号,如用于防护线路施工地点的圆形黄牌、圆形绿牌、方形红牌及临时设置在铁路线路旁的信号灯,如图 7-2 所示。

(3)手信号。手信号是有关行车人员用手持信号旗、信号灯或用手势做出各种规定动作显示的信号,如图 7-3 所示。

铁路信号显示装置可分为信号机、信号标志、信号表示器三大类。

图 7-2 移动信号(停车标志)

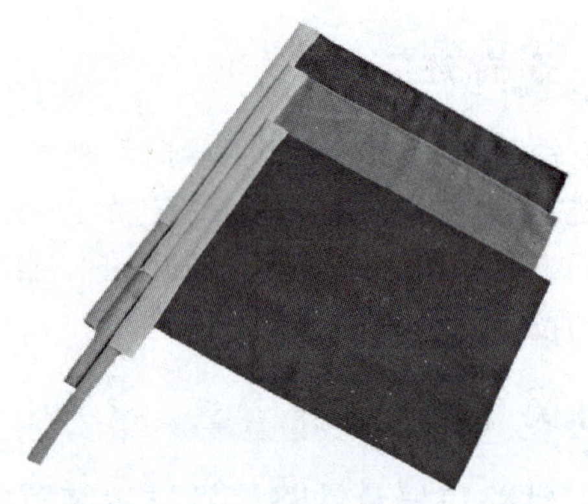

图 7-3 信号旗

二、固定信号机

(一)分类

1. 按安装方式分类

固定信号机按安装方式分类可分为高柱信号机、矮型信号机、信号托架和信号桥及机车信号机。

(1)高柱信号机。高柱信号机安装在信号机柱上,一般用于显示距离要求较远的信号。高柱信号机具有显示距离远、观察位置明确等优点。因此,为保证安全,提高效率,进站、正线出站、接车进路、通过、预告、驼峰等信号机必须采用高柱信号机。

(2)矮型信号机。矮型信号机设于位于建筑限界下部外侧的信号机基础上,一般用于显示距离要求不远的信号。设于特殊地形和特殊条件下的信号机,其中包括进站信号机,经铁路局集团公司批准,亦可采用矮型信号机,如设于桥隧的预告信号机、通过信号机、双线双向自动闭塞区段的反方向进站信号机。

(3)信号托架和信号桥。因受限界限制,不能安装信号机柱时,则以信号托架和信号桥代替。信号托架为托臂形结构建筑物,信号桥为桥形结构建筑物,如图 7-4 所示。

(4)机车信号机。机车信号机也是一种固定信号机,它安装在司机室中,机车信号设备的控制命令是由地面传递给机车的,如图 7-6 所示。

2. 按构造方式分类

固定信号机按构造和显示方式不同分为臂板信号机、色灯信号机和机车信号机。

(1)臂板信号机。臂板信号机是以臂板的形状、颜色、数目、位置表达信号含义的信号机。臂板信号机存在较多缺点,难以自动化,不能构成现代化信号系统,正在与所从属的臂板电锁器联锁系统一起被淘汰,如图 7-5 所示。

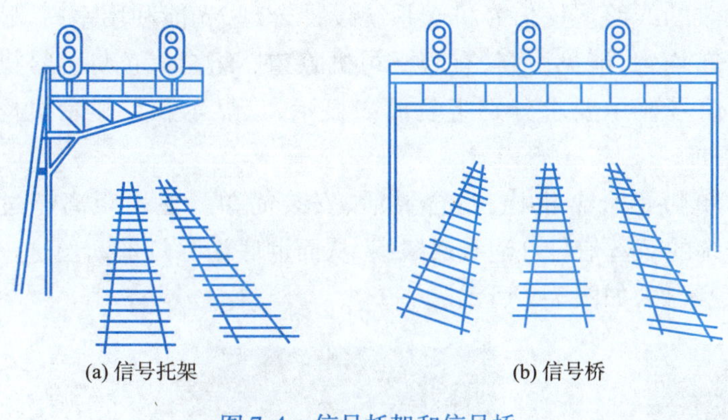

(a) 信号托架　(b) 信号桥

图 7-4　信号托架和信号桥

图 7-5　臂板信号机(AR)

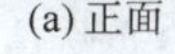

(a) 正面

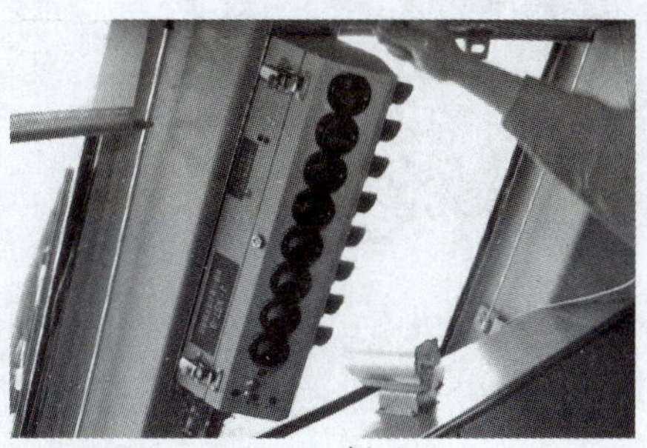

(b) 侧面

图 7-6　机车信号机

(2)色灯信号机。色灯信号机是用灯光的颜色、数目及亮灯状态表示信号含义的信号机。按照它们的制作结构的不同,色灯信号机可以分为探照式(单灯式)和透镜式(多灯式),还有组合式和 LED 色灯信号机。

探照式色灯信号机有一个可旋转的、能显示三种颜色的透镜,通过单个灯照射单组透镜可分别显示对应的三种颜色灯光(又称为单灯式)。由于旋转机构复杂可靠性低,探照式色灯信号机在我国已逐步淘汰。

透镜式色灯信号机是一组灯泡和透镜只显示一个颜色的灯光,在一个信号机上要显示多个颜色就要有多组灯泡及透镜(又称为多灯式)。透镜式色灯信号机结构简单、安装方便,在我国得到广泛运用,如图 7-7 所示。

(a) 线路中的应用(AR)

(b) 近距离观察透镜(AR)

图 7-7　透镜式色灯信号机

组合式色灯信号机适用于瞭望困难的线路。该信号机光系统设计合理，光能利用率高，显示距离远，曲线折射性能强，可见光分布均匀，能见度高，有利于司机瞭望。组合式色灯信号机每个机构只有一个灯室，使用时根据信号显示要求分别组装成二显示、三显示及单显示机构（又称为组合式），如图 7-8 所示。

LED 信号机采用轻便、耐腐蚀的单灯铝合金机构，组合灵活、安装简单。显示距离超过 1 500 m 且清晰可辨。用 LED 取代传统的双丝信号灯泡和透镜组，从而彻底消除灯丝断丝这一故障，可靠性高，光度性好，可以做到免维护，如图 7-9 所示。

图 7-8　组合式色灯信号机（AR）

图 7-9　LED 色灯信号机（AR）

（二）信号机设置的相关规则

我国铁路采用左侧行车制，规定固定信号机应设置在行车方向线路的左侧，如果两线路之间不足以装设信号机，可采用信号托架或信号桥设置于线路左侧，也可设于所属线路的中心线上方。若因曲线、隧道、桥梁等影响瞭望信号，在保证司机不误认信号的条件下，经铁路局集团公司批准，也可设在右侧。任何信号机不得侵入铁路建筑限界。

信号机设置的地点，应由电务部门会同运输、机务、工务等部门共同研究确定。各种信号机及表示器的显示距离见表 7-1。

表 7-1　各类信号机及表示器显示距离

信号机、表示器类型	显示距离
进站信号机、通过信号机、接近信号机、遮断信号机	≥1 000 m
高柱出站信号机、高柱进路信号机	≥800 m
预告信号机、驼峰信号机、驼峰辅助信号机	≥400 m
调车信号机、矮型出站信号机、矮型进路信号机、复示信号机 容许信号、引导信号及各种表示器	≥200 m
在地形、地物影响视线的地方，进站信号机、通过信号机、接近信号机、预告信号机	在最坏的条件下，≥200 m

（三）几种常见的固定信号机

1. 进站信号机

进站信号机用来防护车站安全，指示列车是否能由区间进入车站及显示进入车站的有关条件。具体地说，就是用来防护接车进路，如图 7-10 所示。

进站信号机应设在距进站道岔尖轨尖端(顺向为警冲标)不少于50 m的地点;如因调车作业或制动距离的需要,一般不超过400 m,其连续显示距离不得少于1 000 m。

进站信号机的名称是按运行方向命名的,上行进站信号机用S表示,下行进站信号机用X表示。

(a) 正面(AR)

(b) 侧面(AR)

图7-10 进站信号机

2. 出站信号机

出站信号机是为了防护发车进路和区间,指示列车能否向区间发车而设置的信号机。出站信号机设在车站的正线和到发线上的警冲标内方(对向道岔为尖轨尖端外方)的适当地点,其连续显示距离,高柱信号机应不得少于800 m,矮型信号机应不得少于200 m,如图7-11所示。

(a) 下行出站信号机(AR)

(b) 上行出站信号机(AR)

图7-11 出站信号机

出站信号机的名称也是按照运行方向命名的,上行出站信号机用S表示,下行出站信号机用X表示,并以所属股道号码作为S或X的下标。其中,出站信号机有高柱矮柱之分。

3. 预告信号机

对进站、通过等信号机,应根据实际需要,装设预告信号机,预先告诉司机主体信号机的状态。

预告信号机仅反映其主体信号机的开放或关闭两种状态,预告信号机,显示一个绿色灯光,表示主体信号机在开放状态;显示一个黄色灯光,表示主体信号机在关闭状态。

半自动闭塞、自动站间闭塞区段,进站信号机为色灯信号机时,设色灯预告信号机或接近信号机。列车运行速度不超过 120 km/h 的区段，预告信号机与其主体信号机的安装距离不得小于 800 m，当预告信号机的显示距离不足 400 m 时，其安装距离不得小于 1 000 m。

预告信号机名称的第一个字母为 Y，后面缀以主体信号的名称。

进站、出站、预告信号机位置如图 7-12 所示。

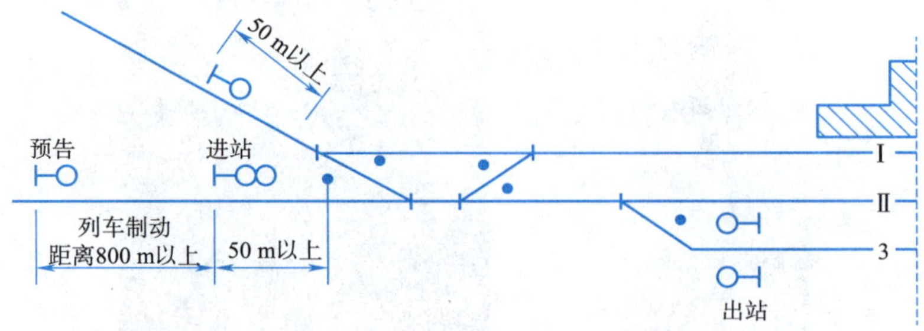

图 7-12　进站、出站、预告信号机位置

预告信号机的两种状态如图 7-13 所示。

(a) 主体信号机开放(AR)

(b) 主体信号机关闭(AR)

图 7-13　预告信号机的两种状态

4. 通过信号机

通过信号机是用来防护自动闭塞线路上的闭塞分区（自动闭塞区间，顺向的两个色灯信号机间的铁路线）或非自动闭塞线路上的所间区间，指示列车可否进入它所防护的闭塞分区或所间区间，如图 7-14 和图 7-15 所示。

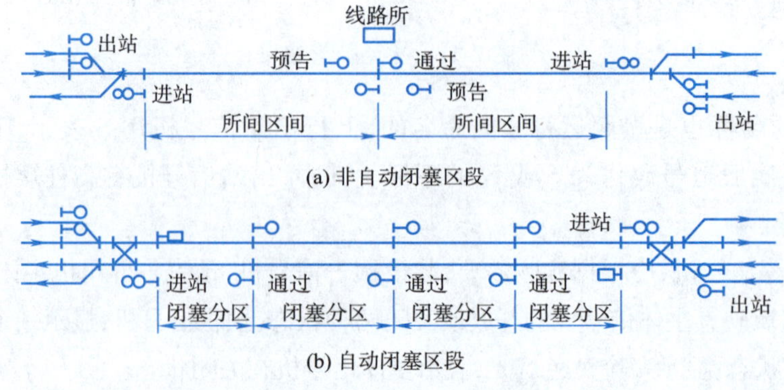

图 7-14　通过信号机位置

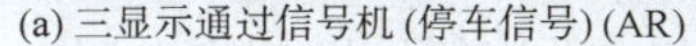

(a) 三显示通过信号机 (停车信号) (AR)　　(b) 四显示通过信号机 (停车信号) (AR)

图 7-15　通过信号机

5. 进路信号机

一个车站有几个车场时，需要设置进路信号机，以指示列车能否从一个车场转线到另一个车场，如图 7-16 所示。

转场进路始于进路信号机，止于出站信号机。只有在进路上的道岔位置正确、进路内无车和没有建立敌对进路，并且把进路锁好的条件下，才能使防护转场进路的进路信号机开放，以保证转场作业的安全，如图 7-17 所示。

图 7-16　进路信号机

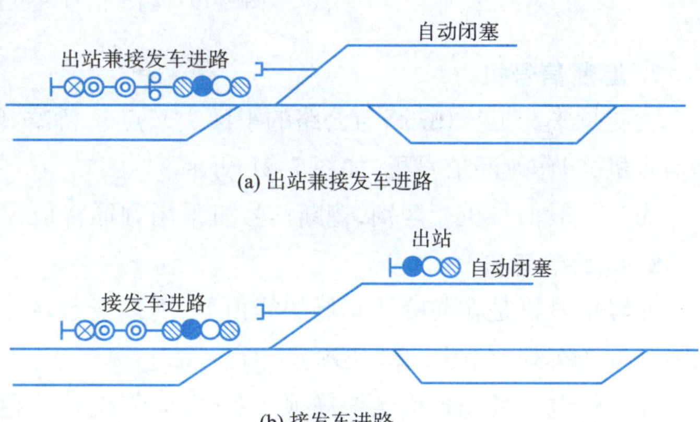

(a) 出站兼接发车进路

(b) 接发车进路

图 7-17　进路信号机位置

进路信号机按照在列车进路上设置的位置和所起作用，可分为接车进路信号机、发车进路信号机和接发车进路信号机 3 种。进路信号机一般都采用色灯信号机。

6. 调车信号机

调车信号机是根据车站调车作业的实际需要，设置于经常进行调车作业的线路上（如车站咽喉道岔区、到发线），以及从非连锁区（如调车场、机务段、货场、牵出线、专用线等）到联锁区的入口处，用以指示能否越过调车信号机进行调车作业。调车信号机一般采用矮型色灯信号机，其显示距离不小于 200 m，如图 7-18 所示。

图 7-18　调车信号机

调车信号机的名称以 D 表示，以数字序号作为下标。以站舍中心线为界，从列车到达方向顺序编号，下行咽喉用单号，上行咽喉用双号。出站信号机或进站信号机常兼作调车信号机。其中，一个月白色灯光表示允许越过信号机进行调车作业；一个月白色闪光灯光，表示装有平面溜放调车区集中联锁设备时，准许溜放调车；一个蓝色灯光表示禁止列车或调车车列越过该信号机。当请求调车作业时，由蓝灯转为白灯，如图 7-19 所示。

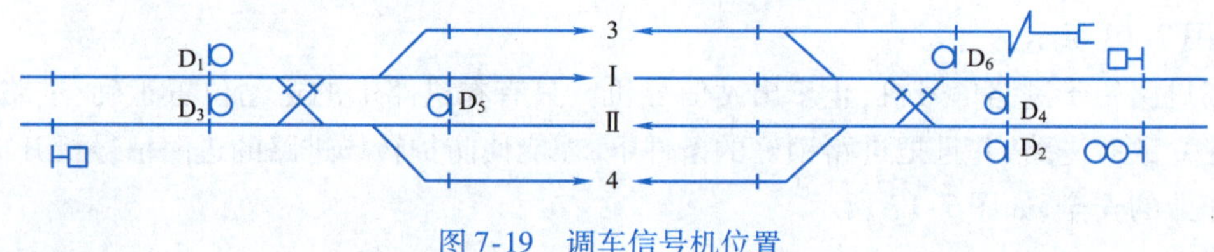

图 7-19　调车信号机位置

7. 遮断信号机

为防护平交道口（铁路与公路的平面交叉点）、桥梁、隧道以及塌方落石等危险地点而设置的信号机，叫作遮断信号机，如图 7-21 所示。

为与一般信号机相区别，遮断信号机采用方形背板，并在机柱上涂有黑白相间的斜线。

8. 驼峰信号机

驼峰信号机是在驼峰调车场的峰顶上，用来指示调车机车能否向峰顶推送车列，以及用多大速度推送车列，如图 7-22 所示。

在驼峰调车场每条推送线峰顶平台处，应装设驼峰色灯信号机，用来指示驼峰调车机的推送速度及去峰下禁溜线进行调车。为了能让车列后部的调车司机看清信号显示，在到发线的适当位置，还应装设驼峰色灯辅助信号机。如果驼峰色灯辅助信号机的显示距离不能满足作业要求时，根据需要可再装设驼峰色灯复示信号机，如图 7-20 所示。

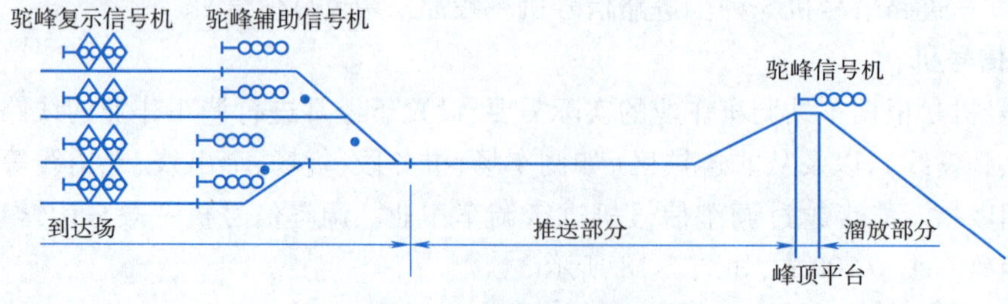

图 7-20　驼峰信号机位置

图 7-21　遮断信号机

图 7-22　驼峰信号机(AR)

9. 复示信号机

进站、出站、进路信号机,因受地形,地物影响,达不到规定的显示距离时,应装设复示信号机,如图 7-23 和图 7-24 所示。

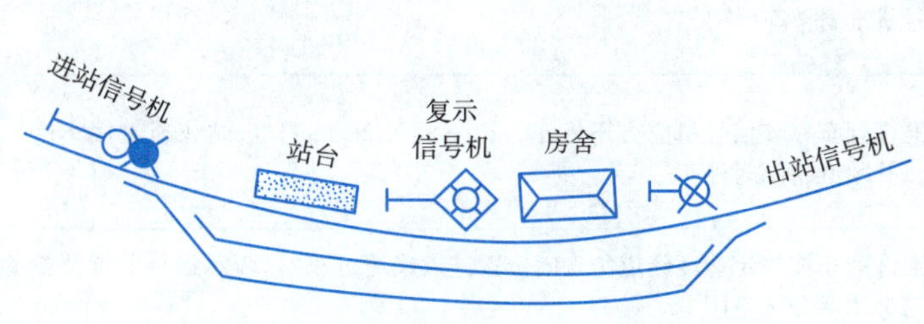

图 7-23　复示信号机位置

图 7-24　复示信号机(AR)

(四)信号机的定位状态

信号机有关闭和开放两种状态。将信号机经常保持的显示状态作为信号机的定位。信号机定位的确定,一般要考虑保证行车安全,提高运输效率或信号显示自动化等因素。

(1)进站、进路、出站信号机对行车安全起着极其重要的作用,规定以显示停车信号——红灯为定位。

(2)调车信号机以显示禁止调车信号——蓝灯为定位。

(3)预告信号机是附属于主体信号机的,仅能表示主体信号机的显示状态,故以显示注意信号——黄灯为定位。

(4)驼峰信号机用以指示溜放作业和下峰调车,以显示停止信号——红灯为定位。

(5)自动闭塞的每架通过信号机,都是其运行前方信号机的预告信号机。为提高区间通过能力,保证列车经常在绿灯下运行,规定通过信号机以显示绿灯为定位。进站信号机前方第一架通过信号机兼有预告信号机的作用,故以显示黄灯为定位。

(6)非自动闭塞区段的通过信号机,兼有防护接车、发车的作用,以显示红灯为定位。

(7)复示信号机以无显示为定位。

(五)几种主要信号机的显示方式和意义

上述几种主要信号机的显示方式和意义见表7-2。

表7-2　几种主要信号机及其表示意义

信号名称		色灯信号机	信号显示	信号显示意义
进站信号机	半自动闭塞、三显示自动闭塞			准许列车按规定速度经正线通过车站,表示出站及进路信号机在开放状态,进路上的道岔均开通直向位置
				准许列车经道岔直向位置,进入站内正线准备停车
				准许列车经道岔侧向位置,进入站内准备停车
				准许列车经过18号及其以上道岔侧向位置,进入站内越过次一架已经开放的信号机,且该信号机所防护的进路,经道岔的直向位置或18号及其以上道岔的侧向位置
				不准列车超过该信号机
				准许列车经道岔直向位置,进入站内越过次一架已经开放的接车进路信号机准备停车
				准许列车在该信号机前方不停车,以不超过20 km/h进站或通过接车进路,并须准备随时停车
	四显示自动闭塞			准许列车按规定速度经道岔直向位置进入或通过车站,表示运行前方至少有三个闭塞分区空闲
				准许列车按限速要求越过该信号机,经道岔直向位置进入站内正线准备停车
				准许列车按限速要求越过该信号机,经道岔侧向位置进入站内准备停车
				准许列车经过18号及其以上道岔侧向位置,进入站内越过次一架已经开放的信号机,且该信号机所防护的进路,经道岔的直向位置或18号及其以上道岔的侧向位置
				不准列车越过该信号机
				准许列车按规定速度越过该信号机,经道岔直向位置进入站内,表示次一架已经开放一个黄灯
				准许列车在该信号机前方不停车,以不超过20 km/h进站或通过接车进路,并须准备随时停车

续表

信号名称		色灯信号机	信号显示	信号显示意义
出站信号机	三显示自动闭塞	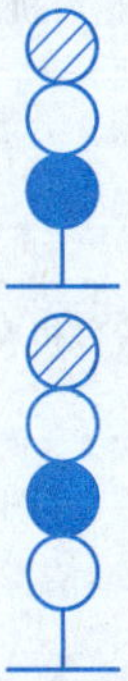		准许列车由车站出发，表示运行前方至少有两个闭塞分区空闲
				准许列车由车站出发，表示运行前方至少有一个闭塞分区空闲
				不准列车越过该信号机
				准许列车由车站出发，开往半自动闭塞区间或自动站间闭塞区间
				兼作调车信号机时，准许越过该信号机调车
	四显示自动闭塞			准许列车由车站出发，表示运行前方至少有三个闭塞分区空闲
				准许列车由车站出发，表示运行前方有两个闭塞分区空闲
				准许列车由车站出发，表示运行前方有一个闭塞分区空闲
				不准列车越过该信号机
				准许列车由车站出发，开往半自动闭塞区间
				兼作调车信号机时，准许越过该信号机调车
	半自动闭塞			准许列车由车站出发
				不准列车越过该信号机
				准许列车由车站出发，开往次要线路
				兼作调车信号机时，准许越过该信号机调车
进路信号机	接车进路信号机			显示与进站信号机相同 兼作调车信号机时，点亮一个月白色灯光，准许越过该信号机调车

续表

信号名称		色灯信号机	信号显示	信号显示意义
进路信号机	发车进路信号机			准许列车由车站经正线出发，表示出站和进路信号机均在开放状态
				准许列车运行到次架信号机之前准备停车
				表示该信号机列车运行前方至少有一架进路信号机在开放状态
				不准列车越过该信号机
				兼作调车信号机时，准许越过该信号机调车
通过信号机	三显示自动闭塞			准许列车按规定速度运行，表示运行前方至少有两个闭塞分区空闲
				要求列车注意运行，表示运行前方有一个闭塞分区空闲
				列车应在该信号机前停车
				容许信号显示一个蓝灯，准许列车在通过信号机显示红灯的情况下不停车，以不超过 20 km/h 的速度通过，运行到次架通过信号机，并随时准备停车
	四显示自动闭塞			准许列车按规定速度运行，表示运行前方至少有 3 个闭塞分区空闲
				准许列车按规定速度运行，要求注意准备减速，表示运行前方有两个闭塞分区空闲
				要求列车减速运行，按规定限速要求越过该信号机，表示运行前方有一个闭塞分区空闲
				列车应在该信号机前停车
				容许信号显示一个蓝灯，准许列车在通过信号机显示红灯的情况下不停车，以不超过 20 km/h 的速度通过，运行到次架通过信号机，并随时准备停车
	半自动闭塞			准许列车按规定速度运行
				不准许列车越过该信号机
遮断信号				不准列车越过信号机
			无显示	不着灯时，不起信号作用

续表

信号名称	色灯信号机	信号显示	信号显示意义
预告信号			表示主体信号机在开放状态
			表示主体信号机在关闭状态
			表示遮断信号机显示红色灯光
		无显示	不着灯时，不起信号作用
调车信号机			准许越过该信号机调车
			装有平面溜放调车区集中联锁设备时，准许溜放调车
			不准越过信号机调车
驼峰信号机			准许机车车辆按规定速度向驼峰推进
			指示机车车辆加速向驼峰推进
			指示机车车辆减速向驼峰推进
			不准许机车车辆越过该信号机或指示机车车辆停止作业
			指示机车车辆自驼峰退回
			指示机车到峰下
			指示机车车辆去禁溜线

图例：黄灯　绿灯　红灯　白灯　蓝灯　着灯　闪灯

三、其他类型信号

当线路上出现临时性障碍或进行施工，要求列车停车或减速时，应按照规定在线路上设置移动信号，安放响墩、火炬或用手信号进行防护，以保证行车安全。

（一）移动信号

移动信号相对于固定信号而言，是可以根据需要移动，临时设置的信号。移动信号分停车信号、减速信号和减速防护地段终端信号。它们的显示方式如图 7-25 所示。

1. 停车信号

昼间——红色方牌；夜间——柱上红色灯光。

2. 减速信号

昼间——黄底黑字圆牌；夜间——柱上黄色灯光。减速信号牌应标明列车限制速度。

3. 减速防护地段终端信号

昼间——绿色圆牌；夜间——柱上绿色灯光。

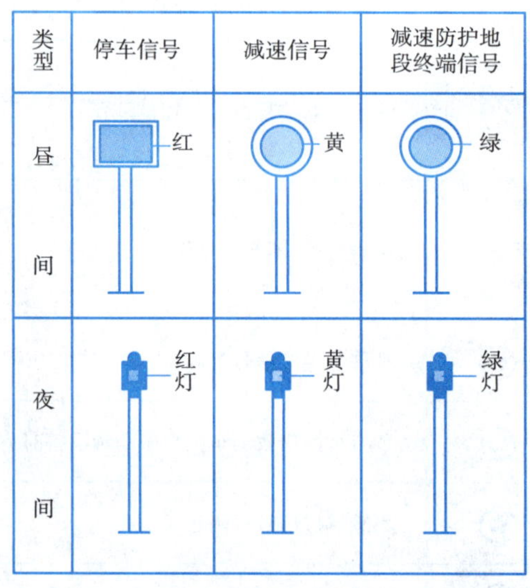

图 7-25　移动信号

铁路手信号演练

（二）手信号

铁路手信号也是一种移动信号，是有关行车人员用手持信号旗或信号灯作出各种规定动作来下达停车、减速、发车、通过、引导信号等各种命令。信号旗有三种基本颜色：绿、黄、红；信号灯有四种基本灯光：绿、黄、红、白。

手信号的种类很多，常见的有指示列车运行手信号、调车手信号、联系用手信号。其中指示列车运行手信号的显示有以下几种。

1. 停车信号

昼间——展开的红色信号旗；夜间——信号灯的红色灯光，如图 7-26 所示。

(a) 昼间

(b) 夜间

图 7-26　手信号——停车信号（AR）

2. 减速信号

昼间——展开的黄色信号旗;夜间——信号灯的黄色灯光,如图 7-27 所示。

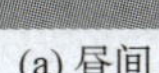
(a) 昼间

(b) 夜间

图 7-27 手信号——减速信号(AR)

3. 发车信号

昼间——展开的绿色信号旗上弧线向列车方面作圆形转动;夜间——信号灯的绿色灯光上弧线向列车方面作圆形转动。

其他手信号的显示可参见《铁路技术管理规程》。

(三)响墩、火炬

1. 响墩

它的外壳是扁圆形薄铁皮,里面装有炸药。防护时,将其放在钢轨面上卡住,当车轮压上后会发出爆炸声要求司机立即停车,如图 7-28 所示。

2. 火炬

火炬是一种在风雨天气都能点燃并发出火光的视觉信号设备,司机发现火炬信号的火光时应立即停车。停车后如无防护人员,机车乘务人员应立即检查前方线路,如无异状,可按规定速度继续运行,但最高不得超过 20 km/h,如图 7-29 所示。

图 7-28 响墩(AR)

图 7-29 火炬

四、信号标志及信号表示器

(一)信号标志

信号标志是设在铁路沿线,用来表明该地点线路的状况,以便司机和其他有关行车人员能够及时、正确地进行作业。铁路系统常见的信号标志主要有如下几项:

1. 警冲标

警冲标是用来指示机车车辆停车位置,不准向道岔方向或线路交叉点方向越过,以防止停留在该线上的机车车辆与邻线上的机车车辆发生侧面冲突的标志。另外,在出站道岔上警冲标用来确定站界标位置。警冲标设在两会合线路间距离为 4 m 的中间。线间距离不足 4 m 时,设在两线路中心线最大间距的起点处。警冲标用来指示机车车辆的停留位置,防止机车车辆侧面冲突,如图 7-30 所示。

2. 司机鸣笛标

司机鸣笛标设在道口、大桥、隧道或视线不良地点前方 500 ~ 1 000 m 处。司机见到这种标志时应当长声鸣笛,如图 7-31 所示。

图 7-30　警冲标

图 7-31　司机鸣笛标

3. 作业标

在营运线路进行施工维护时,为保障维护人员安全和行车安全,需要设置作业标。作业标设在施工线路及其邻线距施工地点两端 500 ~ 1 000 m 处,司机见到此标记时须提高警惕并长声鸣笛。

4. 预告标

预告标设在进站信号机外方 900 m、1 000 m 及 1 100 m 处,但在设有预告信号机及自动闭塞的区段,均不设预告标。在双线区间,退行的列车看不见邻线的预告标时,在距站界外 1 100 m 处特设一个预告标,如图 7-32 所示。

图 7-32　预告标

5. 桥梁减速信号标

桥梁减速信号标设在需要限速通过的桥梁两端,上部表示客车限制速度,下部表示货车限制速度。

6. 减速地点标

减速地点标设在需要减速地点的两端各 20 m 处。正面表示列车应按规定限速通过地段的始点，背面表示列车应按规定限速通过地段的终点。

(二)信号表示器

信号表示器和信号机不同，它没有防护的意义，而是用来表示与行车有关设备的位置和状态，或表示信号显示的某种附加含义。例如，出站信号机给绿色灯光，而前方可以有 3 个发车方向，这是需要附加说明是向哪个方向发车的，该任务就依靠信号表示器来完成。

我国铁路上采用的信号表示器有进路表示器、线路表示器、调车表示器、道岔表示器、发车表示器等。

1. 道岔表示器

道岔表示器仅表示道岔的位置，不作为指示列车或调车机车运行条件的依据，如图 7-33 所示。

在发车进路上的手动道岔和非集中联锁区向集中联锁区的入口处的电动道岔，均装有道岔表示器，用以反映道岔所处的状态(开通直向或侧向)，不论昼间或夜间，均连续不断地显示，以便有关行车人员能随时确认进路，方便调车人员办理调车作业。联锁区域内的电动道岔采用了调车信号机、道岔表示器 a，有连续溜放作业的分歧道岔处采用道岔表示器 b。

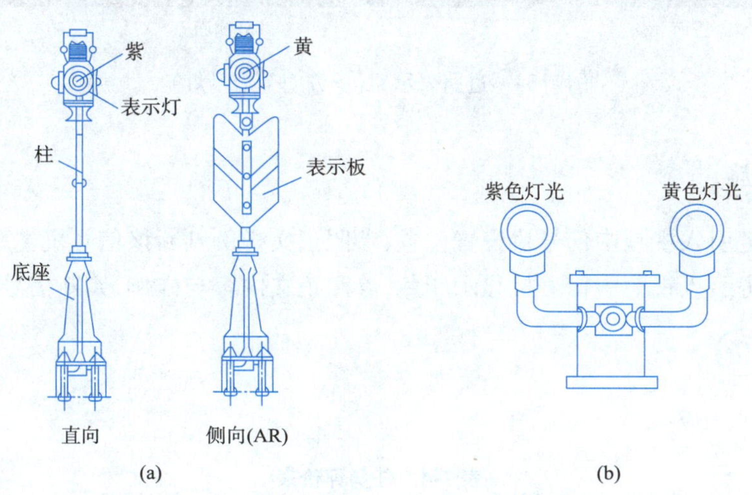

图 7-33　道岔表示器

道岔表示器的显示方式为见表 7-3。

表 7-3　道岔表示器显示意义

道岔表示器类型	直向	侧向
a	无显示(昼间) 紫色灯光(夜间)	中央划有一条鱼尾形黑线的黄色鱼尾形牌(昼间) 黄色灯光(夜间)
b	紫色灯光	黄色灯光

2. 进路表示器

进路表示器仅在其主体信号机开放后，才能亮灯，用于区别进路开通方向，不能独立构成信号显示，如图 7-34 所示。其显示方式如下：

(1) 信号机在开放状态及机柱左方显示一个白色灯光——进路开通，准许列车向左侧线路发车。

(2) 信号机在开放状态及机柱中间显示一个白色灯光——进路开通，准许列车向中间线路发车。

(3) 信号机在开放状态及机柱右方显示一个白色灯光——进路开通，准许列车向右侧线路发车。

对于 4 个及其以上发车方向，进路表示器按灯光排列表示。

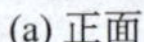

(a) 正面

(b) 侧面

图 7-34 进路表示器(下方四个信号灯)

任务实施

(1) 观察任务引入视频中信号机设置位置，参照正文样例判断该信号机类型。

(2) 观察任务引入视频中信号机显示颜色，参照正文内容与样例，判断信号机的显示含义。

任务评价

任务评价表见表 7-4。

表 7-4 任务评价表

序号	评价内容	评价标准	分数	评分记录		
				学生自评	组间互评	教师评分
1	观察图片判断信号机类型	1. 观察时，无法正确找出信号机特征的，扣 20 分 2. 观察时，无法正确判断信号机设置位置的，扣 20 分 3. 参照样例对信号机类型判断错误的，扣 10 分	50			
2	观察信号机颜色判断显示含义	1. 观察时，无法正确判断信号机颜色的，扣 20 分 2. 参照样例对信号机显示含义判断错误的，扣 20 分	40			
3	对任务完成内容进行介绍并交流讨论	汇报 PPT 制作不美观，信息不完整的，扣 10 分	10			
总分			100			

任务二 认识车站联锁设备

任务引入

请观察图7-35。试分析图中出现了哪些设备。为什么图中车站内的列车数量很多,但是它们之间不会发生冲突?

图7-35 车站联锁

任务描述

自发明了检测铁路线路上是否有车辆存在的闭路式轨道电路技术后,信号控制与轨道电路相结合,使信号显示能真实地反映线路的空闲状态,还能通过电路确认道岔的开通方向,从而有效地防止了行车冲突事故。车站内的信号控制系统就叫作联锁设备。掌握车站联锁设备的工作原理是铁路调度人员保证列车进出站及站内行驶安全的重要基础技能。

相关知识

一、联锁的基本概念

(一)进路和敌对进路

1. 进路

进路是车站内列车或调车车列由一点运行到另一点的全部径路。进路可分为列车进路和调车进路。凡是进站、出发及通过列车经过的进路,称为列车进路,包括接车进路、发车进路、通过进路和转场进路。凡是调车车列为完成调车作业所经过的进路,称为调车进路,包括短调车进路和长调车进路。

2. 敌对进路

车站办理进路,就是将有关岔道转换到进路要求的位置并锁闭,开放防护进路的信号。但是有些进路如果同时建立会造成列车或调车车列冲突的情况,这样的进路互为敌对进路。防护两条相互敌对进路的信号机,互为敌对信号,不容许同时开放。

(二)联锁的意义

列车的进、出站和站内的调车作业必须根据防护每一进路信号机的显示状态进行,而被防护的进路又是靠操纵道岔来排列的。如进路上的道岔位置不正确，或已经有车占用，有关的信号机就不能开放；信号开放后，其所防护的进路不能变动，即此时该进路上的道岔不能再转换。信号、道岔、进路之间的相互制约关系称为联锁关系，简称联锁。

（三）联锁的基本内容

联锁的基本内容包括：防止建立会导致机车车辆相冲突的进路；必须使列车或调车车列经过的所有道岔均锁闭在与进路开通方向相符合的位置；必须使信号机的显示与所建立的进路相符，如图7-36所示。这三点基本内容可从如下情况体现。

（1）当进路上的有关道岔开通位置不对或敌对信号机未关闭时，防护该进路的信号机不能开放；信号机开放后，该进路上的有关道岔不能扳动，其敌对信号机不能开放。

（2）半自动闭塞、自动站间闭塞及三显示自动闭塞区段，正线上的出站信号机未开放时，进站信号机不能开放通过信号；主体信号机未开放时，预告信号机不能开放。

（3）装有转换锁闭器，电动、电液转辙机的道岔，当第一连接杆处（分动外锁闭道岔为锁闭杆处）的尖轨与基本轨间、心轨与翼轨间有4 mm及以上水平间隙时，不能锁闭或开放信号机。

（4）区间辅助所内正线上的道岔，未开通正线时，两端站不能开放有关信号机。设在辅助所的闭塞设备与有关站闭塞设备应联锁。

（5）集中联锁设备应保证：当进路建立后，该进路上的道岔不能转换；当道岔区段有车占用时，该区段的道岔不能转换；列车进路向占用线路上开通时，有关信号机不能开放（引导信号除外）；能监督是否挤岔，并于挤岔的同时，使防护该进路的信号机自动关闭，被挤道岔未恢复前，有关信号机不能开放。集中联锁设备，在控制台（或操纵、表示分列式的表示盘及监视器）上应能监督线路与道岔区段是否占用、进路开通及锁闭，复示有关信号机的显示。

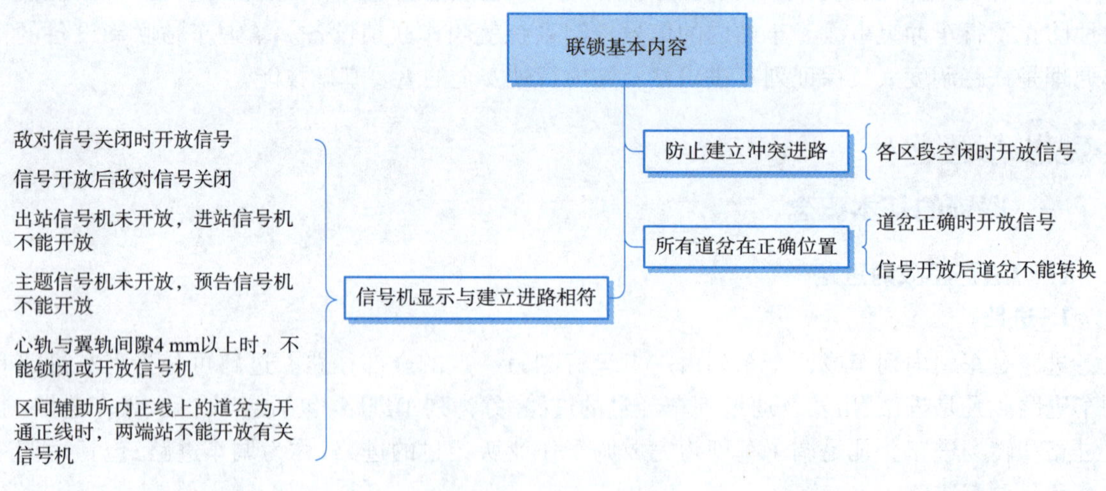

图7-36　联锁系统原理

二、联锁系统的分类

控制车站的道岔、进路和信号机，并实现它们之间的联锁的设备，称为联锁系统。

最初，车站内所有道岔都是人工扳动的，车站值班员下达扳道任务后，扳道工扳动道岔，并向值班员确认。道岔多的车站，扳道工多，还要设置扳道主任。接发列车也是纯人工引导。目前，还有一些站段和企业仍在用这样的作业方式，如图 7-37 所示。为了避免人工扳道岔带来的安全隐患，车站联锁设备应运而生。根据实现联锁的集中化程度划分，联锁的方式分为非集中联锁和集中联锁。

非集中联锁方式，一般由人力在道岔附近，操纵道岔转换设备，分散地利用机械方法和电锁器方法实现，如联锁箱联锁和电锁器联锁。

图 7-37　人力扳动道岔

集中联锁方式，是用电气的方法（逻辑电路）集中控制和监督全站的道岔、进路和信号机，并实现它们之间的联锁。集中联锁包括继电式电气集中联锁（简称继电联锁）和计算机电气集中联锁（简称计算机联锁）。

以前，我国铁路的联锁系统曾大量使用电锁器联锁，后来又大力发展继电联锁，现在则主要是计算机联锁。本书主要讲解继电联锁和计算机联锁。

三、继电联锁

用电气的方法集中控制和监督全站的道岔、进路和信号机，并实现它们之间联锁的设备称为电气集中联锁系统，简称电气集中联锁。若是用继电器组成的电路来进行控制并实现联锁的设备，称为继电式电气集中联锁，简称继电集中联锁或继电联锁。

继电集中联锁采用色灯信号机，道岔由转辙机转换，进路上所有区段均设有轨道电路，在信号楼进行集中控制和监督。

（一）继电联锁主要设备

继电联锁的主要设备分为室外设备和室内设备两部分，如图 7-38 所示。

室外设备主要包括色灯信号机、轨道电路、电动转辙机、电缆线路及箱盒等。室内设备主要包括控制台、电源屏和继电器组合及组合架、分线盘等。

1. 继电器

继电器是一种电励开关，是实现自动控制和远程控制的重要设备。铁路信号设备中应用最为广泛的是安全型继电器，安全型直流无极继电器如图 7-39 所示。

继电器通过电流大小控制引线片接入不同的电路，进而实现对相关联锁设备的控制。在采用继电集中联锁的车站上，一般都将继电器组合起来，集中地安装在专门的继电器室中。继电集中联锁需要的电源设备，在中小车站上可附设在继电器室中，在大编组站上则可另设专门的电源室。

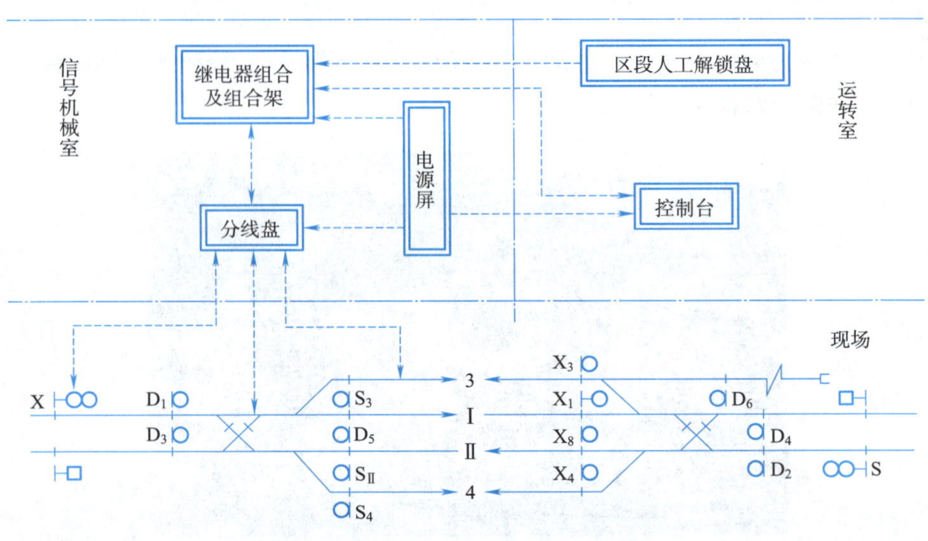

图 7-38　继电联锁设备组成

2. 电动转辙机

道岔尖轨转换位置是由转辙装置带动的。电动转辙机是以电动机带动的转辙装置，它可以实现正转或反转，从而使道岔具有两种不同的开通位置（开通直股或侧股），如图 7-40 所示。

在道岔转换完成以后，表示部分则将表示接点接通，在控制台上反映道岔所处的状态，以便与进路信号机进行联锁。

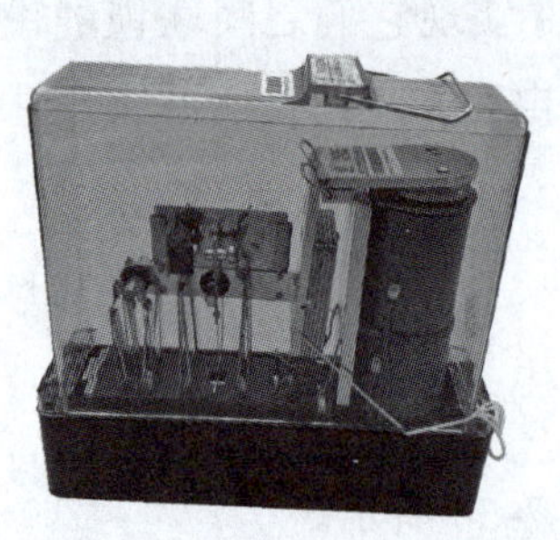

图 7-39　安全型直流无极继电器

(a) 正常使用

(b) 打开检修状态

图 7-40　转辙机

3. 轨道电路

将一段轨道的钢轨作为导线，两端用绝缘节隔开，中间的轨缝用接续线连接起来，一端送电，另一端受电，这样构成的电气回路叫作轨道电路。

采用直流电源的轨道电路叫作直流轨道电路。由于该轨道电路存在传输衰耗较大等缺点，现已很少采用。目前主要采用交流轨道电路，采用交流电源供电。轨道电路系统主要由轨道继电器（如图 7-39 所示）、限流变阻器（如图 7-42 所示）、分界绝缘节（如图 7-43 所示）、轨道电源、轨道变压器(如图7-44所示)等组成。为防止上述电子元件受到损伤及干扰,铁路采用轨道电路箱(如图7-41所示)来安装这些元件。

图7-41　轨道电路箱

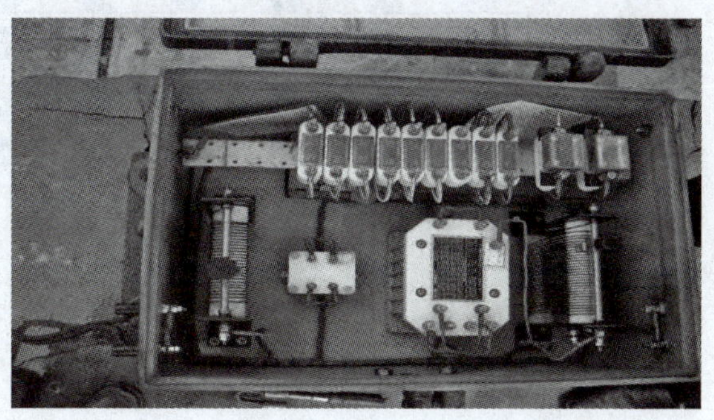

图7-42　限流变阻器(图中两侧滑动变阻器)

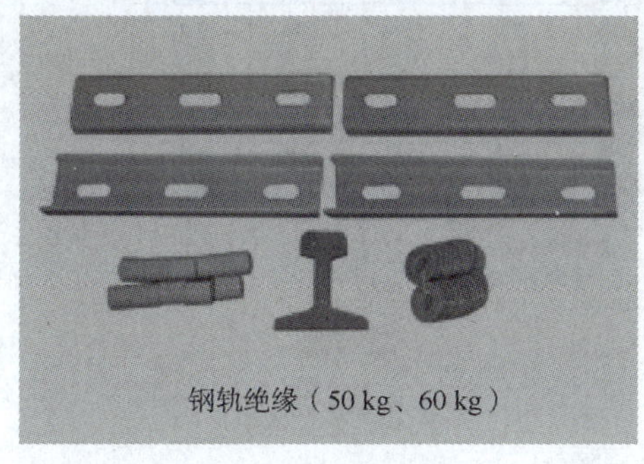

图7-43　分界绝缘节

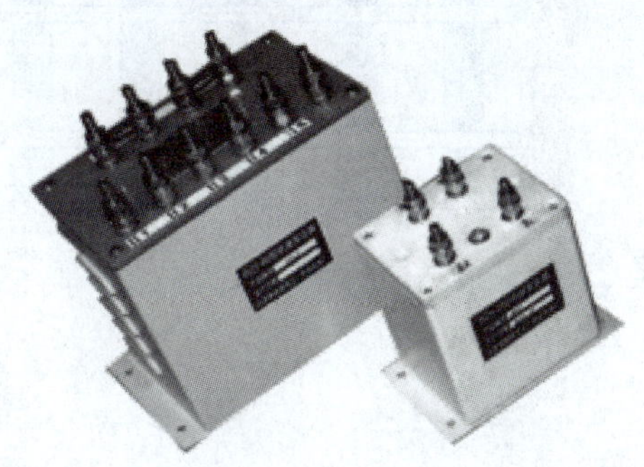

图7-44　轨道变压器

(1)轨道电路的原理。整个轨道路网依适当距离区分成许多闭塞区间,各闭塞区间以轨道绝缘接头间隔,形成独立轨道电路,各区间的起始点皆设有信号机(色灯式信号机),当列车进入闭塞区间后,轨道电路立即反应,并传达本区间已有列车通行、禁止其他列车进入的信息至信号机,此时位于区间入口的信号机立即显示禁行的信息,如图7-45所示。

当闭塞区间内无列车行驶时,电流会从电源经由轨道流经继电器,并使其激磁带动接点,接通绿灯电路。

当有列车驶入闭塞区间时,电流改行经列车车轴,并不会流经继电器,继电器因失去电流而失磁,接点接通红灯电路。如果轨道断裂,轨道电路因此阻断,造成继电器失磁,同样的信号机也会显示禁行的信息,仍可保障列车行驶安全。当列车驶离整个区间,继电器便会重新激磁,绿灯便会再次亮起,其他列车便可进入。

(2)轨道电路的作用。一是对轨道进行检查和监督的作用。例如,可以检查和监督股道是否有车占用,防止错误地办理进路,开放信号;可以检查和监督道岔区段有无机车车辆通过,防止在机车车辆经过道岔时扳动道岔;可以检查和监督轨道上的钢轨是否完整等。

二是传递行车信息。例如,移频自动闭塞利用轨道电路中传递不同的频率来反映前行列车的位置,决定各信号机的显示,为列车运行提供行车命令。轨道电路中传送的行车信息还为列车运行自动控制系统直接提供控制列车运行所需要的前行列车位置、运行前方信号机状态和线路条件等有关信息。

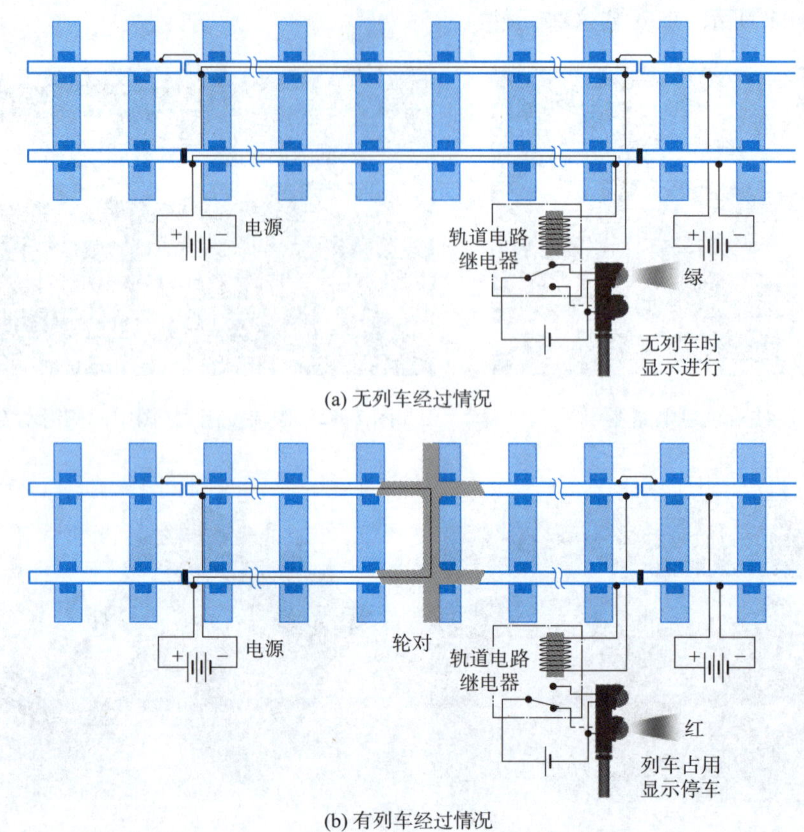

图 7-45　轨道电路工作原理

4. 控制台

联锁控制台(如图 7-46 所示)设于信号楼控制台室或车站值班员室内,是车站值班员指挥列车运行和调车作业的控制中心,用来控制道岔的转换和信号的开放，并对进路、信号、道岔进行监督。控制台的正面装有照明盘，盘面上有全站股道平面图及各种进路按钮,道岔按钮和其他按钮等;需要办理进路时,按压控制台的模拟站场图上进路的始端按钮和终端按钮,就能将进路中有关道岔转换到规定位置,且防护该进路的信号机也自动开放。

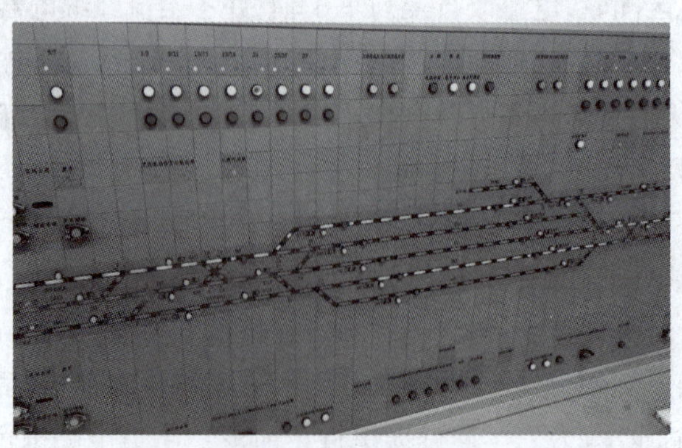

图 7-46　联锁控制台

联锁控制台上的主要表示器是光带和表示灯。它们的用途是正确反映室外监控对象的状态及线路运用情况，表示操作手续是否完成，并反映继电器电路的工作状态，若发生故障可及时发现故障发生地点。

(二)继电联锁办理手续

1. 办理进路

当办理接、发车进路或调车进路时，只需先按压该进路上的始端按钮然后再按压终端按钮，就能将与进路有关的道岔转换到符合进路要求的位置，防护该进路的信号机也根据这种操作而自动开放。

当办理通过进路时，先办理正线发车进路，再办理正线接车进路。为了简化办理通过进路的操作手续，凡有通过进路的车站应增设通过按钮。办理通过时只要按下通过按钮和该方向的终端按钮就可以了。

2. 解锁进路

当列车或调车车列驶过进路中的道岔区段后，进路中的道岔和经由该道岔的敌对进路就应自动解锁，称正常解锁。正常解锁就是随着列车或调车车列在该进路上的运行自动地逐段解锁，无须任何操作。

(三)继电联锁的特点

由于采用了轨道电路，严格实现进路控制过程的要求，具有较完善的安全功能，基本上能防止因违章或操作失误而造成危及行车安全的后果。采用色灯信号机和电动转辙机，操作人员仅需在控制台上按压按钮就能办理或取消进路，而且采用了逐段解锁方式时，还可大大缩短进路的建立和解锁时间，提高了车站咽喉的通过能力。

进路的排列和解锁都是自动进行的，从而改善了和行车有关人员的劳动条件。电气联锁虽然有上述优点，但是电气集中联锁的设备费用比较高且功能不够完善，并要求车站上有可靠的交流电源。

四、计算机联锁

计算机联锁是一种运用微型计算机对车站值班员的操作命令及现场表示信息进行逻辑运算，从而实现对信号机及道岔等进行集中控制的车站联锁设备。它实现了从有接点(使用继电器)到无接点的变革，使联锁设备更加小巧和可靠，如图 7-47 和图 7-48 所示。

图 7-47　计算机联锁主机

图 7-48　计算机联锁

(一)计算机联锁系统组成

计算机联锁的硬件设备包括控制盘、智能显示器、打印机、主机、现场信号设备、传输通道及电源等。

计算机联锁系统的功能要求与性能要求均比较高,既要求具有友好而准确的人机界面,同时又要求具有高可靠性与高安全性。

计算机联锁系统可分为人机对话层、联锁层和监控层,相应地可由人机对话计算机、联锁计算机及控制器来承担各层的任务。这样,整个系统可以分为上、下两层,即上层为人机对话层,下层为联锁层,如图 7-49 所示。

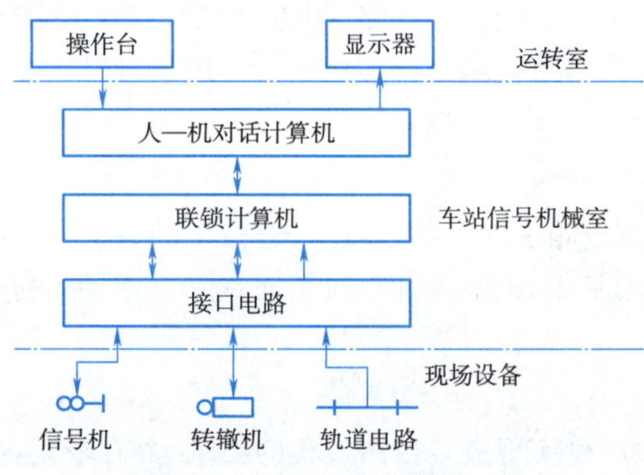

图 7-49　计算机联锁系统结构

1. 人机对话计算机

人机对话计算机接收来自控制台的操作输入,判明能否构成有效的操作命令,并转换成约定的格式,输送给联锁计算机。另外,接收来自联锁计算机的表示信息,将它们转换成显示器能够接受的格式。

2. 联锁计算机

联锁计算机接收来自人机对话计算机的操作命令,接收来自人机对话计算机的室外监控对象的状态信息,进行联锁逻辑运算,发出控制道岔转换和开放信号的控制命令。

3. 控制器

控制器用来实现对象群与室内联锁机之间的联系。它接收来自联锁机的控制码,控制码经过变换形成控制命令以驱动相应的控制电路;它又接收监控对象的状态信息,状态信息经过编码再传送到联锁计算机。

(二)计算机联锁操作方法

计算机联锁操作方法与电气集中联锁相仿,车站值班员办理进路时,只需顺序按压进路的始端按钮和终端按钮即可完成。此时计算机就执行操作输入程序和联锁处理程序。根据输入的按钮代码,从进路矩阵中查找出相应的进路,然后检查是否符合选路条件,只有完全满足选路条件后,程序才能转入选路部分。程序进入选路部分后,先检查对应道岔是否在规定位置,然后将需变位的道岔转换位置,接着锁闭进路,并建立对应的运行表区。

在执行信号开放程序中,根据运行表区内容,连续不断检查各项联锁条件,每检查一遍,条件满足时输入一个脉冲,信号开放期间,由这些连续的脉冲信息经处理后使信号电路动作。当列车进入信号机后方，信号机关闭后，随着列车的运行，进路可顺序逐段解锁。

（三）计算机联锁特点

（1）采用计算机软硬件实现联锁逻辑关系，联锁设备动作速度快，信息量大，容易实现信号系统的自动控制和远程控制，可以扩大控制范围和增强控制功能。

（2）设备体积小，机件质量轻，可节省信号楼的建筑面积，降低材料消耗和工程造价，同时也便于安装调试和维修。

（3）采用了积木式的软件和硬件，通用性强，能适应站场的改建与扩建，在站场改扩建后无须变动联锁设备，必要时只需修改软件。

（4）操作简便，提高了办理进路自动化程度。减少有关行车人员之间的联络，防止误操作，提高了作业的安全和效率。

（5）容易实现车站管理和联锁系统的自动化。计算机可以向旅客服务系统和列车运行监护系统等提供信息，并对设备工作情况及时做出记录显示并打印。

（6）由于采用了软件和硬件的冗余技术，便于实现故障导向安全的要求。

计算机联锁是信号设备的发展方向，今后还有待于使执行器件电子化，使系统各组成部分标准化，并最大限度地发挥所用资源的潜力，使行车、调车、操作、维修进一步自动化，使系统的可靠性和安全性进一步提高。

五、驼峰调车进路控制系统

在技术站，特别是大型编组站，调车驼峰是主要设备。为了加速车列的解体和编组作业，提高作业的安全和效率，驼峰采用了必要的信号设备，包括驼峰信号机、调车信号机、驼峰道岔自动集中等。

（一）驼峰溜放进路控制系统

驼峰溜放进路控制主要是对分路道岔的控制，一般还包括对驼峰信号机和调车信号机的控制。我国铁路使用的溜放进路控制设备先后采用继电式驼峰道岔自动集中、计算机式或计算机-继电式溜放进路程序控制系统、驼峰自动集中计算机控制系统。

为提高解体作业效率，驼峰溜放作业不能像电气集中联锁那样“一次排出”进路，而应在各车组保持适当间隔的条件下自峰顶向编组线连续溜放。为此，各车组的溜放进路应将溜放进路按分路道岔分成数段，每段中只包含一组分路道岔，随着车组的下溜，各分路道岔按进路要求“分段转换”。如不及时转换，车组将溜错股道。车组间的适当间隔，正是为了保证分路道岔来得及转换。可见，准确掌握分路道岔的转换时机，是实现连续溜放的关键，如用人工操纵，难以掌握这一时机且劳动强度很大。因此，普遍采用驼峰道岔自动集中。

（二）驼峰自动集中计算机控制系统

继电式驼峰道岔自动集中仅能预排 24 钩命令，对于作业繁忙的编组站已成为进一步提高解体效率的障碍，在解体过程中必须人工参与，在“编组站信息处理系统”建立后，无法与之联网。为与计算机化的自动化设备配套，经济而迅速地提高编组站自动化程度和作业效率，研制了驼峰溜放进路程序控制系统，并进一步开发了驼峰自动集中计算机控制系统。

驼峰自动集中计算机控制系统是在计算机式溜放进路程序控制系统的基础上，将功能扩大到峰上全部联锁范围,实现全计算机化的控制,操作手续大为简便。对途停、追钩、错道、分路不良等,都能报警及自动处理,使溜放作业更加安全。

任务实施

(1)仔细观看任务引入的图7-35,找出图中与正文内相符合的设备并参照正文样例说出其名称。

(2)参照正文中样例,简要分析各个设备起到的作用及原理。

任务评价

任务评价表见表7-5。

表7-5 任务评价表

序号	评价内容	评价标准	分数	评分记录		
				学生自评	组间互评	教师评分
1	收集车站相关资料	1. 对于图中的设备类型识别不够完全的,扣20分 2. 对于图中设备识别错误的,扣20分	40			
2	对车站内线路进行辨别	1. 对图中设备的作用认识不清的,扣20分 2. 对图中设备的原理认识不清的,扣20分	40			
3	对任务完成内容进行介绍并交流讨论	汇报PPT制作不美观、信息不完整的,扣20分	20			
总分			100			

视频

超速撞车

任务三 认识区间闭塞系统

任务引入

请通过立体书城App扫描二维码观看列车追尾视频,结合任务一中信号机类型及显示意义判断视频中信号机的含义,并分析事故原因。

任务描述

车站向区间发车时,必须确认区间无车,在单线区间还必须防止两站同时向一个区间发车,按照一定的技术方法组织列车在区间内的运行的方法,一般称为行车闭塞法,简称闭塞。用以完成闭塞作用的设备称为闭塞系统。掌握闭塞系统的原理、设备是机务人员、电务人员、车务人员的必备技能,同时也是铁路其他行业人员应具备的拓展技能。

相关知识

一、闭塞系统的概念和分类

最初在没有发明信号机的时候铁路系统采用的是路签路牌闭塞,当信号机逐渐改进以及铁路技术、通信技术的不断发展,闭塞方式也逐渐地在进步,如图7-50所示。

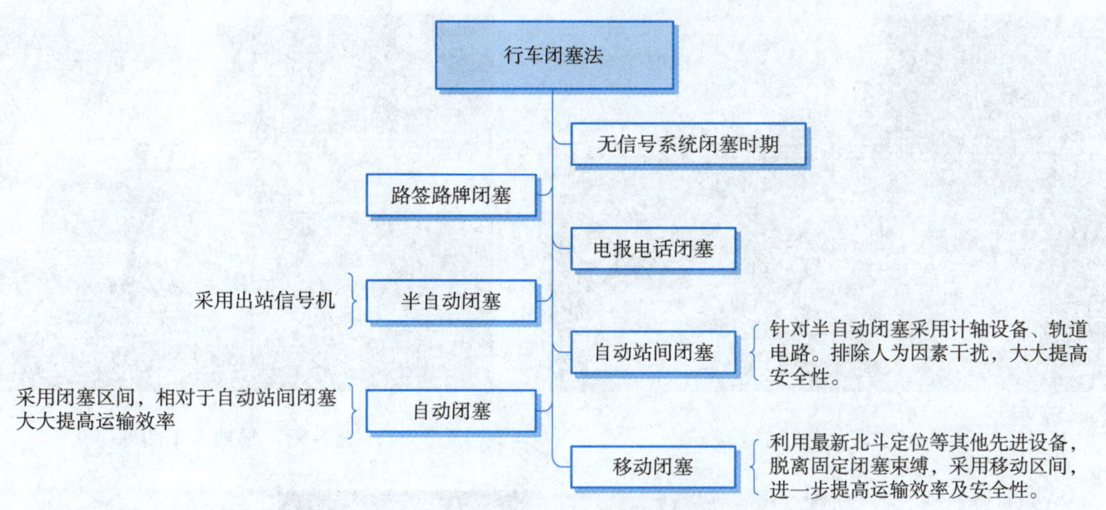

图 7-50 行车闭塞法的发展

按闭塞方式的不同,闭塞系统主要有半自动闭塞、自动站间闭塞、自动闭塞。

在单线区段,应采用半自动闭塞(如广梅汕铁路)或自动站间闭塞,繁忙区段根据情况采用自动闭塞。在双线区段,应采用自动闭塞。移动闭塞是目前新兴的闭塞技术,通常适用于城市轨道交通,但也在逐渐投入到铁路系统使用。在一个区段内,原则上应采用同一类型的闭塞方式。

二、无信号系统闭塞时期

在英国,最初出现铁路时没有任何信号系统,火车很容易撞车。为了安全起见由人骑马在火车前面引导列车。由于当时火车速度很低,多为 6 ~ 16 km/h,所以适合由人骑马指挥行车。后来火车速度提升,骑马引导火车的方式退出了历史舞台。

目前我国还有一些地方铁路或者工矿铁路,仍然没有安装区间信号系统,比如南京的中国水泥厂湖山矿窄轨铁路,如图 7-51 所示,设有两站一区间,单线铁路,但是没有安装任何信号系统。3 组运送矿石的列车间隔 15 ~ 20 min 追踪运行,直到现在该线路面临停运,也没有发生大的行车事故。

路签、路牌的闭塞方式,都属于人工闭塞,如图 7-52 所示,列车出发的凭证(路签或路牌,如图 7-53 所示)需要车站值班员与司机进行人工交接。接送路签是很辛苦的事,而且影响运输效率。据资料统计,当时一个车站值班员每天为办理闭塞接送路签需要花掉三四个小时的时间。这种闭塞方式,在运输不太繁忙的线路上使用尚可以,当列车速度不断提高、列车密度不断加大的情况下,就越来越不适应了。为此,人们研制出了半自动闭塞。

三、半自动闭塞

(一)半自动闭塞主要设备

采用半自动闭塞的区间两端车站上各设一台闭塞机、一段轨道电路和出站信号机,它们之间用通信线路相连接,用来控制出站信号机并实现相邻车站之间办理闭塞。半自动闭塞设备的组成如图 7-54 和图 7-55 所示。

图 7-51　曾经的窄轨铁路

图 7-52　早期人工闭塞

(a) 路签机

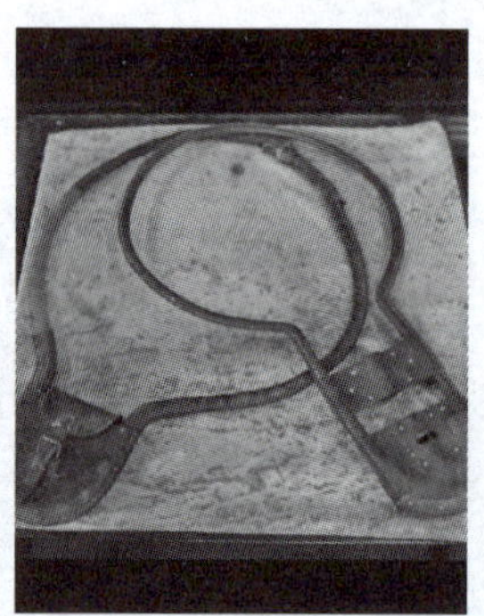

(b) 路签套

图 7-53　路签机、路签套(路签放在皮套中)

图 7-54　半自动闭塞组成示意图

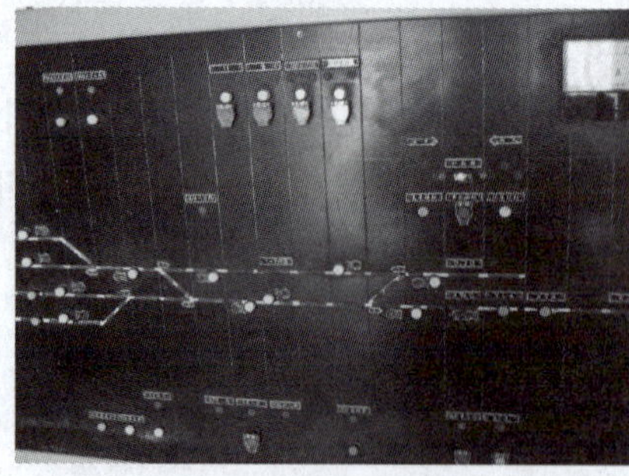

(a) 半自动闭塞控制台

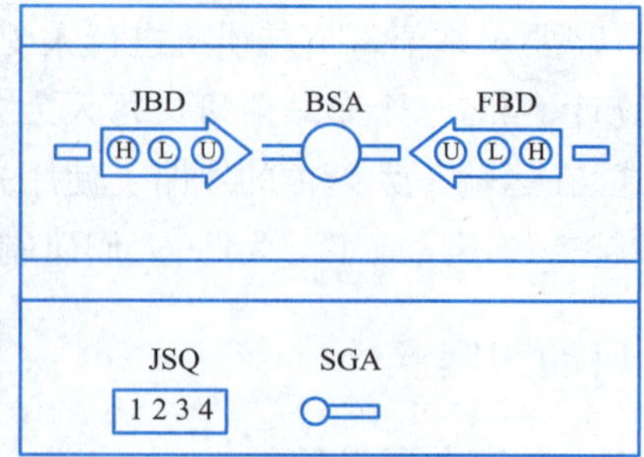

(b) 操纵箱面板示意图

图 7-55　半自动闭塞设备

半自动闭塞机包括电源、继电器、电阻器、电容器等。

(二)半自动闭塞原理

例如甲—乙区间空闲,由甲站向乙站发车,甲站值班员用接在通信线路中的专用电话向乙站联系请求发车,乙站值班员同意后,可按下闭塞按钮(BSA),此时甲站发车表示灯(FBD)亮黄灯,乙站接车表示灯(JBD)也亮黄灯,乙站值班员按压闭塞按钮, 此时,乙站接车表示灯由黄灯变为绿灯,甲站发车表示灯也由黄灯变为绿灯。甲站值班员即可办理发车进路,开放出站信号机,列车从甲站出发。当列车驶入轨道电路区段后,甲站发车表示灯由绿灯变为红灯,出站信号机自动关闭。乙站接车表示灯也由绿灯变为红灯,此时,甲站出站信号机不能再次开放,当然甲站就不能再向乙站发车了,由于区间处于闭塞,乙站也不能向甲站发车,这也就保证了该区间只准许有一列列车运行。

(三)半自动闭塞特点

采用半自动闭塞时,由于出站信号机受到对方站闭塞机的控制,因而在保证行车安全方面有一定的优越性。但是,当铁路的运量不断增大,要求进一步提高区间通过能力时,半自动闭塞就显示出自己的局限性;特别当区间线路发生故障,钢轨折断时,半自动闭塞设备也不能作出反应并由故障导向安全。因此,在一定条件下,必须采用自动闭塞来代替半自动闭塞。

四、自动站间闭塞

(一)自动站间闭塞概念

半自动闭塞,由于区间没有列车占用检查设备,不能检查区间是否空闲,到达复原需人为确认,影响运输效率。列车在区间丢车或车辆溜逸至区间时,都不能发现,严重影响行车安全。为此,必须增加区间空闲检查设备,和继电半自动闭塞系统配套,自动检查区间占用或空闲,实现列车到达后的自动复原,构成站间自动闭塞。

自动站间闭塞不同于半自动闭塞,其不必人工办理闭塞和到达复原;也不同于自动闭塞,其区间不划分闭塞分区,不设通过信号机。

区间检查设备有两类:计轴器和长轨道电路。

(二)计轴设备

自动站间闭塞是在 64D 型继电半自动闭塞的基础上加装区间轨道检查设备来构成。

自动站间闭塞所用的区间轨道检查设备多采用计轴设备,如图 7-56 所示。每个区间安装两套计轴设备,分别设在两端的车站。计轴设备的传感器安装在进站信号机内方无岔区段的一根钢轨上,负责给过往列车的轮对点数。如一节车辆有两个转向架共 4 个轮对,通过时就数 4 个数。接车站所点的数跟发车站核对,如果轴数一致,则认为列车完整到达;否则就断开半自动闭塞的复原电路,使之不能办理到达复原,同时发出声、光报警。

(三)自动站间闭塞特点

相比较于半自动闭塞,自动站间闭塞使用了区间占用检查设备,但是两者同样是站间区间或所间区间同时只允许开行一个列车。

另外自动站间闭塞不同于半自动闭塞一点在于,实现闭塞和解除闭塞是自动完成的。自动站间闭塞一般以半自动闭塞作为备用手段,区间检查设备故障时即转为半自动闭塞。

(a) 计轴器实物

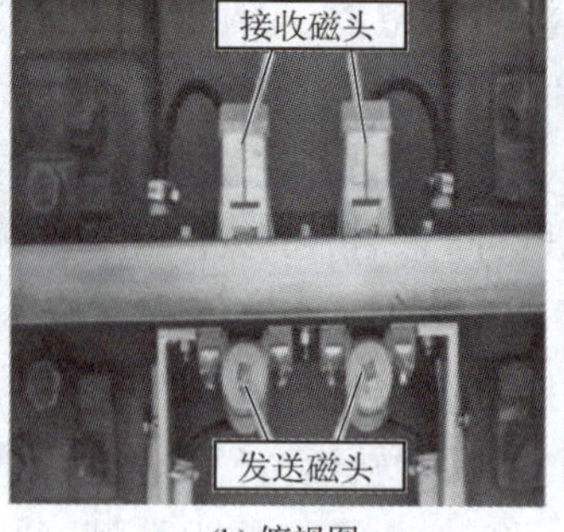

(b) 俯视图

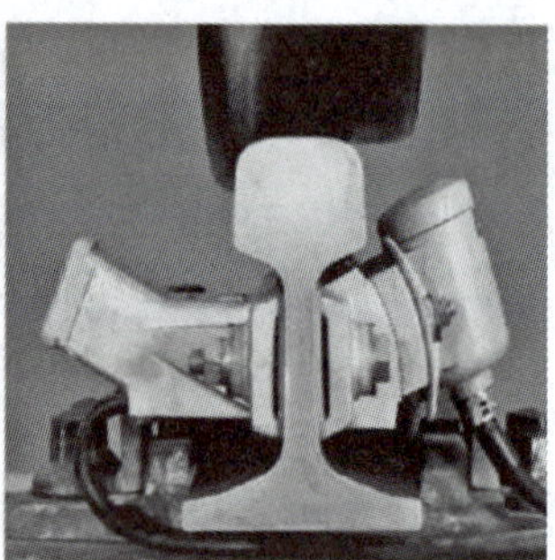

(c) 剖面图

图 7-56 计轴器

五、自动闭塞

自动闭塞是利用通过信号机把区间划分为若干个装设轨道电路的闭塞分区，通过轨道电路将列车和信号机的显示联系起来，使信号机的显示随着列车运行位置而自动变换的一种闭塞方式。

自动闭塞系统的原理：在轨道上安装有类似传感器的接收装置。当前方列车的车轮压上钢轨时，轨道电路将“前方有列车占用轨道”的信息通过钢轨传送给后方列车和调度中心。后方列车接到前方列车的位置信息后，调整速度，以保证两车之间有个安全的距离。

（一）自动闭塞的分类

1. 按行车组织方法分类

按行车组织方法可分为单线自动闭塞和双线自动闭塞。

（1）单线自动闭塞。在单线区段只有一条线路，既要运行上行列车，又要运行下行列车。为了调整双方向列车的运行，在线路的两侧都要装设通过信号机，这种自动闭塞称为单线双向自动闭塞，如图 7-57 所示。

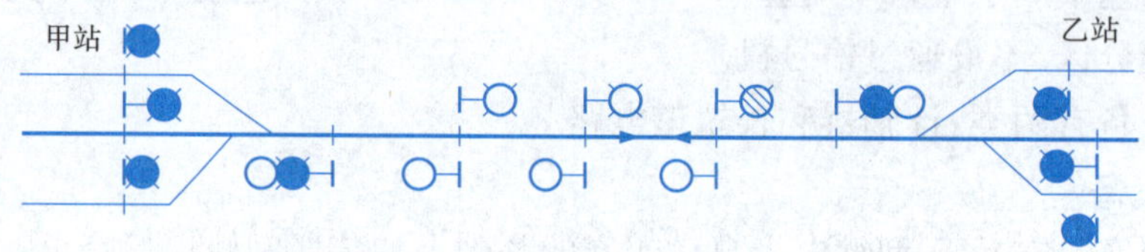

图 7-57 单线双向自动闭塞

（2）双线自动闭塞。在双线区段，以前一般采用列车单方向运行方式，即一条铁路线路只允许上行列车运行，而另一条铁路线路只允许下行列车运行。为此，对于每一条铁路线路仅在一侧装设通过信号机，这样的自动闭塞称为双线单向自动闭塞，如图 7-58 所示。

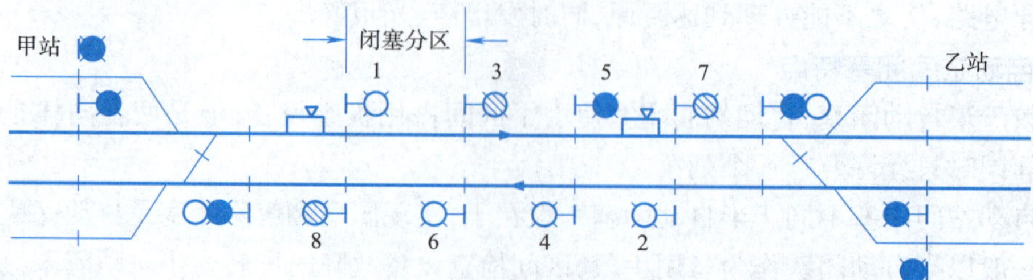

图 7-58 双线单向自动闭塞

为了充分发挥铁路线路的运输能力，在双线区段的每一条线路上都能双方向运行列车，这样的自动闭塞称为双线双向自动闭塞，如图7-59所示，正方向设置通过信号机，反方向运行的列车是按机车信号的显示作为行车命令的，即此时以机车信号作为主体信号。

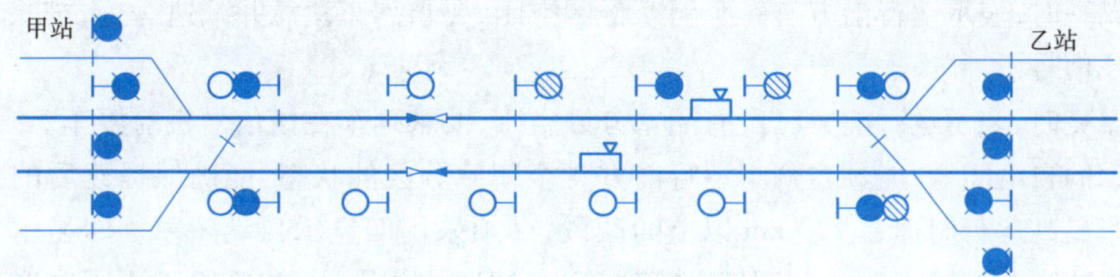

图7-59 双线双向自动闭塞

2. 按信号机显示制式分类

按通过信号机的显示制式可分为三显示自动闭塞和四显示自动闭塞。

(1)三显示自动闭塞。三显示自动闭塞区段的通过信号机采用三显示机构，自上而下是黄、绿、红灯，能预告列车运行前方两个闭塞分区的状态，如图7-60所示。

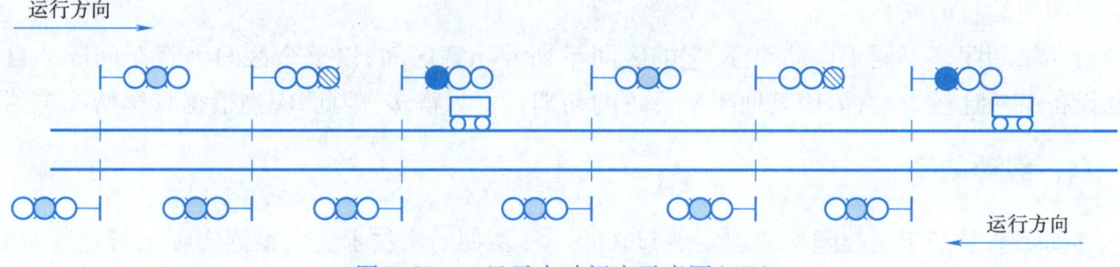

图7-60 三显示自动闭塞示意图(AR)

绿灯点亮时，表示运行前方至少有两个闭塞分区空闲、准许列车按规定速度运行。

黄灯点亮时，表示运行前方只有一个闭塞分区空闲，要求列车注意运行。

红灯点亮时，表示运行前方没有闭塞分区空闲，要求列车在该信号机前停车。

(2)四显示自动闭塞。在列车速度和行车密度不断提高的情况下，在一些繁忙的客货混运区段，各种列车的运行速度和制动距离相差很大，三显示自动闭塞难以满足运营要求，于是出现了四显示自动闭塞。四显示自动闭塞在三显示自动闭塞的基础上增加绿黄显示，如图7-61所示，提醒列车注意减速运行。

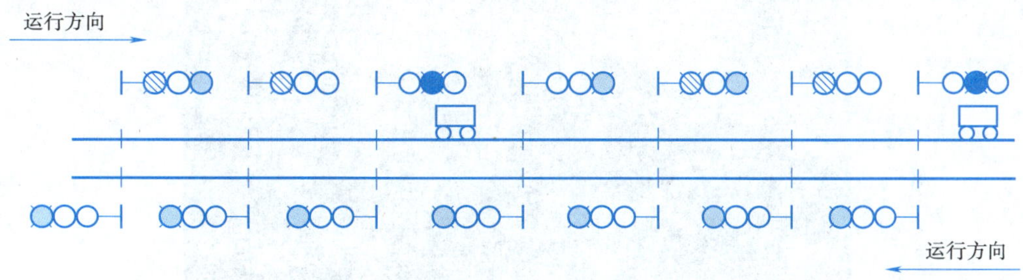

图7-61 四显示自动闭塞示意图(AR)

四显示自动闭塞区段的通过信号机仍采用三显示机构，自上而下是绿、红、黄灯，但多了一种绿黄显示，即同时点亮绿灯和黄灯。因此能预告列车运行前方三个闭塞分区的状态。

绿灯点亮时，表示运行前方至少有三个闭塞分区都空闲，准许列车按规定速度运行。

绿黄灯点亮时，表示运行前方有两个闭塞分区空闲，准许列车按规定速度运行，要求注意准备减速。

黄灯点亮时，表示运行前方有一个闭塞分区空闲，要求列车注意并减速运行，按照规定限速要求越过该信号机。

红灯点亮时，表示运行前方已没有闭塞分区空闲，要求列车在该信号机前停车。

四显示的自动闭塞，能预告列车运行前方 3 个闭塞分区的状态，能确保提速后的列车行车安全。列车最高运行时速在 120 km 以上的区段，必须采用四显示自动闭塞。四显示自动闭塞既保证了提速列车的运行安全，又保证了普速列车的通过能力，非常适用于不同速度列车共线运行的铁路区段。

（二）自动闭塞特点

在自动闭塞区段中，相邻两个车站之间的正线划分成许多闭塞分区，可以同时有两个以上的同向列车占用，比其他闭塞制度提高了区间通过能力。同时，由于轨道上全部装设了轨道电路，当区间有列车占用或钢轨折断时，都可以自动地使信号机显示停车信号，能够更好地保证列车在区间内运行的安全。

自动站间闭塞不同于自动闭塞，它的区间不划分闭塞区间，以整个区间为行车间隔。自动闭塞设备虽然比较先进，但比其他闭塞设备的初期投资大得多，因此，应当根据具体情况选用。

六、移动闭塞

移动闭塞是基于区间闭塞原理发展起来的一种新型闭塞技术。它根据实际运行速度、制动曲线和进路上列车的位置，动态计算相邻列车之间的安全距离。根据当前的运行速度，后续列车可以安全地接近前一列车尾部最后一次被证实的位置，直至两者之间的距离不小于安全制动距离。列车间的最小运行间隔距离由列车在线路上的实际运行位置和运行状态确定，所以闭塞区间随着列车的行驶，不断地向前移动和调整。移动闭塞在设计和实现上与固定闭塞有比较大的区别。移动闭塞一般采用无线通信和无线定位技术来实现。2021 年我国采用移动闭塞技术体系的重载列车成功发车运行，标志着朔黄铁路成为我国第一条采用移动闭塞系统的重载铁路，我国重载铁路技术实现重大突破性进展，如图 7-62 和图 7-63 所示。

图 7-62 采用移动闭塞的朔黄铁路

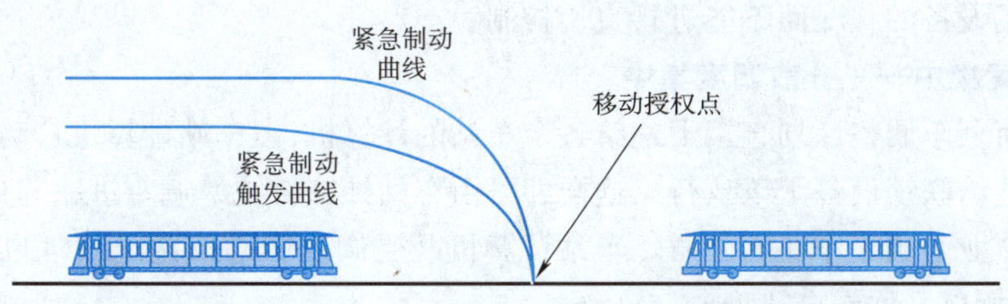

图 7-63　移动闭塞示意图

要注意的是，移动闭塞也是自动闭塞的一种，因为不需要人工操作。

七、列车调度指挥系统、调度集中系统

列车调度指挥系统（Train Operation Dispatching Command System，TDCS）和调度集中系统（Centrolized Traffic Control，CTC）是应用远动技术构成的铁路行车指挥系统。包括 TDCS 和 CTC 的铁路行车调度指挥系统是铁路信号发展的关键性技术，是随着计算机技术、现代通信技术的发展而发展起来的。

（一）调度集中和调度监督

1. 调度集中系统（CTC）

以信号显示代替行车命令和时刻表来指挥列车运行，在由这种调度方式控制的铁路区段内，列车无论是进入车站股道还是闭塞分区，均按信号显示运行，而这些信号显示由一个规定的地点（控制中心）来控制，简化了许多中间环节，因而将这种调度方式定名为调度集中系统，如图 7-64 所示。

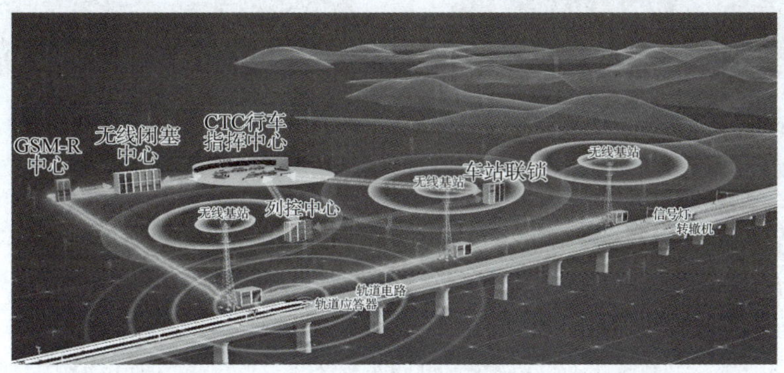

图 7-64　调度集中

调度员通过调度集中设备直接控制所管辖区段内的各车站上的道岔和信号，办理列车进路，组织和指挥列车运行，并能在调度所内直接了解现场道岔、信号和列车运行等情况。调度员既能灵活地调整列车的运行、缩短办理列车到达、出发及通过作业时间；又可以防止命令传达上的错误，有利于改善劳动条件和提高劳动生产率。

2. 调度监督

调度监督是铁路行车调度工作中的一种辅助设备，在自动闭塞区段安装使用。

它和调度集中系统的区别在于，这种设备在调度室内只设反映区间和车站线路情况的表示盘，调度员利用它可以及时了解区段内列车运行和车站到发线使用情况，为调度工作提供方便，

但它只监督现场设备的状况而不能进行直接控制。

3. 新型调度集中——分散调度集中

调度中心将列车调整计划直接下达给各个车站的计算机,由车站计算机自动生成列车进路操作命令并下达给联锁设备予以执行。这样即可由车站计算机统筹调车进路与列车进路,较好地解决了列车作业与调车作业的矛盾。车站计算机既受调度中心控制又按各自调车作业情况自行处理进路,所以又称作自律型。

(二)列车调度指挥系统(TDCS)

列车调度指挥系统由国铁集团调度指挥中心、铁路局集团公司调度指挥中心及基层网组成。

国铁集团调度指挥中心是 TDCS 的主要组成部分,是 TDCS 系统的核心,位于整个 TDCS 系统的最高层,负责全路运输宏观管理,如图 7-65 所示。

铁路局集团公司调度指挥中心是 TDCS 的第二层,在各铁路局集团公司所在地建有铁路局集团公司调度中心局域网。它是一个覆盖全铁路局的信息采集、传输、处理系统。铁路局集团公司调度指挥中心不仅是指挥和管理中心,同时也是行车控制中心,主要为铁路局集团公司调度服务,如图 7-66 所示。

图 7-65　国铁集团调度指挥中心

图 7-66　上海局集团公司调度大厅

基层网是 TDCS 的最下层,主要是分界口、枢纽、区段调度监督及其他基层网络(港口、口岸,大企业站),负责基层信息的采集,向铁路局集团公司调度指挥中心提供各种所需实时信息,如列车车次号、信号设备状态等。

(三)CTC 与 TDCS 的关系

新一代 CTC 包含了 TDCS 的所有功能,如列车运行监视、车次号自动跟踪、调度命令的网络下达、车站行车日志自动生成等,在此基础上进一步实现了车站信号设备的集中控制,列车进路的按图排路和调车控制。在软件、硬件设备及网络传输通道上,该系统将最大限度地利用既有 TDCS 的资源。因此,CTC 所具备的功能很多是已经在 TDCS 上实现的功能。

八、列车运行控制系统

列车运行控制系统简称列控,是保证列车安全、快速运行的设备,是一种利用地面发送设备向运动中的列车传送各种信息,使司机了解地面线路状态并控制列车速度的设备。列控系统包括地面设备和车载设备。列控系统的地面设备包括轨道电路、应答器、列控中心,无线闭塞中心等。列控系统的车载设备包括机车信号、列车运行监控记录装置和列车运行超速防护设备等。

(一)机车信号

机车信号与自动停车装置配套安装,可防止列车冒进信号。当地面信号显示停车信号或限速信号时,自动停车装置可产生报警;若司机不予理会(按压警惕按钮),它便实施紧急制动,强迫列车停车。但如果司机只是按压警惕按钮而未实施人工制动,列车仍可能冒进信号。原因就是自动停车装置功能较为简单,没有与列车运行速度联系起来。随着技术进步,人们研制出了更加安全的列车速度控制系统。

(二)列车速度控制系统

1. 列车超速防护系统

列车运行中,列车超速防护系统地面设备不断地将速度控制信息、运行地段的实时参数等信息通过传输媒体传送给车载设备。车载设备根据接收到的信息,实时计算出列车运行的最大允许速度,用来监控列车运行。若列车运行速度超过最大允许速度、车载设备自动实施不同等级的制动,迫使列车减速或停车,保证行车安全。

2. 列车自动减速系统

这种系统是比超速防护系统高一级的列车速度控制系统。它可以根据调度、线路及行车条件需要列车减速时,使列车速度自动地降低到规定值以下。

3. 列车自动运行系统

该系统对列车运行速度可自动进行加、减速控制,实现由列车自动完成速度调整、自动定点停车及车门控制等功能。

列车超速防护系统在安全保障上是以人为主,设备起监督作用,又称速度监督;列车自动减速系统在安全保障上则是以设备为主,人起监督作用;列车自动运行系统则是一种在列车运行上都是以设备为主的控制系统。上述三种速度控制系统的技术要求由低到高,在我国铁路系统逐步推广。

(三)列车运行控制系统(CTCS)

根据线路条件、列车特性、运行速度等运输要求,中国列车运行控制系统(Chinese Train Control System,CTCS)分为 CTCS-0 级、CTCS-1 级、CTCS-2 级、CTCS-3 级和 CTCS-4 级五个等级。

CTCS-0 级是由通用式机车信号和列车运行监控装置组成的系统,面向 120 km/h 以下的区段。

CTCS-1 级是基于主体化机车信号、安全型列车运行监控装置和点式应答器组成的系统,面向 160 km/h 以下的区段。

CTCS-2 级是基于轨道传输信息的列车运行控制系统,面向提速干线和客运专线,适用于各种限速区段。

CTCS-3 级是基于无线传输信息,并采用轨道电路等方式检查列车占用的列车运行控制系统,适用于 250 km/h 及以上线路。

CTCS-4 级则是完全基于无线传输信息的列车运行控制系统,面向高速新线或特殊线路。

任务实施

(1)通过网络或实地考察收集线路信息,确定好自动闭塞区间划分,自动闭塞区间三显示、四显示类型和自动站间闭塞线路所位置。

(2)根据上一步骤确定的信息对信号机按类型进行设置。

(3)参照正文中样例对信号机的显示变化进行确认。

任务评价

任务评价表见表7-6。

表7-6 任务评价表

序号	评价内容	评价标准	分数	评分记录		
				学生自评	组间互评	教师评分
1	观察图片判断信号机类型	1. 观察时,无法正确找出信号机特征的,扣20分 2. 参照样例对信号机类型判断错误的,扣20分	40			
2	观察信号机颜色判断显示含义	1. 观察时,无法正确判断信号机颜色的,扣10分 2. 参照样例对信号机显示含义判断错误的,扣20分	30			
3	对事故发生原因进行分析	无法对事故发生原因进行正确判断的,扣20分	20			
4	对任务完成内容进行介绍并交流讨论	汇报PPT制作不美观,信息不完整的,扣10分	10			
总分			100			

任务四 认识铁路通信系统

任务引入

请通过立体书城App扫描二维码,仔细听这段音频,判断其通信方式是什么。尝试复述并分析这段语音中的信息,其目的是什么。

任务描述

铁路与其他地方通信所不同的是有自己的专用通信,它是直接为铁路运输生产一线服务的,其通信设备是根据铁路运输生产特点而研制的专用设备,并根据铁路企业内部各级单位和部门的关系,按照特定汇接方式组成单独的通信网,一般不与公用通信的电报、电话网等连接,具有专项服务性强、独立成网、快速安全的特点。掌握铁路通信的原理及设备是作为铁路调度人员、通信段人员必备技能,同时对于车站人员、机务人员等涉及通信业务的工作人员也是一项重要技能。

相关知识

一、铁路通信系统

为保证铁路通信可靠、安全、高效运营,并传输与运营、维护管理相关的语音、数据、图像等各种信息,必须建立可靠、独立的铁路通信网,直接为铁路运营、管理服务,并与其他系统协同,保证列车安全、快速、高效运行。总的来说,铁路专用通信网由承载网、业务网、支撑网三部分组成,见表 7-7。

表 7-7　铁路通信网架构

铁路通信网	业务网	调度、电话、GSM-R、会议、广播、应急、综合视频监控等系统
	承载网	传输系统、接入系统、数据通信系统、通信线路
	支撑网	同步系统、信令系统、动环监控系统

如果铁路通信环节出现纰漏就会出现巨大的问题。如 4.28 胶济铁路特别重大事故的背后根本原因就是对于调度命令的传达混乱且不够到位。对于限速调度命令距离实施时间仅有四天的情况下将文件在局网发布,对局外相关单位采用普通信件传递。另外,在之后 2245 次列车乘务员发现临时限速标志与监控装置不符上报后,车站值班员漏发新的限速命令,而王村站值班员未与司机确认该限速命令。在通信环节出现诸多漏洞最终导致悲剧的发生。

下面列举部分典型铁路通信系统。

1. 广播通信系统

广播通信系统是为铁路旅客服务以及指挥站场内工作人员进行相关作业(如通告列车即将进站、做好接车准备等)的通信设备,是直接为铁路运输生产服务的重要通信设施。

广播通信系统是铁路通信系统中的一个专用子系统,在铁路行车组织、客运服务、防灾救险、设备维护等方面发挥着十分重要的作用。一方面,广播通信系统在铁路车站内外的不同区域为旅客售票、检票、进站、候车、乘降、出站、换乘等提供乘车指导;另一方面,广播通信系统在站场、隧道区间等铁路作业场所为调度指挥、车场调车、车辆调试、设备检修、线路维护、设备送断电等提供安全提示及告知广播服务。

2. 调度通信系统

铁路调度通信系统是铁路完成运输任务、保证行车安全、提高运输效率和经济效益的关键环节,被誉为铁路上行车布阵的好帮手。铁路调度工作遵循分级管理、集中统一指挥的原则,可实现列车调度通信、货运调度通信、牵引变电调度通信、其他调度及专用通信、应急通信、站场通信、施工养护通信和道口通信业务。

3. 电报电话通信系统

铁路通信的基本业务是报话业务,在铁路通信发展中曾经一度辉煌,铁路车站间利用电报发送列车出发及到达的信息,通过"白纸黑字"留下"真凭实据"。随着传真、电话的发展,电报业务量逐渐减少,但在一些必要场合,仍然具有正式公函的性质,还在应用,如图 7-67 和图 7-68 所示。

过去铁路的电话通信还需要手摇发电并通过总机转接,如图 7-69 所示。电话通信使铁路通信基本业务从"非语音通信"过渡到"语音通信",大大减轻了报务人员的劳动强度。随着程控交换机的大范围使用,全国铁路电话通信步入数字化进程。

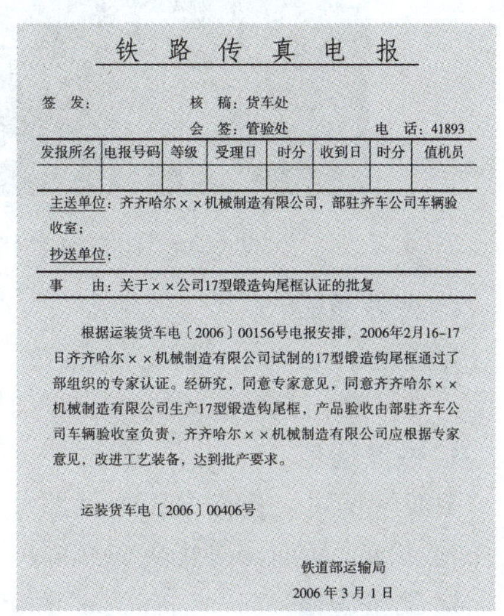

铁　路　传　真　电　报

签　发:　　　　核　稿:货车处

会　签:管验处　　　　电　话:41893

发报所名	电报号码	等级	受理日	时分	收到日	时分	值机员

主送单位:齐齐哈尔××机械制造有限公司,部驻齐车公司车辆验收室;

抄送单位:

事　由:关于××公司17型锻造钩尾框认证的批复

根据运装货车电〔2006〕00156号电报安排,2006年2月16-17日齐齐哈尔××机械制造有限公司试制的17型锻造钩尾框通过了部组织的专家认证。经研究,同意专家意见,同意齐齐哈尔××机械制造有限公司生产17型锻造钩尾框,产品验收由部驻齐车公司车辆验收室负责,齐齐哈尔××机械制造有限公司应根据专家意见,改进工艺装备,达到批产要求。

运装货车电〔2006〕00406号

铁道部运输局

2006 年 3 月 1 日

图 7-67　铁路电报

图 7-68　传真机

图 7-69　20 世纪 70 年代铁路的携带式磁石电话

4. GSM-R 铁路专用移动通信系统

21 世纪是移动的时代,人们都在享受移动通信带来的便利。由于铁路运输工具处于移动工作状态,并且铁路职工大多数都是在现场(火车站、铁路沿线、车上车下)流动工作的,所以要实现站—车通信、车—车通信等,移动通信对铁路来说是最方便的联络工具。

GSM-R 铁路移动通信系统是专门为铁路安全运输所设计的专用的移动通信系统,它实现了铁路工作人员之间或铁路通信设备之间的无线通信。如今,铁路移动通信系统综合了语音与数据业务,已成为现代铁路的重要支柱,如图 7-70 所示。

二、铁路通信设备

铁路常用的通信设备有自动电话、载波电话、电报、光缆通信、微波通信、卫星通信等。

1. 载波电话

载波电话是把每对讲话人频率几乎相同的话音电流,分别提高到不同的频率高度,然后把这些不同频率的话音电流同时送到一对导线上向对方发送,称作调制。当话音电流到达通话的对方时,再把它还原成话音频率电流,称作解调。这样几对用户就可以互不干扰地同时通话了,如图 7-71 所示。

图 7-70　GSM-R 铁塔

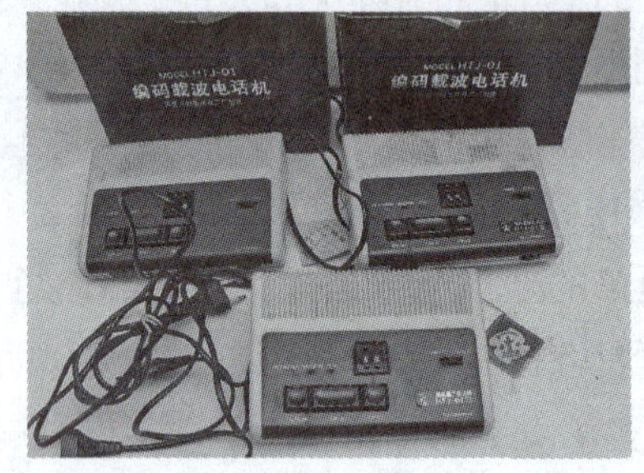

图 7-71　20 世纪的载波电话机

2. 光缆通信

光缆通信是一种利用光在光导纤维中传输的通信技术。它包括光发射机、光接收机和光导纤维。光纤通信具有抗干扰能力强、传输质量好、面积小、重量轻、保密性好等优点。

3. 微波通信

微波通信可以传输几千个话路。其特点是频带宽、容量大、抗干扰强、抗灾能力强、可维护性强、造价低、易加密等优点,是铁路干线长途通信网的重要组成部分。

4. 卫星通信

现在,世界上已经普遍发展起卫星通信。卫星通信是指利用人造地球卫星作为中继站转发成反射无线电波，在两个或多个地球站之间进行的通信。它实际也是微波通信，由于它具有通信距离远、覆盖面积大、通信质量高等优点，所以人类发射卫星并利用卫星通信。

卫星通信系统灵活性强、可靠性高、成本低、使用方便，可以直接安装在用户端，可实现远距离计算机联网，具有很大使用价值。

三、铁路综合数字移动通信（GSM-R）

1. GSM 系统简介

全球移动通信系统（Global System for Mobile Communications，GSM），由欧洲电信标准组织制订的一个数字移动通信标准。自 20 世纪 90 年代中期投入商用以来，被全球超过 100 个国家采用。GSM 标准的无处不在使得在移动电话运营商之间签署“漫游协定”后用户的国际漫游变得很平常。GSM 被看作是第二代（2G）移动电话系统，如图 7-72 所示。

2. GSM-R 系统

全球铁路移动通信系统（GSM for Railways，GSM-R）起源于欧洲。欧盟国家国土面积较小，铁路网的建设需要统一标准，以便互联互通，如图 7-73 所示。

它是专门为铁路通信设计的专用通信系统。它是在 GSM 技术基础上增加了铁路特殊业务所需要的调度通信功能和适合高速环境下使用的要素，GSM-R 也是列车自动控制的信息通道，车、地之间的信息通过无线通道传输，不需要轨道电路作为信息通道，因此，不仅节省大量投资、减少维修工作量，而且使移动闭塞得以实现。

图 7-72　曾经的 2G 通信设备

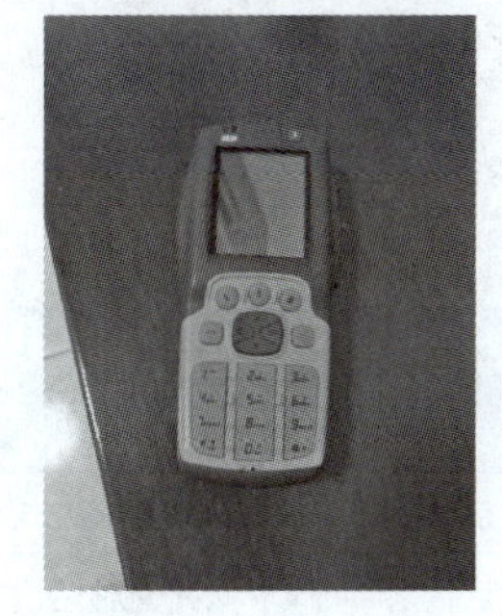

图 7-73　GSM-R 手持终端

3. GSM-R 特点

（1）GSM-R 是在 GSM 蜂窝系统上增加了调度通信的功能和适合高速环境下使用的要素，能满足国际铁路联盟提出的铁路专用调度通信的要求。

（2）由于 GSM-R 可实现跨越国界的高速列车和一般列车之间的通信，能将现有的铁路通信应用融合到单一网络平台中，以减少集成和运行费用。

（3）由于 GSM-R 是由已标准化的设备改进而成，GSM 平台上已经提供了大量的业务，因而引入铁路专用功能时只需做最低限度的改动，故能保证价格低廉、性能可靠地实现和运行。

（4）在铁路通信中，它能够提供定制的附加功能，如优先级和强插功能、话音组呼及广播功能、位置寻址及功能寻址和安全数据通信等，是一种可靠高效的综合数字移动通信系统。

4. GSM-R 部分业务

（1）调度通信。由于 GSM-R 的应用，有线、无线通信网承载了过去调度电话的一切功能，铁路运输中最具有活力的列车司机、运转车长就有了发言权，而且在调度所、车站和机车三者之间还可以传输数据业务。

(2)调度命令传送。铁路的调度命令是调度所的调度员向司机下达的书面命令,调度员通过向列车司机发出调度命令对机车、调度和事故进行指挥控制,是列车行车安全的重要保障。调度员一般通过计算机编辑调度命令,司机也是通过计算机接收调度命令,这样就可以把调度命令保存在计算机的磁盘中,用于事故分析和明确责任;而且双方都可以用打印机打印成书面文件,其优点显而易见。

(3)列车控制信息传送。中国列车运行控制系统(CTCS)中 CTCS-3 级(基于轨道电路和无线通信的固定闭塞系统)和 CTCS-4 级(完全基于无线通信的移动闭塞系统)与 GSM-R 有密切关联。

(4)区间移动通信。区间通信是铁路基层单位(各站、段)广大员工在现场作业的基本通信方式,凡工务、水电、信号、通信、供电、桥隧守护等单位的员工均可以利用 GSM-R 的作业手持台与车站值班员、各单位调度员以及自动电话用户进行联系,并且在紧急情况下还可以呼叫司机,与司机通话。

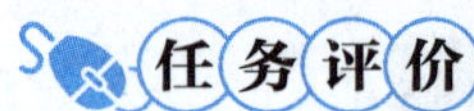

(1)参照前文车务段岗位职责,确定模拟通信中各岗位完成岗位职责所需的信息。

(2)根据所需信息,参照正文中样例,选择合适的通信方式。

(3)对选择好的通信方式参照文中样例并上网查找资料,模拟通信设备站内使用方法。

任务评价

任务评价表见表 7-8。

表 7-8 任务评价表

序号	评价内容	评价标准	分数	评分记录		
				学生自评	组间互评	教师评分
1	确定通信方式	对通信方式不够明确的,扣 30 分	30			
2	复述对话内容	对于对话内容复述不够清楚的,扣 30 分	30			
3	分析通信信息含义	对于信息含义不明确的,扣 30 分	30			
4	对任务完成内容进行介绍并交流讨论	汇报 PPT 制作不美观,信息不完整的,扣 10 分	10			
总分			100			

铁路电报模板

任务五　走进电务段、通信段

请通过立体书城 App 扫描二维码,查看铁路电报的内容,尝试拍发一份铁路电报。

电务段负责管理和维护列车在运行途中的地面信号与机车信号及道岔正常工作;通信段利

用有线通信、无线通信、光纤通信等技术和设备，传输和交换处理铁路运输生产和建设过程中的各种信息。通信段也有电报员和电话员，负责铁路相关命令的传递。

在铁路运输生产和建设中，离不开信号设备的保驾护航，也离不开通信系统的紧密连接。拍发铁路电报是通信人员必备的基本技能之一，能够确认铁路电报的内容是全铁路人员必备的技能之一。

相关知识

一、通信段

（一）通信段任务

通信段有时也称直属通信段，汇集了铁路局集团公司各类通信设施，在通信段内设置局枢纽（或局间枢纽）通信站，站内具有长途通信设备、地区通信设备、电缆和光缆的引入设备及通信电源设备等。主营工作内容包括通信设备运用维修、无线通信设备维修、铁路专用数字移动通信维修、通信线路运用维修等相关业务。

（二）通信段主要生产结构部门

1. 检修车间

检修车间主要负责安全问题管理工作，实行干部昼夜值班制度，及时掌握安全生产信息，定期进行故障信息统计和安全生产分析，采取有效措施及时消除安全隐患；组织管内故障处理和应急抢险，及时排除故障、障碍、信息等，对通信事故、故障进行调查分析，制定整改措施。

2. 整修车间

整修车间主要负责通信设备集中检修和段安排的重点整治工作，包括入所修、返厂修、中修等；根据中修周期、入所修周期和管内设备，组织编制中修计划和入所修计划，编制检修作业程序、检修工艺规程；定期检查入所修设备，对发现的质量问题及时组织分析，并制定整改措施；对周期内设备检修质量负责。

3. 通信车间

通信车间主要负责管内生产组织工作，参加管内天窗修，指导、检查工区检修工作质量，全面完成维修等生产任务，保证设备安全可靠，正常运用；负责落实施工安全有关规定，对所承担的施工安全直接负责，对其他施工单位在管内的施工负监管责任；负责配合管内有关施工，参加工程验收。

（三）通信段主要工种及岗位职责

通信段主要工种为铁路通信工，分为五类：无线维护、现场综合维护、室内设备维护、网络维护管理、线务维护。下面主要介绍其中几类工种在铁路特有工种技能培训规范中的部分培训内容及要求。

1. 铁路通信工（无线维护）

掌握 450 MHz 无线列调系统（含地面设备）故障处理；CIR/LBJ 设备检修；CIR/LBJ 设备故障处理；掌握 CIR 在 GSM-R 网区段接受调度命令（进路预告）的流程等技能。

2. 铁路通信工（现场综合维护）

MSTP、OTN、DWDM 传输技术的基础知识应用；掌握 TCP/IP 协议、路由协议的基础知识；掌握以太网、VLAN 的基础知识；熟悉 GSM-R 系统的网络结构、基本原理及相关应用；掌握无线侧网络优化的相关知识；掌握调度通信系统的网络结构和基本原理；掌握动环监控系统的网络结构；掌握通信电源基本原理；能进行无线网络质量分析、规划网络结构，提出设备选型建议等。

3. 铁路通信工（室内设备维护）

能正确使用 PCM 综合测试仪；能正确使用蓄电池测试仪、防雷元件测试仪；能完成传输及时钟/时间同步设备集中检修、重点整修；能对传输设备 155 M 以下电通道光通道进行测试；能判定光缆故障点；能判断设备故障影响范围及定位室内故障板卡、室外故障设备位置；能判断处理设备用户接入设备障碍；能处理设备或配线原因造成的数字电路故障；能完成交换及接入网设备集中检修、重点整修；能配置光线路终端（OLT）数据，开通自动电话端口；能判断故障影响范围及定位室内故障板卡、室外故障设备位置等。

4. 铁路通信工（网络维护管理）

能利用网管对网元单板进行软硬件复位操作，对传输网成在的各种业务进行性能测试、对网络系统保护属性的配置进行检查、利用软件对系统进行切换试验操作；能查询 DWDM 设备波道连接关系；能利用网管对系统进行软硬件重启试验和升级，能进行网元的创建、删除操作及时隙配置；能在网管侧利用备份数据恢复故障网元；能利用网管和本地终端进行电路连接和性能监测，依据告警信息准确判断网络故障并进行处理；能指挥分波道倒接；能利用网管对网元单板进行软硬件复位及切换试验操作等。

二、电务段

（一）电务段任务

铁路的通信、信号设备是铁路运输的耳目，是保证行车安全和提高运输效率的有力工具。一旦通信设备或信号设备故障，特别是信号设备故障，铁路运输将陷入瘫痪，整个国民经济将受到严重损失，因此，人们将通信信号比喻为铁路的神经系统。

电务段的职责是维护信号设备使信号正常显示，维护转辙机及道岔使道岔扳动正常，确保列车正常运行。

（二）电务段组织机构

1. 车间

车间是现场作业控制、加强班组管理、车机工电协调以及故障处理、启动应急预案的一级重要生产组织。

（1）现场车间，负责信号设备维修工作的基层生产管理组织，主要负责现场信号设备的维修，负有安全、技术、维修、施工、质量、设备及综合管理职责，实现昼夜值班制度，直接组织、指挥现场生产和应急抢险，负责现场检修作业、施工作业、故障处理的控制和对工区的管理。

（2）专业车间，负责信号设备入所检修、修配及入厂修等工作的基层生产管理组织，是信号设备的检修基础，负有安全、技术、质量、施工及设备等管理职责，并对周期内设备检修质量负责。

电务段根据维护工作需要和管理区域实际情况可设信号检修、电子设备、信号中修、车载设备等专业车间，车间内设专业工区，实现信号设备检修专业化、规模化。

2. 工区

在车间的基础上,电务段将生产单位进一步划分到工区一级,即在车间管内再设置若干工区。

现场车间管内设若干信号工区。专业车间管内设若干专业工区。工区设置数量根据电务段的实际情况确定。

(1)信号工区,是负责现场信号设备维修工作的基本生产组织,承担管内信号设备日常养护和集中检修工作,实行昼夜值班制度,及时处理设备故障。

(2)专业工区,是负责信号设备、器材入所修工作的基本生产单位,承担管内信号入所修设备、器材的检修工作。

专业工包括机车信号检修工区、列车运行监控记录装置检修工区、列车运行监控记录装置测试工区等。

(三)电务段主要工种及岗位职责

电务段主要工种为铁路信号工(如图6-74所示),分为五类:车间与区间信号设备维修、驼峰信号设备维修、车载信号设备维修、机电设备修配、电子电气设备维修。下面主要介绍其中几类工种在铁路特有工种技能培训规范中的部分培训内容及要求。

1. 铁路信号工(车间与区间信号设备维修)

能按照标准化作业程序对道岔转辙设备进行日常养护和几种检修,并进行常见设备缺点处理;能按照标准化作业程序对轨道电路设备进行日常养护和集中检修;能按照标准化作业程序对色灯信号机进行日常养护和集中检修;能按照标准化作业程序对联锁设备进行日常养护和集中检修;能按照标准化作业程序对区间闭塞设备进行日常养护和集中检修等。

2. 铁路信号工(驼峰信号设备维修)

能够配合信号机单项联锁试验;能够配合轨道电路单项联锁试验;能够配合道岔转辙设备单项联锁试验;能够配合车辆减速器单项联锁试验;能够调看驼峰动力设备运行数据;能够整治驼峰动力设备;能够进行自动化驼峰控制系统输入及实处信号的检查,会进行系统联锁试验;能够判断处理信号机室内外开、短路故障等。

3. 铁路信号工(车载信号设备维修)

掌握LKJ、机车信号设备等的专业测试设备维护方法;能够处理测试设备的简单故障;按照作业标准对LKJ机车信号设备进行Ⅱ级修检修和性能测试,对运行记录数据进行质量分析;能够处理较复杂的LKJ设备故障。

任务实施

(1)参照任务引入铁路电报模板并查找相关车站信息,确定电报的主送单位和抄送单位。

(2)确认好拍发日期、值机员等内容。

(3)确认好电报的主要内容及格式。

(4)拍发电报。

任务评价

任务评价表见表7-9。

表 7-9　任务评价表

序号	评价内容	评价标准	分数	评分记录		
				学生自评	组间互评	教师评分
1	确定电报的主送单位和抄送单位	对主送单位和抄送单位不明确的,扣 40 分	40			
2	确认好拍发日期、值机员等内容	对拍发日期、值机员等内容不明确的,扣 20 分	20			
3	确认电报主要内容及格式	对电报内容叙述不明确、不完整、不简洁的,扣 30 分	30			
4	拍发电报	不会使用传真机进行拍发的,扣 10 分	10			
总分			100			

试 题

项目七
铁路信号与
通信

巩 固 练 习

一、单选题

1. 听觉信号是以不同声响设备发出音响的强度、(　　)、长短等特征表示的信号,如用号角、口笛、响墩发出的(　　)及机车、轨道车鸣笛等发出的信号。

A. 频率、光亮　　B. 频率、音响

C. 大小、音响　　D. 频率、音响

2. 视觉信号又分为固定信号、移动信号和(　　)。

A. 机车信号　　B. 信号标志

C. 手信号　　D. 信号灯

3. 进站、出站、进路信号机,因受地形,地物影响,达不到规定的显示距离时,应装设(　　)。

A. 复示信号机　　B. 通过信号机　　C. 驼峰信号机　　D. 臂板信号机

4. 当司机发现火炬信号停车后,机车乘务人员检查前方线路无异状,可按规定速度继续运行,但最高不得超过(　　)km/h。

A. 20　　B. 30　　C. 40　　D. 50

5. 四显示自动闭塞区段中,通过信号机绿黄灯点亮时,表示运行前方有(　　)个闭塞分区空闲。

A. 1　　B. 2　　C. 3　　D. 4

二、填空题

1. 铁路信号按人接受信号的感官分为__________信号和__________信号。

2. 视觉信号包括信号机、信号牌、信号灯、信号旗、火炬等设备显示的信号,它分为__________信号、__________信号、手信号三大类。

3. 进站信号机设置在车站的__________处,起防护车站及接车进路的作用。

4. 出站信号机设在__________适当地点，防护发车进路和区间。

5. 色灯信号机一般采用灯光的__________、数目表达显示意义。

6. 常见的信号标志包括__________、站界标、预告标、司机鸣笛标。

7. 通过信号机防护__________的闭塞分区和__________的所间区间。

三、判断题

1. 防护两条相互敌对进路的信号机，互为敌对信号，不容许同时开放。 （ ）

2. 信号表示器的意义和信号机相同，都是用来进行防护的。 （ ）

3. 四显示的自动闭塞，能预告列车运行前方 4 个闭塞分区的状态。 （ ）

4. CTCS-1 级是基于主体化机车信号、安全型列车运行监控记录装置和点式应答器组成的系统。面向 160 km/h 以下既有线 。 （ ）

5. 半自动闭塞是利用通过信号机把区间划分为若干个装设轨道电路的闭塞分区，通过轨道电路将列车和信号机的显示联系起来，使信号机的显示随着列车运行位置而自动变换的一种闭塞方式。 （ ）

6. 我国铁路目前主要采用直流轨道电路。 （ ）

7. 昼间发车信号是将展开的绿色信号旗上弧线向列车方面作圆形转动。 （ ）

8. 减速地点标设在需要减速地点两端各 20 m 处。 （ ）

四、简答题

1. 铁路固定信号有哪些？

2. 简述联锁的概念。

3. 分析轨道电路的工作原理，它有哪些作用？

4. 自动闭塞可分为哪几类？

5. 简述半自动闭塞的原理。

项目八

铁路旅客运输组织

项目描述

旅客运输是铁路运输的一个重要组成部分。随着我国社会主义经济建设的迅速发展、人民物质文化生活水平的不断提高以及改革开放的需要，经由铁路运送的旅客人数大幅度增长。因此，做好铁路旅客运输工作，是为人民服务的一个重要方面，对于国家的经济建设、文化交流以及满足人民群众在生活上的需要等方面，都有十分重要的意义。

铁路旅客运输系统的基本任务是最大限度地满足广大人民群众在旅行上的需要，合理地运用铁路运输的技术设备，采用科学的组织管理方法，安全、准确、迅速、经济、便利地运送旅客、行李、包裹和邮件，高质量地满足市场对铁路运输的需求，保证旅客在旅行途中安全舒适愉快并得到文化生活上的优质服务。

做好铁路旅客运输组织工作，必须对客运市场、客流进行客观、准确的调查分析，科学地预测运量，根据预测结果精心编制旅客运输计划，确定旅客列车的开行方案，实现高质量地运送旅客。本项目主要学习铁路运输组织工作基本知识，包括客运站旅客组织过程、行李包裹运输、车票认知、列车的编组、列车运行图等内容。

学习目标

知识目标

(1)了解旅客运输组织机构。

(2)掌握旅客运输计划内容及其指标。

(3)熟悉铁路客流分类及旅客列车种类。

(4)了解旅客列车运行组织工作的内容。

(5)掌握铁路旅客运输工作过程。

(6)了解客运站的工作组织主要内容。

能力目标

(1)能够根据车次信息，分析列车种类、等级、运行方向及区段长短。

(2)能够根据列车始发、终到时刻和在配属站、折返站的停留时间绘制客车车底周转图。

(3)能够根据日常列车到达时间、车站技术作业和作业时间标准,编制客运站工作日计划图。

(4)能够根据铁路运输安全系统管理的基本内容,正确分析旅客运输过程中的突发事件。

素养目标

(1)弘扬"两路"精神,培育学生吃苦耐劳、顽强拼搏的职业品质。

(2)合理运用运输技术设备,增强学生安全意识。

(3)鼓励学生积极投身"交通强国,铁路先行"生动实践,培养"甘于奉献、勇于担当"的服务意识。

学习导航

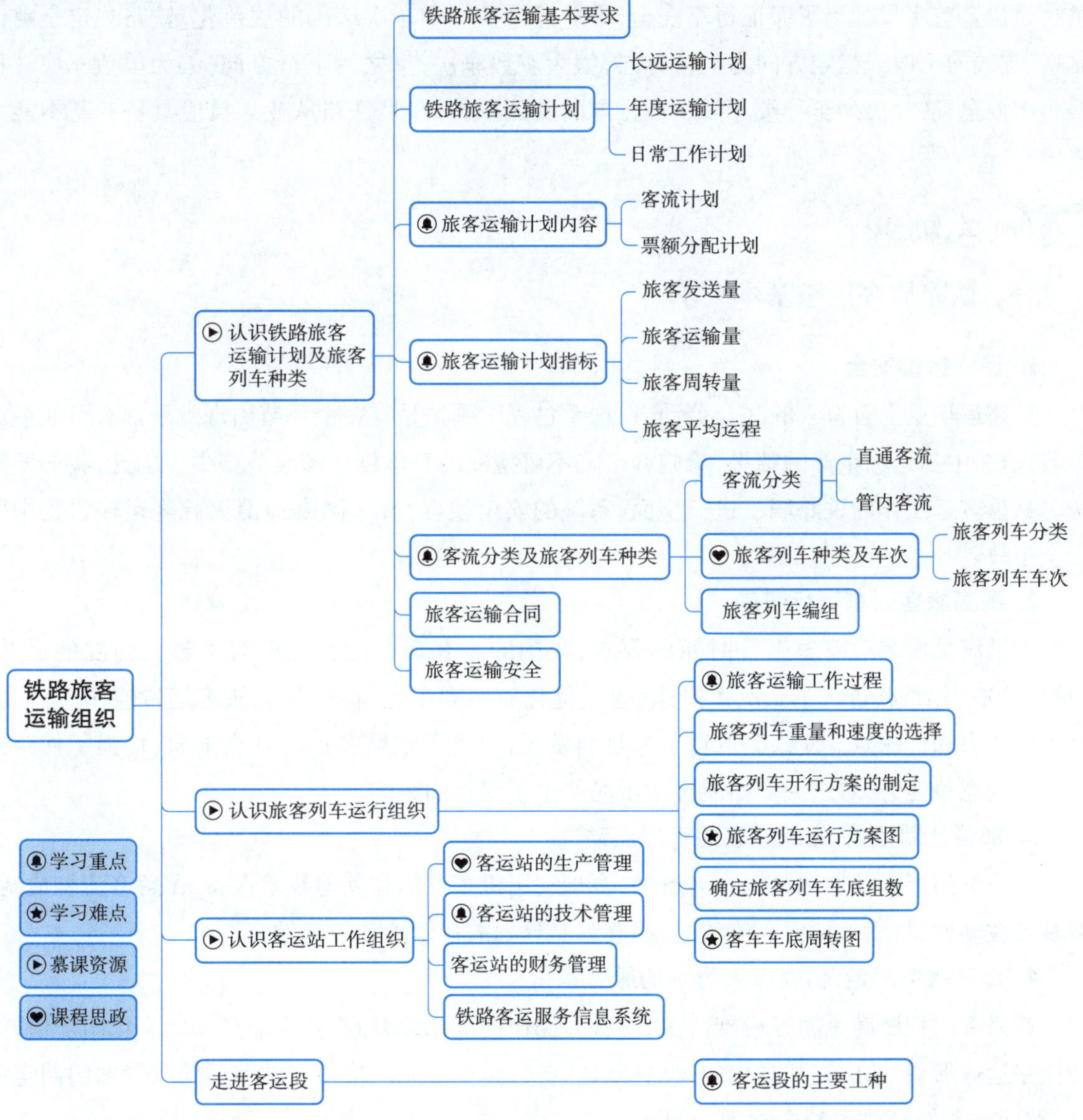

任务一　认识铁路旅客运输计划及旅客列车种类

任务引入

相信同学们都遇到过乘坐同一趟火车,车次会发生变化的情况。行车途中车次发生变化,这是因为旅客列车车次的编制和"上行下行"是密切相关的,请同学们具体分析成都开往上海的 G3286 次列车运行方向及车次变化。

任务描述

车次是列车的标识。车次用阿拉伯数字表示,客车车次还要在阿拉伯数字前,加上列车种类汉语拼音首字母。为了保证行车安全,维护运输秩序和车次编码的规范化,铁路规定全路向北京、支线向干线或指定方向为上行方向,编为双数车次,反之为下行方向,编为单数车次。根据车次信息,区分出列车种类、等级、运行方向及区段长短,是铁路从业人员应具备的基本能力之一。

相关知识

一、铁路旅客运输基本要求

1. 保证运输安全

铁路运输是上百万人的联合劳动,在这个过程中哪怕是有一个环节出现纰漏都有可能造成车毁人亡、中断运输生产的结果,给旅客带来不可挽回的身体创伤和经济损失。因此,我们要对每名从事客运工作的铁路职工进行全面、系统的安全教育,最大限度地消灭旅客运输过程中的安全事故。

2. 提高旅客列车运行速度

为了满足旅客对缩短旅行时间的要求,我国的旅客列车运行速度有了较大幅度的提升。1997—2007 年铁路进行了 6 次大提速,通过优化旅客列车运行图、优化旅客运输组织、全面提高运输能力和运输效益使铁路取得了长足的发展,改善了铁路客运的社会形象,增强了铁路运输企业的竞争能力,对进一步拓展客运市场产生了深远的影响。

3. 加强计划运输,组织旅客的有序流动

铁路部门要有计划地组织旅客运输,合理利用机车车辆和其他技术设备,了解客流构成、特点及其波动性,科学地预测客流情况,提高编制计划的科学性和准确性。

4. 提高服务质量,树立以人为本的服务意识

铁路部门积极满足旅客精神需求,使服务操作规范化,增加旅客运输产品的文化附加值,提升铁路运输形象,适应高铁时代的运输要求。各铁路单位应严格遵守铁路运输主管部门制定的《铁路运输条例》《铁路安全管理条例》。

二、铁路旅客运输计划

铁路旅客运输计划,主要是为了合理地确定旅客列车对数、运行区段和列车编组,为编制旅客列车运行图提供可靠依据,以充分挖掘运输潜力,发挥客运设备的使用效能,组织旅客均衡运输,提高客运服务质量,更好地满足人民群众旅行的需要,保证旅客安全、迅速、准确、便利地旅行。

旅客运输计划一般指的是年度计划,但根据执行期间的不同,可分为长远计划、年度计划和日常计划三种,其中年度计划是旅客运输的任务计划。

1. 长远计划

长远计划一般为五年、十年或更长时期的规划,是铁路旅客运输的发展计划,通常根据国民经济规划的期间(例如五年规划)进行编制,主要是规定旅客运输的发展方向、技术政策、速度、重量及有关的主要指标。

2. 年度计划

年度计划依据长远计划结合年度具体情况编制,是旅客运输的任务计划,是确定旅客列车行车量和客运运营支出计划的依据。

3. 日常计划

日常计划是根据旅客运输年度计划任务并考虑假期、季节及日常客流的变化情况而编制和执行的,是指导日常旅客运输的工作计划和实现年度计划的保证计划。在日常计划中,还根据各站所提报的日计划,按照各次旅客列车的运输能力,对各站、各区段的客流进行统一平衡和调整,以保证旅客运输任务的完成和旅客列车容量的充分利用。

三、旅客运输计划内容

旅客运输计划主要依据客流调查资料和旅客运输统计报告资料而编制,其主要组成部分是客流计划。根据客流计划,可确定旅客列车的开行区段和对数。同时,参照过去客流规律,对每次列车的票额进行分配,从而使得运输能力得到充分利用,保证旅客均衡运输。由于影响客流变化的因素很多,每天的情况也不可能一样,客流往往会有波动,因此还须编制日常计划来调整,通过日常客运工作来完成旅客运输计划。

根据铁路局集团公司统计部门提出的客流月的直通、管内和市郊分客流区段的发送旅客流向统计资料,客运部门按日均数编制客流图,制定客流计划和客票分配计划。

1. 客流计划

客流计划是实现旅客运输计划的技术计划,又是旅客运输能力的分配计划和旅客运输组织的工作计划。客流计划是依据各线的客流调查和预测,在推算出计划期客流量的基础上编制的,是确定旅客列车开行方案和运行图的基本依据。

客流调查主要分为综合调查、节假日调查和日常调查三种形式,一般以日常调查为主,如图 8-1 所示。根据客流调查资料,可以掌握客运量的变化和发展情况,为编制旅客运输计划提供依据。

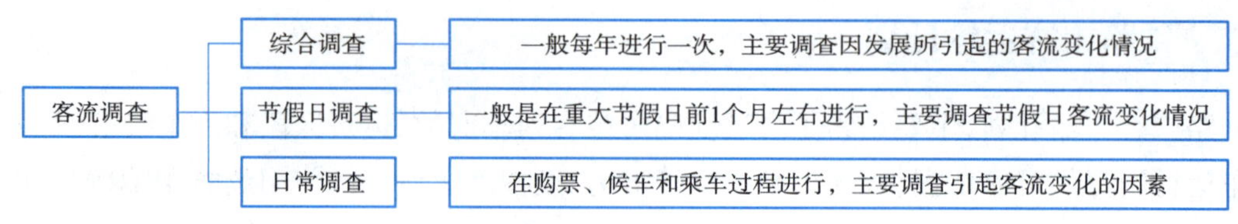

图 8-1　客流调查分类及特点

2. 旅客列车票额分配计划

旅客列车票额分配计划是旅客运输能力的运用计划，也是客流分配计划。其目的是合理运用旅客运输能力、全面安排售票、行包运输、服务和列车的乘务、餐茶供应等工作，尽量避免出现列车拥挤或虚糜现象，做到均衡输送。票额分配遵循“先中转，后始发，保证重点，综合平衡”的原则，实行长短途合理分工，以确保长途旅客乘坐长途列车，短途旅客乘坐管内列车。

票额分配工作是在编制新列车运行图后，根据旅客列车运送能力和编制新运行图所使用的客流图、客流计划资料等，按铁路局集团公司分车次、上下行、软硬卧铺、硬座进行的。

四、旅客运输计划指标

旅客运输计划的主要指标包括旅客发送量、旅客运输量、旅客周转量和旅客平均运程。

(1)旅客发送量是指计划期内全路、铁路局集团公司由各站始发的全部旅客人数。

(2)旅客运输量是指在一定时期内，全路或一个铁路局集团公司运送的全部旅客人数。

(3)旅客周转量是指在一定时期内，全路或一个铁路局集团公司所完成的旅客人公里数。

(4)旅客平均运程是指计划期内运送的每一位旅客平均乘车的里程。

五、客流分类及旅客列车种类

旅客根据旅行目的及乘车距离的远近，选择一定的运输方式，在一定时间和空间范围内作有目的的移动，便形成了客流。客流由流量、流向、流时和流距四个主要因素构成。

(一)客流分类

客流是指铁路某一方向上，一定时间内旅客的流量和流向。客流的形成与消失，与旅客的旅行目的密切相关。客流可以按不同特性进行分类，如按旅行距离可分为长途、中途和短途客流。我国铁路采用的是按旅行距离结合铁路局集团公司管辖范围的分类方法，将客流分为直通、管内两种客流。

1. 直通客流

旅客乘车距离跨及两个及其以上铁路局集团公司的客流为直通客流。一般来说此种客流旅行距离较长，要求列车服务质量标准高，旅客看重旅行的舒适度。

2. 管内客流

旅客乘车距离在一个铁路局集团公司范围以内的客流称为管内客流。一般来说此种客流旅行距离较短，旅行时间要求能早出晚归。对列车服务标准要求较低，但希望旅行方便快捷，一般不挂餐车及卧铺车。旅客更加注重列车的到、发时间和密度等。

近几年，铁路客流呈现了增长迅速、波动性大、分布不均衡等特点。为了正确掌握客流的特点及其规律性，必须对客流进行调查，掌握客运量的变化和发展情况，正确预测客运量，为编制旅客运输计划提供依据。

（二）旅客列车种类及车次

旅客列车按照列车的编组、旅行速度和运行要求的不同，主要分为高速动车组旅客列车、城际动车组旅客列车、动车组旅客列车、特快旅客列车（含直达特快旅客列车）、快速旅客列车和普通旅客列车（含普通旅客快车和普通旅客慢车）、通勤列车、旅游列车等。

1. 高速动车组旅客列车

高速动车组旅客列车（如图 8-2 所示）指运行于时速为 250 km 及以上客运专线上的动车组列车，列车开行最高速度达到 250 ~ 350 km/h。车次总范围为 G1 ~ G9998（“G”读“高”）。

2. 城际动车组旅客列车

城际动车组旅客列车（如图 8-3 所示）只在城际客运专线上运行，以“公交化”模式组织的短途旅客列车，列车开行最高速度达到 250 ~ 350 km/h，如复兴号动车组在京津城际铁路按时速 350 km 运行。

图 8-2　高速动车组旅客列车

图 8-3　城际动车组旅客列车

2008 年 8 月 1 日京津城际铁路开始对公众运营，新增的车次以 C 字头加上四位数字，代表运行距离较短、以管内列车为主的城际动车组。

3. 动车组旅客列车

动车组旅客列车（如图 8-4 所示）综合等级高于直达特快列车和其他普速列车，低于后来由其本身进一步细分出来的“高速动车组旅客列车”和“城际动车组旅客列车”，列车开行最高速度达到200 ~ 250 km/h。车次范围为 D1 ~ D9998（“D”读“动”）。

4. 直达特快旅客列车

直达特快旅客列车（如图 8-5 所示）曾经是 2004 年 4 月 18 日中国铁路第五次大提速后新开行的夕发朝至跨局空调列车，以“点到点”模式运行，大部分直达特快车次全程一站直达，也有部分会停靠起点站和（或）终点站所在铁路局集团公司管内的大站，以及中途必须技术停车的车站。

图 8-4　动车组旅客列车

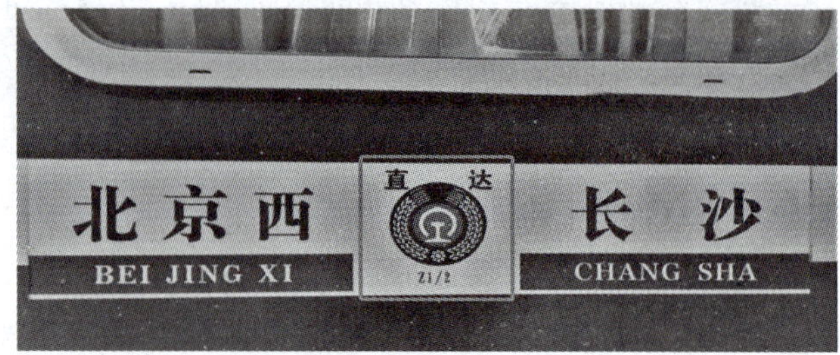

图 8-5　直达特快旅客列车

直达特快旅客列车级别高于特快旅客列车、低于城际动车组旅客列车，列车运行速度一般可达 160 km/h。

车次范围为 Z1 ~ Z9998（“Z”读“直”）。

5. 特快旅客列车

特快旅客列车（如图 8-6 所示）是目前我国铁路运营线上运行速度较快的旅客列车，区间运行速度常达到 140 km/h。车次范围为 T1 ~ T9998（“T”读“特”）。

6. 快速旅客列车

快速旅客列车（如图 8-7 所示）的运行速度仅次于“直达”和“特快”旅客列车，一般区间运行速度为 120 km/h。车次范围为 K1 ~ K9998（“K”读“快”）。

图 8-6　特快旅客列车

图 8-7　快速旅客列车

7. 普通旅客列车

普通旅客列车可分为普通旅客快车［如图 8-8(a) 所示］和普通旅客慢车［如图 8-8(b) 所示］，又可分为直通的和管内的普通旅客列车。普通旅客列车速度一般在 120 km/h 以下，车次前无字母。普通旅客快车（普快），车次范围为 1001 ~ 5998。普通旅客列车（普客），车次范围为 6001 ~ 7598。

8. 通勤列车

通勤列车是为方便沿线铁路职工上下班（就医、子女上学）而开行的旅客列车，部分允许普通旅客乘坐，车次范围为 7601 ~ 8998。

9. 临时旅客列车

临时旅客列车（如图 8-9 所示）是依据客流的需求或特殊需求（救灾）临时增开的旅客列车，车次范围为 L1 ~ L9998（“L”读“临”）。

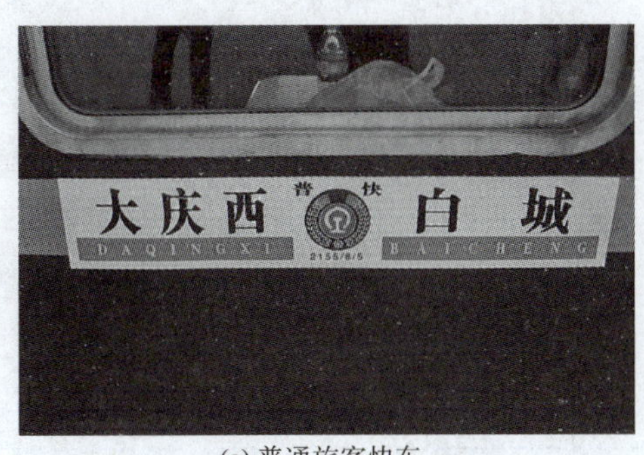

(a) 普通旅客快车

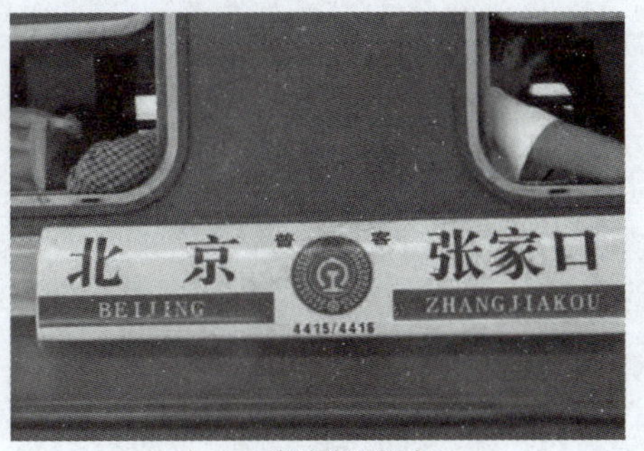

(b) 普通旅客慢车

图 8-8　普通旅客列车

图 8-9　临时旅客列车

图 8-10　旅游列车

10. 旅游列车

旅游列车(如图 8-10 所示)是依据旅游客流的需求,在大中城市和旅游点之间不定期开行的旅客列车,其车次前冠以“Y”符号。旅游列车车次为 Y1 ~ Y998(“Y”读“游”)。

为区别不同方向、不同种类、不同区段和不同时刻的列车,也为方便旅客区分列车种类及考虑铁路人员的工作需要,需要为每一列车编定一个标识码,这就是车次。当列车行驶方向为线路的上行方向,车次的数字为双数,反之列车为线路下行方向运行,车次数字为单数。如上海到哈尔滨的 K56/K57 次,从上海站始发时为上行 K56 次,到天津站后下行改为 K57,开往终点哈尔滨站。从哈尔滨站出发时为上行 K58,到天津站后下行改为 K55,开往终点上海站表示为 K58/K55。

主要旅客列车种类及车次范围见表 8-1。

表 8-1　旅客列车种类及车次范围

序号	列车种类		车次	备注
1	高速动车组旅客列车	直通	G1 ~ G4998	“G”读“高”
		管内	G5001 ~ G9998	
2	城际动车组旅客列车	—	C1 ~ C9998	“C”读“城”
3	动车组旅客列车	直通	D1 ~ D4998	“D”读“动”
		管内	D5001 ~ D9998	
4	直达特快旅客列车	直通	Z1 ~ Z4998	“Z”读“直”
		管内	Z5001 ~ Z9998	

续表

序号	列车种类		车次	备注
5	特快旅客列车	直通	T1～T3998	“T”读“特”
		管内	T4001～T9998	
6	快速旅客列车	直通	K1～K4998	“K”读“快”
		管内	K5001～K9998	
7	普通旅客快车	直通	1001～3998	
		管内	4001～5998	
8	普通旅客慢车	直通	6001～6198	
		管内	6201～7598	
9	通勤列车	—	7601～8998	
10	旅游列车	直通	Y1～Y498	“Y”读“游”
		管内	Y501～Y998	

在列车车次编排中，少了类似999和000这样的车次，这是因为如果使用00或者000这样的车次，会难以区分该车对应的号码段以及相应的含义，没00也就没有99。

当然也有例外，就是上海—九龙（现香港红磡）的列车，因该车具有较高的政治意义，经国务院批准，使用了T99/T100次并根据车型在前面加以字母（如图8-11和图8-12所示），沿用至现在；而上海虹桥—香港西九龙的动车组列车，同样使用了G99/G100次。

素养教育

上海—九龙（现香港红磡）的列车

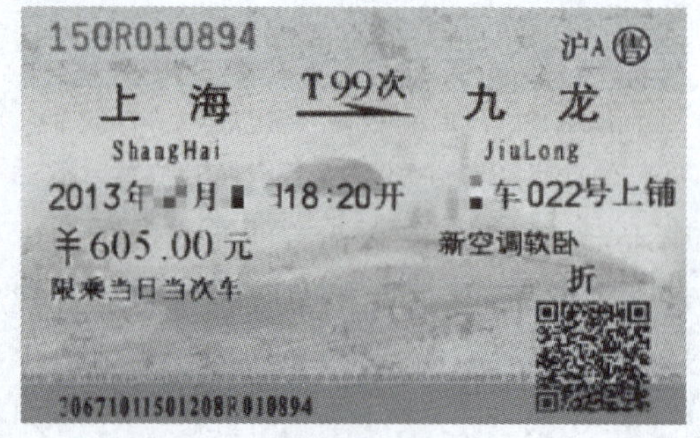

图8-11 T99次列车

图8-12 T100次列车

（三）旅客列车编组

旅客列车中各种车辆（如硬座车、卧铺车、餐车、行李车、邮政车、发电车等）的构成、数量及其编挂顺序都有一定的规范，称为旅客列车编组。

旅客列车的编组是固定的，在每次运行图实行期间，都是按“旅客列车编组表”（如图8-13所示）执行，一般不变动。编组固定是指每对列车的编组辆数、编组结构及车辆编挂次序是固定的（即为旅客列车的固定车底）。车底的组成根据客流密度、列车种类、机车功率大小、线路情况、站线和站台长度等因素加以确定，每一对列车都不尽相同。

编制旅客列车编组表，目的是具体确定每对旅客列车的编组情况，内容包括列车的发到站、车次、车辆和客运乘务的担当段、编组辆数、车厢顺序号、编挂车种、定员、总重吨数、车底周转图、车底需要组数等事项。

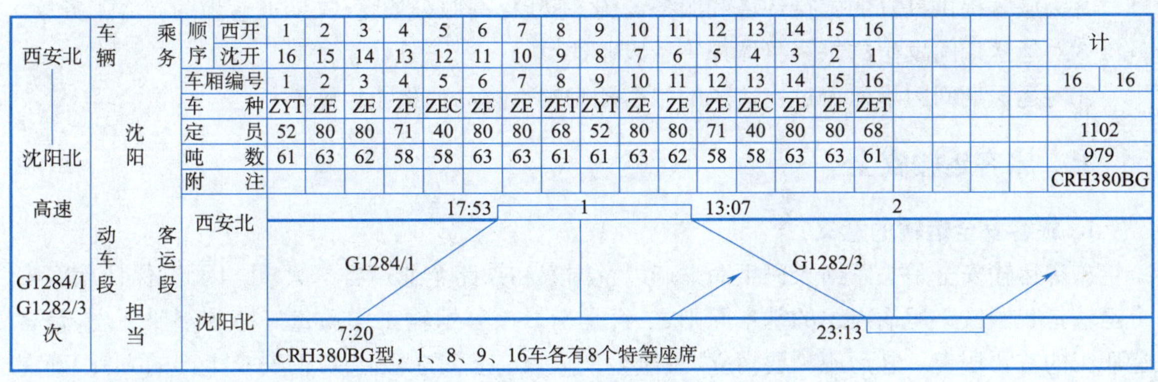

西安北—沈阳北 高速 G1284/1 G1282/3 次	车辆 动车段	乘务 沈阳 客运段 担当																					计	
		顺序 西开	1	2	3	4	5	6	7	8	9	10	11	12	13	14	15	16						
		顺序 沈开	16	15	14	13	12	11	10	9	8	7	6	5	4	3	2	1						
		车厢编号	1	2	3	4	5	6	7	8	9	10	11	12	13	14	15	16					16	16
		车种	ZYT	ZE	ZE	ZE	ZEC	ZE	ZE	ZET	ZYT	ZE	ZE	ZE	ZEC	ZE	ZE	ZET						
		定员	52	80	80	71	40	80	80	68	52	80	80	71	40	80	80	68					1102	
		吨数	61	63	62	58	58	63	63	61	61	63	62	58	58	63	63	61					979	
		附注																					CRH380BG	

图 8-13　旅客列车编组表

六、旅客运输合同

1. 铁路旅客运输合同的含义、履行期及凭证

铁路旅客运输在法律上体现为铁路旅客运输合同关系。铁路旅客运输合同是明确承运人与旅客之间权利义务关系的协议。起运地承运人与旅客订立的旅客运输合同，对所涉及的承运人都有连带关系，具有同等约束力。铁路旅客运输合同从售出车票时成立，自旅客检票进站为合同履行开始，至按票面规定运输结束旅客出站时止，为合同履行完毕。

铁路旅客运输合同的基本凭证是车票。

2. 承运人、旅客的基本权利义务

根据《铁路旅客运输规程》（简称《客规》）规定，承运人、旅客的基本权利义务如下。

（1）旅客的基本权利。

①依据车票票面记载的内容乘车；

②要求承运人提供与车票等级相适应的服务并保障其旅行安全；

③对运送期间发生的身体损害有权要求承运人赔偿；

④对运送期间因承运人过错造成的随身携带物品损失有权要求承运人赔偿。

（2）旅客的基本义务。

①支付运输费用，当场核对票、款，妥善保管车票，保持票面信息完整可识别；

②遵守国家法令和铁路运输规章制度，听从铁路车站、列车工作人员的引导，按照车站的引导标志进、出站；

③爱护铁路设备、设施，维护公共秩序和运输安全；

④对所造成铁路或者其他旅客的损失予以赔偿。

（3）承运人的基本权利。

①依照规定收取运输费用；

②要求旅客遵守国家法令和铁路规章制度，保证安全；

③对损害他人利益和铁路设备、设施的行为有权制止、消除危险和要求赔偿。

（4）承运人的基本义务。

①确保旅客运输安全正点；

②为旅客提供良好的旅行环境和服务设施，不断提高服务质量，文明礼貌地为旅客服务；
③对运送期间发生的旅客身体损害予以赔偿；
④对运送期间因承运人过错造成的旅客随身携带物品损失予以赔偿。

七、旅客运输安全

1. 旅客安全运输的意义

旅客运输安全是关系到人民生命财产以及国家和铁路企业声誉的大事。因此，保证旅客安全运输是我国铁路运输组织的基本原则之一，是衡量旅客运输工作质量好坏的重要标志，是客运职工的首要职责。客运职工要树立“安全生产人人有责”的思想，贯彻安全生产的方针，确保旅客损失。

2. 铁路客运事故

铁路客运事故分为旅客人身伤害事故和行李、包裹损失。

任务实施

(1)查明成都开往上海的G3286次列车要经过哪些城市。
(2)参照正文中样例，判断列车从成都始发到上海，列车的运行方向发生了哪些变化。

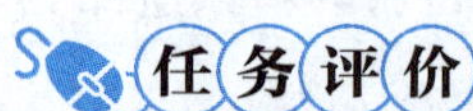

任务评价

任务评价表见表8-2。

表8-2　任务评价表

序号	评价内容	评价标准	分数	评分记录		
				学生自评	组间互评	教师评分
1	查明列车线路	1. 无法查到车次的，扣10分 2. 无法准确说出列车途经城市的，扣10分	20			
2	判断运行方向	1. 无法说出上行概念的，扣20分 2. 无法说出下行概念的，扣20分 3. 无法区分不同运行方向车次为单数还是双数的，扣40分	80			
总分			100			

任务二　认识旅客列车运行组织

任务引入

K651次从配属站桂林北站于第1天13:23开出，于第2天14:35到达折返站成都站，并于当日19:48折返K652次，至第3天20:51到达配属站桂林北站，于第4天13:23再次由配属站开出。该列车每日开出一列，请同学们结合旅客列车运行区段及始发、终到时间等信息计算列车车底需要数并绘制出车底周转图。

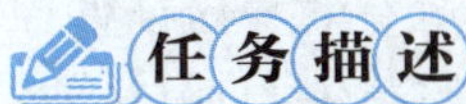

任务描述

铁路旅客运输过程主要有售票、候车、检票、旅客上车、列车服务、旅客下车、出站等，显然旅客乘车旅行所消耗的时间大部分是在列车上。铁路是以列车运行方式进行运输生产活动的，为满足旅客的旅行要求，方便旅客出行，铁路客运部门需要确定适当的旅客列车开行数量、种类、运行区段，合适的列车始发、终到和通过沿途各主要站的时间，并考虑列车合理的停车站和较快的直通速度，只有正确地组织各种旅客列车的运行，才能使旅客感受到铁路运输的便利、快捷，也才能经济、合理地使用客运机车车辆和各种技术设备。

正确描述旅客列车运行组织工作的内容，通过图解分析法或计算分析法确定车底需要组数，保证旅客列车正常运行，是铁路从业人员应具备的拓展能力之一。

相关知识

一、旅客运输工作过程

铁路运输的旅客主要经过售票、候车、检票、旅客上车（乘车）、列车服务、旅客下车（降车）、验票出站等过程。图 8-14 所示为旅客运输流程。

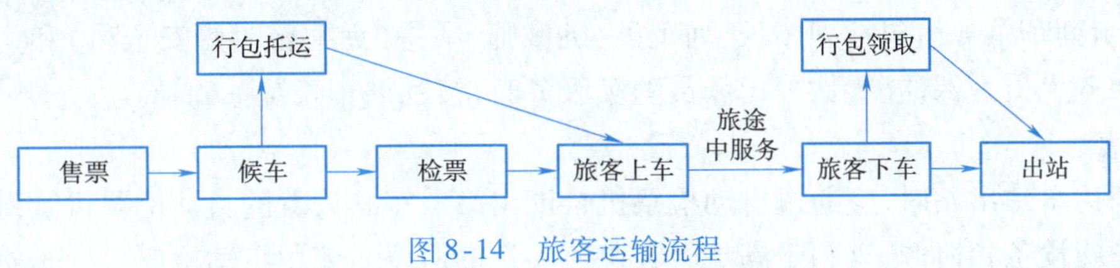

图 8-14　旅客运输流程

1. 售票

车票应在承运人提供的售票窗口、12306 网站（含铁路 12306 手机客户端、小程序和快应用，以下简称网站）、订票电话或销售代理人的售票处购买。在有运输能力的情况下，承运人或销售代理人应按购票人的要求发售车票，但动车组列车车票最远发售至本次列车终点站，并于当日当次有效。承运人可以开办往返票、联程票（指在购票地能够买到换乘地或返回地带有席位、铺位号的车票）、定期、不定期、储值、定额等多种售票业务，以便于购票人购票和使用。

2. 候车

候车室是旅客休息和等候乘车的场所。车站昼夜都有大量的旅客，而且流动性很大，必须为旅客创造一个良好舒适的候车环境。候车室一般实行凭票候车。候车室工作人员要主动、热情、诚恳、周到地为旅客服务，搞好清洁卫生，及时通告列车到、开和检票进站时间，加强安全和旅行常识的宣传，做好饮水、购物、娱乐等延伸服务。

为了维护站车的良好秩序，确保运输安全，方便旅客进出站、上下车，一般在旅客进入候车室之前需对旅客的随身携带品进行检查。

3. 检票

为维护站车秩序，保证旅客安全，防止旅客乘错车，车站对进站的旅客进行实名制验证验票。按照国家有关规定，车站办理实名制验证时，将对旅客、电子客票及购票时使用的有效身份证件原件进行查验。票、证、人不一致(含成年人持儿童票的情形)或无法出示有效身份证件原件的旅客,不得进站乘车。无法出示有效身份证件原件的旅客,可到车站铁路公安制证口办理乘坐旅客列车临时身份证明。检票时先重点(老、弱、病、残、孕等旅客)、后团体、再一般。在旅客检票进站后,表明铁路旅客运输合同开始履行,铁路旅客运输开始。

4. 旅客上、下车

为确保旅客安全,客运人员应有秩序地组织旅客上、下车,做好进出站引导工作,派人坚守检票口、天桥口、地道口及进站或出站通路交叉地点,严禁旅客钻车和横跨股道。对老、弱、病、残、孕等行动不便的旅客应提供帮助,督促购物旅客及时上车,保证旅客安全。

5. 列车服务

旅客旅行大部分时间是在列车上度过的,列车服务工作的好坏直接影响到铁路的声誉、形象。列车乘务人员应主动、热情、文明、礼貌地为旅客服务,妥善照顾旅客乘降,开展好验票工作,及时安排旅客席位,保持车厢内清洁卫生,维护车内秩序,做好广播宣传、餐饮和开水供应工作,保障旅客人身财产安全,保证列车运行安全。

列车服务工作由列车乘务组担当。列车乘务组在列车长的统一领导下,相互密切配合,共同做好列车服务工作。普速旅客列车乘务组包括客运人员(列车长、列车员、广播员、行李员、餐车服务员等)、公安乘警(乘警长、乘警等)和车辆乘务员(检车长、检车员、车电员等)三部分人员;动车组列车乘务组包括列车长、列车员、机械师、乘警(无乘警时为安全员)和司机在内的所有列车乘务人员。保洁、餐饮公司派员随车服务时,接受列车长统一领导。

6. 出站

旅客到达车站出站时,应通过自动检票机自助出站。车站设置的自动检票机数量和布局应当与车站设施设备相协调,有利于满足旅客快速出站的需要。使用自动检票机的车站应同时留有人工通道。换乘客流大的车站根据需要设置站内换乘流线,配备相应的设备和引导标识。

铁路运输企业有权对违章乘车旅客及违章携带品正确处理,票款收付准确。

二、旅客列车重量和速度的选择

旅客列车的重量和速度,决定着旅客列车编挂客车数的多少和旅客在途时间的长短,直接影响到铁路的客运能力、服务质量和客运设备的使用效率。选择旅客列车最佳重量和速度的方法有别于货物列车,要考虑的因素是多方面的,主要应针对提高旅客列车直通速度这一要求进行考虑。在机车类型和线路条件已定的情况下,提高直通速度可采取加速列车运行、压缩停站次数、缩短停站时间等措施来实现。

在旅客列车的重量标准和编组辆数确定之后,根据各种旅客列车的编组结构,可以计算出他们的定员。在已编制的客流计划的基础上,着手拟定旅客列车开行方案。

三、旅客列车开行方案的制定

旅客列车的开行方案,是指确定旅客列车运行区段、列车种类、编组辆数及开行对数的计划,包括跨局的直通旅客列车开行方案和各铁路局集团公司管内旅客列车开行方案。

旅客列车的始发站、终到站及经由线路构成旅客列车的运行区段及其经停站,列车种类显示出列车不同的等级或性质,开行对数的多少表示行车量的大小,三者组成一个完整的旅客列车的开行方案。

确定旅客列车的开行方案,除了客流的条件之外,还需考虑客运设备的配置条件。主要是旅客列车的始发、终到车站、中途停靠车站设备条件以及客车驻留、整备和检修设备条件,线路技术标准、通过能力以及旅客列车的数量、设备条件和载运能力等。

四、旅客列车运行方案图

制定了旅客列车的开行方案之后,就需要为开行的每一趟列车排点铺图,以便于基层站段按图组织行车,旅客列车运行方案是旅客列车运行组织的具体计划。铺画旅客列车运行图,首先要编制旅客列车运行方案图,以解决全面布局问题,然后以列车运行方案图为基础,铺画出表示每一列车在各车站到发或通过时刻的列车运行详图。在列车运行图中,规定了各次旅客列车占用区间的顺序,列车在每个车站的到达、出发、通过时刻及在站停留时间、列车在各区间的运行速度及运行时分、机车交路等,是旅客列车运行组织的具体计划。

五、确定旅客列车车底组数

旅客列车编组的客车车种、辆数和编挂顺序一般是固定的,并以旅客列车编组表加以规定。这种固定连挂在一起的车列,叫客车固定车底,它在固定的运行区段内来回行驶,平时不进行改编。

车底一般在配属段所在站和折返段所在站之间往返一次所经过的全部时间,称为车底周转时间。周转时间的长短是决定某一对列车所需车底数目的依据。

六、客车车底周转图

在编制旅客列车运行方案图的同时,还要绘制客车车底周转图,如图 8-15 所示,以确定各次列车车底的需要数。车底周转图表示列车的始发、终到时刻和需用车底组数,并由此计算车底在配属站和折返站的停留时间。车底周转图应按直通和管内旅客列车分别绘制。由图 8-15 可知,车底周转时间为 4 d,所需车底数为 4 个。

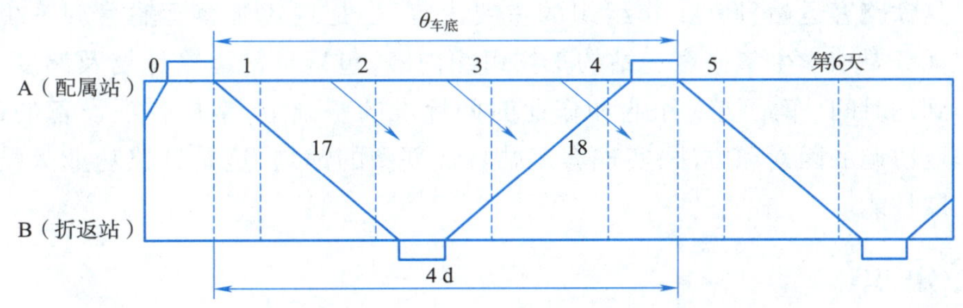

图 8-15　客车车底周转图

任务实施

(1)用图解法绘制出车底周转图。

(2)用分析法计算出车底需要数。

任务评价表见表 8-3。

表 8-3 任务评价表

序号	评价内容	评价标准	分数	评分记录		
				学生自评	组间互评	教师评分
1	绘制车底周转图	1. 未标明配属站及折返站的,扣 10 分 2. 未标明列车的始发、终到时刻的,扣 20 分 3. 未标明车底周转天数及需用车底个数的,扣 20 分	50			
2	计算车底需要数	1. 未计算出车底在配属站和折返站的停留时间的,扣 10 分 2. 未计算出车底周转时间的,扣 20 分 3. 未计算出车底需要数的,扣 20 分	50			
总分			100			

任务三 认识客运站工作组织

任务引入

客运站工作日计划图是车站对各种列车和车辆在站进行的全部技术作业过程及各项技术设备运用情况的详细图解。请同学们根据客运站工作组织内容,编制和填画车站工作日计划图。

任务描述

学习我国铁路客运站到发线、咽喉、站台等设备的运用和作业的协调,能够实现编制客运站日计划图所需各种基础资料的维护和查询,加快客运站日计划图的编制效率和提高编制质量。这是铁路客运站日常工作组织的重要内容,也是现代旅客运输管理系统的重要组成部分。本任务要求学生掌握客运站的工作组织内容,包括日常运输计划及调度工作,在了解日常列车到达时间、车站技术作业和作业时间标准的基础上,掌握各项设备的运用方法,学习使用作业协调的因素和方法,实现客运站日计划图的铺划,这是铁路从业人员应具备的一项专业拓展技能。

相关知识

客运站是铁路旅客运输的基层生产单位,专门办理旅客运输业务,是客运部门与旅客之间联系的纽带。它又是城市的大门,是城市建设的有机组成部分。客运站的主要任务是保证旅客安全、迅速、便捷地办理一切旅行手续,安全承运、装卸、保管、中转与交付行李、包裹,同时快速、安全地做好组织旅客列车到达、出发和旅客列车车底的取送作业等,保证旅客安全并提高客运工作服务质量和运输效率。

客运站的工作组织主要包括生产管理、技术管理和财务管理等。

一、客运站的生产管理

铁路旅客运输生产是指铁路旅客运输企业利用运输工具完成旅客或行李包裹由甲地至乙地的运输过程。

铁路客运站生产管理也称业务管理，主要包括售票、旅客乘降、客运服务和行包运输工作组织与管理等。

（一）车票

车票是旅客乘车的凭证，是旅客支付票价的凭证，也是旅客和铁路缔结运输合同、发生运输关系的依据。作为合同基本凭证的车票，按其载体形式分为纸质车票、电子客票以及承运人认可的乘车卡、乘车证或虚拟乘车凭证。

1. 纸质车票

纸质车票就是我们现在大多数人非常熟悉的蓝色车票，与由早期的硬板客票印刷机（如图 8-16 所示）印刷出来的硬纸板票（如图 8-17 所示）相比，一切都更加便捷。旅客不仅可以直接用车票经闸机进站，车票上的信息显示也更加完善。

图 8-16　硬板客票印刷机

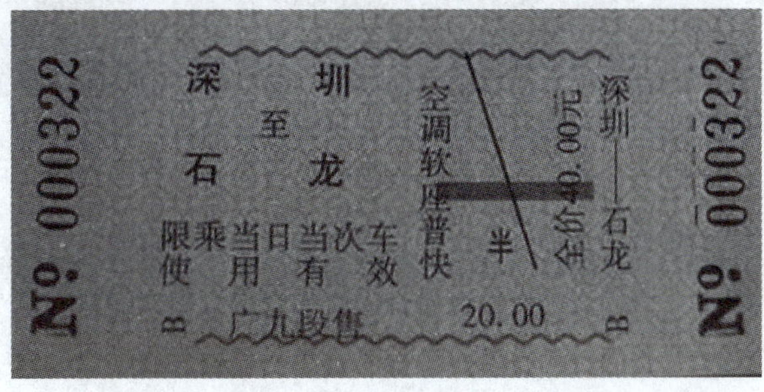

图 8-17　硬板票

素养教育

古老的硬板客票印刷机

铁路车票包括客票和附加票两部分。客票部分包括软座、硬座票。附加票部分包括加快票、卧铺票、空调票。铁路车票是由承运人出具载明乘车日期、车次、发站和到站站名、票价等内容的纸质乘车凭证，也可作报销凭证，如图 8-18 所示。

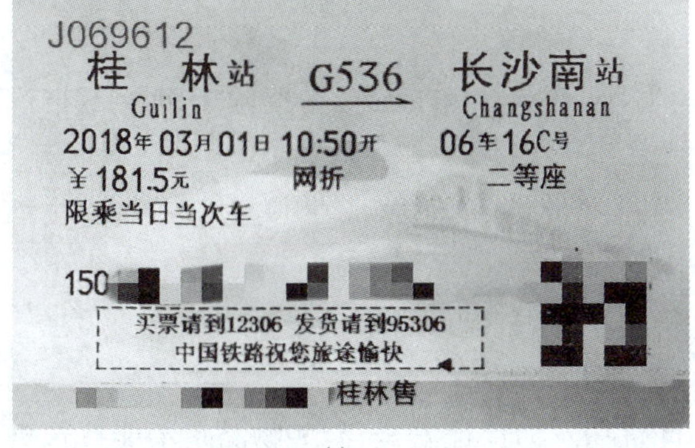

(a)

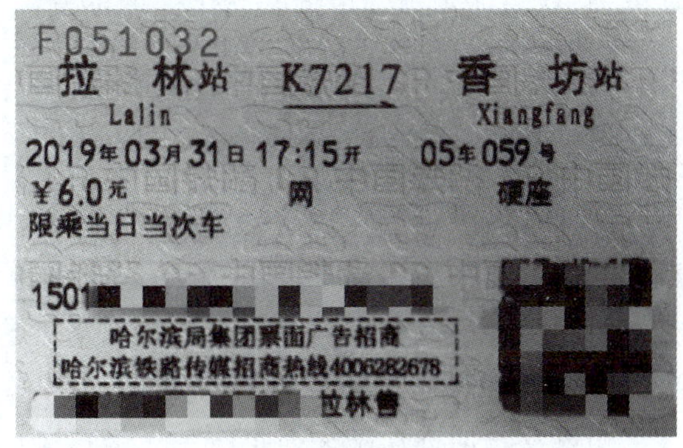

(b)

图 8-18　火车车票

车票作为一种运输合同，具有一定的时效，即有效期。车票的有效期按下列规定计算。

直达票（从发站至到站不需中转换乘的车票）当日当次有效。通票（从发站至到站需中转

素养教育
12306背后的“最强大脑”

换乘的车票)有效期按 1 000 km 为 2 天,超过 1 000 km 的,每增加 1 000 km 增加 1 天,不足 1 000 km 的尾数按 1 天计算;有效期自指定乘车日起至有效期最后一日的 24 时止,全程在铁路运输企业管内运行的动车组列车车票有效期由企业自定。

2. 电子客票

电子客票也称“无纸化”车票,是以电子数据形式体现的铁路旅客运输合同,与普通车票具有同等法律效力。旅客通过互联网订购车票以后,无须换取纸质车票,使用购票时所使用的有效身份证件原件进站乘车。同时,也可以通过 12306 手机客户端生成的电子客票动态二维码(首次使用需通过人脸核验)对准闸机上的二维码识读装置,即可通过火车站进站口和验票闸机乘车(如图 8-19 所示)。

图 8-19　验票乘车

(二)客运服务工作

客运服务工作包括问事处服务工作、随身携带品暂存处工作和候车室服务工作等。

(三)旅客乘降工作组织

乘降工作组织的目的是迅速集散和疏导旅客,维持站车正常秩序。在大型客运站内,应设置现代化的导向系统,对到达的旅客制定通路快速引导出站,确保旅客安全地进行乘降。

(四)行包运输工作组织

保证行李、包裹(简称行包)安全、迅速、准确、便利地运到目的地是客运站工作的一项重要任务,行包运输是旅客运输的一个组成部分。

1. 行李范围

行李是指旅客自用的被褥、衣物、个人阅读的书籍,残疾人车(每张客票限 1 辆并不带汽油)和其他旅行必需品。

为保证安全、贯彻国家有关运输政策,行李中不得夹带货币、证券、珍贵文物、金银珠宝、档案材料等贵重物品和国家禁止、限制运输物品、危险品。

行李每件最大重量为 50 kg,体积以适于装入行李车为限,但最小不小于 0. 01 m^3。

2. 包裹范围

包裹是指适合在旅客列车行李车内运输的小件货物。为保证安全,有些物品是不能按包裹运输的,如危险品。包裹每件的体积、重量的规定与行李相同。包裹分为四类:

(1)一类包裹。自发刊日起 5 d 以内的报纸;中央、省级政府宣传用非卖品;新闻图片和中、小学生课本。

(2)二类包裹。抢险救灾物资、书刊、鲜或冻鱼介类、肉、蛋、奶类、果蔬类。

(3)三类包裹。不属于一、二、四类包裹的物品。

(4)四类包裹。一级运输包装的放射性同位素、摩托车;泡沫塑料及其制品;国务院铁路主管部门指定的其他需要特殊运输条件的物品。

3. 快运包裹范围

快运包裹是铁路运输的一种方式,业务全称为“小件货物特快专递运输服务”。

快运包裹以铁路为主要运输工具,配合航空、公路、海运开展综合运输,辅以汽车运输实行门到门服务,同时根据国家主管部门批准的国际货物运输代理经营权开展国际运输,以满足顾客不同的需求。

快运包裹外部尺寸长宽高之和不得小于 0.6 m,货物外部的最大尺寸应不超过长 3 m、宽 1.5 m、高 1.8 m,超过时应先与中转机构或到达机构协商,同意后方能办理,并根据快运包裹的外部尺寸及重量选择合适的运输工具,每件最大重量一般不得超过 50 kg,超过时按超重快运包裹办理。

4. 行包运输工作

行包运输工作分为发送作业、到达作业和中转作业。行李、包裹运输组织工作应遵循“先行李后包裹,先中转后始发和长短途列车分工”的原则,尽可能做到均衡、合理地运输。

(1)行包发送作业,包括承运、保管、装车等环节。

(2)行包到达作业,包括卸车、保管和交付作业。

(3)行包中转作业,是指由于行包不能直达运送,需在中转站卸下后,装入另外的旅客列车的行李车继续运送的作业。

5. 行李及包裹的运送

(1)托运。旅客或托运人向车站要求运输行李或包裹称为托运。托运实行实名制。

旅客托运行李时,应当提供有效的客票(市郊定期客票除外)和行李托运单。旅客凭客票、在乘车区段内,可从任何营业站托运至另一营业站,但每张客票仅限托运一次(残疾人用车除外)。

旅客托运包裹时,应提供包裹托运单。托运某些特殊物品时,还应提供规定部门签发的运输证明,如托运金银珠宝、货币、证券应提供中国人民银行的正式文件或当地铁路公安局(处)或公安分局(分处)的免检证明。

行李、包裹运输方式分为保价运输和不保价运输,旅客或托运人可选择其中一种运输方式,并在托运单上注明。参加保价运输的行李、包裹,需交纳保价费。车站对保价运输的行李、包裹可以检查其声明价格与实际价格是否相符,如旅客或托运人拒绝检查,则不能按保价运输办理。

(2)承运。车站行李员应对要求托运的行李、包裹进行安全检查。检查完后,认为符合运输条件,即可办理承运手续,填制行李或包裹票(行李、包裹票一式五页,其中丙页为领货凭证),核收运杂费。

(3)运送。运送行李、包裹时,应先行李、后包裹,做到行李随人走、人到行李到。所以,行李应随旅客所乘列车装运或提前装运,包裹应按其类别的顺序及性质统筹安排运输,保证行李、包裹在一定期限(即行李、包裹运到期限)内运至到站。

由于不可抗力等非承运人原因发生的停留时间加算在运到期限内。

逾期运到的行李、包裹,承运人应按逾期日数及所收运费的百分比向收货人支付违约金,违约金最高不超过运费的 30%。

(4)到达、保管、交付。行李随旅客所乘坐的列车运至到站,旅客即可领取。包裹由托运人在始发站办理托运手续后,告知收货人按时领取,同时承运人在包裹到达后也应及时通知收货人领取。铁路对到达的行李、包裹免费保管 3 d(行李从运到日起,包裹从发出通知日起);逾期到达的行李、包裹免费保管 10 d。超过免费保管期限时,按超过日数核收保管费。

旅客或收货人领取行李、包裹时,凭行李、包裹领取凭证领取。如将领取凭证丢失或未到,必须提供本人身份证、物品清单和担保人的担保书,承运人对上述单、证和担保人的担保资格认可后,由旅客或收货人签收办理交付。

(5)行李、包裹运到期限。行李、包裹运到期限以运价里程计算,从承运日起,行李 600 km 以内为 3 d,超过 600 km,每增加 600 km 增加 1 d,不足 600 km 也按 1 d 计算。包裹 400 km 以内为 3 d,超过 400 km,每增加 400 km 增加 1 d,不足 400 km 也按 1 d 计算。快运包裹的运到期限另有规定。

二、客运站的技术管理

客运站的技术管理包括车站线路固定使用方法、旅客列车到、发、通过技术作业过程和客车车底整备作业过程以及调车机车运用、行包仓库运用等内容。

旅客列车的技术作业包括:通过旅客列车的技术作业、始发旅客列车的技术作业和终到旅客列车的技术作业。

三、客运站的财务管理

客运站的财务管理包括固定资金管理、流动资金管理、成本管理、运输收入管理、运输进款管理和专用基金管理等。只有把这些管理搞好,才能保证以尽可能少的资金和低的成本,多运旅客和行李包裹。

客运站的运输收入是客运站在完成旅客、行包、邮件运输工作中,按照国家批准的运价取得的货币收入,包括客运收入、行包收入、邮运收入和其他收入。客运站运输收入管理是铁路运输企业管理的重要组成部分,是铁路经济核算的重要内容。

除以上管理工作外,客运站为适应市场日趋剧烈的竞争,还必须加强营销管理,采取强有力的销售策略,以稳定客运市场占有率。

四、铁路客运服务信息系统

1. 旅客服务信息系统

旅客服务信息系统应为铁路旅客提供购票、进站、候车、乘车、出站等服务信息,为客运服务人员提供列车到发、作业指示、视频监控等服务信息和作业手段。旅客服务信息系统可采用中心、区域、车站三级架构,或采用中心、车站两级架构,也可采用车站单级架构。

多级架构的旅客服务信息系统应设置集成管理平台,单级架构的旅客服务信息系统宜设置集成管理平台。

2. 客票系统

客票系统可采用中心、区域、车站三级架构,或中心、车站两级架构。客票系统可采用磁介质纸质热敏票、二维条码票、非接触式 IC 卡或电子客票等票制。客票系统宜支持现金、银行卡或储值卡等多种支付方式。根据旅客车票实名制相关要求,客票系统宜具有实名制售票、验证、检票功能。客票系统应综合考虑互联网、电话等其他售票方式的运用，合理配置车站售票终端设备。客票系统应支持正常工作模式和应急工作模式，并符合下列规定：

(1)正常工作模式下，车站级实现与中心级或区域级客票系统数据同步，并具有正常售检票功能；

(2)应急工作模式下，车站级客票系统应实现应急售检票功能。

客票系统宜具备与旅客服务信息系统、运输调度管理信息系统、公安管理信息系统、铁路客户服务中心、支付平台等铁路相关信息系统的接口条件，可预留与航空、公路、城市轨道交通等其他行业客运系统实现信息交互的条件。系统主机的主要性能、数据存储容量、网络传输带宽等业务处理能力应符合售票、检票业务要求，并预留近期扩展能力。

3. 行包信息系统

行包信息系统设计包括行包管理信息系统和行包服务信息系统。车站行包信息系统的设置应与行包办理业务规模相适应。

行包管理信息系统实现旅客行包承运制票、行包运输管理、到达交付等功能。行包管理信息系统宜采用中心级、车站级两级架构。行包管理信息系统应设置行包管理服务器、终端、票据打印机、货签打印机及网络设备等。

行包服务信息系统应设置行包显示、行包广播、行包视频监控及行包安全检查设施等子系统。

任务实施

(1)编制车站工作日计划图。

(2)填画车站工作日计划图。

任务评价

任务评价表见表8-4。

表8-4　任务评价表

序号	评价内容	评价标准	分数	评分记录		
				学生自评	组间互评	教师评分
1	编制车站工作日计划图	1. 未设计车站工作日计划图表格的，扣10分 2. 未确定具有代表性的日均车流量，将日均车流分配给各次到达列车的，扣10分 3. 未确定各去向日初结存车数的，扣10分 4. 未准确编制车站工作日计划图的，扣10分	40			
2	填画车站工作日计划图	1. 未填画邻接区间列车运行线的，扣10分 2. 未填画各次列车占用咽喉道岔组和到发线的顺序和起止时间的，扣10分 3. 未按规定符号填画调车作业和调车机车占用各项设备的起止时间的，扣10分 4. 未填画调车场、货物作业地点等处车流变化情况的，扣10分 5. 未填画机车出入段占用机车走行线和咽喉道岔组情况的，扣20分	60			
总分			100			

任务四　走进客运段

任务引入

在包头开往大连的 K56 次列车上，一位 22 岁的女子霸占他人座位，还声称“谁先坐就是谁的”。乘警见劝说无效后，将该女子拉离座位。然而，该女子仍不停大声嚷嚷，还辱骂乘警。同学们在本任务中学习客运段的主要工种和职责。如果你是一名客运人员，遇到这类事件该如何处理？

任务描述

客运段主要负责旅客列车工作人员的管理工作，客运段担当管内的旅客列车的服务，包括旅客列车乘务工作和餐饮服务。为了让学生零距离体验工作岗位，实现校企合作共同培养铁路行业高素质技能型人才的目标，学校安排学生去铁路局集团公司客运段进行实习活动，在实习实践过程中，遇到突发事件能够根据客运段主要工种岗位技能，明确不同工种岗位责任，正确处理旅客运输过程中的突发事件，是铁路客运人员应具备的基本能力之一。

相关知识

客运段的主要工种有列车长、列车员、餐车长、行李值班员等。

1. 列车长

列车长（如图 8-20 所示）是整个乘务组的负责人，对内全面负责调度指挥工作，对外代表铁路为旅客服务，处理旅客在旅行途中发生的各种事项。

2. 列车员

列车员（如图 8-21 所示）负责在列车上为旅客旅行、安全、卫生服务，包括对重点旅客进行重点照顾、保证旅客和行李的安全、保持车内各项设备的完整和车厢内的整洁卫生、检验车票、通报前方站名并负责车门的开启和锁闭，保证旅客安全上、下车。

素养教育

京张高铁首发列车长，燃情“雪之梦”！

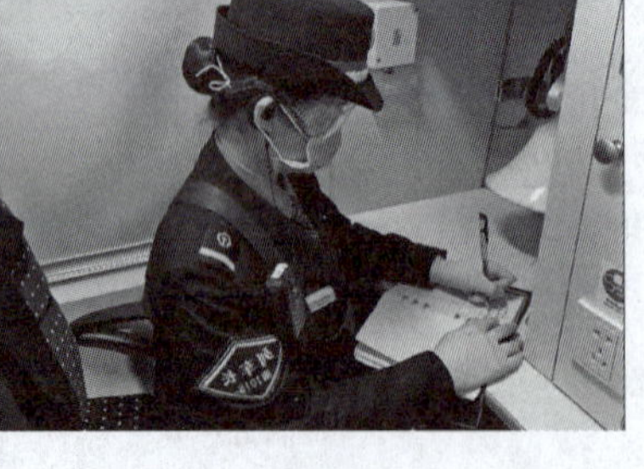

图 8-20　列车长

图 8-21　列车员

3. 餐车长

餐车长（如图 8-22 所示）负责餐车经营管理全面工作。

4. 行李值班员

行李值班员(如图 8-23 所示)负责行包运输组织安全管理、本班组文电命令传达、信息传递、设备设施运行状态盯控、班组人员管理及培训工作。

图 8-22　餐车长

图 8-23　行李值班员

任务实施

(1)明确参与处理突发事件的客运段主要工种有哪些。

(2)明确不同工种的岗位职责。

(3)根据不同的岗位职责,说明他们如何正确处理旅客运输过程中的突发事件。

任务评价

任务评价表见表 8-5。

表 8-5　任务评价表

序号	评价内容	评价标准	分数	评分记录		
				学生自评	组间互评	教师评分
1	说出客运段主要工种	1. 未说出客运段工种的,扣 10 分 2. 无法准确说明具体工种的,扣 20 分	30			
2	说明不同工种岗位职责	1. 未说出客运段工种岗位职责的,扣 10 分 2. 无法准确说明各工种岗位职责的,扣 20 分	30			
3	说明处理突发事件方法	1. 无法准确说出处理霸座事件方法的,扣 20 分 2. 不能站在各工种角度,说明不同的处理方法的,扣 20 分	40			
总分			100			

巩 固 练 习

试题

项目八
铁路旅客运输组织

一、填空题

1. 当列车行驶方向为线路的上行方向,车次编为__________数。

2. __________是电子数据形式体现的铁路运输合同,与普通客票具有同等法律效力。

3. 旅客列车运行组织工作的内容，主要包括__________、__________、__________和__________。

4. T32 次旅客列车车次的正确读法是__________。

二、选择题

1. 根据旅客乘车的远近，客流可以分为(　　)、管内客流二种。
   A. 直通客流　　B. 假日客流　　C. 农村客流　　D. 城市客流
2. 旅客运输的工作计划是指(　　)计划。
   A. 综合　　B. 长远　　C. 年度　　D. 日常
3. 直达旅客列车的车次以(　　)字母开头。
   A. N　　B. T　　C. Z　　D. K
4. 旅客运输计划的任务计划是指(　　)计划。
   A. 综合　　B. 长远　　C. 年度　　D. 日常
5. (　　)是日常指挥列车运行的重要依据。
   A. 旅客运输计划　　B. 货物运输计划
   C. 铁路规章　　D. 列车运行图

三、判断题

1. 铁路运输计划内容主要包括客流计划和旅客列车票额分配计划。(　　)
2. 客流调查的形式有综合调查、节假日调查和日常调查三种。一般以节假日调查为主。(　　)
3. 铁路旅客运输合同从售出车票时开始履行，至按票面规定运输结束旅客出站时止，为合同履行完毕。(　　)
4. 行包到达作业：包括承运、卸车、保管和交付作业。(　　)
5. 直通客流是指旅行距离在一个铁路局集团公司范围以内的客流。(　　)

四、简答题

1. 铁路旅客运输的主要任务是什么？
2. 铁路旅客列车可以分为哪几类？特征是什么？
3. 什么是旅客列车开行方案？
4. 旅客列车上、下行车次如何编定？
5. 按旅客的乘车行程是否跨越铁路局集团公司管辖范围为界限，将客流分为哪几种？它们的含义分别是什么？对旅行的要求如何？

项目九
铁路货物运输组织

项目描述

在科技高速发展的今天，我们可以在网络上购买任何货物，而这些货物有很多是通过铁路、由遥远的地方送达到我们所在的城市。因运输环境和人们需求的变化，铁路运输企业在运输市场中的竞争面临着新的机遇与挑战。如何树立市场观念、生产观念、产品观念和营销观念成了发展之重。因此，铁路为了完成货物运输的工作，必须制定周密的运输计划，提升运力；针对不同的货物，采用更加合适的运输方式。

下面主要对铁路货运的运输作业流程，集装箱运输及特种货物运输的特点，货运中心的组成及工作职能等内容加以介绍。

学习目标

知识目标

(1)了解货物运输形式。

(2)掌握铁路货物运输的种类。

(3)理解危险品货物的运输组织方法。

(4)了解货运中心的工种分类及岗位职责。

(5)掌握货物运输计划的分类方法。

(6)熟悉铁路货物发送和货物到达的作业流程。

(7)掌握阔大货物、危险货物、鲜活货物的运输特点及要求。

(8)了解集装运输的特点、组织方法及基本要求。

能力目标

(1)能够根据所运货物的信息，辨别所选用的运输方式及采用何种运输计划。

(2)能够根据集装箱的重量、尺寸、箱主来源，辨别集装箱运输的不同分类。

(3)能够准确地对危险货物，进行运输前的准备工作。

(4)能够根据货物运往省内、省外或国际等去向，设计符合运输特性的列车开行计划。

素养目标

(1)弘扬新时代抗疫精神，促进学生培育生命至上、举国同心、舍生忘死、尊重科学、命运与共的民族精神和时代精神。

(2)强化学习铁路文化，培育学生集体主义协作意识。

(3)引导学生感受我国铁路在世界上的地位，增强学生主人翁意识和大国担当的自信心。

(4)彰显铁路基层员工的平凡和伟大,培养学生的爱岗敬业、无私奉献的高尚人格。

学习导航

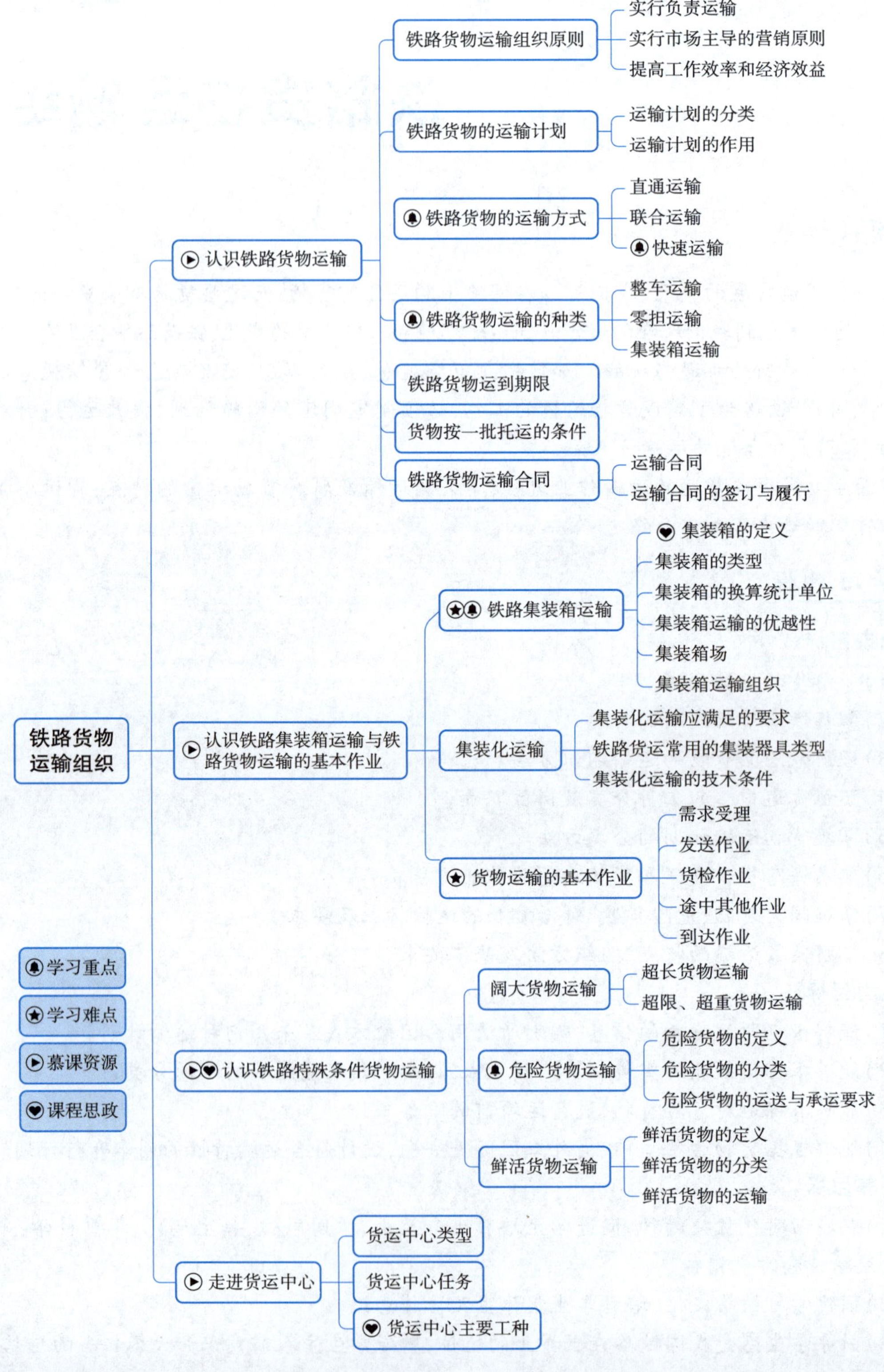

任务一　认识铁路货物运输

任务引入

据统计，东北的粮食年产量约占全国的20%，是我国当之无愧的第一大粮仓，特别是东北的玉米等作物，作为南方部分地区饲养业所需的饲料，每年的需求量大、运输要求高。哈局、沈局等铁路局集团公司统筹运力、人员、设备等安排，实行点对点开行散粮专列，在优先组织计划、装车、发运的同时，抓好山海关、隆化分界口车流组织，畅通粮食运输的"入关"通道。请结合所学知识，根据粮食运输的特殊性，分析该类运粮班列采用何种运输方式及运输计划。

任务描述

合适的运输方式与合理的运输计划是制定"北粮南运"运输方案的重要依据，根据货物的特性，制定相关运输方案，这样才能有效地提升运输效率。2021 年全国铁路货运总周转量完成 33 238 亿 t · km，比 2020 年同比增长 8.9%。如何快速、准确地根据所运输货物的特殊性，选择合适的运输方式、制定合理的运输计划，有助于更好地提高运输效率？

相关知识

一、铁路货物运输组织原则

(1)实行负责运输。在规定的运到期限内，安全、完整地将货物运送到站、交付给收货人。

(2)实行市场主导的营销原则。除执行国家宏观调控要求完成一定的指令性运输任务外，应做好市场调研和预测工作，开发货运新产品，满足市场需要。

(3)提高工作效率和经济效益。改善经营管理和生产组织，加强运输协作，确保铁路货运收货人和利润目标的完成。

二、铁路货物的运输计划

1. 运输计划的分类

铁路运输生产计划由国铁集团、铁路局集团公司两级编制管理，按年、月、日等不同时间周期分为年度运输生产预期、月度运输生产计划、货运日计划三部分。

(1)年度运输生产预期。国铁集团和各铁路局集团公司根据年度经济调查、协议客户的运输需求和铁路运输能力变化，统筹平衡确定的年度铁路运输生产目标。年度运输生产预期描绘在一个年度内运输生产的总体框架，在运输生产计划体系中发挥总体规划的作用。

(2)月度运输生产计划。月度运输生产计划是在年度运输生产规划框架下，在一个相对较短的周期内，细致准确地把握客户实际需求，做出阶段性统筹安排。月度运输生产计划向上衔接年度运输生产预期,向下指导货运日计划实施,发挥统筹执行的作用。

(3)货运日计划。以“实货”为依据,编制运输生产日计划,为随到随办提供保障。货运日计划由计算机自动排定,列车工作计划、机车工作计划编制要围绕货运日计划,为其提供支撑。

2. 运输计划的作用

(1)经济合理地使用铁路运输设备,满足国民经济各部门对铁路运输的需要。

(2)促进各种运输方式的合理分工和协调发展。

(3)科学地组织货源货流,组织合理运输,挖掘运输潜力。

(4)促进铁路自身的计划管理,为铁路内部安排各种计划提供可靠的运量依据。

三、铁路货物的运输方式

1. 直通运输

按整车托运的货物,为了方便托运人或收货人,免去在途中换装作业站或者不同产权归属的交接站办理运输手续,而使用一份运输票据完成货物的全程运输,这种货物运输方式称为直通运输。

2. 联合运输

铁路与其他运输工具或我国铁路与国外铁路共同参加,并以一份运输票据完成货物全程运输服务的运输方式称为联合运输,其形式主要有铁路与水路的联合运输、铁路与公路的联合运输、国际铁路货物联运。

3. 快速运输

铁路上开办的依托多种类型快速列车(包括特快班列、快速班列、货物快运列车等)的货物运输方式称为快速运输,快速列车可采用“五固定”(固定车次、固定始发时刻、固定运行区段、固定编组内容、固定作业地点)的客车化模式开行。

素养教育

国家记忆
特殊使命

(1)“五定”班列快运直达列车。“五定”班列是指定点(装车站和卸车站)、定线(运行线)、定车次(直达班列车次)、定时(货物运到时间)、定价(全程运输价格)的直达快运货物列车。

(2)集装箱快运直达列车。集装箱快运直达列车是按规定的牵引重量或列车长度,由装车站或编组站编成全部挂运装载集装箱的车辆,通过一个及以上编组站不进行改编作业的列车。

(3)鲜活货物快运直达列车。鲜活货物快运直达列车是为了保证能够及时地将鲜活货物运送到需求地,在途经编组站时,不再进行改编作业。

例如,20世纪60年代,受三年严重困难影响,祖国内地物资紧缺,在极其严峻的条件下,中央为解决港澳地区供应问题,保证鲜活货物“优质、适量、均衡、应时”地供应港澳地区,对外贸易部和铁道部共同开创编号为751、753和755的三趟快车,每天固定开行三趟,为港澳地区同胞提供物资保障。为此,“三趟快车”被港澳同胞亲切誉为“生命线”,它像一根动脉,把祖国内地和港澳地区紧紧地联系在一起,成为血肉相连的历史见证,也为港澳地区的繁荣稳定作出了巨大贡献。2022年3月2日,受疫情影响,停开10余年的援港澳地区货运班列,再次起航。

“新三趟快车”满载防疫物资驶向香港地区。

四、铁路货物运输的种类

根据托运人托运货物的数量、性质、形状和运输条件等，结合我国铁路技术设备条件，铁路货物分为整车、零担和集装箱运输三类。

1. 整车运输

一批货物的重量、体积或形状需要以一辆及以上货车运输的，应按整车托运。整车货物运输，运输费用较低，运送速度较快，安全性能好，承担的运量也较大，是铁路的主要运输方式，如图 9-1 所示。

(a) 开行冷链运输班列

(b) 驰援湖北果蔬专列

图 9-1　整车运输

但是，由于性质特殊，或需要特殊照料，或受铁路现有设备条件的限制，遇下列情况之一时尽管不够整车运输条件，也必须按整车托运：

(1) 需要冷藏、保温或加温运输的货物。

(2) 规定限按整车办理的危险货物。

(3) 易于污染其他货物的污秽品（例如，未经过消毒处理或未使用密封不漏包装的牲骨、湿毛皮、粪便、炭黑等）。

(4) 蜜蜂。

(5) 不易计算件数的货物。

(6) 未装容器的活动物（铁路局集团公司规定在管内可按零担运输的除外）。

(7) 一件货物重量超过 2 t，体积超过 3 m^3 或长度超过 9 m 的货物（经发站确认不致影响中转站和到站装卸车作业的除外）。

2. 零担运输

凡不够整车运输条件的，即一批货物的重量、体积或形状都不需要单独使用一辆货车来运输的应按零担货物托运。按零担托运的货物，一件货物体积最小不得小于 0.02 m^3（一件重量在 10 kg 以上的除外），每批不得超过 300 件，如图 9-2 所示。

目前，随着运输市场的发展变化，零担运量已大幅萎缩，在一批货物的重量、体积、形状和性质都不需要单独使用一辆货车装运时，可使用零散货物“点对点”快运方式，即一辆货车可拼装同一到站且一站直达的零散货物。

3. 集装箱运输

符合集装箱运输条件的适箱货物，可装入集装箱，按集装箱进行托运。贵重、怕湿、易碎货物都适合采用集装箱运输,如图 9-3 所示。

图 9-2　零担运输

(a) 集装箱装车

(b) 中欧集装箱班列

图 9-3　集装箱运输

集装箱所装的货物不得腐蚀、损坏箱体,性质互相抵触的货物不得混装于同一箱内。易于污染和腐蚀箱体的货物和易于损坏箱体的货物等不得使用铁路通用集装箱装运。

集装箱运输只能在铁路开办集装箱业务的车站间办理,专用铁路、铁路专用线要求办理集装箱运输时,由产权单位向接轨站提出申请,经国铁集团审核后方可运输。

五、铁路货物运到期限

铁路货物运到期限是铁路将货物由发站运至到站的最长时间限制,是根据铁路现有技术设备条件和运输工作组织水平确定的,也是铁路承运部分货物的依据。货物运到期限从承运人承运货物的次日起算,按下列规定计算:

(1)货物发送期间为 1 d。

(2)货物运输期间:每 250 运价公里或其未满为 1 d;按快运办理的整车货物每 500 运价公里或其未满为 1 d。

(3)特殊作业时间:

①运价里程超过 250 km 的零担货物,另加 2 d;运价里程超过 1 000 km 的零担货物,另加 3 d。

②一件货物重量超过 2 t、体积超过 3 m^3 或长度超过 9 m 的零担货物,另加 2 d。

③准、米轨间直通运输的整车货物,另加 1 d。

④需要上门装、卸货物,各另加 1 d;需要“门到站”“站到门”接取送达货物,各另加 1 d。

货物的实际运到日数,从货物承运次日起算,在到站由铁路组织卸车的,至卸车完毕时终止;在到站由收货人组织卸车的,至货车调到卸车地点或交接地点时终止。货物运到期限,起码天数为 3 d。

六、货物按一批托运的条件

铁路货物运输中的“一批”是指使用一张货物运单和一份货票,按照同一运输条件运输的货物。它是铁路承运货物和计算运输费用的一个基本单位。按一批托运的货物,必须托运人、收货人、发站、到站和装卸地点相同(整车分卸货物除外)。

整车货物以每车为一批,跨装、爬装及使用游车的货物,每一车组为一批。

零担货物或使用集装箱的货物,以每张货物运单为一批。使用集装箱运输的货物每批必须同一箱型,至少一箱,最多不得超过铁路一辆货车所能装运的箱数。

为保证货物运输安全,规定下列运输条件不同或根据货物性质不能在一起混装的货物不得按一批托运。

(1)易腐货物与非易腐货物。

(2)危险货物与非危险货物(另有规定者除外)。

(3)根据货物的性质不能混装运输的货物(如食品与异味的货物,液体货物与怕湿货物)。

(4)按保价货物运输的货物与不按保价货物运输的货物。

(5)投保运输险的货物与未投保运输险的货物。

(6)运输条件不同的货物(如需要卫生检疫的货物与不需要卫生检疫的货物,海关监管货物与非海关监管货物,不同热状态的易腐货物等)。

上述不得按一批托运的货物,在特殊情况下,经铁路局集团公司承认也可按一批托运。

七、铁路货物运输合同

(一)铁路货物运输合同

1. 铁路货物运输合同概述

铁路货物运输是利用铁路运输工具将货物从发站运往到站的运输生产过程,在法律上体现为铁路运输合同关系。根据《中华人民共和国民法典》和《中华人民共和国铁路法》,承运人和托运人(代表收货人)就铁路货物运输须签订铁路货物运输合同。铁路货物运输合同是承运人与托运人、收货人之间为明确铁路货物运输中的权利、责任、义务而签订的协议,即承运人根据托运人的要求,按约定将托运人的货物运至目的地,完好无损地交与收货人的合同。

2. 铁路货物运输合同的特点

(1)铁路货物运输合同具有标准合同的性质。铁路货物运输合同的基本条款和主要内容是依据铁路法规、规章确定的,承托双方不能协商或商定。

(2)铁路货物运输合同的履行具有整体性。一批货物的运输过程,通常不是由一个承运人完成,而是由多个承运人共同完成的。多个承运人的行为构成了一个完整的运输行为。

(3)铁路货物运输合同的履行具有阶段性。货物运输合同的履行都要经历承运、运送和交付三个阶段。承运阶段,托运人向承运人交付货物,双方就铁路货物运输而签订铁路货物运输合同;运送阶段,承运人运送货物,将货物运至到站;交付阶段,承运人将货物交付给合同规定的收货人,双方完成运输合同。

(二)铁路货物运输合同的签订与履行

托运人利用铁路运输货物,应与承运人签订货物运输合同。托运人以铁路运输货物,可按年度、半年度、季度或月度签订货物运输协议,也可以签订更长期限的运输协议;在协议期内,托运人可与承运人按阶段确定需求,交付货物时,向承运人按批提出货物运单,作为运输合同的组成部分。其他货物使用货物运单作为运输合同。货物运单如图 9-4 所示。

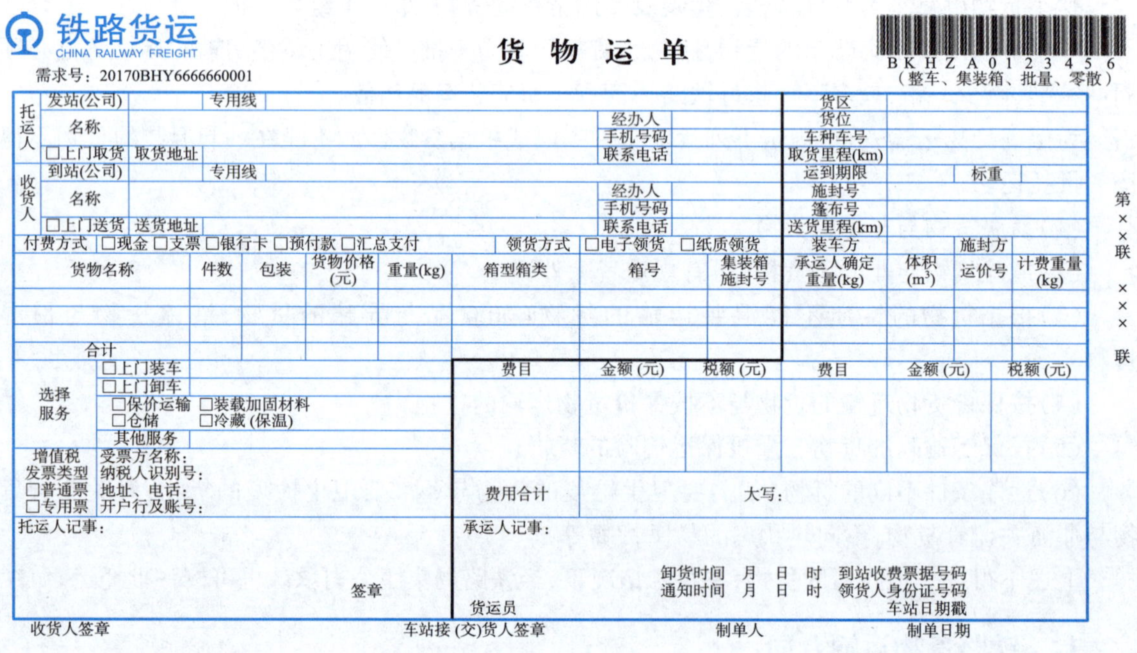

铁路货运
CHINA RAILWAY FREIGHT

货 物 运 单

BKHZA0123456
(整车、集装箱、批量、零散)

需求号:20170BHY6666660001

托运人:发站(公司) 专用线;名称;经办人;手机号码;☐上门取货 取货地址;联系电话

收货人:到站(公司) 专用线;名称;经办人;手机号码;☐上门送货 送货地址;联系电话

货区;货位;车种车号;取货里程(km);运到期限;标重;施封号;篷布号;送货里程(km)

付费方式 ☐现金 ☐支票 ☐银行卡 ☐预付款 ☐汇总支付;领货方式 ☐电子领货 ☐纸质领货;装车方;施封方

货物名称	件数	包装	货物价格(元)	重量(kg)	箱型箱类	箱号	集装箱施封号	承运人确定重量(kg)	体积(m³)	运价号	计费重量(kg)
合计											

选择服务:☐上门装车;☐上门卸车;☐保价运输 ☐装载加固材料;☐仓储 ☐冷藏(保温);其他服务

费目	金额(元)	税额(元)	费目	金额(元)	税额(元)
费用合计		大写:			

增值税发票类型 ☐普通票 ☐专用票:受票方名称:;纳税人识别号:;地址、电话:;开户行及账号:

托运人记事: 签章

承运人记事: 卸货时间 月 日 时 到站收费票据号码;通知时间 月 日 时 领货人身份证号码;货运员;车站日期戳

收货人签章　车站接(交)货人签章　制单人　制单日期

第××联 ×××联

图 9-4　货物运单

履行铁路货物运输合同要遵循“实际履行、全面履行、诚实信用”的原则,双方当事人要按照合同的约定或者法律、法规的规定,认真履行各自的义务。

托运人应完整、准确填写货物运单,缴纳运输费用,遵守国家有关法令及铁路规章制度,维护铁路运输安全。因自身过错给承运人或其他托运人、收货人造成损失时应负赔偿责任。

承运人应为托运人提供方便、快捷的运输条件,将货物安全、及时、准确运送到目的地。货物自承运时起至交付后止,发生灭失、损坏、变质、污染等,承运人应承担赔偿责任。

任务实施

(1)查阅相关资料,了解粮食长途运输需要注意哪些问题。

(2)根据粮食运输的特殊性,判断选择何种运输方式更加合适。

(3)为满足“北粮南运”的需求,如何制定运输计划能够满足市场?

任务评价

任务评价表见表 9-1。

表 9-1 任务评价表

序号	评价内容	评价标准	分数	评分记录		
				学生自评	组间互评	教师评分
1	粮食长途运输特点	1. 无法清晰说明查阅资料过程的,扣 10 分 2. 无法准备说明粮食运输特点的,扣 10 分	20			
2	选择正确的运输方式	1. 无法准确地说清粮食运输适用哪种运输方式的,扣 30 分 2. 无法准确地选择粮食运输所属运输种类的,扣 30 分 3. 以 30 s 为基准,每超 5 s,扣 5 分,本项扣完为止	60			
3	适用何种运输计划	1. 无法准确说明“北粮南运”的需求特点的,扣 10 分 2. 无法正确地选择运粮运输计划的,扣 10 分 3. 以 30 s 为基准,每超 5 s,扣 5 分,本项扣完为止	20			
总分			100			

任务二 认识铁路集装运输与货物运输的基本作业

任务引入

2021 年 12 月,历时 5 年的建设,中老铁路顺利建成通车。代表中老两国之间友好合作关系的“湾区号”中老国际班列(深圳—万象)满载 69 个长 12 m 的集装箱、总重近 15 t 的新能源材料,货物总价约为 1 000 万元,顺利发出。请结合所学知识,对该列中老国际集装箱班列的类型从不同角度进行分类。

任务描述

集装运输是我国铁路运输方式中的一种比较普遍且有效的运输方式。集装运输主要包括集装箱运输和集装化运输,即是以集装箱、集装器具和捆扎索夹具为载体,将散裸装和成件包装货物集合组装成集装单元,装于具有统一长、宽、高规格的箱体内,以便适于进行装卸、搬运作业。能准确地根据所运货物的用途、选用集装箱的长度以及装载货物的重量,进行集装箱种类的区分,是铁路货运岗位从业人员需要具备的基础能力。

相关知识

一、铁路集装箱运输

(一)集装箱的定义

集装箱是一种运输设备,具有标准规格尺寸和便于装卸、拴固的特殊容器,如图 9-5 所示。

根据国际标准化组织(ISO)和我国国家标准的规定,集装箱应满足以下要求:

(1)具有足够的强度,在有效使用期内可长期反复使用。

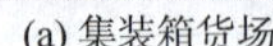
(a) 集装箱货场

(b) 集装箱搬运

图 9-5　货运集装箱

(2)适于一种或多种运输方式运送货物,途中无需倒装。

(3)设有供快速装卸的装置,便于从一种运输方式转到另一种运输方式。

(4)便于箱内货物装满和卸空。

(5)内容积不小于 1 m^3。

集装箱不包括车辆和一般包装。

图 9-5 所示是中欧班列集装箱。中欧班列是指按照固定车次、线路等条件开行,往来于中国与欧洲及响应"一带一路"倡议沿线各国的集装箱国际铁路联运班列。2011 年 3 月 19 日,首列中欧班列(重庆—杜伊斯堡)成功开行以来,成都、西安、郑州、武汉、苏州等数十个城市也陆续开行了去往欧洲多个城市的集装箱班列。中欧班列的开行标志着中国与欧洲部分国家的友好往来,为深化"一带一路"和"中欧经济走廊"发展,铁路集装箱运输发挥着举足轻重的作用。

(二)集装箱的类型

集装箱可按箱型、箱主、用途、尺寸、结构和材质等不同进行分类。

1. 按用途分类

(1)普通货物集装箱,又可分为通用集装箱和专用集装箱。

①通用集装箱,用以装运需以棚车运送的成件货物,适应多种普通货物的运输,在国际上称为干货集装箱。

②专用集装箱,专门用以装运某一类别或某一品种的货物,如通风集装箱、敞顶集装箱、台架式集装箱和平台集装箱。

(2)特种货物集装箱,指用于装运需控温货物、液体和气体货物、散货、汽车和活动物等特种货物的集装箱。

①冷藏集装箱,用于装运需要控制温度的货物,如冻鱼、冻肉、鲜蛋、鲜奶、水果、蔬菜等。

②罐式集装箱,用于装运各类酒类、油类、液体食品、化学药品等液体货物。

③干散货集装箱,用于装运无包装的固体颗粒状或粉状货物,如各种散装粮食、饲料、水泥及某些化学制品等。

④按货物命名的集装箱,专门用于装运某种具体货物的集装箱,如汽车集装箱、动物集装箱、原皮集装箱、服装集装箱等。

2. 按规格尺寸分类

目前,国际上通常使用的集装箱有:

(1)20 ft(1 ft = 0.304 8 m)集装箱,外尺寸为 20 ft × 8 ft × 8.5 ft。

(2)40 ft 集装箱,外尺寸为 40 ft × 8 ft × 9.5 ft。

铁路运输的集装箱按长度分为 20 ft 箱、40 ft 箱、45 ft 箱以及经国铁集团货运部批准运输的其他长度的集装箱。

3. 按总重分类

集装箱按总重可分为大型集装箱、中型集装箱和小型集装箱。

大型集装箱是指总重在 20 t 及其以上的集装箱;中型集装箱是指总重在 5 t 及其以上,但小于 20 t 的集装箱;小型集装箱是指总重小于 5 t 的集装箱。

4. 按箱主分类

在铁路运输中分为铁路集装箱和自备集装箱。在海路运输中分为船公司的集装箱、租箱公司的集装箱和企业自备集装箱。

(三)集装箱的换算统计单位

为了国际流通,便于对集装箱的管理和信息传输,国际标准化组织规定了集装箱的换算单位。

TEU(Twenty-foot Equivalent Unit,TEU)为国际集装箱的换算单位,1TEU 表示 1 个 20 ft 的国际标准集装箱,2TEU 则表示 1 个 40 ft 的国际标准集装箱。

CTU(Conversion Ten Unit,CTU)为我国铁路集装箱的换算单位,1CTU 表示 1 个铁路 10 t 箱;2CTU,表示 1 个 20 ft 的国际标准集装箱;4CTU,表示 1 个 40 ft 国际标准集装箱。

(四)集装箱运输的优越性

1. 保证货物运输安全

集装箱箱体结构坚固,箱门具有防雨装置,对货物有很好的保护作用;途中换装时可以不动箱内货物,减少了装卸、搬运的次数,从而可避免人为和自然因素造成的货物破损、湿损、丢失等货运事故。

2. 简化货物包装、节省包装费用

集装箱本身具有保护商品的作用,所以集装箱运输为简化货物包装、降低商品成本创造了条件。

3. 便于开展多式联运,实现“门到门”运输

集装箱作为运输单元,由一种运输方式转换到另一种运输方式进行联合运输时,需要换装的是集装箱,箱内的货物并不需要搬动,这就大大简化和加快了换装作业。采用集装箱可以实现“门到门”运输,极大地促进了铁路、公路、水路等单一运输方式向“一次托运、一次收费、一票到底、全程负责”的高级联运方式的发展。

4. 提高运输效率

采用集装箱运输便于铁路装卸和搬运作业全面实现机械化,从而提高作业效率,缩短集装箱装卸和中转作业时间,加速车辆的周转和货物的送达。

5. 减少运营成本,降低运输费用

由于集装箱运输采用机械装卸,比人力装卸节省大量的装卸成本,且由于装卸效率提高、车船周转加快,使集装箱运输成本大幅降低。另外,货损、货差大为减少,事故赔偿也随之下降;开

展“门到门”运输业务后，可大量节约仓库的建造费用和仓库作业费用等。

6. 有利于实现管理现代化

集装箱运输简化了货运手续，使装卸、搬运、交接等过程更简单方便。集装箱的标准化和单元化特点，使集装箱运输非常适合使用现代科学方法加以管理，特别是可使用计算机进行管理，从而为实现自动化管理创造了便利条件。

（五）集装箱场

铁路货运站开办集装箱业务，必须设置集装箱场，并配备相应的装卸机械和搬运设备，以便完成相关作业。

（六）集装箱运输组织

集装箱运输的组织原则是“合理集结、多装直达、均衡运输、减少回空”。集装箱运输的发展方向是组织班列运输。

1. 集装箱运输的基本条件

（1）必须在集装箱办理站间办理运输。

（2）使用集装箱运输的货物，每批必须是同一箱型，至少一箱，最多不得超过铁路一辆货车装运的箱数。

（3）集装箱所装货物应符合所用箱型适箱货物要求，不得腐蚀、损坏箱体。铁路通用箱不得装运煤、焦炭等易污染箱体的货物。

（4）托运的集装箱每箱总重不得超过该集装箱的标记总重。

（5）集装箱军事运输按有关规定办理。

（6）集装箱装运危险货物应执行《铁路危险货物运输管理规则》等铁路危险货物运输规定。

（7）集装箱国际铁路联运，应符合《国际铁路货物联运协定》等国际铁路货物联运规定。

2. 集装箱列车运输组织

（1）从列车组织分为定期直达列车和不定期直达列车两种。

（2）从列车编组分为短列直达列车、普通直达列车和组合直达列车三种。

（3）从车底组成分为固定车底循环和不固定车底三种。

（4）从作业方式分为一站直达和有途中作业两种。

3. 双层集装箱运输组织

我国铁路双层集装箱列车的组织形式有：

（1）一站直达双层集装箱班列。

（2）途中装卸的双层集装箱班列。

（3）途中甩挂的双层集装箱班列。

（4）不定期双层集装箱列车。

二、集装化运输

铁路货物集装化运输，国外铁路称之为货捆运输、单元运输或束装运输。凡使用集装器具或捆扎方法，把裸装货物、散粒状货物、具有商业包装的货物、体积较小的成件包装货物等适于集装化运输的货物，组成具有一定规格的集装货件进行运输，统称为集装化运输。

铁路货物集装化运输是近十几年发展起来的一种较为先进的运输方式。它是提高货物运输效率、保证货物运输安全与货物质量、加速车辆周转和货物送达的重要措施，也是实现铁路货物运输现代化的途径之一。

从广义上讲，集装箱也是集装化的一种形式，但集装化运输与集装箱运输不同之处是集装化运输具有更大的灵活性，能组织不同形式和类型的货物集装件进行运输。

1. 集装化运输应满足的要求

(1)集装器具应该具有足够的强度。

(2)集装货件应便于采用机械装卸和搬运作业，便于储存和管理。

(3)能够合理利用各种运载工具的载重力和装载容积。

(4)可以在各种运输方式之间直接换装，组织“门到门”运输。

(5)能够保证货物和运输设备的安全与完整。

(6)每个集装货件的体积或重量应适合装卸机械的水平。

2. 铁路货运常用的集装器具类型

集装器具是指货物集装化运输所使用的集装容器和用具的总称。集装器具类型的选择主要取决于货物的性质和状态。集装器具主要有托盘、集装笼、集装架、集装袋、集装网、集装专用箱、集装夹、预垫式集装器具和滑板等，如图 9-6 所示。

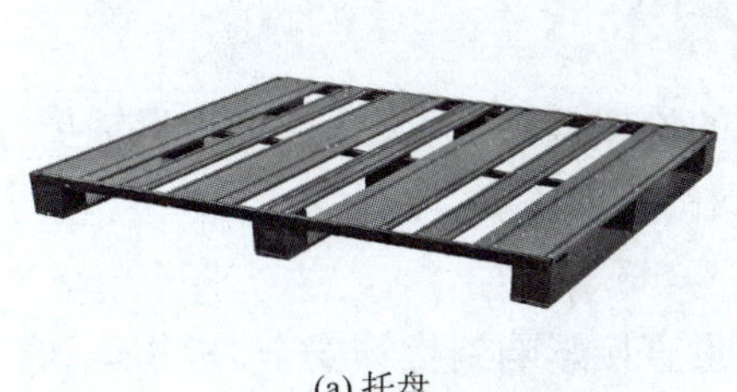

(a) 托盘

(b) 集装袋

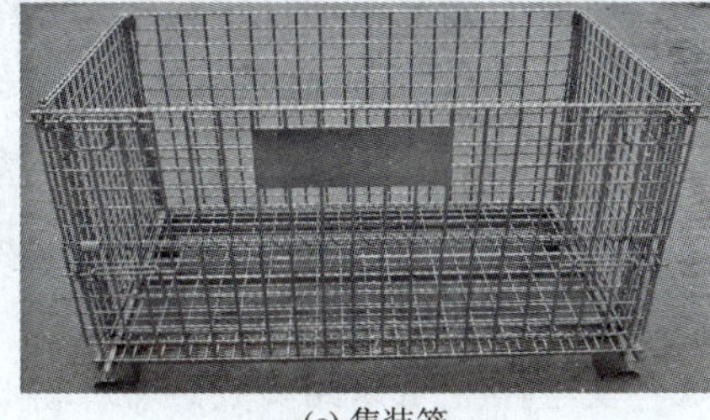

(c) 集装笼

图 9-6　集装器具类型

3. 集装化运输的技术条件

(1)货物集装化运输应整车运输和零担运输并重，优先对在运输过程中装卸作业困难、货物损耗较大、包装费用较高、货物易于污染车辆和环境，影响铁路运输安全的货物实行集装化运输。

(2)集装器具应逐步实行标准化、系列化和通用化，集装器具的结构强度要保证货物在运输过程中的安全，循环使用的集装器具应尽量缩小回送体积。

(3)集装货件的重量和尺寸要便于储存、装卸，充分利用车辆载重能力。

(4)集装货件每件体积不小于 0.5 m^3，或重量不小于 500 kg。棚车装运的集装货件，每件重量不得超过 1 t，长度不得超过 1.5 m，体积不得超过 2 m^3。敞车装运的集装货件，每件重量不得超过到站的最大起重能力。集装货件应捆绑牢固，表面平整，适合多层码放；货物应码放整齐、严密，并按规定做好包装储运标志。

三、货物运输的基本作业

(一)需求受理

1. 需求的受理范围

需求是指客户对铁路运输部门提出的在一定周期内的运输需求。货运需求受理是承运人和托运人双方关于铁路货物运输的要约和承诺，简单来讲，即铁路运输部门对客户提出的货运需求进行核实确认，并对需求进行处理的作业，是货物运输的起始环节，触发条件是客户提出的货运申请。

2. 货运需求受理的渠道

铁路部门为客户提供多种需求受理渠道，包括：95306 客服电话、95306 网站“我要发货”、95306 网上营业厅、货运营业站（包括货运中心、营业场所，下同）受理服务电话、铁路客服人员上门服务，以及客户到铁路货运营业站直接提出运输需求。其中，95306 客服电话、95306 网站“我要发货”由 95306 货运客服人员受理；货运营业站受理服务电话、铁路客服人员上门服务由货运营业站铁路客服人员受理。客户到铁路货运营业站直接提出运输需求，由铁路客服人员面对面与客户进行沟通。受理运输需求。各渠道受理的需求全部通过 95306 货运电子商务系统（简称电商系统）进行提报。

（二）发送作业

货物在发站所进行的各项货运作业，统称为货物的发送作业。发送作业主要包括进货、装车、计费和承运等环节。

1. 进货

托运人凭进货通知、纸质运单需求联或需求号，在指定日期将货物搬入货场指定的位置即为进货。

货场门卫人员和货运员对搬入货场的货物进行有关事项的检查核对，确认是否符合运输要求，需要做好：检查货位、安检查危、查验货物、货物堆码系统操作等工作。

2. 装车作业

装车作业是铁路货物运输工作的一个重要环节。装车质量直接影响到货物安全、货物运送速度、车辆周转时间以及列车运行安全。因此，合理使用货车、合理组织劳动力和装卸机械、遵守装车作业规章制度和作业程序，对顺利完成装车作业具有重要意义。

3. 计费和承运

(1)计费制票。车站在货运制票系统（简称货票系统）中核对“已装车”的整车运单，按照《货物运输标准记事及说明》规定录入承运人记事，计算运输费用，打印运单发站存查联、托运人存查联、收款人报告联、领货凭证联（客户需纸质领货凭证时），作为运输合同正本和副本。发站存查联、托运人存查联、纸质领货凭证背面应有托运人、收货人须知及货物托运安全承诺书。

(2)承运。整车货物装车完毕并核收运费后，发站在货物运单上加盖车站日期戳时起，即为承运。

计费制票完成后，托运人应在货物运单发站存查联正面的托运人签章处及背面的“货物托运安全承诺书”处签章后，车站在打印出的运单各联上加盖车站日期戳。发站留存发站存查联，托运人存查联和领货凭证交托运人，收款人报告联上报铁路局集团公司。

（三）货检作业

货检工作是铁路运输组织工作和铁路运输安全工作的重要组成部分，是确保货物运输安全、行车安全以及编组站、区段站畅通的重要环节，因此货检人员要当好安全哨兵，把好途中安全的防范关，货检作业内容：

(1)货物列车中货物装载、加固状态。

(2)货物篷布及篷布绳网苫盖、捆绑状态。

(3)施封(罐车、集装箱、SQ 型或 JSQ 型车端门处施封除外)。

(4)货车门、窗、盖、阀关闭情况，以及罐车集装箱盖、阀关闭情况。

(5)《铁路超限超重货物运输规则》规定的事项(不检查军用超限超重货物运输记录)。

(6)设备检测发现的超偏载问题。

(7)货车、货物、集装箱、篷布等顶部和敞车内货物等视频监控设备可视部位的情况。

(8)对无列检作业的车站，还应检查自动制动机的空重位置，不符合时应进行调整。

(9)国铁集团规定的其他事项。

(四)途中其他作业

货物在运输途中需要进行的各项货物作业，统称为货物的途中作业。途中其他作业主要包括票据信息与现车不符，途中扣车整理或换装、货物运输变更、运输阻碍的处理等。

(五)到达作业

货物在到达站所进行的各项货物作业，统称为货物的到达作业。到达作业主要包括货物的卸车、交付、搬出等。

1. 货物的卸车

卸车时排空车和装车的基础，是到站工作组织的关键。正确、迅速、及时地组织卸车作业、对于保证货物运输质量、确保装车车源、完成排空任务以及加速货物周转、提高货车使用效率都具有重要意义。

2. 货物的交付和搬出

货物交付是指承运人在规定地点与收货人进行货物(车)交接后并在货物运单上加盖货物交付日期戳记，即表示货物运術过程终止。由承运人組织卸车和发站由承运人组织裝车、到站由收货人组织卸车的货物，在向收货人点交货物或办现交接手续后，即为交付完毕；发站由托运人组织装车，到站由收货人组织卸车的货物，在货车交接地点交接完华，即为交付完华。交付完毕，货物运物运输合同即告结束。

货物搬出是指收货人持有加盖“货物交讫”戳记的货物运单收货人存查联将货物搬出货场，门卫对搬出的货物认真检查品名、件数、交付日期与运单记载是否相符，经确认无误后放行。

任务实施

(1)根据中老国际集装箱班列(深圳—万象)所运的货物是新能源材料，按用途行分类。

(2)根据中老国际集装箱班列(深圳—万象)所运货物总重 15 t，按重量进行分类。

(3)根据中老国际集装箱班列(深圳—万象)所选用的长 12 m 的集装箱，按尺寸进行分类。

任务评价表见表9-2。

表9-2　任务评价表

序号	评价内容	评价标准	分数	评分记录		
				学生自评	组间互评	教师评分
1	集装箱班列按用途进行分类	1. 无法准确地说明集装箱货物运输按用途如何分类的,扣10分 2. 无法准确地说出该中老班列所运货物属于何种用途集装箱运输的,扣20分 3. 以30 s为基准,每超5 s,扣5分,本项扣完为止	30			
2	集装箱班列按重量进行分类	1. 无法准确地根据所运货物重量,分辨大中小型集装箱的,扣10分 2. 无法准确地说出该中老班列所选用的是何种型号集装箱的,扣20分 3. 以30 s为基准,每超5 s,扣5分,本项扣完为止	30			
3	集装箱班列按尺寸进行分类	1. 无法准确地说出国际集装箱的尺寸的,扣20分 2. 无法准确地说出该中老班列选用的12 m长集装箱属于国际通用尺寸集装箱的,扣20分 3. 以30 s为基准,每超5 s,扣5分,本项扣完为止	40			
总分			100			

任务三　认识铁路特殊条件货物运输

任务引入

2020年初,新冠疫情席卷全球,84消毒液、医用酒精等消杀物品一时成为全国范围内的紧俏物资,广西前线指挥部收到十堰市前方工作组医疗用品需求后迅速行动,在短短6 h内,就从桂林、北海、钦州、南宁等多地调配筹集了84消毒液、医用酒精等消杀物品200余吨,发往疫区。分析该类消杀物资的调配运输需要做哪些准备,以及有哪些承运要求。

任务描述

阔大货物运输、危险货物运输、鲜活货物运输均属于特种运输。而像84消毒液、医用酒精等物资的运输均属于危险货物运输,指专门组织或技术人员对非常规物品使用特殊车辆进行的运输,而该种危险货物的运输安全风险往往存在于装卸、运输、存储等环节。进行危险品货物的运输准备工作、掌握危险品货物的承运要求,是铁路货运岗位从业人员应具备的基本能力之一。

相关知识

一、阔大货物运输

阔大货物是超长货物、超重货物、超限货物的总称。在装载时由于受到车辆的技术规格、铁路限界和运行条件等因素的影响，必须对装在货车上的货物重量、高度、宽度、长度和中心位置等方面加以限制，以确保货物、车辆的完整和列车运行的安全，经济合理地利用货车载重力。

（一）超长货物运输

1. 超长货物的定义

一车负重突出车端装载，需要使用游车或需要跨装运输的货物，称为超长货物。

2. 超长货物的装载方法

超长货物的装载方法有两种：一种是一车负重，在负重车的一端或两端加挂游车装运，图 9-7 为负重车一端加挂游车示意图；另一种是两车负重跨装运送，可加挂中间游车，或在跨装负重车的一端、两端加挂游车，图 9-8 为两负重车共用游车示意图。

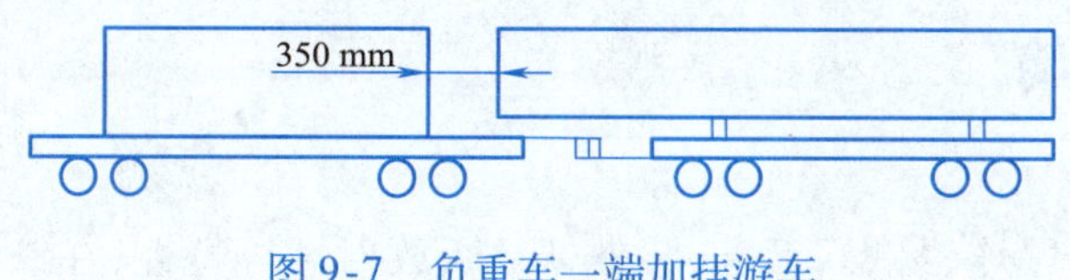

图 9-7　负重车一端加挂游车

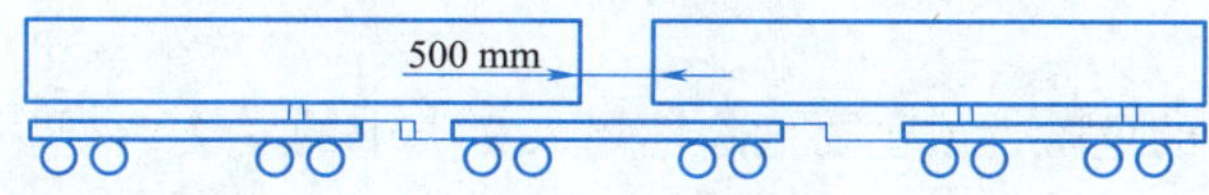

图 9-8　两负重车共用游车

（二）超限、超重货物运输

1. 超限货物的定义

货物装车后，车辆停留在水平直线上，货物的任何部位超出机车车辆限界基本轮廓者或车辆行经半径为 300 m 的曲线时，货物的计算宽度超出机车车辆限界基本轮廓者，均为超限货物，如图 9-9 所示。

(a)

(b)

图 9-9　超限货物运输

2. 超限货物等级的确定

在运输超限货物之前首先要确定超限货物的等级，主要是根据货物计算点所在检定断面的实测宽度或计算宽度来确定。

（1）超限货物以装车站列车运行方向为准，由线路中心线起分为左侧、右侧和两侧超限。

(2)根据货物的超限程度(主要依据一级、二级超限限界),超限货物分为一级超限、二级超限和超级超限。

①一级超限货物:自轨面起高度在 1 250 mm 及以上超限,但未超出一级超限限界者。

②二级超限货物:超出一级超限限界而未超出二级超限限界者,以及自轨面起高度在 150 mm 至未满 230 mm 间超限,但未超出二级超限限界。

③超级超限货物:超出二级超限者以及自轨面起高度在 230 ~ 1 250 mm 间超限者。

(3)根据货物超限部位(任何部位)所在的高度(自轨面起),超限货物分为三种类型。

①上部超限:由轨面起高度(以下简称高度)超过 3 600 mm,有任何部位超限者。

②中部超限:自轨面起高度超过 1 250 ~ 3 600 mm 之间,任何部位超限者。

③下部超限:自轨面起高度在 150 ~ 1 250 mm 之间,有任何部位超限者。

二、危险货物运输

1. 危险货物的定义

危险货物是指具有爆炸、易燃、毒害、感染、腐蚀、放射性等特性,在铁路运输、装卸和储存保管过程中,容易造成人身伤亡、财产毁损或者环境污染而需要特别防护的物质和物品。

2. 危险货物的分类

危险货物按其具有的危险性或主要危险性划入 9 类中的一类,有些类别再分成项别,爆炸品;气体;易燃液体;易燃固体、易于自燃的物质、遇水放出易燃气体的物质;氧化性物质和有机过氧化物;毒性物质和感染性物质;放射性物质(物品);腐蚀性物质;杂项危险物质和物品。部分危险品标识如图 9-10 所示。

图 9-10　危险品标识

3. 危险货物的运送与承运要求

托运人托运危险货物时,应如实表明收货人名称,货物的名称、性质、重量、数量等,不得匿报、谎报品名、性质、重量。并应在货物运单“货物名称”栏内填写危险货物品名和铁危编号,在货物运单上用红色戳记标明类项名称,在货物运单托运人记事栏内填写经办人身份证号码,对派有押运员的还需填写押运员姓名、身份证号码。

托运爆炸品或烟花爆竹时,托运人须相应出具运达地县级人民政府公安部门核发的"民用爆炸物品运输许可证"或"烟花爆竹道路运输许可证",均应在货物运单托运人记事栏内注明许可证名称和号码,并在货物运单上用红色戳记相应标明"爆炸品"或"烟花爆竹"字样。

货物运单包装栏应按"铁路危险货物包装表"的规定填写相应的外包装和内包装名称。

凡性质不稳定或由于聚合、分解在运输中能引起剧烈反应的危险货物,托运人应采用加入稳定剂或抑制剂等方法,保证运输安全。如:乙烯基甲醚、乙酰乙烯酮、丙烯醛、丙烯酸、醋酸乙烯、甲基丙烯酸甲酯等,并在货物运单托运人记事栏内填写"已加入稳定剂或抑制剂"字样。

托运人托运危险货物集装箱时,应在货物运单托运人记事栏内填写箱内所装危险货物品名和铁危编号。

正确地判定危险货物,是保证危险货物运输的前提,若把危险货物混同于普通货物运输,就降低了运输条件,易酿成事故,造成损失;若把普通货物误认为危险货物,也会因此增加不必要的手续和措施,提高了运输条件,延误货物的运送,影响运输效率。具体判定方法如下:《铁路危险货物品名表》(简称《品名表》)中列载的品名,均按危险货物运输;《品名表》中未列载的产品且货物性质不明确的,托运人应委托国家认定的检测鉴定机构进行性质技术鉴定,出具鉴定报告;属于危险货物时,应按危险货物新品名试运手续办理。

三、鲜活货物运输

1. 鲜活货物的定义

鲜活货物是指在铁路运输过程中需要采取制冷、加温、保温、通风、上水等特殊措施,以防止腐烂、变质、冻损、生理病害、病残死亡等问题的货物。

2. 鲜活货物的分类

鲜活货物包括易腐货物和活动物两大类。

易腐货物包括肉、蛋、乳制品、鲜水果、鲜蔬菜、花卉植物等。

活动物包括禽、畜、兽、蜜蜂、水产品等。

3. 易腐货物运输的基本条件

不同热状态的易腐货物不得按一批托运,易腐货物按热状态划分冻结货物、冷却货物、未冷却货物。

托运人托运易腐货物,应在货物运单"货物名称"栏内填记货物名称,并注明其品类顺号及热状态,同时在"托运人记载事项"栏内注明易腐货物容许运输期限(日数)。易腐货物的容许运输期限至少须大于铁路规定的运到期限三日时,发站方可承运。

4. 活动物运输的基本条件

承运活动物时,发站应在货物运单"承运人记事"栏标注"活动物"和"禁止溜放","活动物"和"禁止溜放"应转记在"列车编组顺序表"记事栏内。托运人提出需要途中上水的,发站在货物运单注明。

托运猛禽、猛兽时,托运人应与发站商定运输条件和运输防护方法,报发送铁路局集团公司批准。跨铁路局集团公司运输时,发送铁路局集团公司应将商定的事项通知相关铁路局集团公司。

任务实施

(1)查找危险品分类情况,判断84消毒液、医用酒精等物资属于哪类危险品。

(2)进行危险品运输,需要哪些前期准备工作。

(3)进行危险品运输,有哪些承运要求。

任务评价

任务评价表见表9-3。

表9-3 任务评价表

序号	评价内容	评价标准	分数	评分记录		
				学生自评	组间互评	教师评分
1	危险品种类区分	1. 无法准确地说明危险品分类都有哪些种类的,扣10分 2. 无法准确地判断84消毒液、医用酒精属于何种危险品的,扣20分 3. 以30 s为基准,每超5 s,扣5分,本项扣完为止	30			
2	危险品运输前期准备工作	1. 无法准确地说明危险品货物运输使用什么车型的,扣20分 2. 无法准确地说明运输危险品有哪些注意事项的,扣20分 3. 以30 s为基准,每超5 s,扣5分,本项扣完为止	40			
3	危险品运输的承运要求	1. 无法准确地说出如何确定承运机构资质的,扣20分 2. 无法正确地填写托运单据的,扣20分	30			
总分			100			

任务四 走进货运中心

任务引入

天津货运中心成立于2013年5月28日,是北京铁路局所辖六个货运中心之一。下设9个营业部39个营业网点,另辖5个直属营业部。管内有29个货运站,分布在京沪、津山、津霸、津蓟、北环线上;有铁路货场19个,专用线(专用铁路)191条,地方铁路1条,为河北、山东、天津两省一市提供铁路运输服务。办理运输种类为整车、零担、集装箱;运输货物种类包括普通货物和危险货物。请通过网络途径收集天津货运中心资料,并说明不同营业部发送和到达货物的有哪些品类。

任务描述

货运中心是以铁路物流、装卸、仓储为主营业务的大型国有企业，新组建的货运中心，将全面负责区域内货运营销、货运客户服务、门到门运输组织以及货运规章、运价、危险品、专用线、装卸、保价、企业自备车管理等项工作。货运中心的货物根据需求，发往全国各地。能够准确地说出省内、省外、国际货物运输采用何种列车开行计划，是铁路货运岗位从业人员的一项关键能力。

相关知识

一、货运中心类型

1. 按办理的货物种类及服务对象分类

(1)综合性货运中心。设有较大的货场，能办理多品种货物作业和专用线作业，一般设在大城市、工业区或港口等大量货物的装卸地点，可办理各种货物的到发作业。

(2)专业性货运中心。只办理某种货物(如煤、矿石、石油、木材、粮食等大宗货物)或危险品的货物作业，通常设在货源的生产或集散地。

2. 按办理货运作业的性质分类

(1)装车站。装车站属于装大于卸的车站。此类车站经常需要大量空车，办理大宗货物的发送，如煤、木材、矿石、石油、矿物性建筑材料等。

(2)卸车站。卸车站属于卸大于装的车站。此类车站一般停靠大量空车，一些位于钢铁、石油等生产基地附近的车站或位于大城市的综合性货运站大都属于此类。

(3)装卸站。装卸站是装卸作业车数接近的车站。此类车站双重作业比重较大，位于中小城镇的有中小型货场的车站，装车作业与卸车作业一般相差不大的车站大都属于此类。

3. 按其与正线连接的方式分类

(1)尽端式货运站。尽端式货运站是车站的到发场仅一端衔接铁路正线的车站。

(2)通过式货运站。通过式货运站是车站的到发场两端均衔接铁路正线的车站。

二、货运中心任务

(1)制订货运工作方案，组织合理运输、直达运输、联合运输，提高货运工作水平。

(2)实行负责运输，严格遵守货物运输法规，严格货物运输条件，正确划分和履行铁路与托运人、收货人在货物运输过程中的责任，确保货物运输中的安全与完整。全社会货运量中，铁路约占 10%；全社会铁路货运周转量中，铁路约占 20%。

铁路主要运输品类有黑货、白货之分。黑货指煤炭、焦炭、钢铁和矿石等大宗商品等；白货指高附加值货物，如医药、家电、服装等。

(3)采用新型货运设备，推广先进的货物运输方法，挖掘既有设备能力，加速货车周转，提高运输效率。

(4)加强货场管理,加强专用线和专用铁路的作业管理,提高货物作业能力,改进货物运输过程的作业组织,提高货物作业质量。

(5)正确分析和妥善处理货运事故,提高货运质量。

三、货运中心主要工种

货运中心的岗位主要有货运值班员、货运调度员、货运计划员、货检值班员、货运核算员、货运检查员、铁路货运员、货运安全员、铁路装卸工、装载机司机、装(卸)车机司机、叉车司机等。

1. 铁路货运员

铁路货运员向货运值班员或货调提供翔实的装车计划,分为内勤货运员和外勤货运员。外勤货运员主要负责货物装卸作业指挥、货物装载质量监控、货场管理等,内勤货运员主要负责与客户办理各项手续、运输收入收取、票据管理、资料台账管理等,如图 9-11 所示。

想成为一名合格的货运员需要经过系统的培训与考核,经考试考核合格后取得上岗证方可上岗,而且上岗证需要每年定期复核,若出现考核不过者,则会进行补培补考,合格后方可继续上岗。

2. 货检值班员

货检值班员负责检查列车中货物装载、加固状态;车辆篷布状态;施封及门、窗、盖、阀关闭情况,发现异常及时处理,如图 9-12 所示。

图 9-11　铁路货运员

图 9-12　货检值班员

3. 货运值班员

货运值班员在货运主任的直接领导下,带领班组密切与行车、专用线协调配合,积极组织生产;做好当日装卸车组织工作,动态掌握货源、卸车作业情况;把控关键安全节点,重点货物运输必须现场卡控;正确填记各类台账,组织管理班组生产作业,发现问题,及时处理。

4. 货运安全员

负责职工教育、装载加固方案设计、装车卸车检查、各种封印的领取、发放、监督使用、货运事故鉴定、理赔、上报等等。

(1)通过资料查询,说明天津货运中心德州营业部负责的区域、主要发送和到达的货物品类。

(2)通过资料查询,说明天津货运中心沧州营业部负责的区域、主要发送和到达的货物品类。

(3)通过资料查询,说明天津货运中心静海营业部负责的区域、主要发送和到达的货物品类。

(4)通过资料查询,说明天津货运中心天津营业部负责的区域、主要发送和到达的货物品类。

任务评价表见表9-4。

表9-4　任务评价表

序号	评价内容	评价标准	分数	评分记录		
				学生自评	组间互评	教师评分
1	德州营业部负责的区域及发送和到达的货品种类	1. 无法准确的说明德州营业部负责区域的,扣5分 2. 无法准确的说明该营业部发送和到达货物品类的,扣20分 3. 以30 s为基准,每超5 s,扣5分,本项扣完为止	25			
2	沧州营业部负责的区域及发送和到达的货品种类	1. 无法准确的说明沧州营业部负责区域的,扣5分 2. 无法准确的说明该营业部发送和到达货物品类的,扣20分 3. 以30 s为基准,每超5 s,扣5分,本项扣完为止	25			
3	静海营业部负责的区域及发送和到达的货品种类	1. 无法准确的说明静海营业部负责区域的,扣5分 2. 无法准确的说明该营业部发送和到达货物品类的,扣20分 3. 以30 s为基准,每超5 s,扣5分,本项扣完为止	25			
4	天津营业部负责的区域及发送和到达的货品种类	1. 无法准确的说明天津营业部负责区域的,扣5分 2. 无法准确的说明该营业部发送和到达货物品类的,扣20分 3. 以30 s为基准,每超5 s,扣5分,本项扣完为止	25			
总分			100			

巩固练习

试题

项目九
铁路货物运输组织

一、填空题

1. 铁路货物的运输方式分为__________、__________和__________。
2. 货物运到期限,起码天数为__________。

3. 铁路货物运输的基本作业包括__________、__________、__________。

4. 履行铁路货物运输合同要遵循"____________________"的原则。双方当事人要按照合同的约定或者法律、法规的规定,认真履行各自的义务。

5. 铁路货运常用的集装器具类型有____________________。

6. 货票是铁路运输货物的凭证,也是一种财务性质的票据,货票一般是一式__________。

7. 铁路货物运输中的"一批"是指使用__________和__________,按照同一运输条件运输的货物。

8. 货物运输合同的履行都要经历 3 个阶段,分别是__________、__________和__________。

9. 阔大货物是__________、__________、__________的总称。

10. ____________________指用于装运需控温货物、液体和气体货物、散货、汽车和活动物等特种货物的集装箱。

二、选择题

1. 按整车托运的货物,为了方便托运人或收货人,免去在途中换装作业站或者不同产权归属的交接站办理运输手续,而使用一份运输票据完成货物的全程运输,这种货物运输方式称为(　　)。

A. 轨道运输　　B. 直通运输　　C. 联合运输　　D. 快速运输

2. 下列货物运输方式中,不属于联合运输的是(　　)。

A. 铁路与水路的联合运输　　B. 铁路与公路的联合运输

C. 国际铁路货物联运　　D. 铁路与地铁联合运输

3. (　　)运输费用较低,运送速度较快,安全性能好,承担的运量也较大,是铁路的主要运输方式。

A. 整车货物运输　　B. 零担货物托运　　C. 集装箱运输　　D. 联合货物运输

4. 下列作业步骤中,属于货物运输中途中作业的是(　　)。

A. 货物的交接、检查　　B. 货物的换装整理　　C. 货物运输合同的变更和运输阻碍的处理　　D. 合同解除

5. 集装箱按总重可分为(　　)。

A. 大型集装箱　　B. 中型集装箱

C. 小型集装箱　　D. 迷你型集装箱

6. 按规格尺寸分类,国际上通常使用的集装箱有(　　)ft。

A. 10　　B. 20　　C. 30　　D. 40

7. 我国铁路双层集装箱列车的组织形式有(　　)。

A. 一站直达双层集装箱班列　　B. 途中装卸的双层集装箱班列

C. 途中甩挂的双层集装箱班列　　D. 不定期双层集装箱列车

8. 下列集装箱属于专用集装箱的是(　　)。

A. 通风集装箱　　B. 敞顶集装箱

C. 台架式集装箱　　D. 平台集装箱

9. 货票是铁路运输货物的凭证,也是一种财务性质的票据。货票一式四联,分别是(　　)。

A. 发站存查联　　B. 报销联　　C. 报告联　　D. 运输凭证

10. (　　)是一种运输设备，具有标准规格尺寸和便于装卸、拴固的特殊容器。

A. 托盘　　B. 集装箱　　C. 集装笼　　D. 集装网

三、判断题

1. 铁路与其他运输工具共同使用，并以一份运输票据完成货物全程运输服务的运输方式称为联合运输。其形式主要有：铁路与水路的联合运输；铁路与公路的联合运输；国际铁路货物联运。(　　)

2. 按规定的牵引重量或列车长度，由装车站或编组站编成全部挂运装载集装箱的车辆，通过一个及以上编组站不进行改编作业的列车。(　　)

3. 集装箱运输只能在铁路开办集装箱业务的车站间办理，专用铁路、铁路专用线要求办理集装箱运输时，由产权单位向接轨站提出申请，经铁路总公司审核后方可运输。(　　)

4. 罐式集装箱，用于装运各类酒类、油类、液体食品、化学药品、易燃易爆品等液体货物。(　　)

5. 国际上通用的 20 ft(1 ft = 0.304 8 m)集装箱，外尺寸为 20 ft × 8 ft × 8.5 ft。(　　)

6. 在铁路运输中，凡具有爆炸、易燃、毒害、感染、腐蚀、放射性等特性，在运输、装卸和储存保管过程中，容易造成人身伤亡和财产毁损而需要特别防护的货物，均属危险货物。(　　)

7. 月度货物运输计划有装车计划、卸车计划；静载重计划以及国际铁路联运进出口计划、水陆联运计划等。(　　)

8. 根据货物的超限程度，主要依据一级、二级超限限界，超限货物分为一级超限、二级超限和超级超限。(　　)

9. 整车货物以每车为一批，跨装、爬装及使用游车的货物，每一车组为一批。(　　)

10. 集装箱运输的组织原则是“合理集结、多装直达、均衡运输、减少回空”。(　　)

四、简答题

1. 因运输条件不同或根据货物性质不同，为保证货物运输安全，哪些类型的货物不能在一起混装托运？

2. 简述铁路货物运输合同有哪些特点？

3. 铁路货物运输种类划分为哪几种？各有何限制条件？

4. 按一批托运的货物应具备什么条件？各种货物按一批托运有何规定？

5. 货物运到期限应如何计算？

6. 货物发送作业的程序有哪些？

7. 集装箱运输的基本条件有哪些？

8. 何谓超长、超限、超重货物？

9. 简述铁路危险货物的概念、种类及主要运输要求。

10. 简述铁路鲜活货物的概念和种类。

项目十
铁路行车工作组织

项目描述

铁路运输企业的生存根本都离不开“安全、准点、舒适、快捷”。我们在乘坐火车或运输货物时，往往会感谢司机、乘务员、车站工作人员的辛勤付出，他们都是铁路行车组织工作的执行者，除了他们之外，还有像调度员、值班员等工作在幕后岗位上的铁路人，进行着组织铁路行车的指挥调度工作。而要想更高效地发挥铁路运力，则需要在运输开始之前制定周密的运输计划、合理的行车方案。

下面主要对铁路行车工作组织中列车的编组、运行图的分类及编制方法、车站的接发车作业及调车作业等相关内容加以介绍。

学习目标

知识目标

(1)掌握列车车次信息的含义和特点。

(2)了解旅客列车与货物列车的编组原则。

(3)掌握运行图铺画的方法，会区分不同类别的运行图。

(4)理解列车运行图的编组流程。

(5)掌握人工办理进路时，人工扳道岔的步骤和方法。

(6)了解车站调度室的各岗位分工。

(7)理解车站接发列车的组织流程。

能力目标

(1)能够读懂列车车次信息，通过车次辨别列车是驶向或驶离北京方向。

(2)能够根据列车的各站点的到达和发出时间，铺画简单的时刻表和运行图。

(3)能够根据所学知识，掌握人工扳道岔“一看、二扳、三确认、四显示”的作业程序。

素养目标

(1)弘扬铁路精神，培育学生艰苦朴素、甘于奉献的品质。

(2)讲述我国列车时刻表的起源，增加学生的民族自豪感，激发探索求新意识。

(3)传承基层优秀班组的优良作风，培育学生勇于争先的进取精神。

- 铁路行车工作组织
  - ▶❤ 认识列车的编组
    - 🔔列车
      - 定义
      - 类型及车次
    - 列车开行工作组织
      - 旅客列车编组
      - 货物列车编组
      - 货物列车编组顺序表
  - ▶★🔔 认识列车运行图及通过能力
    - 列车运行图
      - 列车运行图的性质和作用
      - 列车运行图的分类
      - 列车运行图的编制
    - 铁路通过能力
      - 铁路区间通过能力
      - 铁路车站通过能力
  - ▶ 走进车站调度室
    - 调度室
      - 调度部门类型
      - ❤调度室任务
      - 调度分工
      - 车站调度室的主要工种
    - ★🔔 车站调度室的行车组织工作
      - 接发列车工作
      - 技术站货物列车及货车的技术作业
      - ❤ 调车作业
      - 车站作业计划
    - 行车调度指挥自动化
      - 列车调度指挥系统（TDCS）
      - 调度集中系统（CTC）

🔔 学习重点
★ 学习难点
▶ 慕课资源
❤ 课程思政

任务一　认识列车的编组

素养教育

历久弥新的“三种精神”

任务引入

列车编组一般在编组站进行，编组站的工作往往繁重辛苦，且没有固定的作业时间，而在编组站中调车工作无疑最辛苦、安全风险最大、工作强度最高，而在秦皇岛南站就有着这样的一群人，他们不畏辛劳、不惧风险，有着“立存示范调车组”的荣誉称号，在成立的54年里，该班组已有5任调车长被评为省部级劳动模范，50余名职工荣获各类技术能手称号，33人走上了各级领导工作岗位。

任务描述

编组站是进行列车解体、编组的重要场所。在编组站内各工种职工各司其职，在平凡的岗位上，奉献着不平凡的辛勤与汗水。在他们的通力合作下，才保障了客货运列车的有序开行。而调车工作是编组站中，最辛苦、安全风险最高的工作，能够准确地说出调车作业都有哪些惯性事故容易发生,以及如何预防,是学生进入铁路前的一个很好的认知提升。

相关知识

一、列车

(一)定义

列车是指编成的车列并挂有机车及规定的列车标志。单机、大型养路机械及重型轨道车,虽未完全具备列车条件,亦应按列车办理。

列车必须具备的三个条件:(1)按有关规定编组成的车列;(2)挂有牵引本次列车的机车;(3)有规定的列车标志。动车组列车为自走行固定编组列车。

(二)类型及车次

1. 列车类型

为满足旅客和货物运输的不同需要,列车按运输性质主要分为五种。

(1)旅客列车:为运送旅客开行的列车。根据旅客列车的车底及运行速度或停站情况等,可分为动车组列车,特快、快速、普通旅客列车。

(2)特快货物班列:是指使用行李车或邮政车等客车车辆,根据需要编组,整列装载行李、包裹和邮件等的列车。

(3)军用列车:为运送军队和军用物资开行的列车。

(4)货物列车:为运送货物和排送空货车开行的列车。主要包括快速货物班列、快运货物列车、重载货物列车、直达货物列车、始发直达列车、技术直达列车、直通货物列车、自备车列车、区段货物列车、摘挂货物列车、小运转列车等。

(5)路用列车:不以营业为目的,专为完成铁路本身任务而开行的列车。如试验列车,运送铁路器材、路料的列车,因施工、检修需要开行的轨道车、接触网作业车、大型养路机械车组等。

除上述五种列车以外,还有为执行任务而开行的特殊用途列车,如现场救援、抢修、抢救列车。

2. 车次

车次是根据列车的性质和等级,便于列车的运行组织和管理,为每类每列列车给予的一个固定的编号。我们将开往北京方向的列车称为上行列车,车次为双数;反之,始离北京方向的列车称为下行列车,车次编为单数,见表10-1。

表10-1　车次信息

车次	站点信息	发车时刻	到达时刻
G105	北京南—上海虹桥	07:17	13:03
G108	上海虹桥—北京南	07:27	13:36
Z281	北京—上海南	19:10	09:45
Z282	上海南—北京	19:29	10:22
G3605	北京—哈尔滨西	14:18	19:26
G902	哈尔滨西—北京	08:40	13:48
G571	北京西—重庆西	09:22	20:33
G574	重庆西—北京西	08:38	19:58

在铁路支线上，一般由连接干线的车站开往支线的方向为下行，相反方向为上行。在个别区间使用直通车次时，可与上述规定方向不符。

列车车次具有唯一性，我们可通过车次辨别该次列车的种类、等级和运行方向。当各铁路局集团公司内特快、快速列车车次不足时，须向国铁集团申请车次，不得自行确定车次。铁路货物列车的分类与车次信息见表 10-2。

表 10-2　主要的货物列车分类

列车种类	车次范围	列车种类	车次范围
1. 快运货物列车		6. 技术直达列车	10001-19998
(1)快速货物班列(120 km/h)	X201-X398	7. 直通货物列车	20001-29998
(2)货物快运班列(120 km/h)	X2401-X2998(直通) X401-X998(管内)	8. 区段货物列车	30001-39998
(3)中欧、中亚集装箱班列，铁水联运班列	X8001-X9998	9. 摘挂列车	40001-44998
(4)普快货物班列	80001-81998	10. 小运转列车	45001-49998
2. 煤炭直达列车	82001-84998	11. 重载货物列车	71001-77998
3. 石油直达列车	85001-85998	12. 自备车列车	60001-69998
4. 始发直达列车	86001-86998	13. 超限货物列车	70001-70998
5. 空车直达列车	87001-87998	14. 冷藏列车	78001-78998

货物列车分类如图 10-1 所示。

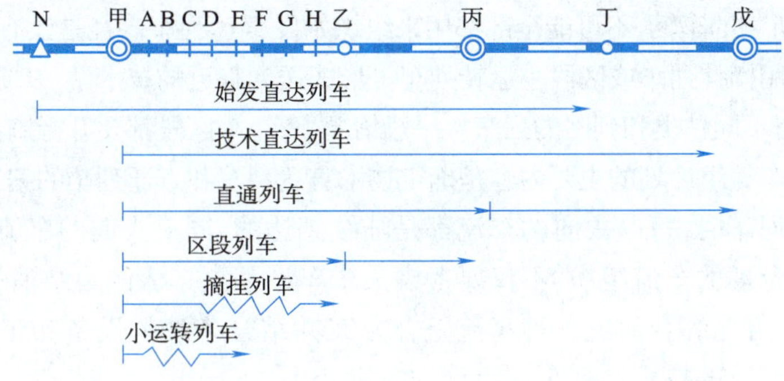

图 10-1　货物列车分类

二、列车开行工作组织

(一)旅客列车的编组

动车组以外的旅客列车按列车编组表编组，机车后第一位编挂一辆未搭乘旅客的车辆作为隔离车。行李车、邮政车、发电车等非乘坐旅客的车辆应分别挂于机车后第一位和列车尾部，起隔离作用；在装设集中联锁的区段，并设有列车运行监控记录装置时，旅客列车可不挂隔离车。如隔离车在途中发生故障摘下时，可无隔离车继续运行。铁路局集团公司管内旅客列车经铁路局集团公司主要领导批准，可不隔离。

(二)货物列车的编组

货物列车编组计划是铁路行车组织工作中较长时期的基础性计划，它的正确编制与严格执行可以充分发挥各站技术设备的潜力,提高运输效率。正确地组织重空车流及合理地将规定车辆编入相应列车向目的地运送,是铁路行车组织的一个重要问题。

货物列车编组计划是全路车流组织计划,由装车地直达列车编组方案和技术站列车编组方案两大部分组成。它根据全路车流结构、各站设备能力和作业条件,统一安排各种货物列车的编解作业任务,具体规定各货运站、编组站和区段站编组列车的种类、到站及车组编挂办法。

1. 装车地直达列车编组计划

在装车地利用自装车流编组,通过一个或以上编组站(或规定有作业的区段站)不进行改编作业的列车,称为装车地直达列车。

装车地直达列车能最大限度地减少中间作业环节,从而降低了运输成本,减轻了运行途中有关技术站的改编作业负担,加速了机车车辆周转和货物送达。因此,各国铁路都十分重视,并将其作为首要的车流组织形式。

在制定装车地直达列车编组计划时,应认真考虑以下条件:

(1)有一定数量的直达车流,能保证经常开行。

(2)装卸站或企业专用线的货运设备(诸如货位、储仓、装卸线等)具备组织直达列车的能力。

(3)装卸站调车设备及其作业能力可满足编组直达列车的需要。

(4)有足够的空车供应。

(5)与现行编组计划相符合,避免技术站因车流变化受影响。

2. 技术站列车编组计划

每个车站每天所装的车辆,不可能全部都用来组织始发直达列车。凡是没有被装车地直达列车吸收的车流,都应该用摘挂列车或区段小运转列车等形式送到临近的技术站,以便和技术站自装车流汇合在一起分别编组不同种类和到站的列车。一般情况下,每个区段都要开行摘挂列车和区段列车,因此,编制技术站列车编组计划的主要内容是确定技术直达列车和直通列车的编组问题。

在技术站编组列车时,每一去向的车流都是陆续到达的,同一去向的车流必须集结成列,然后才能进行编组。合理的车流组织,不仅要考虑某个车站某支车流的集结消耗和无改编通过节省,而且必须就整个方向综合研究各种车流组合方案并结合各站的设备和工作条件,从中选出既经济有利又切实可行的技术站列车编组计划方案。

现以某区段为例,说明甲站戊方向货物列车编组计划的内容。

甲站所处的位置及编组的列车种类如图 10-1 所示。

将图 10-1 中甲站戊方向货物列车编组计划的内容列表,见表 10-3。

表 10-3　甲站列车编组计划(示例)

发站	到站	编组内容	列车种类	定期车次	附注
甲	戊	戊及其以远	技术直达	—	
甲	丙	丙及其以远(不包括戊及其以远) 空敞车	直通	—	按组顺编
甲	乙	乙及其以远(不包括丙及其以远)	区段	—	
甲	乙	A—H 间按站顺 乙及其以远	摘挂	—	按组顺编

货物列车应按照列车编组计划、列车运行图和《铁路技术管理规程》等有关规定进行编组。

(1)编入货物列车的车辆去向、车辆编挂方法应符合列车编组计划规定。

(2)货物列车的重量、长度应符合列车运行图规定(摘挂列车除外)。未经有关部门批准,车站不准发出欠轴、超重和超长列车。

(3)编入货物列车中的车辆技术条件、装载危险货物车辆的隔离、关门车的编挂、机车编入列车的条件等,均应符合《铁路技术管理规程》的规定。

列车编组计划是科学地组织车流、综合运用全路站场设备的部署,它把车流组织成为列车流。它规定了铁路应开行的货物列车的种类、数量及发到站,至于这些列车如何在各区段内运行的问题,则须通过正确编制与严格执行列车运行图来解决。

(三)货物列车编组顺序表

车站对编组始发的列车,应按车辆在列车中的编挂顺序将货车的资料填入列车编组顺序表中,其格式见表10-4。

列车编组顺序表是列车中车辆的清单,也是站车之间、铁路局集团公司之间进行车辆及有关单据交接的依据,同时还是车站与铁路局集团公司调度所间传递列车确报,以及进行运输统计的主要原始资料。此外,借助列车编组顺序表还可以检查列车的重量和长度、机车车辆的编挂及装载危险、易燃货物车辆的隔离等情况是否符合有关规定。

表10-4　列车编组顺序表

运统1

站编组________站解体　　　　年　月　日　时　分　　　　次列车

自首尾(不用字抹销)　　　　制表者　　　　检查者

顺序	吨位车种	罐车油种	车号	自重	换长	载重	到站	货物名称	收货人或卸线	发站	篷布	记事
1												
2												
3												
⋮												
n												
自编组站出发及在途中站摘挂后列车编组												
站名	客车	货车				其他	合计	自重	载重	总重	换长	铁路篷布合计
		重车	空车	非运用车	其中代客							

到达　月　日　时　分　　　　交接　时　分　车长

任务实施

(1)通过资料查询,说出编组站中都有哪些工种。

(2)在编组站中,货检员都负责哪些主要工作。

任务评价表见表10-5。

表10-5　任务评价表

序号	评价内容	评价标准	分数	评分记录		
				学生自评	组间互评	教师评分
1	编组站中所有的主要工种	1. 无法准确地说明编组站所含工种名称的,扣20分 2. 无法说明各工种是干什么的,扣30分 3. 以30 s为基准,每超5 s,扣5分,本项扣完为止	50			
2	货检员所负责的主要工作	1. 无法说清货检员倒班方式的,扣20分 2. 无法说清货检员都需要进行哪些工作的,扣30分 3. 以30 s为基准,每超5 s,扣5分,本项扣完为止	50			
总分			100			

任务二　认识列车运行图及通过能力

任务引入

同学们都经常乘坐火车出行,12306软件也成了一种大家必备买票软件。大家可以通过12306软件查询所乘坐列车的发车时间、到达时间、车次、沿途经过哪些车站等信息,为人们的出行提供很大便利。请通过12306软件查询G19次列车的列车信息,绘制该列车的运行图及时刻表。

任务描述

列车运行图是以图表形式对列车的运行情况进行一个集中反馈,它不但是调度指挥行车的重要依据,更是乘务司机值乘列车所用时刻表的生成原理,乘客也可根据相对准确的时间进行乘降作业。正因为有了列车运行图,才让四通八达的庞大铁路路网能够井然有序的组织行车作业。能准确地根据列车的到发信息,绘制列车运行图和时刻表,是铁路行车岗位从业人员应具备的关键能力。

相关知识

一、列车运行图

(一)列车运行图的性质和作用

列车运行图实际上是利用坐标原理来表示列车运行的一种图解,它以垂直线等分横轴表示时间,将纵轴用横线划分代表各车站中心线的位置,如图10-2所示。

图上的斜线称为列车运行线,其与车站中心线的交点就是该列车在区段内有关车站的到、发或通过时刻。为了区别每一列车的不同性质和用途,在运行图中用不同颜色和符号的运行线来表示不同种类的列车,同时对每条运行线冠以相应的车次,标在区段的首末两端区间相应列

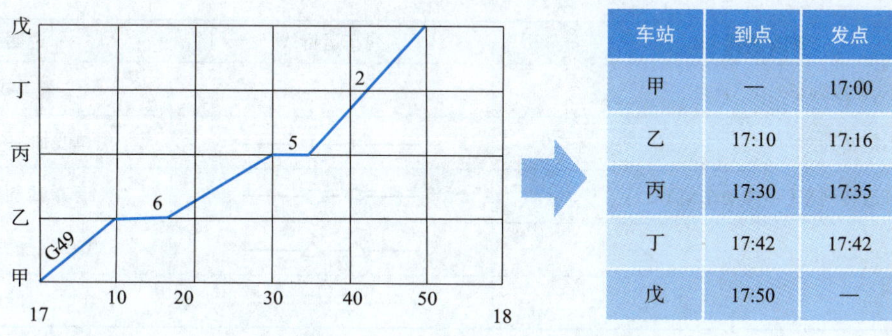

车站	到点	发点
甲	—	17:00
乙	17:10	17:16
丙	17:30	17:35
丁	17:42	17:42
戊	17:50	—

图 10-2　列车运行图及时刻表

车运行线的上方。上行列车车次为偶数，下行列车车次为奇数。

在列车运行图中不铺画列车运行线或调整、抽减列车运行，为施工和维修作业预留的时间，称为“天窗”。按用途分为施工天窗和维修天窗，如图 10-3 所示。

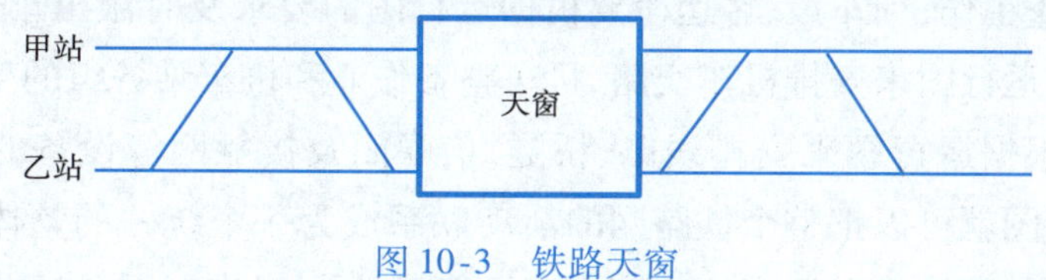

图 10-3　铁路天窗

常规电气化铁道的日常维修天窗时间一般不超过 2 h，而且一般安排在昼间进行，主要为供电设备、特别是牵引接触网的检修及养护而设置，维修作业比较简单。利用大型机械化养路设备进行线路维修作业则由于工序配合比较复杂、作业耗时较多，需在月度运输计划中另行规定施工计划并在日班计划中专门安排；常规电气化铁道的日常维修天窗时间，在复线铁路可以按上下行分别沿列车运行线设置，因此在运行图上呈“V”状，俗称 V 形天窗。这种天窗设置方式便于统一管理，并能为所有设备的综合维修提供充分的时间；常规电气化铁道日常维修作业的时间保证和质量、安全保证分别由电力调度（会同行车调度）和供电工区负责，电力调度下达命令后方可进行检修，检修完了由供电工区现场维修负责人确认后，报告电力调度恢复供电，恢复正常行车。

列车运行图上列车运行线的表示方法，见表 10-6。

此外，在列车运行图上还应标明区段名称、各站站名、区间公里、延长公里、闭塞方式、机车类型、列车重量和换长等必要的资料。

表 10-6　列车运行线表示方法

列车种类	列车运行线	说明
旅客列车、动车组检测列车、动车组确认列车、回送动车组列车、试运转动车组列车		红单线
临时旅客列车、旅游列车		红单线加红双线
特快班列		蓝单线加红圈
快速班列		蓝单线加蓝圈
直达列车（普快班列）		蓝单线

续表

列车种类	列车运行线	说明
直通、自备车、区段列车		黑单线
摘挂列车、小运转列车		黑单线加“ + ”、“ I ”
路用列车、试运转列车(不含动车组)		黑单线加蓝圈
单机		黑单线加黑三角
回送客车底		红单线加红方框

铁路是一个庞大复杂的多部门多工种组成的运输企业，在实现运输过程中要利用多种技术设备，各个环节各个部门必须相互配合、紧密联系、协同动作，才能保证行车安全、提高运输效率。列车运行图在这方面起着极其重要的作用。车站要按照运行图规定的各次列车到发时刻来安排列车的接发、编解工作和客货运业务；列检所要根据运行图规定的列车到、发时刻安排列车中车辆的技术检查工作；列车段、客运段要根据运行图的要求及时派出车长和列车乘务组值乘；机务部门要根据运行图来安排机车交路、机车整备作业和机车乘务组的工作；工务、电务、供电等部门同样也要根据运行图来安排线路、桥隧、信联闭及接触网等设备的检修施工时间等。这样，通过列车运行图就可以把整个铁路网的活动联系成为一个统一的整体，把所有与行车有关的各单位组织起来，严格按照一定的程序有条不紊地进行工作。因此，列车运行图是铁路运输工作的一个综合性计划，是铁路行车组织工作的基础。

列车运行图不仅是日常指挥列车运行的重要依据，而且也是保证行车安全、改善铁路技术设备运用、加速机车车辆周转、提高铁路通过能力和运营工作水平的强有力的工具。正确编制与严格执行列车运行图直接关系着整个铁路运输工作的质量，具有极其重要的意义。

(二)列车运行图的分类

由于区间正线数目和闭塞设备的不同，以及对各种列车的运行具有不同的要求，铁路上采用不同类型的运行图。

1. 按区间正线数目的不同分类

单线运行图指在单线区段上，上下行列车均只能在同一条正线上运行，因而列车的会让必须在车站上进行，区间内绝不会出现上下行列车运行线的交点的。

双线运行图指在双线区段上，上下行列车分别在各自的正线上运行，互不干扰，因而对向列车可以在区间内或车站上交会，但同方向列车的越行仍须在车站上进行。

单双线运行图指的是在有部分双线的区段上铺画出的运行图，它分别具有单线运行图和双线运行图的特征。

2. 按同方向列车运行速度不同分类

(1)平行运行图指的是在同一区间内，同方向列车运行速度相同，因而铺画出的列车运行线相互平行，且在区段内无列车的越行。

(2)非平行运行图指的是同方向列车运行速度不同，因而铺画出的列车运行线出现不平行，且在区段内有列车的越行。

3. 按上下行列车数目的不同分类

按上下行列车数目的不同,运行图又分为成对运行图和不成对运行图。在成对运行图上,上下行的列车数目相等,而不成对运行图中上下行的列车数目不相等。

4. 按同方向列车运行方式的不同分类

(1)追踪运行图指的是在自动闭塞的双线(或单线)区段上,同方向列车以闭塞分区为间隔,实行追踪运行。

(2)非追踪运行图指的是在非自动闭塞的单线(或双线)区段上,同方向列车以站间或所间区间为间隔,实行非追踪运行。

以上的分类方法都是针对运行图的某一特征而加以区分的,实际上每张运行图都同时具有几个方面的特征。例如,图 10-4 为单线成对非追踪平行运行图,而图 10-5 则为双线成对追踪非平行运行图。

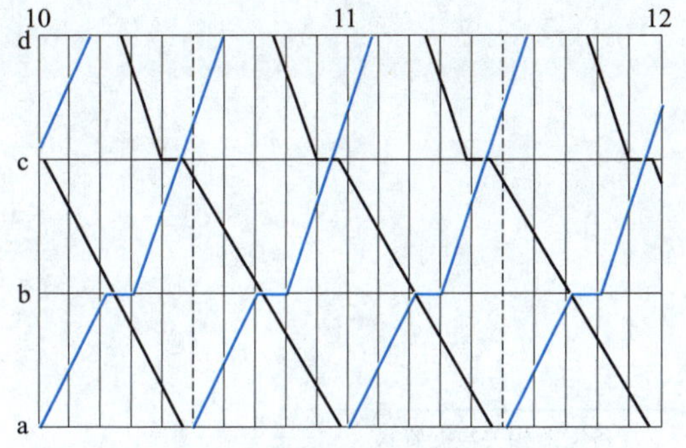

图 10-4 单线成对非追踪平行运行图

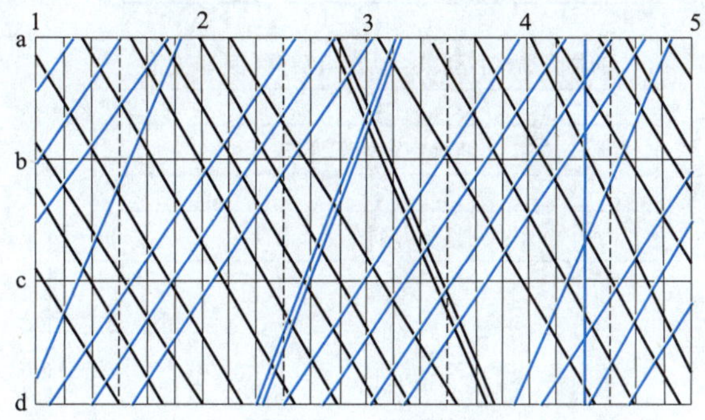

图 10-5 双线成对追踪非平行运行图

(三)列车运行图的编制

1. 列车运行图编制基本要求

列车运行图的编制工作是一个复杂的过程。我国铁路一般每两年在全路定期编制一次运行图,在执行中允许根据需要进行局部调整。同时,为适应季节性旅客运输需要,如春节运输和暑期旅客运输旺季等,尚需编制增加临时客车和旅游列车的运行图。

列车运行图的编制,必须符合下列要求:

(1)确保列车运行的安全。

(2)适应运输市场需求,迅速、便利地运输旅客和货物。

(3)充分利用运输能力,经济合理地运用机车车辆和安排施工时间。

(4)做好列车运行线与车流的结合。

(5)各站、各区段间运输工作的协调和均衡。

(6)合理安排乘务人员作息时间。

我国铁路已经实现用计算机编制列车运行图。

为了保证客、货列车按运行图运行和经济合理地运用机车,应在编制列车运行图的同时绘制机车周转图。机车周转图是根据该区段所采用的机车运转制和乘务制度,以及列车运行方案编制的机车运用工作计划。

列车运行图在很大程度上反映着整个铁路行车组织工作的水平，提高运行图编制质量，就可以在改善对旅客的服务、加速货物送达，扩大铁路在运输市场竞争中的优势，以及改进机车车辆运用和更好地利用区段通过能力诸方面获得显著的技术经济效果。

2. 列车运行图的编制流程

列车运行图的编制过程是在收集审核列车运行图技术资料和进行客货流预测的基础上，按照“先客车后货车、先直通后管内”的顺序分步骤进行的。同时，应对每一步的结果进行评价分析，并根据反馈信息不断调整，直至完成整个列车运行图的编制工作。图 10-6 所示为其编制的主要流程。

为保证客、货列车按运行图运行和经济合理地运用机车车辆（含动车组），应在编制列车运行图的同时绘制机车（含动车组）、客车车底周转图，其编制流程如图 10-7 所示。

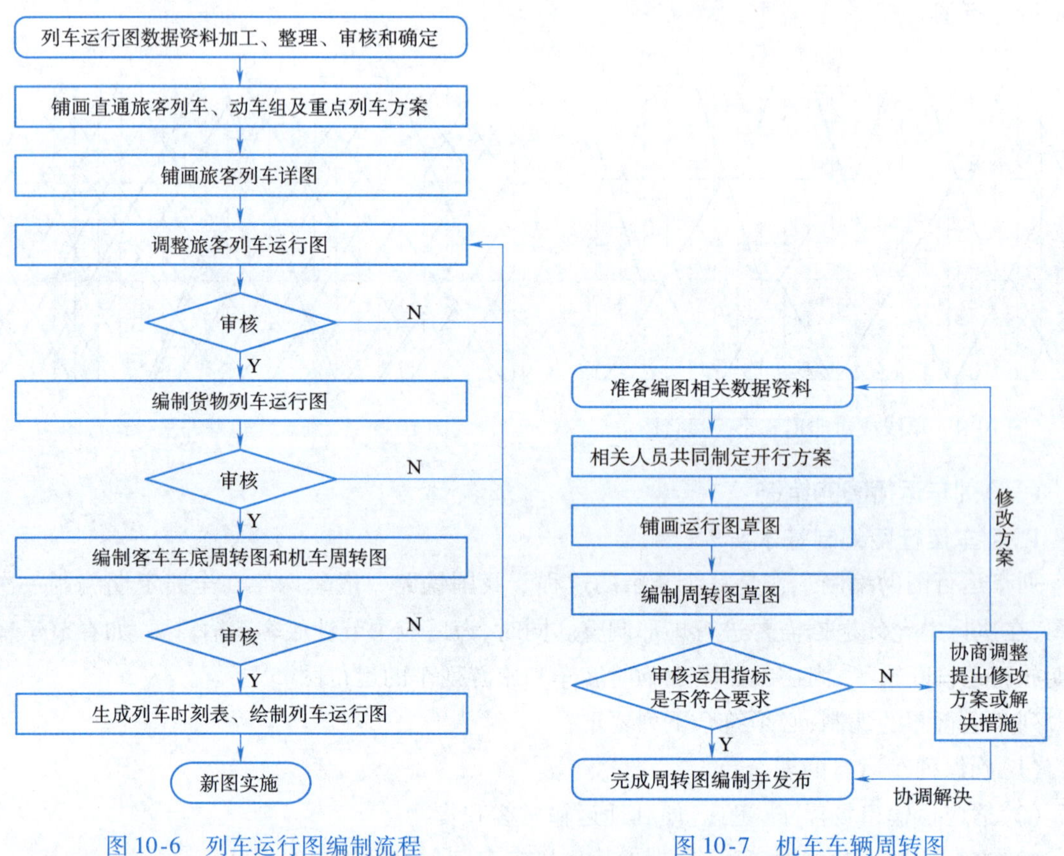

图 10-6　列车运行图编制流程　　图 10-7　机车车辆周转图

机车（含动车组）周转图是根据该区段所采用的机车运转制、乘务制度和列车运行方案编制的机车运用工作计划。

旅客列车编组的客车车种、辆数和编挂顺序一般是固定的，并以旅客列车编组表加以规定。这种固定连挂在一起的车列，叫客车固定车底，它在固定的运行区段内来回行驶，平时不进行改编。在编制旅客列车运行方案图的同时，应绘制客车车底周转图，以确定各次列车车底的需求数。车底周转图表示列车的始发，终到时刻和需用车底组数，并由此计算车底在配属站和折返站的停留时间。

二、铁路通过能力

通过能力是指在一定的机车车辆类型和一定的行车组织方法的条件下，铁路区段内的各种固定设备，在单位时间内（通常指一昼夜）所能通过或接发的最多列车对数或列数。

铁路区段通过能力是指铁路区段内各种固定设备（如区间、车站、机务段设备、给水设备、电气化铁路的供电设备等）中最薄弱的通过能力，也称为区段的最终通过能力。与铁路行车组织有关的是区间通过能力和车站通过能力。

1. 铁路区间通过能力

铁路区间通过能力，主要取决于该区段的技术设备和所采用的行车组织方法，如区间正线数目、区间长度、线路纵断面、机车车辆类型及信号、联锁及闭塞方式以及列车运行图的类型等。列车运行图类型对区间通过能力影响很大，在同样的技术设备条件下，采取不同的列车运行图类型，通过能力就有很大不同。计算区间通过能力，一般是先计算平行运行图的区间通过能力，然后在此基础上再计算非平行运行图的区间通过能力。

2. 铁路车站通过能力

铁路车站通过能力是指车站在现有设备条件下，采用合理的技术作业过程，一昼夜能够接、发各方向的货物（旅客）列车数和列车运行图规定的旅客（货物）列车数。它包括咽喉通过能力和到发线通过能力两部分。车站通过能力最后是取咽喉通过能力和到发线通过能力中的最小值。

任务实施

（1）通过正确查询列车信息，绘制 G19 次列车的运营时刻表。

（2）能够准备说明列车运行图“横轴”“纵轴”的表示含义，且能够说明按时间划分方法的不同都有何种格式的运行图。

（3）根据正确查询绘制的 G19 次列车运营时刻表，进行铺画正确的运行图。

任务评价表见表 10-7。

表 10-7　任务评价表

序号	评价内容	评价标准	分数	评分记录		
				学生自评	组间互评	教师评分
1	列车运营时刻表的绘制	1. 无法正确地查询到 G19 次列车信息的，扣 10 分 2. 无法准确地绘制时刻表的，扣 10 分 3. 以 30 s 为基准，每超 5 s，扣 5 分，本项扣完为止	20			
2	列车运行图内基本要素的含义	1. 无法正确地说明“横轴”“纵轴”在运行图中的表示含义的，扣 10 分 2. 无法准确按时间划分方法，区分不同格式运行图的，扣 20 分 3. 以 30 s 为基准，每超 5 s，扣 5 分，本项扣完为止	30			

续表

序号	评价内容	评价标准	分数	评分记录		
				学生自评	组间互评	教师评分
3	列车运行图的铺画	1. 运行图中代表列车的运行线的表示不正确,扣 10 分 2. 运行图中的时间标注位置不正确,扣 10 分 3. 未正确地选择“小时格”表示横坐标,扣 10 分 4. 绘制的运行图最后的比例不协调、元素表示存在错误的,扣 20 分	50			
总分			100			

任务三　走进车站调度室

任务引入

接发列车作业是每个车站必不可少的工作项点,而无论是接车、还是发车,办理进路都是其必要环节,在信号设备正常情况下,车站值班员可通过信号设备电操对道岔实现转动,但当信号设备故障或无电气化设备的情况下,便需要采取扳道员现场扳道岔的操作完成进路办理。请通过网络资源查询,扳道员现场人工扳道岔都有哪些作业程序。

任务描述

接发车作业是车站调度室的核心工作,要想顺利地完成一次接发车作业,需要有多个环节的紧密配合,包括闭塞条件的确认、接车进路或发车进路的准备情况,当信号设备故障或无电气化设备的情况下,则需要扳道员现场人工扳道岔。准确地说出扳道员的扳道岔作业程序,是铁路行车组织岗位从业人员应具备的关键能力之一。

相关知识

一、调度室

1. 调度部门类型

国铁集团铁路运输调度工作实行分级管理、集中统一指挥,铁路运输调度指挥体系主要由国铁集团、铁路局集团公司、运输站段三级组成。

国铁集团设运输调度指挥中心,铁路局集团公司设调度所,运输站段宜设生产调度指挥中心,编组(区段)站宜设调度车间(调度室),指挥中心可与运输站段既有生产指挥机构合设或合署办公。铁路局集团公司施工管理办公室(以下简称施工办)设在调度所。

运输站段指挥中心调度设主任(值班主任)、生产调度、专业调度等调度岗位(或在既有生产指挥机构内设调度岗位);编组(区段)站设值班站长、车站调度员、货运调度员等调度岗位。具体由铁路局集团公司确定。

2. 调度室任务

(1)严格执行各项规章制度,遵守和维护调度纪律,认真执行上级调度命令和指示,及时处理影响行车安全的有关情况，保证车站调度指挥安全。

(2)掌握货流、车流，根据铁路局集团公司下达的调度日(班)计划，正确编制和组织实现车站作业计划(车站班计划、阶段计划 和调车作业计划)，按货物列车编组计划、列车运行图和重点要求解编列车，不间断地接发列车。

(3)经济合理地运用车站技术设备和能力，掌握调车机运用，组织有关单位、人员密切配合，协同动作，按作业计划、技术作业过程和时间标准，完成编组和解体列车的任务，提高作业效率，加速机车车辆周转。

(4)及时收取调度所阶段计划，掌握车流变化，正确推算现车和指标，按阶段向铁路局集团公司调度汇报车流和车站作业情况。

(5)重点组织旅客、军运、货物班列、重载、超限、超重、超长和重点货物列车的开行。

(6)主动与厂矿企业联系，及时预报车辆到达情况和取送车作业计划，组织开行路企直通列车。组织回送客车(机车)、货物作业车、检修车(修竣车)和专用车的取送，缩短待取、待送时间。

(7)根据施工日计划、阶段计划相关要求，组织落实运输有关准备工作。

(8)发生铁路交通事故时，积极组织救援，减小事故对行车的影响。

(9)正确、及时填画技术作业图表，认真分析车站作业计划兑现情况和运输生产完成情况并及时上报。

(10)负责车站日常运输生产工作完成情况分析，及时总结、推广运输组织先进经验。

如图 10-8(a)处在灯火通明、热火朝天工作氛围中的，正是上海铁路局集团公司调度大厅，2022 年 3 月上海疫情严峻，为确保疫情期间铁路运输安全，上海铁路局集团公司紧急集合 771 名铁路调度员返岗，实行集中管控，全体调度员闻令而动，逆行返沪，舍小家为大家。

(a) 调度大厅

(b) 调度大厅

图 10-8 铁路运输调度工作图

3. 调度分工

铁路局集团公司各工种调度人员，在每日 14:30 前向有关运输站段、编组(区段)站收集编制日(班)计划的资料，并向调度所主任(副主任)提供。

(1)货运调度员：预计当日 18:00 各站卸车数、装车数和去向别装车数、重点物资装车数，18:00 待卸车，有关停、限装命令，卸车单位的卸车能力，次日运输需求情况及国铁集团货运装车轮廓计划。

(2)计划及列车调度员：预计当日 18:00 各站运用车、备用车等分布情况，在途列车的编组内容和预计到达编组(区段)站、分界站的时分。快速班列等重点列车编组情况和预计到达分界站的时分。

(3)特运(军运)调度员:整列和零星军用、罐车、冷藏车运输需求的车种、车型、辆数、配车时间及挂运要求;长大货物车、装载超限超重货物、剧毒品货物车辆的分布及挂运条件、车次及挂运通知单;专用货车的备用、解除和调配计划。

(4)集装箱调度员:预计当日18:00集装箱分布、装卸及运用情况,次日铁路局集团公司管内各站空箱调整计划和跨局排空箱计划;预计当日18:00快速(普快)班列装卸、开行及在途运行情况(设有快运调度台的由快运调度员负责)。

(5)机车调度员:预计当日18:00运用机车和机车回送计划,机车检修、试运行情况,机车机班分布动态情况。

(6)车辆调度员:预计当日18:00货车扣修、修竣、检修车分布及回送情况。车辆(机辆)段结存检修车、扣修、修竣车数及车种,次日检修车计划,检修能力,有运行条件限制故障车辆回送挂运电报或计划申请。铁路局集团公司管内货车检修工厂结存检修车、修竣车数及车种,货车制造工厂新造出车数量及车种,次日入厂修计划。客车车辆试运行计划。

(7)供电调度员:牵引供电设备非正常运行情况。

(8)客运调度员:旅客列车的加开、停运、变更径路、中途折返和客车车辆回送、甩挂等情况。

(9)施工调度员:各站、各区段施工(维修)计划,慢行处所及限速条件;自轮运转特种设备、路用列车开行方案,路料装卸作业方案。

(10)工务调度员:影响运输生产的工务事故、设备故障、自然灾害、外部环境等情况。

(11)电务调度员:影响运输生产的电务事故、设备故障等情况。

4. 车站调度室的主要工种

为使车站在每天不同的具体情况下都能保证各项工作顺利进行,必须有一个统一的调度指挥系统和周密而切合实际的日常作业计划。编组(区段)站的调度指挥系统一般如图10-9所示。

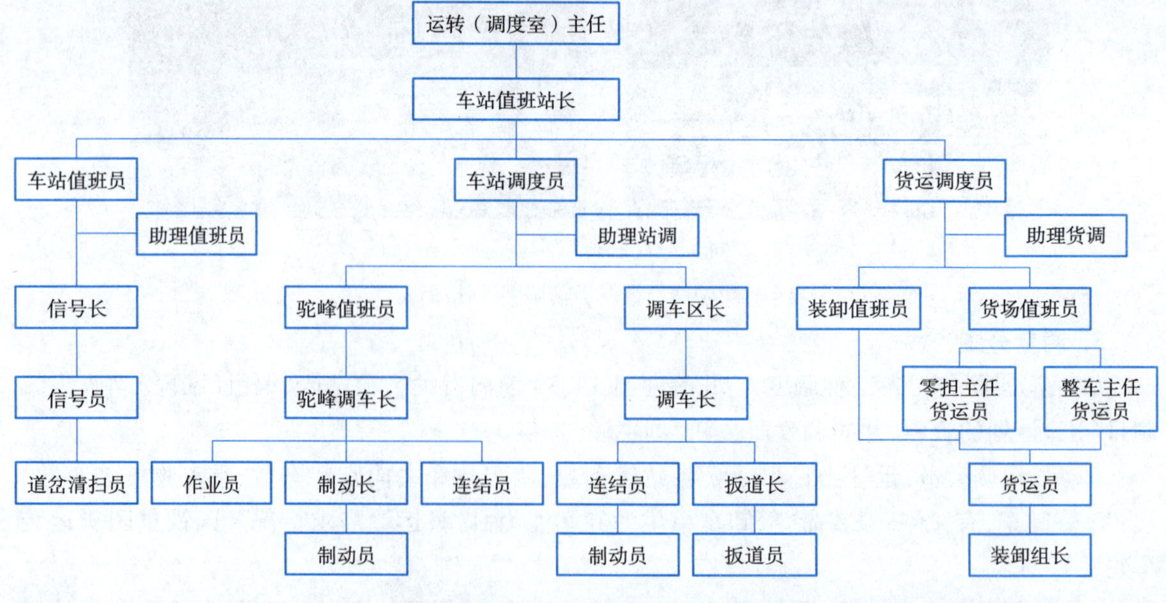

图10-9　编组(区段)站的调度指挥系统图

二、车站调度室的行车组织工作

(一)接发列车工作

1. 办理闭塞(预告)

根据列车运行计划,向接车站办理闭塞(预告)。除采用自动闭塞法行车外,车站值班员在办理闭塞(预告)时,均须确认区间空闲。例如采用半自动闭塞设备,因区间无轨道电路,一旦列车在区间丢车,设备也反映不出来,如不认真确认列车是否整列到达,待列车压过接车轨道电路,就可以办理区间开通,再向区间发出列车,这是非常危险的。至于电话闭塞,因无设备控制,一旦疏忽,就更有可能向占用区间发车。车站值班员在接发列车工作中,首先要把好办理闭塞时确认区间空闲这一关。

确认区间空闲的方法主要是通过闭塞设备、“行车日志”、各种表示牌,以及有关人员的情况报告等,确认前次列车是否全部到达,补机是否返回,出站(跟踪)调车是否完毕,以及有无区间封锁和轻型车辆占用等。

2. 布置进路

接车前,车站值班员必须亲自或通过有关人员确认接车线路空闲、影响进路的调车作业已经停止后,方可准备进路、开放进站信号机,准备接车;发车前,车站值班员必须亲自或通过有关人员确认影响进路的调车作业已经停止后,方可准备进路、开放出站信号机,交付行车凭证,在旅客上下、行包装卸和列检作业等完了后发车。

车站值班员下达准备接发列车进路命令时,必须简明清楚、正确及时,讲清车次和占用线路,并要受令人复诵,核对无误。如因设备条件和业务量关系难以做到时,除了布置进路必须由车站值班员亲自办理外,其他各项工作可指派助理值班员、信号员或扳道员等办理。当因为设备故障或条件限制,在办理接发列车进路时候,需要扳道员人工进行扳道岔,而人工进行扳道岔主要分为四个流程步骤,分为“一看、二扳、三确认、四显示”,对进路上不该扳动的道岔,也应认真进行确认。

3. 开闭信号

信号是指示列车运行及调车作业的命令,有关行车人员必须严格执行。严格按规定时机开闭信号机,是保证安全正点接发列车的一项重要工作。因此在《站细》内应明确规定信号开闭时机。

信号机的开放时机:根据列车等级、列车运行速度、区间运行时分、办理所需要的作业等,确定接发列车时开放信号的时机。具体开放时机应按《站细》规定执行。

信号机的关闭时机:集中联锁车站的进站、进路、出站信号机,通过信号机,当机车或车辆第一轮对越过该信号机后自动关闭;引导信号应在列车头部越过信号机后及时关闭;非集中联锁车站的进站信号机及线路所通过信号机,在列车进入按车线轨道区段后自动关闭,出站信号机应在列车进入出站方面轨道区段后自动关闭。

4. 交接凭证

行车凭证是列车占用区间或闭塞分区的许可。所说的凭证不仅是出站信号机(线路所通过信号机、发车进路信号机)等信号机显示的允许运行信号,还包括书面凭证,如绿色许可证、路票、红色许可证及列车进入封锁区间的“调度命令”等。交接书面凭证前要认真检查、核对无误，注意人身安全。

5. 接送列车

接发列车时，接送车人员应携带列车无线调度通信设备、持手信号旗（灯），站在规定地点接送列车，注意列车运行和货物装载状态，发现问题时及时处置和报告。列车接近车站、进站和出站时，接送车人员应及时向车站值班员报告列车进出站的情况（能从设备上确认的除外）。

对动车组列车，可不接送列车，自轮运转特种设备及不挂车的单机可取消室外接送列车作业。

（二）技术站货物列车及货车的技术作业

1. 技术站办理的货物列车种类

（1）无改编中转列车：在该技术站不进行改编作业，而只在到发场进行到发技术作业后继续运行的列车。

（2）部分改编中转列车：在技术站需要变更列车重量、运行方向、换挂车组的列车。

（3）到达解体列车：在该技术站进行解体的列车。

（4）自编始发列车：由该技术站编成的列车。

2. 技术站办理的货车种类

（1）无调中转车：随无改编中转列车或部分改编中转列车到达，在该站进行到发技术作业后，又随原列车继续运行的货车。

（2）有调中转车：随到达解体列车或部分改编中转列车到达，在该技术站经过一系列改编作业后，再随自编始发列车或另一列部分改编中转列车继续运行的货车。

（3）货物作业车（或称本站作业车）：随到达解体列车或部分改编中转列车到达、需在车站进行货物作业（卸车或装车）的货车。它包括一次货物作业车和双重货物作业车。

3. 货物列车及货车技术作业项目

货物列车到达技术站或列车编组完了后，须在技术站的到达场、出发场或到发场上对列车办理一系列的技术作业。虽然各种列车所需办理的作业内容和要求不完全相同，但下列一些技术作业都是必须办理的：

（1）车辆的技术检查和修理。

（2）车辆的货运检查及整理。

（3）车号员检查核对现车。

（4）车列及票据交接。

除此以外，到达解体列车还应进行准备解体作业；自编始发列车、无改编中转列车还应进行准备发车及发车作业；部分改编中转列车还应进行摘挂车辆的调车作业和准备发车及发车作业。

有调中转车一般要经过到达作业、解体作业、集结过程、编组作业和出发作业，无调中转车随中转列车到达车站，并随原列车出发，因此，在站的技术作业与无改编中转列车在站的技术作业相同。

一次货物作业车一般要经过到达作业、解体作业、送车作业、装或卸车作业、取车作业、集结过程、编组作业和出发作业。

双重货物作业车一般要经过到达作业、解体作业、送车作业、卸车作业、调移、装车作业、取车作业、集结过程、编组作业和出发作业。

(三)调车作业

除了列车在车站到、发、通过及在区间内的运行之外,凡是机车车辆在站线或其他线路上进行的一切有目的的移动,统称为调车。调车工作是车站运转工作的重要组成部分,对编组站来说,调车工作更是它的主要生产活动。

1. 调车分类

调车工作按其作业目的不同可分为:

(1)解体调车。将到达解体的车列或车组,按其车辆的去向或其他需要分解到调车场各固定线路上去的调车。

(2)编组调车。按列车编组计划、列车运行图,以及有关规章的规定和要求,将车辆选编成车列或车组的调车。

(3)摘挂调车。对部分改编中转列车进行补轴、减轴、车组换挂,以及摘挂列车在中间站进行摘挂车辆的调车。

(4)取送调车。将待装、待卸、待修的车辆由调车场送至装卸作业、检修作业地点以及从上述地点将作业完了的车辆取回调车场的调车。

(5)其他调车。因工作需要对车列或车组进行转场、转线,对调车场内的停留车辆进行整理以及机车出入段等调车作业。

2. 调车作业方法

调车作业方法按使用设备的不同主要分为牵出线调车和驼峰调车两大类。

(1)牵出线调车。最基本的调车作业方式,通常采用推送调车和溜放调车两种方法。

凡使用机车将车辆由一股道调送到另一股道,须停车后进行摘车的调车方法叫作推送调车法。

编组、摘挂、取送调车作业使用推送调车法。

采用推送调车法分解车辆时,调车司机按照调车长的信号或指令,将车列牵出至牵出线或分歧道岔外方,然后变更运行方向,推送至指定地点停车。由调车人员摘下第一个车组;调车司机按照调车长的信号或指令指示,变更机车运行方向,牵引车列返回牵出线或分歧道岔外方,并用同样的方法,依次分解以后的车组。

推送调车法的基本作业过程为挂车、牵出、推进和摘车。

使用机车推送车列达到一定的速度,在行进中提钩,使摘离的车组利用获得的动能,溜向指定地点的调车方法叫作溜放调车法。

按其操作技术不同,溜放调车法又分为单钩溜放、连续溜放、多组溜放、惰力溜放和惰力多组溜放、牵引溜放等。

单钩溜放法:当调车车列每加速、减速一次即溜出一个车组,调车车列进行回拉,再进行下一车组的溜放作业方式。

连续溜放法:当调车车列每加速、减速一次,溜出一组后,调车车列不进行回拉,继续进行不变更运行方向的加速减速。每一次加速减速即溜出一个车组,连续溜放几个车组才向牵出线回拉一次的作业方法。

(2)驼峰调车。利用车辆本身的重力,辅以机车的一定推力,使摘下的车辆由峰顶自行溜入峰下调车场指定线路的调车作业方法。由制动员使用铁鞋或车辆减速器、减速顶、加减速小车等使之停车或与停留车安全连挂的调车作业方法。这是编组站解体车列采用的主要方法。

3. 调车作业计划与指挥

调车作业计划是规定车列解体、编组和车辆取送、甩挂等作业如何操作的具体行动计划。按照车站技术作业过程及安全作业有关规定，对每台调车机车分别进行编制，并以调车作业通知单的书面形式（见表 10-8）由调车区长及时下达给有关调车作业人员依照执行。

表 10-8　调车作业通知单

月　日第　号　编组解体　次第　调车机							
计划起讫时分：自　至							
顺序	场别	股道	挂车数	摘车数	作业方法	记事	残存
1							
2							
n							

为了提高调车作业效率，确保调车作业安全，调车工作要固定作业区域、线路使用、调车机车、人员、班次、交接班时间、交接班地点等。

在调车作业中，保持参加调车人员行动的一致至关重要，为此，必须实行“单一指挥”原则，即在同一时间、同一调车区的调车计划的布置、传达、作业方法的确定、调车机车的行动只能由调车长统一指挥。

（四）车站作业计划

车站作业计划是车站为保证完成铁路局集团公司日（班）计划，实现列车运行图、列车编组计划、月度货物运输计划和运输生产经营计划的行动计划。车站必须根据铁路局集团公司调度所下达的日（班）计划，正确地编制车站班计划、阶段计划和调车作业计划，并在铁路局集团公司调度的指挥下组织实现。

1. 班计划

车站班计划是车站完成一个班(18:00—6:00 位第一班;6:00—18:00 为第二班)运输生产经营任务的作业组织计划。车站班计划要符合列车运行图和编组计划的规定，严格按照车站技术作业过程和时间标准编制，所需编制的内容如下：

（1）列车到达计划：各方向到达的列车车次（划分车场的车站要有场别）、时分、机型、机车号、编组内容（去向别重车数、车种别空车数、到达本站重车数）。

（2）列车出发计划：发往各方向的列车车次（划分车场的车站要有场别）、时分 机车交路及型号、机车号、编组内容（去向别重车数、车种别空车数）、车流来源。

（3）卸车计划：全站卸车数、主要卸车点大宗货物卸车数、卸后空车用途。

（4）装车计划：全站装车数、主要装车点大宗货物品类、车种、去向别的装车数、配空来源、挂运车次。货物班列及直达、成组装车各主要装车点品类、车种、去向别的装车数、配空来源、挂运车次。

（5）客车底取送、摘挂、调转的车次、时间、车种、辆数。

（6）班任务主要包括：货车出入总数，阶段运用车计划，货车平均中转时间，货车一次货物作业平均停留时间;全站及各场别的到、发列数,编、解列数,无调直通列数;各货场和专用线别的装、卸车数;检修车扣修及取送车计划,站、段 、厂修竣车数,货车备用及解除计划。

(7)厂、矿、港交接站和国境站货车交接次数、时间、车种、辆数。

(8)施工、维修计划。

(9)其他临时重点任务。

2. 阶段计划

阶段计划是保证实现班计划的行动计划。阶段计划也称为三四小时计划,由车站调度员编制。其编制内容如下:

(1)各方向到达列车车次、时分、机车型号、机车号、进入场别、占用线别、编组内容、解体顺序和起止时分。

(2)发往各方向的列车车次、时分、机车交路及型号、机车号、编组内容、车流来源、占用发车场别、线别、编组作业起止时分。

(3)各货场及专用线别的卸车数、品名、收货人、送车时间、卸空时间、空车用途。

(4)各货场及专用线别的装车数、车种、品名、到站、空车来源、送入时间、装完时间、挂运车次。

(5)装载重点军用、超限超重 、剧毒品等特种货物的车辆加挂车次、辆数、编挂限制。

(6)中转列车成组甩挂车次、时间、辆数、去向。

(7)各场(区)及货场、专用线间的车辆(包括检修、洗刷、倒装等车辆)的交换次数、取送地点、时间、辆数。

(8)客车底取送及摘挂的车次、时间、地点、车种、辆数。

(9)调车机运用和整备计划,驼峰解体、牵出线编组及取送作业的安排。

(10)各列检作业场的扣车计划。

(11)施工和维修计划

3. 调车作业计划

调车作业计划是列车解体、编组和车辆取送作业的具体行动计划,由调车区长编制。

三、行车调度指挥自动化

为进一步增加区段的通过能力,提高列车运行指挥的质量,改善行车调度指挥人员的劳动条件,必须实现行车指挥自动化。行车调度指挥自动化主要包含以下内容:

(1)自动编制列车运行调整计划。

(2)自动控制车站的接发列车进路。

(3)自动记录和绘制实际列车运行图。

行车调度指挥自动化系统可以根据列车实际运行信息和列车运行图的要求,自动提前编制几个小时的列车运行调整计划方案;系统会不断地检查所有列车在区段内的运行情况,当发现列车位置与调整方案不符时,系统将根据列车在前方几个车站会让时的可能方案,优先选择最合理的列车放行方案,系统将其提供给列车调度员审核;根据列车运行调整计划和对列车的追踪运行情况,系统将自动实现对车站接发列车进路的控制,并完成实际列车运行图的自动绘制。

目前,我国的铁路行车自动化主要是通过采用列车调度指挥系统(TDCS)和调度集中系统(CTC)来实现的。

1. 列车调度指挥系统(TDCS)

列车调度指挥系统(TDCS)是覆盖全路的铁路列车调度指挥系统,能及时、准确地为全路各级调度指挥人员提供现代化的调度指挥手段和平台。TDCS 是全路联网的调度指挥系统,它由国铁集团调度指挥中心 TDCS、铁路局集团公司 TDCS、车站 TDCS 三层机构组成,采用数字化、网络化、信息化技术,是对传统调度指挥模式的革命性突破,可以极大地减轻调度员的劳动强度,提高运输生产效率。在 TDCS 基础上建设调度集中系统,是铁路跨越式发展的必经之路,所以 TDCS 为铁路调度实现现代化奠定了坚实基础。

TDCS 的核心组成部分是铁路局集团公司 TDCS 这一层次,铁路局集团公司 TDCS 可以实现对铁路局集团公司所辖区段的行车情况的实时、集中、透明的指挥,用自动化的手段调整运输方案,通过计算机网络下达行车计划和调度命令,实现自动报点和车次号自动跟踪的功能,改变过去车站值班员用电话向调度员人工报点、调度员用电话向车站下达计划和命令、车站值班员手抄再复诵计划和命令的落后方式。TDCS 可实现列车实绩运行图自动绘制、自动过表,车站行车日志自动生成,这些都大大降低了行车调度员和车站值班员工作强度。所以,TDCS 可以优化运输调度指挥手段、提高调度水平和运输效率。

TDCS 以计算机网络技术、通信技术、多媒体技术、数据库技术为基本技术手段,实现对列车在车站和区间运行的实时监视、动态调整,自动生成列车运行 3 h 阶段计划;实现列车调度命令的自动下达和实绩运行图的自动描绘;实现分界口交接列车数、列车运行正点率、行车密度、早晚点原因、重点列车跟踪等实时统计分析并形成相关统计报表;为各级调度员提供列车的动态运行情况,便于机车合理调配,提高运输能力和安全水平;显示铁路路网、线路、车站、重要列车和救援列车分布等主要信息,为铁路事故救援、灾害抢险防洪等提供决策参考。

2. 调度集中系统(CTC)

调度集中系统(CTC)是控制中心(调度员)对某一区段内的信号设备进行集中控制、对列车运行直接指挥与管理的技术装备。其主要的作用是:将铁路网络中一定数量或全部列车的调度指挥,集中到若干个甚至一个指挥中心统一指挥,在运输指挥中心,工作人员可以根据旅客和货物的不同流向,科学地安排列车计划,根据列车的实际运行情况,统一指挥和及时调整列车的运行,在保证运输安全的前提下使运输生产效率达到最大化。

3. 列车运行控制系统(CTCS)

普速铁路列车追踪间隔控制基于自动闭塞和人工驾驶,司机视地面信号行车,该方式显然无法满足高速铁路的要求。为保证运行安全,高速铁路配备了满足高速列车运行控制的系统。目前,中国在高速铁路上装备 CTCS-2 级和 CTCS-3 级列控系统,实现列车追踪的间隔控制,最小间隔时间 3 min。

列车运行控制系统(CTCS)是为了适应中国高速铁路、客运专线的迅速发展和保证铁路运输安全。该系统有两个子系统,即车载子系统和地面子系统。CTCS 根据功能要求和配置划分套用等级,分为 0 ~4 级。

地面子系统可由以下部分组成:应答器、轨道电路、无线通信网络(GSM-R)、列车控制中心(TCC)/无线闭塞中心(RBC)。其中 GSM-R 不属于 CTCS 设备,但是重要组成部分。列车控制中心是基于安全计算机的控制系统，它根据地面子系统或来自外部地面系统的信息，如轨道占用信息、联锁状态等产生列车行车许可命令，并通过车地信息传输系统传输给车载子系统，保证列车控制中心管辖内列车的运行安全。

车载子系统可由以下部分组成：CTCS 车载设备、无线系统车载模组。CTCS 车载设备是基于安全计算机的控制系统，通过与地面子系统交换信息来控制列车运行。无线系统车载模组用于车载子系统和列车控制中心进行双向信息交换。

任务实施

(1)通过网络信息的查询，简述人工扳道岔的作业程序都有哪些。

(2)能够正确描述扳道员人工扳道岔的具体操作步骤。

(3)绘制人工扳道岔的流程图。

任务评价

任务评价表见表10-9。

表 10-9　任务评价表

序号	评价内容	评价标准	分数	评分记录		
				学生自评	组间互评	教师评分
1	网络查询人工扳道岔的资料	1. 无法清晰地说明查阅资料过程的，扣10分 2. 无法说清人工扳道岔作业程序的，扣10分	20			
2	人工扳道岔的具体操作步骤	1. 无法正确地说明“一看”步骤如何操作的，扣15分 2. 无法正确地说明“二扳”步骤如何操作的，扣15分 3. 无法正确地说明“三确认”步骤如何操作的，扣15分 4. 无法正确地说明“四显示”步骤如何操作的，扣15分	60			
3	绘制人工扳道岔流程图	1. 无法准确地绘制人工扳道岔流程图的，扣10分 2. 无法正确地说明所绘制流程图的依据，扣10分	20			
总分			100			

巩固练习

一、填空题

1. 凡是没有被________吸收的车流，都应该用摘挂列车或区段小运转列车等形式送到临近技术站，以便和技术站自装车流汇合在一起分别编组不同种类和到站的列车。

2. 为了满足旅客和货物运输的不同需求，列车按运输性质主要分为五种：________、________、________、________、________。

3. 始发直达列车是指在一个车站或相邻几个车站装车后编组，通过一个及以上编组站不进行改编作业的列车，通常采用________为编定车次。

4. 货物列车编组计划是全路车流组织的规划，包括________和________两大部分组成。

5. 调车作业方法按使用设备的不同主要分为__________和__________两大类。

6. __________是铁路运输工作的一个综合性计划，是铁路行车组织工作的基础。

7. 铁路运输调度工作，实行分级管理，__________指挥的原则。

8. __________指在单线区段上，上下行列车均只能在同一条正线上运行，因而列车的会让必须在车站上进行，区间时绝不会出现上下行列车运行线的交点的。

9. 车站作业计划包括__________、__________和__________三个部分。

10. 当接车站接到发车闭塞请求（双线为发车预告）时，__________在确认区间空闲后，与邻站办理闭塞手续并填写“行车日志”。

二、选择题

1. 下列条件中，不属于列车必须具备的条件的是（　　）。

A. 按有关规定编组成的车列　　B. 挂有牵引本次列车的机车

C. 有规定的列车标志　　D. 具有唯一的运行计划

2. 列车车次具有（　　），我们可通过车次辨别该次列车的种类、等级和运行方向。

A. 不变性　　B. 唯一性　　C. 奇偶性　　D. 可变性

3. （　　）不仅是日常指挥列车运行的重要依据，而且也是保证行车安全、改善铁路技术设备运用、加速机车车辆周转、提高铁路通过能力和运营工作水平的强有力的工具。

A. 列车运行图　　B. 行规　　C. 列车编组计划　　D. 车站作业计划

4. 车站内的接发列车工作由（　　）统一指挥。

A. 值班站长　　B. 调车长　　C. 车站值班员　　D. 站长

5. 在铺画运行图时，旅客列车一般采用（　　）表示。

A. 红色间断线　　B. 黑色间断线　　C. 蓝单线　　D. 红单线

6. 下列事项中，不属于车站值班员在行车日志中填写的是（　　）。

A. 列车车次　　B. 停站时间

C. 占用区间许可号码　　D. 允许邻站发车时间

7. 在列车运行图中不铺画列车运行线或调整、抽减列车运行，为施工和维修作业预留的时间，称为“天窗”，按用途分为（　　）和（　　）。

A. 列车车次　　B. 施工天窗　　C. 占用区间许可号码　　D. 维修天窗

8. 按上下行列车（　　）的不同，运行图又分为成对运行图和不成对运行图。

A. 速度　　B. 数目　　C. 会让点　　D. 运行单双线

9. 铁路车站通过能力是指车站在现有设备条件下，采用合理的技术作业过程，于（　　）内所能通过或接发的最多列车对数或列数。

A. 一昼夜　　B. 一定时间　　C. 每周　　D. 每小时

10. （　　）是根据该区段所采用的机车运转制、乘务制度和列车运行方案编制的机车运用工作计划。

A. 列车运行图　　B. 乘务司机排班表

C. 机车（含动车组）周转图　　D. 时刻表

三、判断题

1. 发往区间的单机(包括单机挂车)、大型养路机械及重型轨道车因未完全具备列车条件,故不能按列车办理。 ( )

2. 将开往北京方向的列车称为上行列车,车次为偶数;始离北京方向的列车称为下行列车,车次为奇数。 ( )

3. 列车运行图实际上是利用坐标原理来表示列车运行的一种图解,它以垂直线等分横轴表示时间,将纵轴用横线划分代表各车站中心线的位置。 ( )

4. 除了列车在车站到、发、通过及在区间内的运行之外,凡是机车车辆在站线或其他线路上进行的一切有目的的移动,统称为调车。 ( )

5. 铁路人工扳道岔的作业流程步骤分为一看、二开、三摇、四加锁、五确认、六汇报。 ( )

6. 接发列车工作包括办理闭塞、布置进路(准备进路)、开闭信号(交接凭证)、接送列车等作业,这些作业必须由车站值班员亲自办理。 ( )

7. 当各路局内特快、快速列车车次不足时,可自行确定车次,上报上级单位。 ( )

8. 在装车地利用自装车流编组,通过一个或以上编组站(或规定有作业的区段站)不进行改编作业的列车,称为装车地直达列车。 ( )

9. 货物作业车是随列车到达后,需在车站进行货物作业(装车或卸车)的车辆,分为一次货物作业车和双重货物作业车两种。 ( )

10. 车站作业计划是为了完成铁路局集团公司日(班)计划,实现列车运行图、列车编组计划、月度货物运输计划和运输生产经营计划的行动计划。 ( )

四、简答题

1. 请简述什么是铁路车站通过能力?
2. 请简述列车运行图的分类方式。
3. 在进行列车运行图的编制时,需要符合哪些要求?
4. 简述铁路列车、旅客列车、货物列车的定义和分类。
5. 什么是列车运行图?有什么作用?
6. 什么是铁路通过能力?什么是限制区间?
7. 简述车站接发列车的工作程序。
8. 简述人工扳道岔有哪些基本操作。
9. 简述货物列车在技术站的技术作业过程。
10. 行车调度指挥自动化主要包括哪些内容?

参考文献

[1] 佟立本. 铁道概论[M]. 8 版. 北京:中国铁道出版社有限公司,2020.

[2] 韩军峰,胡子亮. 铁道概论[M]. 北京:北京交通大学出版社,2016.

[3] 龚娟. 铁道概论[M]. 北京:人民邮电出版社,2015.

[4] 王保成,韩峰. 铁道线路工程概论[M]. 2 版. 北京:中国铁道出版社,2016.

[5] 白雁. 铁路选线[M]. 北京:北京交通大学出版社,2013.

[6] 王宇嘉,贾永刚. 高速铁路基础设施综合维修技术规章体系构建研究[M]. 北京:人民交通出版社,2010.

[7] 王国博. 高速铁路隧道工程施工技术[M]. 2 版. 北京:中国铁道出版社,2019.

[8] 中铁第一勘察设计院集团有限公司. 铁路线路设计规范[S]. 北京:中国铁道出版社,2017.

[9] 中铁第四勘察设计院集团有限公司. 铁路轨道设计规范[S]. 北京:中国铁道出版社,2017.

[10] 中国铁路总公司. 铁路技术管理规程:普速铁路部分[S]. 北京:中国铁道出版社,2014.

[11] 中国铁路总公司. 铁路技术管理规程:高速铁路部分[S]. 北京:中国铁道出版社,2014.

[12] 中国铁路总公司. 普速铁路线路修理规则[S]. 北京:中国铁道出版社,2019.

[13] 中国铁路总公司运输局工务部. 铁路工务技术手册:轨道[M]. 北京:中国铁道出版社,2016.

[14] 亚牛,廉洁. 漫话车辆 [M]. 北京:中国铁道出版社,2009.

[15] 赵先堃,窦婷婷. 牵引变电系统运行与维护[M]. 成都:西南交通大学出版社,2016.

[16] 铁道部劳动和卫生司,铁道部运输局. 高速铁路变配电设备检修岗位[M]. 北京:中国铁道出版社,2012.

[17] 武欢. 铁道供电专业 AutoCAD 实用教程[M]. 成都:西南交通大学出版社,2018.

[18] 林宏迪. 漫话机车[M]. 北京:中国铁道出版社,2009.

[19] 傅志寰. 我国高铁发展历程与相关思考[J]. 中国铁路,2017(8):1-4.

[20] 中国国家铁路集团有限公司党组宣传部. 铁路红色故事[M]. 北京:中国铁道出版社有限公司,2021.

[21] 中国国家铁路集团有限公司党组宣传部. 铁路红色基因[M]. 北京:中国铁道出版社有限公司,2021.

[22] 杨中平. 漫话高速列车[M]. 2 版. 北京:中国铁道出版社,2013.